市场经济背景下国有资本运营的法律制度构建

Legal System Construction of State-owned Capital Operation in the Context of Market Economy

赵万一 著

北京

版权所有,侵权必究。举报:010-62782989,beiqinquan@tup.tsinghua.edu.cn。

图书在版编目(CIP)数据

市场经济背景下国有资本运营的法律制度构建 / 赵万一著. -- 北京 : 清华大学出版社, 2024. 8. -- ISBN 978-7-302-67232-6

Ⅰ. D922.291.04

中国国家版本馆 CIP 数据核字第 20242XU718 号

责任编辑:李文彬
封面设计:傅瑞学
责任校对:欧　洋
责任印制:丛怀宇

出版发行:清华大学出版社
　　　　　网　　址:https://www.tup.com.cn,https://www.wqxuetang.com
　　　　　地　　址:北京清华大学学研大厦 A 座　　邮　　编:100084
　　　　　社 总 机:010-83470000　　　　　　　　邮　　购:010-62786544
　　　　　投稿与读者服务:010-62776969,c-service@tup.tsinghua.edu.cn
　　　　　质量反馈:010-62772015,zhiliang@tup.tsinghua.edu.cn
印 装 者:三河市少明印务有限公司
经　　销:全国新华书店
开　　本:165mm×238mm　　印张:19　　插　页:1　　字数:363 千字
版　　次:2024 年 8 月第 1 版　　　　　　　　　　印次:2024 年 8 月第 1 次印刷
定　　价:98.00 元

产品编号:085698-01

本书系国家社会科学后期资助项目"市场经济背景下国有资本运营的法律制度研究"(19FFXB027)的研究成果

市场经济背景下国有企业的改革之纬与国有资本的经营之道（代序言）

在人类起源以来的可考历史中，人类社会历经了狩猎文明、农业文明、商业文明以及工业文明等多种文明形态，而文明形态的多元化特性使得因选择依据不同而划分出不同文明形态的可能性，即基于文明所承载的内容不同，我们可以把文明的样态区分为物质文明和精神文明，客观文明和主观文明等。与早期人类文明主要侧重于客观性的物质文明不同，近现代文明更加注重在客观物质文明基础上融合了主观精神文明的基因，从而使现代文明更具有立体性和综合性。资本主义文明和社会主义文明的主要不同点在于：资本主义文明的品性是选择将人本臣服于资本，而社会主义文明则希冀以资本服务于人的需要，用道德救助点燃人性的光芒。当我们将研究的目光进一步聚焦于中世纪以来的全球文明演进史中，西方列强自诩秉承着古希腊先贤的理性之美、罗马元老院的共和之光、文艺复兴的人文主义、宗教改革的精神祛魅以及大航海的雄心壮志开启了近代人类社会工业文明的先河，此后，他们以商业文明裹挟着工业文明对全球进行资本主义文明格式化，几乎实现了对大部地区的资本殖民，其中19世纪40年代以来的中国也概莫能外，封建农业文明的巅峰在掌控工业洪流的资本主义文明清洗下遭遇了近百年惊心动魄的自由落体和绝地求生。所幸的是，近代中国成千上万仁人志士并未沉浸于他们苦心编排并四处宣扬的看似光明却实为黑暗的西方文明童话，而是前仆后继奋不顾身地对建立在资本高地和欲望之巅基础上的资本主义文明形态围剿展开自主反思、精神觉醒与血肉抗争。

新中国的建立者和传承者们在一路的艰难探索中发现，资本主义文明主导下的全球化发展存在现实与想象两种情境，想象中的全球化文明进程是能够让人类集体不断摆脱野蛮的进程，其最大功用是尽量让每一个人活得像人，而令人尴尬的现实是资本主义文明主导下的全球社会一直充斥着血腥、强制和奴役，他们通过披着文明外衣的野蛮霸权实施文明霸凌和霸道帝国建设，这种文明形态的底色是不够具有人本、人性和人道的，由此，资本主义文明普世的意识地基逐渐光影褪去并为社会选择所动摇。而社会主义文明的选择是对资本主义文明主导下的全球化发展的文明修复,其普遍人本主义精神意味着文明社会存在的丛林法则不等于也不应等于文明社会运行的铁则,一个文明的社会既应让强者有约束,也让弱者有尊严,虽然所谓的公道常常是建立在实力的基础之上,故而正义有时会输给强权,公道也曾经战胜不了武力,但是弱小并非就是一种罪过,力量的强弱绝非文明的标准。基于此,近代中国毅然决然地走上了一条有自主特色理解和追求的文明道路,时至今下,70多年的艰苦探索与持续不断地孜孜以求,书写着中国式现代化人类文明新形态的发展篇章,尽管这种饱含人本情怀的社会主义集体文明的圆满实现依旧长路漫漫,但文明的理想一直在激荡着人们前进的方向。

诚如人类无法决定文明的起源,但可以形塑文明的走向,在切身感受国家蒙辱、人民蒙难、文明蒙尘后的觉醒中国,开启了中国式现代化人类文明新形态衍进的狂飙突进。在文明的目标上,中国客观审视、批判和兼收了社会达尔文主义思想,选择了一种能够契合传统中国式正义和中国式公平的非霸道型文明发展形态,对于这种新形态文明的和平建构,社会集体的良心、格局和道德在文明生态中占有极高的浓度、广度和深度。在塑造新形态文明的政治道路上,基于一个国家文明的程度要看它对待社会弱势群体的态度的认知,新中国的政权体系起初便以团结无产阶级联盟为基础,始终站在人民立场、把握人民愿望、尊重人民创造、集中人民智慧并最终服务人民需求,这种新文明形态的政治特色之一即表现在其前所未有地对小民尊严和庶民权益的记挂,而非为多产者代言。此外,在塑造新形态文明的经济道路上,一方面,中国式现代化人类文明新形态肯定了市场经济主义作为市场原教旨主义的合理性,不拘一格地突破和吸收了资本主义文明的经济发展优势,但另一方面,与向货币皈依且屈从于资本帝国的资本主义文明相比,人类文明新形态恪守人本主义思想在经济领域的具体指导,保持资本主义文明中的市场经济主义并非即经济正义的警醒,为了让人,尤其是劳动者等不仅仅只是沦为经济动物,也对市场经济主义在新形态文明环境中展开了社会主义改造,从而确保不仅仅只是资本家,而是每个人都尽量可以在新文明中感受发展、体验不同、发现美好和实现梦想。当然,这种中国式现代化人类文明新形态的特性还体现在社会的诸多维度中,但无论具体的领域、手段、方法和道路如何,其共质始终是保持着对人类文明发展的善念种植。

在中国式现代化人类文明新形态实现的历史征程中,国有资本无论是对中国社会主义市场经济体系的构建和凝练，还是对中国式现代化人类文明新形态的铸造和传播都具有举足轻重的效用。与自由市场经济相顺应的资本主义文明尽管存有不足，但在反对纯粹的资本主义经济发展时，也必须肯定社会适宜建基于资本主义之上，毕竟人类社会追求生存及更美好地生存的欲望本能也是人类文明不断进步的强大驱动，因此，人类文明新形态的不断前进离不开国有资本与私有资本的协同运作，后者是为了避免文明的发展停滞不前，而前者是为了实现新文明形态的特定理想。无论是为中国人民谋幸福、为中华民族谋复兴，还是为人类集体谋进步、为世界发展谋大同，正是以国有资本为主体的物质基础支撑和维持起了中国在百年未有之大变局环境下，对内促进或实现了全面脱贫攻坚、区域协调发展、乡村振兴以及群体共同富裕等以人民为中心的发展思想的落实，并在现实幼有所育、学有所教、劳有所得、病有所医、老有所养、住有所居、弱有所扶中持续用力，对外创造和引领了"一带一路"等区域发展基础设施以及人类命运共同体等集体文明的建设。因此对国有资本占压倒优势的我国来说，国有资本的良性生长与循环培育事关中国的财富和资源能否得到充分有效的运用，更在很大程度上决定了中国式现代化人类文明新形态的未来和希望。有鉴于此，如何根据我国社会经济的特点，充分运用市场经济规律，有效实现国有资本所担负的特殊使命和价值，既是我们设计国有资本运行规则的逻辑起点，同时也是国有资本运行的最终目的。

如何搞活国有企业，充分发挥国有资本对中国社会制度的压舱石和社会经济发展的强引擎作用，既是我国实行改革开放英明决策的基本动因之一，同时也是我国经济体制改革的难点之一。其原因一方面是因为我们对国有企业赋予了复杂多样的功能和定位，而这些功能目标的实现在许多情况下都是难以完全兼顾的。另一方面则在于对国有资本的运营在世界范围内几乎没有任何成功的经验可资借鉴，因此只有靠我们自己不断探索和积淀。从某种意义上说，中国 40 多年的改革开放史，同时就是一部国有企业的改革史和国有资本运营改革的进化史。

或许是出于专业的本能使然，早在 20 世纪 80 年代初，我就在一直关注中国国有企业的改革和国有资本的运营，并作了一些初步思考，也参加了一些与国有企业改革相关的课题研究。1985 年在进行硕士研究生选题时，根据导师金平教授的建议，最终以"论受托经营权——国家所有权和企业经营权的统一与分离"确定为论文选题。该论文成稿后，承蒙王利明教授的推荐，在将题目修改为"论委托经营权"这一更富创见性的篇名之后，刊载于 1987 年出版的由佟柔教授主编的《论国家所有权》一书中，从而更进一步激发了我对国有企业改革关注的热情。因此在此后 30 多年的教学和科研中，无论自己的研究兴趣和研究中心如何转移和变换，对国有企业的关注热情一直没有减退。同时也一直尝试通过多种方式对我国国有企业的改革和国有资本的良性运营贡献自己的智慧和力量。非常幸运的是，"市场经济背景下国有资本运营的法律制度研究"这一研究课题不仅得到国家社会科学基金的后期资助项目立项，而且又顺利得以结项，时间恰逢我国《公司法》重大修改尘埃落定的前后。同时还值得庆幸的是，如果以本次《公司法》修改的最终结论作为检视对象不难发现，本成果的某些观点不但完全契合了这次《公司法》对国有出资公司的改革要求，而且也为我国《公司法》修改的正当性、合理性和科学性提供了良好的注脚，更为重要的是为供给侧结构性改革中国有资本保值增值功能的发挥和全环节良性运营贡献了一定的法律智识。当然这些观点和结论是否正确，还有待实践的进一步检验。特别需要郑重提及的是，该成果虽因各种原因最终以个人专著的形式出现，但无论是在立项过程中，还是在课题的进行阶段，都得到了很多学生和同仁的大力帮助，这些学生和同仁包括但不限于西南政法大学民商法学院赵吟教授，民商法专业苏志猛博士、唐旭博士、雍晨博士、彭嘉怡博士、樊沛鑫博士，博士研究生孙繁旗、邓铭潇、冼博涵，硕士研究生曹文沁、江宇洁等，特别是得到北京市中伦文德（沈阳）律师事务所长期从事国有资产法律服务的李法婕律师、姬粤宝律师的大力支持，他们不但参与了提纲了讨论，课题的调查等，而且参与了部分章节初稿的撰写工作，可以说，没有他们的辛勤付出，该成果既不可能顺利结项，也不可能最终付梓出版。因此，在某种意义上说，本成果既是我个人观点的初步呈现，同时也是众多学生和同仁智慧的辛勤结晶。不过因能力和时间等因素所限，相关成果在诸多维度也还存有抱憾之处，在此也热切欢迎各位方家和读者对书中的舛缪和缺陷不吝指正。

是为序。

赵万一

2024 年 6 月 9 日于重庆抱朴斋

目 录

第一章 国有资本运营基础理论 … 1

第一节 国有资本运营之逻辑前提：相关内涵与外延的厘定 …… 1
一、中国国有资本的内涵界定 … 1
二、中国国有资本的外延界定 … 4
三、国有资本的功能 … 6

第二节 国有资本运营之理念选择：市场经济与共同富裕 … 11
一、国有资本运营理念在市场经济中的形成与发展 … 11
二、共同富裕视阈下国有资本运营理念的更新 … 15

第三节 国有资本运营的基本原则 … 22
一、国有资本运营之"保值增值"原则 … 23
二、国有资本运营之"国民共进"原则 … 27
三、国有资本运营之多层次监督原则 … 30

第四节 国有资本运营的基本方法 … 32
一、充分的软法治理：确立并完善国有资本运营的柔性治理规范 … 33
二、适度的硬法规制：制定《国有资本运营法》 … 36
三、硬法与软法基本规制制度的选择与内容架构 … 39

第二章 国有资本运营模式 … 44

第一节 中国国有资本运营模式梳理 … 44
一、我国国有资本运营模式的变迁 … 45
二、我国国有资本运营模式的典型模式 … 49
三、我国国有资本运营模式的特点 … 51

第二节 域外国有资本运营模式考鉴 … 57
一、域外国有资本运营的典型模式 … 57
二、域外国有资本运营模式的比较研究 … 60

三、我国与域外国有资本运营模式的比较研究 …………… 64

第三节　我国国有资本运营模式检视 ………………………… 68
　　一、我国国有资本运营模式改革的成效及经验 …………… 68
　　二、我国国有资本运营模式改革面临的问题 ……………… 69
　　三、我国国有资本运营模式改革的难点 …………………… 72

第四节　我国国有资本运营模式的完善 ……………………… 76
　　一、我国国有资本运营模式的完善方向 …………………… 76
　　二、我国国有资本运营模式的改进路径 …………………… 77

第三章　国有资本运营之出资人制度 ………………………… 83

第一节　国有资本出资制度的历史沿革 ……………………… 83
　　一、国有资本出资制度的初始阶段(1978—1993 年) ……… 83
　　二、现代企业制度与出资人制度的设立(1993—2003 年) … 86
　　三、实体出资人制度建设阶段(2003—2013 年) …………… 87
　　四、"管资本"为主的出资制度建设(2013 年至今) ………… 88

第二节　国有资本出资人制度的定位与异化 ………………… 89
　　一、出资人制度的定位矛盾 ………………………………… 89
　　二、出资人制度的实践异化 ………………………………… 92
　　三、出资人制度的异化根源 ………………………………… 96

第三节　国有资本出资制度优化 ……………………………… 98
　　一、国有资本出资人制度的设计逻辑再定位 ……………… 98
　　二、国资委与国有资本投资、运营公司的法律关系之厘清 … 99
　　三、国有企业分类方法的重新设计 ………………………… 100
　　四、建立多元化出资形式 …………………………………… 101

第四章　国有资本运营的经营制度 …………………………… 106

第一节　国有资本的混合所有制改革 ………………………… 106
　　一、国有企业混合所有制改革的目标要求和意义展现 …… 106
　　二、改革的理论依据与历史进程 …………………………… 108
　　三、国有企业混合所有制改革的主要模式 ………………… 113
　　四、国有企业混合所有制改革现状总结及问题检视 ……… 120
　　五、国有企业混合所有制改革的法律完善 ………………… 126

第二节　国有资本的重组 ……………………………………… 134
　　一、国有资本重组概述 ……………………………………… 134

二、国有资本重组模式 …………………………………… 139
　　三、国有资本重组障碍及随附问题 ……………………… 141
　　四、国有资本重组的法律制度完善 ……………………… 148
第三节　国有资本的并购与反并购 ………………………………… 156
　　一、国有企业并购的概述 ………………………………… 157
　　二、国有企业并购的规则现状及制度完善 ……………… 162
　　三、国有资本的反并购概述 ……………………………… 166
　　四、国有资本反并购的特殊性及制度完善 ……………… 169
第四节　国有资本的对外投资 ……………………………………… 176
　　一、国有资本对外投资的概述 …………………………… 176
　　二、国有资本对外投资的特征 …………………………… 179
　　三、国有资本对外投资的困境检视 ……………………… 183
　　四、国有资本对外投资的制度保障 ……………………… 191

第五章　国有资本运营之退出制度 ………………………………… 199

第一节　国有资本退出制度概述 …………………………………… 199
　　一、国有资本退出制度内涵 ……………………………… 199
　　二、国有资本退出制度的功能 …………………………… 201
第二节　非解散视野下的国有资本退出 …………………………… 204
　　一、产权转让 ……………………………………………… 204
　　二、股份制改造 …………………………………………… 206
　　三、国有企业租赁 ………………………………………… 207
　　四、国有企业托管经营 …………………………………… 209
　　五、非解散退出路径的问题 ……………………………… 209
第三节　解散视野下的国有资本退出制度 ………………………… 210
　　一、解散视野下国有资本退出路径 ……………………… 211
　　二、解散视野下国有资本退出的问题 …………………… 212
第四节　国有资本市场退出的困境根源 …………………………… 214
　　一、国有资本退出理念滞后 ……………………………… 214
　　二、资本市场与产权交易市场缺陷 ……………………… 215
　　三、行政与法律制度衔接不适 …………………………… 216
第五节　国有资本退出的制度完善 ………………………………… 217
　　一、多元化国有资本退出机制设计 ……………………… 217
　　二、完善现代企业制度 …………………………………… 218

三、培育和发展产权交易市场与资本市场 …………………… 218
　　四、完善职工再就业与社会保障体系 ………………… 219

第六章　国有资本运营的实现机制 ……………………………… 220

　第一节　国有资本运营的监督制度 ……………………………… 220
　　一、国有资本运营监督的概述 …………………………… 220
　　二、国有资本运营监督的现状检视 ……………………… 224
　　三、国有资本运营监督的目标及原则遵循 ……………… 227
　　四、国有资本运营监督的制度完善 ……………………… 233

　第二节　国有资本运营的激励制度 ……………………………… 242
　　一、国有资本运营激励制度概述 ………………………… 242
　　二、国有资本激励制度的障碍检视 ……………………… 253
　　三、国有资本运营激励制度的指导性原则 ……………… 256
　　四、国有资本运营激励制度的具体实现 ………………… 261

　第三节　国有资本运营的责任制度 ……………………………… 265
　　一、国有资本运营的责任制度概述 ……………………… 266
　　二、建立国有资本运营责任制度的必要性与可能性 …… 273
　　三、国有资本运营责任制度构建的基本要求 …………… 279
　　四、国有资本运营的责任制度完善 ……………………… 281

参考文献 ………………………………………………………… 290

第一章　国有资本运营基础理论

第一节　国有资本运营之逻辑前提：相关内涵与外延的厘定

我国现阶段实行以公有制为主体，多种所有制经济共同发展的基本经济制度。我国是社会主义国家，当前仍处于社会主义的初级阶段，这一最大国情决定了公有制经济将在我国经济体制中占据重要地位。习近平总书记在中央财经委员会第十次会议上强调："共同富裕是社会主义的本质要求，也是中国式现代化的重要特征。"由此可见，实现社会主义的关键在于将全体人民共同富裕的愿景变为现实。在新时代背景下，实现全体人民的共同富裕离不开公有制经济的靶向发力。国有企业作为公有制的具体表现形式之一，是国家经济的重要组成部分，更是中国共产党执政兴国的经济基础。我国国有企业发轫于1949年年初，在改革开放后历经多次变革，于党的十八大之后，中国特色现代国有企业制度建设进入全面完善的新时代。国有企业在两权分离、建立现代企业制度的路径中需要最大程度发挥国有资本的作用，使其得到充分和安全的利用，因此在对国有资本运营的研究过程中首先需对各组概念进行厘清，以便明晰出国有资本、国有企业、国有资产之间的关系，最终为市场经济背景下国有资本运营的法律制度构建提供较为精准的理论基础。

一、中国国有资本的内涵界定

（一）国有资本的概念

马克思主义指出："资本作为自行增殖的价值，不仅包含着阶级关系，包含着建立在劳动作为雇佣劳动而存在的基础上的一定的社会性质。它是一种运动，是一个经过各个不同阶段的循环过程……在这里，价值经过不同的形式，不同的运动，在其中保存自己，同时使自己增殖、增大。"[①] 从

---

① 《马克思恩格斯全集》（第24卷），122页，北京，人民出版社，1979。

概念上讲,"资本"不能和"资本主义"等同起来,①因为资本在社会主义与资本主义的社会结构中都有体现。国有资本作为资本的种概念,是指所有权归国家享有,由国家或政府占有的,并委托经营者进行经营的国民财富。一方面,国有资本是所有权归国家享有的,是属于国民的财富,而这种财富的所有权是由人民通过宪法或其他法律法规赋予国家并由国家进行支配的。因此,国有资本是一种公有性质的资本,这种公有并非仅仅是资本的共享,还包括资本增值价值的共享,这也导致国有资本在追求增值、获取利润的同时,还应履行创造社会公共产品的职能,考虑国民经济全局利益的需要,对社会经济起到整合作用。此外,我国的国有资本源于劳动积累,寻求利润最优的目的是劳动者的利益,不具有剥削性以及资本扩张的侵略性,这也体现出生产资料公有制是马克思主义的一个基本原则,是从资本主义社会到共产主义社会过渡时期、共产主义第一阶段(即社会主义社会)和第二阶段都要始终坚持的基本经济制度。② 另一方面,国有资本是国家或政府占有的并委托经营者进行经营的资本。资本进入市场经济活动,开展获取利润的经济活动离不开经营者的经营。国有资本的所有权主体具有特殊性、增值利益共享性、资本的公有性,以至于经营方式、经营结果将影响国家或政府社会公共职能的履行和国民的利益,但国家或政府是非专业的经营者,难以把握市场动态,因此将国有资本委托给专业的经营者经营,通过股份制、公司制改革,实现产权多元化,力求以较少的国有资本控制更多的社会资本的扩张性,有利于国民经济的优化发展以及国民利益的最大化。

国家除了在政治领域可以作为一个实体看待,在经济意义上是一个虚无的概念,这将导致国有资本管理主体在事实状态下处于缺位的状态。此时资本由国家所有的这种特征决定了国有资本投资代理具有较长的委托——代理链条。通常情况下,完整的代理链条一般由国家通过一定的程序将国有资本的所有者代表委托给政府,政府则委托具体的国有资本管理部门,国有资本管理部门则将国有资本委托给具有投资行为能力的机构,如国有资本运营公司,最后由国有资本运营公司实现对企业的投资,形成国有独资企业或混合所有制企业。但在实际情况中,由于政府对国有资本、国有企业管理体制或制度的不同,国有资本的代理链条并不完整。

---

① 参见林炎志:《国有资本人格化》,144页,郑州,河南人民出版社,2000。
② 参见平新乔:《对于做强做优做大国有资本的若干认识》,载《经济科学》,2018(1),18页。

（二）国有资本的特征

"公有财产权一旦进入市场，它也同样适用私有财产权的交易规则。"[①]基于此，国有资本应当具有两重特征：第一，国有资本具有资本的一般特征。国有资本的本质是资本，保值增值是其根本目的。从投资领域来看，国有资本有相当一部分集中于竞争性领域，以国家控股或参股公司的形式居多，这部分国有资本通过公司的生产经营活动和投资活动，获取利润，实现增值目标。从资本的运行来讲，国有资本处于活跃的流动状态，受市场经济影响，有选择地从非盈利或者低盈利行业领域转向高回报的行业领域。从对资本的考评上看，政府作为出资人，对国有资本特别是竞争性行业领域的国有资本，制定了严格的业绩考核体系，并以业绩的完成状况作为经营管理者工作绩效评定和国有资本去留的参考因素。也正是由于国有资本带有资本增值性、扩张性等一般特征，使得国有资产的实力不断壮大，提升了国有经济的整体水平。第二，国有资本具有特殊的"公共"特征。国有资本的所有权归国家享有，这就决定了国有资本不仅要履行获取利润的职能，还要进行创造社会公共产品，即国防建设、基础设施建设等社会公共活动。同时，国有资本进入市场的流动状态还要服从政府的政策安排，实施"有进有退"，并不需要全方位覆盖国民经济的所有行业领域，但应该全方位进入提供公共产品或者准公共产品的行业领域。

（三）国有资本的表现形式

按照存在形式的不同，国有资本可以分为货币资本、实物资本、金融资本、无形资本。

一是货币资本。货币资本是指可以用来投资，以实现价值增值目的的货币，包括现金、银行存款等。货币资本是资本符号中的一种，只有转化为实物资本、金融资本时才能实现自身的增值。当国有资本处于静态的货币形式且并没有投入市场运营时，其只是一种资金，或称为潜在的资本。它可以转化为实物资本，也可以转化为金融资本，而这种转化的方向取决于投资经营者的意向并且这种转化并非单向进行的，在货币资本转化为实物资本或金融资本的同时，实物资本或金融资本也可以向货币资本转化，因此货币资本更具灵活性。然而货币资本也容易因通货膨胀导致的货币贬值而发生无形的损耗。

---

① 赵万一：《民法概要》，187页，武汉，华中科技大学出版社，2014。

二是实物资本。实物资本是指以实物形态存在的资本，包括厂房、设备、原材料等。为了实现保值增值的目的，实物资本更多地表现为一种需要多次投入或者连续投入的资本。国家投在机器、设备、厂房、土地上的资本具有"凝固性"，如果不进行变卖或转变，投入的资本不能收回，但通过多次投入或连续投入，不断创造利润，同样能实现增值。此外，实物资本不仅易受自然因素而发生有形损耗，也会因市场因素而发生无形损耗。

三是金融资本。金融资本是指投资于金融工具中的各种资本，包括股票、债券、期货以及发放的贷款等，是一种风险与收益对称的资本。股票的特点是高收益与高风险并存，债券的特点是低收益与低风险并存，而且金融资本是以货币资本和实物资本为基础在金融市场中衍生出的一种资本，具有较强流动性、变现性、替代性，是经济活跃的特定产物和显著标志。

四是无形资本。无形资本是指无固定可辨别形态的一种非货币性资本，其具有广义与狭义之分。广义的无形资产可以用货币估价并可以进行依法转让，包括土地使用权、长期股权投资、专利权、商标权等，因为它们没有物质实体，而是表现为某种法定权利或技术。但是，会计上通常将无形资产作狭义的理解，即将专利权、商标权等称为无形资产。

二、中国国有资本的外延界定

国有资本与国有企业、国有资产的概念关系密切。首先，三者在概念与内涵上存在区别。国有资本属于资本范畴，具有资本的属性。国有企业是企业法人，是经济活动的组织者。国有资产则是一种静态的"物"的概念。其次，三者在表现形态上存在区别。在现代企业制度下，国有资本的表现形态为所有者权益，即公司的股权。国有企业则是独立的法人，国家拥有国有企业的所有权，而国有企业拥有法人财产权。国有资产则是国有企业利用国家投资所购买的经营所需的各种机器、设备、厂房、原料等。最后，三者在运动方式上也存在区别。资本具有增值运动的根本属性，必须通过运动实现增值。国有企业的运动主要是一种经济组织活动，以生产商品或劳务的经济组织活动，可以以营利为目的，也可以不以营利为目的，如提供公共服务的国有企业。而国有资产更多的是一种静态的"物"，不具有运动属性，是被动地被国有企业或政府部门进行资源配置的对象。三者存在区别的同时又具有密切的联系。三者通过所有者关系紧密联系在一起，国有资本表现国有企业的股权，由国家所有。国有企业拥有企业用于生产经营所需的机器、厂房以及原材料等资产所有权。在形成方式上看，一定条件下，国有资产可以转化为国有资本。

(一)国有资本与国有资产

国有资产的外延大于国有资本,它是国有资本、其他积累和负债的总和,而国有资本的真正含义是,资产减去负债后的"净资产"所有权。[1] 具体言之,二者主要有以下区分:从概念上看,国有资本是一种价值概念,因其具有资本的一般特性,其直接与利润挂钩,两者之间存有必然性。而国有资产是一种经济资源,其和利润之间不具有必然性,只是具有带来预期经济效益的能力。从管理对象来看,国有资本管理从事的是资本运营,侧重于管股权,以实现资本保值增值作为根本目标,而不再是具体管理企业组织,进而赋予了企业具体的生产经营活动的自主性和能动性。而国有资产管理从事的是业务经营,侧重于管企业,直接对具体的企业组织进行管理,以保证国有资产的有效利用。从管理方式来看,两种管理都是依靠经济手段和行政手段并行的方式进行,但是两者对各手段的依赖程度不同。国有资本的管理,更多依赖的是经济手段,通过资产重组、企业购并、债务重组、产权转让、参股控股等方法,调节各生产要素,使企业内部配置不断优化,从而保持国有资本不断增值,具有市场经济的特征。而国有资产的管理,则更多依赖的是行政手段,通过法规法令、暂行条例、试行办法,规范国有资产使用单位的生产经营活动,其行政管理色彩较浓。

我国国有企业改革中,国有资本的这种说法从本质上而言比国有资产更具科学性,因为对国有企业来说,国有资产的概念更能反映出计划经济的特点,国有资本概念的使用则更多地反映了市场经济的特点。首先,在经济学中,企业资产一般指企业所拥有的所有财产,包括资本和负债。资产和资本这两个词的意思在经济学中有明显的区别,若过分强调国有资产在国有企业改革中的作用将容易导致人们的思维陷入将"做大国有企业"等同于"扩大国有企业资产规模"的泥沼中,进而忽视了资本金的补充,最终导致国有企业出现高杠杆的情形。[2] 其次,资产的概念反映了物理形式的企业财产形态,与资本反映的是企业财产的价值形式有所不同。企业资产是指企业拥有的机器设备、原材料、半成品、制成品、货币、票据、证券等各种形式的财产。企业资本属于企业财产所有者的财产价值,并不完全以实物形式出现。市场经济中经济运行的基本特征是价值的运动,国有资本

---

[1][2] 参见徐忠:《新时代背景下中国金融体系与国家治理体系现代化》,载《经济研究》,2018(7),6页。

概念正好符合市场经济中的经济运行规律。最后,资本概念具有价值增值的含义。在计划经济时代,国有企业本质上不是企业,企业的经济职能局限于单纯的生产和销售,不追求利润目标,这就是说,国有企业的财产属于资产性质,不具有资本的本质特征。在市场经济条件下,国有企业成为在市场竞争中追求赢利的真正意义上的企业,国家在国有企业中投入的资产具有资本的性质,属于国有资本的范畴。

(二) 国有资本与国有财产

对财产的概念有广义与狭义的区分,广义的财产是指具有价值和使用价值的财产或直接能给主体带来一定利益的权利,其可以分为固定形态的财产和非固定形态的财产。[①] 基于此,国有财产的外延也应当包含国有资本。进一步说,从概念本质上讲,国有资本是一种资本,处于无休止的运动中,不断实现自身增值;国有财产是一种财产,处于静止的状态,其与利润不具有必然的联系,甚至还可能由于自然因素、经济因素等而被贬值。从承担职能上讲,国有财产和国有资本所承担的职能具有云泥之别,国有财产在某种层面而言是为国有资本服务的,旨在打造一个公平的社会环境以供国有资本有尽情发挥的空间;而国有资本的存在目标和功能在于通过各种经营活动,实现自身资产的保值增值,通过自身直接创造财富来增加社会财富,两者之间是一种服务与被服务的关系。从使用状态上讲,国有资本由国家或政府依法委托给经营者进行经营,投资领域可以进入竞争性行业领域,只是该行业领域中国有资本的运营必须遵循公平原则,不因其所有主体的特殊性而获得特权,同时虽然国有资本的运营受到监管,但又赋予了经营者一定的自主性。而国有财产是由国家所有,但并未进入生产经营领域,也就谈不上"与民争利"的问题,其使用受到国家和社会的监督,受到较多的限制。

三、国有资本的功能

国有资本在市场经济中的存在,从某种角度上来说具有内生性,不以任何人的意志为转移。国有资本所发挥的功能与社会体制和社会需求密切相关,故国有资本的功能在不同社会体制下存在差异并随着国家政策和社会需求的变化而不断演化。在经济全球化的今天,资本主义体制下国有资本的功能与社会主义体制下国有资本的功能呈现逐渐趋同的规律,我国

---

① 参见郑国洪:《国有资产管理体制问题研究》,1页,北京,中国检察出版社,2010。

国有资本功能也在不断向成熟市场经济条件下的国有资本功能对齐。[①]

(一) 国有资本功能的演变

资本主义市场经济下的国有资本发挥的功能与当时所处的时代和社会需求密切相关。从自由资本主义时期到后金融危机时期，国有资本在资本主义市场经济下扮演着越来越重要的角色。

1. 资本主义体制下国有资本功能的演变

第一，自由竞争资本主义时期国有资本的功能。从17世纪中叶开始，西方国家陆续进入了自由资本主义时期。在这个时期，以古典政治经济学为代表的西方自由经营主义提出了"自由放任"的口号，排斥国家对市场经济的干预，要求资产阶级作为一种独立的力量登上历史舞台。在自由竞争资本主义时期，国有资本的主要功能就是保证市场的自由经营，不予干涉。这个时期，国家利用国有资本干预市场经济的理论还处于萌芽阶段。

第二，垄断资本主义时期国有资本的功能。资本主义进入垄断时期后，市场的自我调节并不能遏制金融危机的频繁发生。在20世纪30年代西方爆发的金融危机期间，自由经营的经济学理论难以自圆其说，以凯恩斯为主的国家干预经济理论得到了空前的发展。这一时期，也是国有资本在资本主义体制下开始发挥重要作用的时期，国家引入国有资本来解决"市场失灵"以及"市场不足"的问题，以缓解金融危机造成的不良后果。

第三，近代资本主义体制下国有资本的功能。经历了金融危机的西方资本主义国家深知市场不是万能的，市场无法克服自身的局限性，西方国家逐步实行国家干预经济的举措，逐渐开展国有化运动，国有资本的功能开始扩展，向着国家基础产业迈进。随着国民经济的不断发展和科技的不断进步，国有资本投入的行业也在不断变化，除了一些涉及国家主权与国家安全的重要行业由国家完全控制外，国有资本渐渐从一些已经发展成熟的行业慢慢退出。

第四，后金融危机背景下国有资本的功能。2008年美国次贷危机的爆发，引发了国际"金融海啸"，经济衰退笼罩着全球各个国家，国际经济大幅萎缩，失业率迅速增长。金融危机后，各国出台的救市政策赋予了国有资本新的内涵和功能。具体表现为，世界各国都加强了政府的宏观调控，通过直接向金融机构注资，帮助中小企业融资，大规模减免税费，实施积极

[①] 参见李大勇、孙国辉、崔新健：《关于国有资本功能的研究》，载《中央财经大学学报》，2005(2)，43页。

的就业促进政策,等等。为了促进经济的复苏,政府还通过投入国有资本的方式加强对市场的控制,调节市场秩序。此时,国有资本在引导经济发展方向、帮助私人企业渡过难关和保障人民正常就业生活等方面发挥了重要作用。

2. 社会主义体制下国有资本功能的演变

社会主义体制下的国有资本不仅是政府对市场进行宏观调控的手段之一,也是促进经济增长的重要助力。同时,社会主义体制下的国有资本还是社会主义公有制的基础,是实现广大人民群众根本利益的重要途径。以我国为例,我国作为典型的社会主义国家,国有资本功能的演变反映了社会主义体制下国有资本功能的演变。

第一,计划经济时期国有资本的功能。在计划经济时期是没有"国有资本"这个说法的,受苏联政治经济学的影响,对马克思主义理论的理解仅从政治的角度去分析,因而把"资本"看作是资本主义专有的概念。但是在商品生产的前提下,客观上无法避免资本的实质存在。当时作为国有资本载体的国有企业以及形成的国有经济"一支独大",在国民经济中发挥着重要作用。但当时的国有资本实质上主要发挥着"巩固社会主义体制"的政治作用。

第二,社会主义市场经济条件下国有资本的功能。1992年,党的十四届三中全会明确提出了建立社会主义市场经济体制的若干问题,并指出"建设社会主义市场经济体制,就是要使市场在国家宏观调控下对资源配置起基础性作用"。为了达到这个目标,国家通过控制国有资本的运营来调整国有经济的布局,优化产业结构。国有资本发挥其引导功能,引领私人资本在基础产业和基础设施领域的投资。随着"全面建设小康社会"的推进,国有资本逐渐从传统的工业领域退出,重点聚焦在高新技术产业和关系国计民生的重要产业。"十二五"规划提出"要把战略性新兴产业培育成我国先导性、支柱性产业,大型国有企业在战略性新兴产业发展中承担着新的历史重任"。国有资本的运营成为国家实现战略性目标的手段。党的十八大报告提出的推动国有资本更多地投向关系国家安全和国民经济命脉的重要领域和行业,国有资本的运营成为不断增强国有经济的活力、影响力和控制力的重要途径。2015年,关于推进国有企业改革,习近平总书记提出了三个"有利于",其中包括"有利于放大国有资本功能",即国有资本的功能还将继续扩大。从国内市场来说,国有资本带动着其他的资本,包括私人资本等非国有资本共同建设我国的经济,促进我国经济高速增长;从国际市场来说,国有资本是增强本国产业竞争力的有利助手,也是促进经济全球化的推动力,这也是正常外交活动所不能企及的。从国家层面来说,国有资本是国家对市场经济进行宏观调控的有力手段;从国民的角度来说,国有资本是社会福利的根本保障,是提高国民生活水平的必要保证。

总的来说,资本主义国家的国有资本从本质上还是为垄断资本家服务的,资本主义体制下国有资本的功能主要是为了弥补市场的缺陷,其调节的范围和领域十分有限。社会主义体制下国有资本属于全体人民所有,它是具有经济功能、政治功能、社会功能、生态功能的综合体。在经济全球化的今天,特别在2008年金融危机后,各国的联系越来越紧密,资本主义国家纷纷加强国家对市场的宏观调控,扩大国有资本的功能和影响力,国有资本在不同体制下的功能逐渐融合。

(二)我国国有资本的功能定位

部分学者指出,在过去很长一段时间内,国有资本主要有对"市场失灵"的纠正、对"市场不足"的弥补、实现资源配置微观效率的最大化、促进经济结构更加优化、维护国家战略利益的实现这五个方面的功能。[①] 结合我国特殊国情,我国国有资本的功能主要体现在以下几个方面。

一是在经济功能上。首先,国有资本有助于解决"市场不足"或"市场失灵"的问题。市场经济避免不了"市场失灵"现象,换言之,由于市场垄断、公共产品供给、外部效应、信息不对称等因素的存在,导致市场对资源的调整和配置失败,无法实现资源的最优配置,即无法实现纳什均衡[②]。一般来说,"市场失灵"有两种解决方式:一是政府直接对市场主体的行为和市场运行机制进行直接干预;二是通过国有资本的引入,直接组建国有企业等手段,对市场失灵加以矫正。这两种解决方式均属于国家对经济的宏观调控的范畴。需要指出的是国有资本的引入并不能完全解决市场不足和市场失灵问题,其最主要解决的是市场失灵中自然垄断与公共产品供应不足的问题。例如,电力、化工、煤炭、石油、钢铁等有一定自然垄断特点的基础工业部门,很少有私人资本有足够的规模可以经营或即使私人资本有足够规模能够经营,但易出现垄断现象,因此只能由国家进行投资与经营。同时,一些具有公共性的事业,比如公路、邮政、自来水等,这些行业具

---

① 参见李大勇、孙国辉、崔新健:《关于国有资本功能的研究》,载《中央财经大学学报》,2005(2),45页。

② 纳什均衡是一种策略组合,每个参与者各自选择策略,一旦实现纳什均衡,任何参与者都不在企图改变策略。参见[美]戴维·M.克雷普斯:《博弈论与经济模型》,邓方译,22页,北京,商务印书馆,2018。

有服务性与社会公益性,但由于投入大、回报少,以营利为目的的私人资本几乎不会介入,此时国有资本就发挥了其弥补市场缺陷的优势,通过对这些行业的投资来确保市场的完整性。其次,国有资本利于保持国家经济的稳定、引导经济的发展。国有资本投入市场能够有效引导和促进经济的增长,主要体现在提高产业竞争力与促进技术进步两个方面。一方面,在一些行业设立国有企业与私人企业相竞争,不仅能促使双方为争取更多的市场份额而不断改革,还能吸引更多的投资者向该行业投资建立更多的企业以满足市场需求,引导行业的经济动向,拉动经济的增长。另一方面,在高质量发展阶段,经济发展对企业社会责任提出了新的需求,而这些新要求是非国有企业较难达到的,而国有企业在其中将发挥更大的作用。[1] 例如很少有私人企业有能力为了促进技术进步而投入大量的私人资本来购买先进的设备、做科技研发、对劳动者进行全面的职业培训等,而国有资本相比于私人资本具有规模大、投入集中的优点,可以通过对高新技术产业的投资,设立科技研发专项基金等方式推动科技的进步。科技的进步能够有效提高生产效率,并促进经济的增长。最后,国有资本利于调控国民经济运行,调整经济结构。无论是在发达国家还是发展中国家,国有资本的功能之一就是调控经济。政府通过把国有资本投入市场来扩张社会需求,创造就业的机会,并促进经济的增长,政府还可以依照制定的产业结构、经济结构调整计划,通过国有资本的运营进而引导社会资本向调整计划中的优先发展产业集聚,以此来调整和优化产业结构。

二是在政治功能上。首先,社会主义公有制的实现离不开国有资本的保驾护航。在社会主义市场经济中,国有企业资本的社会属性是建立在生产资料的社会主义公有制基础上的。[2] 也就是说,生产资料的公有制是社会主义公有制的一个基本特征。其次,国有资本保证法律面前人人平等,国有资本亦平等地为全体人民共同所有,在这个基础上,每个人拥有平等的经济地位。经济基础决定上层建筑,拥有平等的经济地位是拥有平等的政治地位的前提与保障,国有资本给予人民平等的经济地位的同时,也保证了人民拥有平等的政治地位。最后,国有资本维护国家主权、保障国家安全。国防、军工等关系到国民经济命脉的战略性产业以及关乎国计民生、涉及国家主权的重要产业,通过国家实行专业经营,是确保国家主权与

---

[1] 参见曾宪奎:《我国与资本主义国家高质量发展的比较研究》,载《贵州社会科学》,2019(4),115页。

[2] 参见李琳、陈维政:《企业国有资本内涵的演化与价值的决定》,载《中国地质大学学报》(社会科学版),2011(3),65页。

维护国家安全的重要手段。

三是在社会功能上。首先,国有资本对公共设施和基础设施的投入,满足了人民的生活需求,提高了人民的生活水平。其次,国有资本能够维持市场经济的稳定,促进经济的增长,因而提供了更多的就业岗位和就业机会,减少了失业的几率,促进了社会的和谐发展。再次,合理确定国有资本投资行业和企业的总体收入水平,通过对国有资本运营的调控,合理调节社会各阶层收入水平,有利于缩小贫富差距,引导社会分配体系的健康稳定发展。最后,国有资本是社会福利、社会保障的基础,通过养老保险、医疗保险、失业保险等方式,为人民的生活提供保障,缓解人民的生活压力。

四是在生态功能上。无论是发达国家还是发展中国家,国有资本的功能之一就是弥补其他私有资本不愿进入的领域的空缺,如前所述的自然垄断领域、公共产品领域等。同样,由于生态环境领域的无偿性、长期性与资本的逐利性、短期回报性相矛盾,以营利为目的的私有资本基本不会介入生态环境领域,国有资本是介入生态环境领域最合适的也是唯一的形式。同时,作为国有资本的管理者,政府部门可以有效制定环境保护计划并通过国有资本运营的形式得到执行。所以,通过国有资本的投入来实现生态保护是国有资本新时代功能之一,也是国有资本相比于其他资本的优势所在。

第二节　国有资本运营之理念选择:市场经济与共同富裕

国有资本运营行为的出现是对传统国有财产流转模式的创新发展。为使国有资本运营获得正向优化,树立科学合理的国有资本运营理念是必要的。确立国有资本运营理念受较多因素影响,其中运营行为性质、传统运营理念的基本内容以及新时代的特殊需求皆与之相关。究其实质,对传统落后运营理念的扬弃,对现存积极运营思维的吸收,是新时代国有企业资本运营理念重塑之必由之路。

一、国有资本运营理念在市场经济中的形成与发展

2021年党的十九届六中全会审议通过的《中共中央关于党的百年奋斗重大成就和历史经验的决议》将"必须坚持和完善社会主义基本经济制度"上升为习近平新时代中国特色社会主义思想的"十个明确"之一,再次凸显了基本经济制度的重要性。该决议还指出,中国共产党高度重视和加强对经济工作的战略谋划和统一领导,完善党领导经济工作体制机制。坚

定支持国有资本和国有企业做强、做优、做大,建立中国特色社会主义现代企业制度,增强国有企业经济竞争力、创新力、控制力、影响力和抗风险能力。可见,公有制经济与市场经济的匹配和高效融合是目前中国一直致力于澄清和解决的问题,也是新时代高质量发展的现实需求。国有资本作为公有制经济的重要组成部分,公有制经济与市场经济的匹配与融合程度直接影响国有资本运营理念和运行行为性质的生成与定位。

细致梳理公有制经济与市场经济融合过程,学界长期存有公有制经济与市场经济不相容理论,而这一理论来源于20世纪初社会主义经济核算大论战。20世纪初,当时大多数人们认为社会主义只能是计划经济,为此展开社会主义经济大核算的论战。一方典型代表是奥地利学派经济学家米瑟斯,他发表的《社会主义共同体的价值计算》论文,以及《社会主义》一书中系统阐述了市场经济条件下通过价格反映商品价值和供需关系,在计划经济视阈下取消市场经济、取消货币和商品交换,使得许多经济现象无法得到有效观察,严重扰乱经济生活。而另一派则以波兰经济学家兰格为代表,他在《社会主义经济理论》中提出,社会主义在没有市场价格的情况下,仍然能够进行科学合理的经济核算。兰格认为可以通过"试错法"得到"正确的均衡价格",从而实现资源的优化配置,而这一切的关键在于中央计划部门求解一组均衡方程组。[①] 从两种学派观点冲突中可以发现,争议的核心在于公有制经济资源配置的效率问题,即效率原则是否重要,效率原则如何在市场经济中呈现。这一论争的观点直接影响到国有企业的发展路径,甚至在某种程度上根本决定了国有企业内部职能主体权利与义务之基本设定。

新中国建立之初,各行各业资源亟待整合与发展,我国首先开展了建立社会主义公有制的路径探索,国营企业在党和国家的大力支持下,迅速发展并取得绝对的主导地位,计划经济充斥着我国经济的各个领域。这时的国营企业财产主要有三大来源:没收官僚资本企业、接管外资企业、原解放区公营企业,其中没收官僚资本企业所占比重最大。1949年,工业总产值中国营部分仅占26.25%,集体部分占0.50%,私营经济、个体经济、公私合营等占73.25%;之后经过对私营工商业的社会主义改造,到三年国民经济恢复时期结束时的1952年,工业总产值中国营占比已从26.25%增加到41.54%,集体部分占3.26%,私营经济、个体经济、公私合营等占

---

① 参见杨春学:《"社会主义经济核算争论"及其理论遗产》,载《经济学动态》,2010(9),91-100页。

55.20%；1957年工业总产值中国营部分占53.77%，集体经济占19.03%，私营经济、个体经济、公私合营等占27.20%，国营经济占绝对优势；1958年底，国营工业产值占89.17%，集体经济占10.83%。[1] 据此可知，此时大部分企业由政府直接创设，国有企业实质上属于行政机关的内设机构，企业运营各个环节皆由国家决定，一切行动皆以行政机关的意志为根本遵循。此时的国有企业只是国家分散在全国各地的生产车间。[2] 那时国有企业运营理念主要是符合国家政策导向，以国家利益至上，效率理念并不占据显著地位，公有制经济与市场经济并不完全契合，市场经济蜷缩在不起眼的角落。

面对国有企业体制机制僵化，国内经济陷入泥淖，国有企业的发展难以突破内部与外部环境的桎梏。此时党的十四大的召开以及邓小平同志的南方谈话，将之前的经济体制改革目标锁定为"建立社会主义市场经济体制"，甚至党的十四大报告中首次提出"国有企业"的概念，以此替换了文件规范中长期使用的"国营企业"称谓。从"国营企业"到"国有企业"，不仅仅是一种名称的变化，更多意味着在国有企业已不仅仅局限于全民所有制企业，更多还体现在公司、上市公司的基本概念之中。[3] 这一时期的国有企业主要是按照现代企业制度之基本精神建立健全企业内部治理制度。2003年10月，党的十六届三中全会《关于完善社会主义市场经济体制若干问题的决定》正式提出要"建立归属清晰、权责明确、保护严格、流转顺畅的现代产权制度"，希望建立更加科学的政企关系，以及明晰的产权制度促进法人治理机构更为高效。2005年，中央启动了股权分置改革，通过引入市场化激励约束机制、搭建利益平衡协商机制，构建有效的外部监督与自我约束机制，进一步完善了国有企业法人治理结构。不过此阶段的体制改革仍然处于初步的探索期，改革举措成效起伏比较大。于是出现个别观点认为，改革开放以来，国有企业效率持续下降，并且从不同所有制企业与国有企业之间数据指标中得出国有企业低效之价值判断，[4]国有企业为代表的公有制经济一直被指责为"低效率""搞垄断"。当然这一观点被实践所否定，国有企业运营理念的转变确实显著提高了企业运营效率，大部分国

---

[1] 参见《中国工业经济统计年鉴》(1995)。
[2] 参见黄茂兴、唐杰：《改革开放40年我国国有企业改革的回顾与展望》，载《当代经济研究》，2019(3)，21-31页。
[3] 参见武常岐、钱婷、张竹、轩宇欣：《中国国有企业管理研究的发展与演变》，载《南开管理评论》，2019(4)，69-79页。
[4] 参见樊纲：《论体制转轨的动态过程——非国有部门的成长与国有部门的改革》，载《经济研究》，2000(1)，11-21、61页。

有企业逐渐享受到运营理念转变带来的红利。国有企业作为公有制经济的典型代表,给我国社会主义市场经济的繁荣与中华民族振兴提供了巨大的物质基础。当然我们也应当看到国有企业在运营过程中依然遭遇较大困境,即前文所述国有资产与国有资本之间的模糊定位引致国有财产流失严重,对《中华人民共和国公司法》(以下简称《公司法》)所强调的资本维持原则形成巨大的冲击,加剧社会贫富之间的差距,社会不稳定因素显著增加,似乎效率优先兼顾公平原则在国有企业内部中应用失灵。

党的十八大之后,中国特色现代国有企业制度建设迈入了高速发展的快车道。此阶段的主要任务是做好顶层设计,全方位推进国有企业制度建设。2013年11月,党的十八届三中全会《关于全面深化改革若干重大问题的决定》重新确立了市场的作用,把市场在资源配置的"基础性作用"修订为"决定性作用",指出国有企业未来的改革方向应着重于积极提振混合所有制经济,国有资产监管应当以资本监管为主。[①] 推动国有企业制度不断完善;建立健全国有企业法人治理结构、职业经理人制度,最大限度企业家精神、企业家制度,以及深化企业内部劳动、人事和分配制度改革等现代国有企业制度的具体要求。随后中央出台的《关于深化国有企业改革的指导意见》(下文简称《指导意见》)等系列文件(俗称"1+N国企改革政策"),更进一步对加强党的领导、完善企业法人治理结构的具体路径、着重员工持股、推进分类改革与考核等内容给出了指引。需要特别指出的是,利用混合所有制改革的方式,强化国有企业公司法人治理结构的质效是新时代高质量发展的重要特点。应当说,混合所有制在党的十八大之后,被推上了历史最高位。2015年9月,国务院发布《关于国有企业发展混合所有制经济的意见》直接指出:近期混改呈现出新特点。其一是把引入资本与机制转化相结合,把多元化产权与优化企业法人治理结构相结合,推动国有资本高效配置,建设国际国内一流国企。其二是坚持从实际出发,根据实际情况精准施策,政府引导,市场化推动,在电力、石油、天然气等领域作出实质性改变。其三是通过混改,优化政企关系、政商环境,实现"管企业"向"管资本"的根本转变。中央还明确要在国有传媒企业、军工企业等探索实行国家特殊管理股制度,以改善这类企业的治理效率。由此可见,国资委需要通过企业资本行使自身的法定权利,行政机关与国有企业的距

[①] 参见2017年国务院办公厅转发《国务院国资委以管资本为主推进职能转变方案的通知》指出,以管资本为主加强国有资产监管,以提高国有资本效率、增强国有企业活力为中心,明确监管重点,精简监管事项,优化部门职能,改进监管方式,全面加强党的建设,进一步提高监管的科学性、针对性和有效性,加快实现以管企业为主向以管资本为主的转变。

离再次拉长,同时基于资本的逐利性与交易的便利性,国有企业的营利属性得以强化,国家的市场经济基础得到最大程度的稳固。实践中为了设计"管资本"的整体战略制度,国家还催生了一批国有资本投资、运营公司。①可以说,此阶段国有企业运营从根本上由资产运营转化为资本运营,由此产生的国有资本运营理念在效率优先兼顾公平基础上,效率理念导向性更强,所受重视的维度更高。

党的十九大和党的十九届四中全会更加明确地强调了发展混合所有制经济、完善中国特色现代企业制度、形成以管资本为主的国有资产监管体制等国有企业改革的核心内容。新时代对国有企业改革的顶层设计是对自1992年之后长达20年现代国有企业制度建设经验总结的升华,也是中国特色现代国有企业制度建设新阶段的基本遵循。

综上所述,从公有制经济与市场经济融合的过程中,国有企业运营方式、运营客体、运营理念发生较大程度的变化。国有企业运营方式历经行政机关性国有企业→国有企业市场化改造(国有独资公司、国有控股公司)→国有资本运营公司;国有企业运营客体从国有资产运营→国有资本运营;国有企业运营理念由国家财产运营的绝对分配公平→国有资产运营效率优先兼顾公平→国有资本运营效率的相对主导兼顾公平。可以说,效率优先兼顾公平视域下国有资本运营绩效获得可视化进展。但是基于资本逐利性极强、流转性较高,使得国有资本运营逐渐与科学理性的分配模式相分离,尤其是国有资本运营过程中创出大量财富由少数人占有,社会贫富差距逐渐拉大。大部分劳动者占有的少数财富已然不能使得社会上的资产进行流转,劳动者财富占有之落差累积成了负面情绪已经开始冲击市场经济基本制度,这与中国特色社会主义市场经济振兴需求相异,新时代呼唤更新国有资本运营理念,以此矫正异化的运营制度。

二、共同富裕视阈下国有资本运营理念的更新

在中国共产党百年坚强领导下,中国特色社会主义市场经济发生重大变化。例如人工智能技术推动形成数字经济、公有制经济与私有制经济科学混合对所有制结构产生显著影响等。基于"经济基础决定上层建筑"的基本思路,国有资本运营理念亦需要发生显著变化。共同富裕理论是未来国有资本运营的指导理论,共同富裕理论有力回应了现阶段国有资本运营

---

① 参见杨瑞龙:《探索国有制与市场经济相兼容的中国特色改革道路》,载《中国人民大学学报》,2021(3),10—14页。

所面临的众多矛盾与现实障碍,有助于更新国有资本运营理念,提升中国国有企业在全球市场的创新力、竞争力。

(一) 马克思主义关于共同富裕论述的观点疏解

马克思恩格斯指出,在未来的新社会中,社会生产力的发展将如此迅速……生产将以所有的人富裕为目的。① 通过社会化生产,不仅可能保证一切社会成员有富足的和一天比一天充裕的物质生活,而且还可能保证他们的体力和智力获得充分的自由的发展和运用。② 即是说,未来社会主义(共产主义社会)必然会消灭剥削,消除两极分化,实现共同富裕。除此之外,马克思还深入解析人们财富差异化积累,收入分配不均的根源。他们的观点认为,财富积累的差异化或者收入分配的不均衡,并不是人们主观意愿或者国家政策决定的,而是由生产的一定社会形式以及经济关系所决定的。具体来说,根据马克思的相关论述,决定财富积累、收入分配主要由两种分配制度所决定:其一是产品或个人的收入分配制度;其二是收入分配制度的所依的根本制度——生产条件的分配制度。细致审思这两种制度,有利于解构共同富裕理论的基本要素。

从产品或个人的收入分配制度而言,它是决定人们财富积累与收入情况最为直接的因素。在马克思、恩格斯的相关著述中直接指出,在资本主义制度下,主要是采取按资分配的方式,资本家无偿占有劳动者为企业创造的剩余价值,劳动者只能通过向企业提供劳动获得固定工资而不能分享剩余价值所形成的利润。资本家通过剩余价值形成的利润进行下一轮投资扩产占取新的剩余价值,转化为新的资本。此时资本家不仅仅是资本的总量不断在扩大,其占有剩余价值所形成利润的数量同比增长。这就形成了资本主义基本的运行规律:生产资料占有者(资本家)越来越富有,而提供劳动力(劳工)则越来越贫困,财富两极分化的程度越来越大。社会主义经济制度与资本主义经济制度相反。在社会主义经济制度理论的预设中,一直秉承"各尽所能、按劳分配"。具体而言,在社会主义经济制度中,分配方式排除通过占有生产资料所有权的方式进行分配,而是采用劳动者提供劳动的多寡以及质量高低作为分配个人消费品多少的标准。马克思精辟地指出,每一个生产者,在作了各项扣除以后,从社会领回的,正好是他给

---

① 参见《马克思恩格斯全集》(第46卷),743页,北京,人民出版社,2009。
② 参见《马克思恩格斯全集》(第5卷),222页,北京,人民出版社,1980。

予社会的。他给予社会的,就是他个人的劳动量。① 当然马克思也指出每一个劳动者,其劳动能力、提供劳动产品的质量皆存在差异,因而每一个劳动者获得个人消费品的多寡也存在差异,形成财富与收入分配的差异,但这种收入分配差距与资本主义基础上形成的收入分配差距显著不同。社会主义强调社会、个人的物质与精神需求之完善是一个动态的过程。在社会主义发展阶段,必然会存在形式上的平等与事实上的不平等,但这都是发展固有的"代价",随着社会主义迈入最终阶段——共产主义社会,在共产主义社会中每个人都能按需分配全面发展,促进每一位劳动者获得全面发展是基本的制度要求,此时绝对的分配公平得以确立。可见,社会主义是严格遵循按劳分配基本原则的,消灭剥削实现共同富裕的也必须严格遵循按劳分配制度。申言之,按劳分配制度是实现共同富裕的目标的必由之路。

从生产资料所有制来看,它是决定财富积累与收入分配状况的根本制度条件。马克思指出,消费资料的任何一种分配,都不过是生产条件本身分配的结果;而生产条件的分配,则表现生产方式本身的性质。例如,资本主义生产方式的基础是:生产的物质条件以资本和地产的形式掌握在非劳动者手中,而人民大众所有的只是生产的人身条件,即劳动力。既然生产的要素是这样分配的,那么自然就产生现在这样的消费资料分配。如果生产的物质条件是劳动者自己的集体财产,那么同样要产生一种和现在不同的消费资料的分配。② 换句话说,社会主义强调的是逐渐消除生产资料私有制,而逐渐实现生产资料人民共有。这就彻底颠覆生产资料被特定个人或团体占有,并以此享受资本所带来的丰厚利润的发展方式,劳动者积极创造财富,而财富因为生产资料为全体人民共有,致使基于生产资料形成的财富最终也流向于全体人民,这为共同富裕奠定了丰富的制度基石。

(二)国有企业运营理念对共同富裕理论的吸收与创新

共同富裕理论根植于马克思恩格斯经典理论之中,但任何理论的运用皆需要结合本国国情。共同富裕的成功实践源自中国共产党的百年探索。从新中国成立之初到新时代,我国对共同富裕理论的吸收与创新历经四个阶段。其一是理论初探期。中国共产党成立之初,毛泽东同志带领人民走

---

① 参见《马克思恩格斯选集》(第 3 卷),304 页,北京,人民出版社,1995。
② 参见上书,306 页。

上民族独立之路。尤其是新民主主义时期,毛泽东同志就深刻认识到当时陈旧的经济基础与落后的上层建筑深深阻碍民族独立,使中国陷入水深火热之中。毛泽东同志经过考察农民运动的基本规律,发现土地是形成农民问题的根源。于是毛泽东同志带领中国共产党开展了轰轰烈烈的"打土豪、分田地"运动,使得农民有其田,可以说这是新中国成立后共同富裕的第一次尝试。其二是"同步富裕"时期。1953年毛泽东同志首次在《中共中央关于发展农业生产合作社的决议》中使用"共同富裕"的表述。[①] 此时期确立的"共同富裕"对于减轻贫富差距两极分化有正向作用,但也因为对生产力发展水平认识存在误差,致使"共同富裕"陷入"同步富裕"的泥淖之中,全国经济发展踏入"大锅饭"的窘境,劳动人民的生产意愿被明显挫伤。其三是先富带后富,更加注重公平时期。为深入总结过去共同富裕理念与道路的经验与教训,以邓小平同志为代表的共产党人,重新观察梳理生产力与生产关系之间的客观规律,对公平与效率之间的定位进行精致的考量。邓小平同志指出在社会主义制度背景下共同富裕主要意指集体富裕,社会主义制度的目的也是实现全体人民共同富裕。他指出:"如果我们的政策导致两极分化,我们就失败了;如果产生了什么新的资产阶级,那我们就真是走了邪路了。"[②]依据邓小平同志的观点,我们可以直接推断出共同富裕不等于同步富裕。一方面基于生产力与生产关系发展水平,并不存在能让全体人民同时同步迈入共同富裕的物质基础;另一方面共同富裕需要紧紧遵循"先富带后富,实现共同富裕"之基本路径。紧紧发挥效率优先的原则,尽快帮助一部分人先富,而后利用先富人群带动后富。至此,可以说共同富裕理论在中国特色社会主义市场中得以确立。随后"三个代表""以人为本"等思想进一步丰富共同富裕理论,尤其是着重强调二次分配的公平性,加大政策对收入的调解,确保全体人民能够共享成果。其四是新时代时期的共同富裕理念。党的十八大以来习近平总书记根据中国发展的特点以及所面临的真实矛盾,作出了一系列"什么是新时代共同富裕""新时代共同富裕如何实现等问题"的科学论断。习近平总书记提出五位一体的新发展理念,涉及我国政治、经济、文化等多个领域,五位一体新发展理念的实践阐释共同构筑共同富裕实现路径的顶层设计。与此同时,习近平总书记把人民对美好生活的向往作为党和政府奋斗的目标,确保在高质量发

---

① 参见中央档案馆:《中共中央文件选集》(1949.10—1966.5),444页,北京,人民出版社,2013。

② 邓小平:《邓小平文选》(第3卷),111页,北京,人民出版社,2001。

展进程中实现共同富裕。申言之,实现共同富裕要坚持我国基本经济制度,以及建构并完善初次分配、再次分配、三次分配相匹配的基础性制度,最终形成两头小,中间大的橄榄型分配格局。①

按照新时代五位一体的高质量发展理念逻辑,国有资本运营理念理应扬弃原有旧理念,对仍有指导意义的理念进行保留,对陈旧的不符合时代要求的理念进行抛弃。

其一,新时代国有资本运营理念仍应包含效率与公平两大价值理念。从国有资本本身的概念出发,保值增值是其内生源动力。因而将国有资本"拟人化"处理仍符合"理性经济人"的要求。即人是自利的,人总是趋向自身利益最大化方向前行。"如果不是自利在我们之中起了决定性作用,正常的经济交易活动就会停止。"②人是理性的,通过智识理性人能够基于现有信息作出准确判断。"有理性的人能够辨识一般性原则并能够把握事物内部、人与事物之间以及人与人之间的某种基本关系。有理性的人有可能以客观的和超然的方式看待整个世界和判断他人。"③国有资本作为财产在企业中的技术性转化,效率价值的极致性运用是市场经济的客观要求,也符合国家将国有企业做大做强的预设目标。同时效率价值的实现需要公平予以辅助。一方面公平价值的缺失,效率价值无法得到实现。例如在市场中交易并不遵循权利与义务对等原则,势必一方交易意愿缺失,整个交易将陷入僵化的循环体系,交易的数额、交易的频次显著降低,无法满足市场效率价值的实现;另一方面公平价值的实现,显著增强效率价值的势能。效率价值的充分实现不仅仅是高效财产的流转规则,而是财产的占有、使用、收益、处分均使得各方获得收益的最大值,进而防止交易方挤出与剥削交易对手方。换句话说,公平价值使得各方获益,交易各方能够留存足够的财富用以下一步的财产流转,进而繁荣市场经济。

其二,共同富裕视阈下国有资本运营应当体现安全价值。有学者直接指出,"要做好重大金融风险的防范与化解工作,是维护国家经济利益和人民长远利益的重大任务,对高质量发展与新发展格局构建具有重大意义。……要坚持预防为主、标本兼治、稳妥有序、守住底线的总体思路,健全金融风险预防、预警、处置、问责制度体系,加强宏观审慎管理制度建设,

---

① 参见侯晓东、朱巧玲、万春芳:《百年共同富裕:演进历程、理论创新与路径选择》,载《经济问题》,2022(2),1-8页。
② [印]阿马蒂亚·森:《伦理学与经济学》,王宇、王文玉译,24页,北京,商务印书馆,2000。
③ [美]博登海默:《法理学—法律哲学与法律方法》,邓正来译,454页,北京,中国政法大学出版社,1999。

夯实金融稳定的基础,处理好稳增长和防风险的关系,以经济高质量发展化解系统性金融风险,有效防范化解各类可能出现的风险"。① 国有资本具有政治性、营利性与公益性三重属性,大部分国有企业占据着市场各大关键领域,提供着资金、产品、服务。甚至可以说,国有企业资本运营行为直接影响到人民切身利益,成为市场经济最为基本的底色,因而国有资本肩负政治、经济、文化等领域安全的重大责任。国有企业资本运营行为不畅,运营失败,直接形成"多米诺骨牌"效应,催生金融等各类风险,造成市场震荡,甚至造成国家不稳定。例如国有银行,利用存款投资形成资本进行运营,若该资本运营过程中即使秉承效率与公平的原则,倘若不具有底线性风险思维,一旦运营失败,则生成大量呆账坏账,对市场存贷率、兑付率皆造成影响,严重时甚至会形成大中小型金融危机。

其三,效率、公平、安全需要实现动态平衡。长期以来,我们历经公平绝对优先、效率优先兼顾公平等理念选择。诚然这些理念对当时中国经济腾飞作出了贡献。但通过细致梳理与观察发现,这些理念都是静态的观念。在共同富裕视域下,国有资本运营的理念应当突破传统理念的桎梏,采用效率、公平、安全价值动态协调的运营理念。新时代国有资本运营应当在创新、协调、绿色、开放、共享五位一体的中国发展理念逻辑之下,创造性地打造中国特色社会主义国有资本运营理念。这种理念不应当是静态的,而应当是动态的。原因在于:第一,物质、经济就不再是过去那种非历史的、纯概念的、仅仅与精神和意识僵硬对立着的"逻辑事物",而是活生生的、动态发展着的"历史事物",这种由历史唯心主义向历史唯物主义的反转绝不单纯是"头脚倒立"的逻辑反转,而是历史的、实质的、具体的演进。② 即是说,无论是自然界还是社会生活中所形成的事物都不是一成不变的,而是动态发展的,正是事物的动态发展才共同推进人类社会的进步与繁荣。国有资本附属于人类社会经济高质量发展的时代产物,国有资本运营行为属于人类特有经济交往行为,其运营基本理念理应契合"动态"发展的基本逻辑。第二,从国有资本运营主体存续过程来看,国有资本运营主体"从生至死"展现出事物动态的演变过程。一方面市场中企业的发展呈现出"优胜劣汰"的基本态势,产品符合市场需求、政策导向,则企业做大做强,反之则退出市场。市场主体的"生死存亡"实际就在效率、公平与安

---

① 王爱萍、胡海峰:《新发展阶段我国金融风险的新特点、新挑战及防范对策》,载《人文杂志》,2021(12),99-108 页。

② 参见吴炜、马慧怡:《唯物主义与历史的结合:马克思主义历史概念及其"科学"意义》,载《思想教育研究》,2022(1),59-65 页。

全价值指引下,不断发展演变;另一方面企业发展周期存有准入、运营、退出三大阶段。每个阶段对国有企业的要求是不同的,因而对国有企业每阶段的运营形成的价值需求也应当有所差异。例如国有企业准入(设立)与国有企业实际营运在效率、公平、安全价值方面的需求不同,前者对于公平与安全价值的考量更为深入,而后者则对效率、安全价值的取向更为着重。第三,从国有企业资本运行行为来看,国有企业资本运营行为具有瞬息万变的特性。资本不是资产,自然界抑或社会关系所形成一切可资评估的财富皆可以转化为资本,转化为资本的财富的多样性从本质上决定资本所控制企业的多样性,这进一步要求对国有资本运营理念应当是动态的而非静态的。申言之,应当对不同种类的国有企业、不同经营领域的国有企业运营理念在效率、公平、安全价值取向上有所差异。第四,从国有企业督促制度来看,国有资本运营理念亟须处于"变动"状态。正如上文所述,国有资本运营主体、运营行为以"动"为特质,督促制度作为国有企业运营质效的评价体系,天然具备"动态"本质属性。即国有企业运营督促制度内置的具体原则、规则以三大价值为基石取向反向指引国有企业主体、运营行为之基本构造,促进国有企业快速平稳发展。例如国有企业运营督促制度中的监督制度,就是对国有企业股东会、董事会等展开监督,而基于各个治理主体治理目标的特性、治理行为的差异,其监督制度的价值取向则发生相应的改变。

其四,效率、公平、安全动态平衡之运营理念更为注重公平价值。虽然从最近的政府文件可知我国国内生产总值人均收入已经达到并超过1万美元,但是与西方发达国家相比,我们人均收入仍然有较大差距,离共同富裕之目标还有较远的距离。习近平总书记指出,要在高质量发展的过程中,实现共同富裕。基于此,高质量发展成为实现共同富裕目标的必由路径。换句话说,实现共同富裕既要把利益总量不断做大,同时也要把做大的利益总量切实分好,实现"共同富裕"是一切社会主义的本质,在科学社会主义的层面上,还强调"共同发展"[①]。目前通过实施国有企业分类改革,强化国有企业营利属性,国有企业的经济效益日趋见好,但我国贫富差距也逐渐拉大。例如中国人民银行调查统计司等机构发布《2019年中国城镇居民家庭资产负债情况调查》,高收入家庭的收入与占有资产的数量成正比。该调查组以家庭为基本单元,将总资产占有量从高到低进行排序

---

① 沈斐:《"美好生活"与"共同富裕"的新时代内涵——基于西方民主社会主义经验教训的分析》,载《毛泽东邓小平理论研究》,2018(1),28-35、107页。

发现,20%收入最高的家庭,拥有了全部样板家庭一半以上的资产。其中10%收入最高的家庭户均资产为1204.8万元,与最低收入家庭户均资产相差13.7倍。基于此,目前中国经济的发展,更需要弥合贫富差距,在弥合贫富差距的过程中,弱化各群体之间心理和行为的摩擦,提升民族凝聚力,为实现民族复兴、经济繁荣而不懈奋斗。国有企业作为中国特色社会主义市场经济的基石,承担着实现共同富裕的历史性任务。一方面在国有资本运营三大价值动态平衡的运营理念中,各类国企、各类运营行为的实施以及各类运营制度的构建,应当充分考虑公平价值的实现。需要指出的是,并不是说公平价值在国有资本运营任何时期、任何运营行为均需要特别彰显,而是国有资本运营过程中需要充分考量该资本运营是否对公平价值造成损害,其运营行为是否符合实现新时代共同富裕的基本要求。另一方面国有资本运营过程中公平价值需要特别彰显在分配领域,即应当重点关注分配公平,在三大价值动态平衡的过程中严格落实第一次分配、第二次分配以及第三次分配的公平价值。强化国有资本增值部分在内部股东、高管、职工之间的分配公平,合理引导国有资本实现社会责任,有力助推国有企业实施慈善行为,等等。

综上所述,国有资本运营理念应当秉承效率、公平、安全价值动态平衡之基本理念,在新时代共同富裕的背景下,国有资本运营前、运营中应当效率、安全价值优先兼顾公平价值,强化"国民共进",坚持做大做强做优公有制经济,明确运营行为不得对公平价值造成损害,划定公平价值之基本底线;国有资本运营后应当公平价值优先兼顾效率、安全。国有资本运营全程应确立以民生为导向的发展模式,[①]强调分配公平,促进财富合理流转,推动中国财富结构逐渐形成两头小、中间大的橄榄型收入分配模式。

第三节 国有资本运营的基本原则

国有企业的改革历经了40多年的风雨,国有企业经历了"放权让利""两权分离""建立现代企业制度"等不同阶段,随着我国国有企业改革的不断深入,当下对国有企业的改革进入到了新时代背景下的新阶段,随着市场制度的不断健全、国民经济的持续发展以及共同富裕目标的使命召唤,加之实现中华民族伟大复兴的夙愿已然成为时代的最强音,新时代对国有

---

① 参见程恩富、刘伟:《社会主义共同富裕的理论解读与实践剖析》,载《马克思主义研究》,2012(6),41-47页。

资本运营的要求不断提高。国有资本因其规模庞大、占比突出，对国家经济发展产生巨大的影响，是治国理政和惠民兴邦的物质基础。国有资本对我国的巨大意义难以言状，为避免国有企业改革遭遇"滑铁卢"，实现国有企业的做大做强，在对国有资本进行运营的过程中宜遵循市场规则，按照市场法则做好对国有资本的管理和运营工作，摒弃对国资与民资零和思维关系的认知，协调好国有企业与民营企业之间的关系，构建和谐共生、公平公正的市场竞争环境，最终实现"国民共进"的良好局面；在国有企业与民营企业进行公平竞争的基础上，应坚持国有资本在国民经济中的主导地位不动摇，市场具有非理性性、逐利性，不具有或很难具有自我调节的特质，此时国有企业重视民生福祉，在非竞争性、非排他性领域的公益作用和调控作用便能发挥得淋漓尽致，因此我们应坚持发展国有企业，做大做强国有资本，在国有资本的运营过程中最大限度地实现国有资本的保值增值；在我国国有企业改革之初，主要是解决体制僵化、政企合一、自治权丧失、资产严重流失等问题。为了鼓励员工和企业，政府采取了很多政策来帮助国有企业适应市场经济。在国有企业已经从市场化改革的风雨中浸润多年的当前经济形势下，有必要根据现代企业结构的新要求，对国有企业进行进一步的治理和改革，其中进一步改革的关键一招在于构建对国有企业和国有资本的多元监督体系，未来应在强化国资委监管职能的同时更加注重监督主体的多元化，引入社会监督和企业监督，把监督机制贯穿于国有资本运营的各个环节。

一、国有资本运营之"保值增值"原则

国有企业是我国经济的重要组成部分，在我国经济版图中占据重要地位，是党和国家执政与治国的物质基础。根据国资委发布的最新报告显示：截至2019年，全国国有企业资产总额达到233.9万亿元。[①] 而当年全年国内生产总值尚未突破100万亿元的大关，在此情形下国有企业所拥有的资产竟比我国一年国内生产总值的两倍还多，国有企业这一惊人的资产体量再一次生动地诠释出国有企业拥有的显赫地位，同时也从另一个方面凸显出对国有企业的管理以及对国有资本的审慎运作具有时代紧迫性，管理好国有企业、运营好国有资本在新的时代背景下具有维护国家和平统一、促进中华民族早日实现伟大复兴的战略意义。"国有资产的保值增值

---

① 参见《2019年全国国有企业资产总额是多少？》，载国资委官网，http://www.sasac.gov.cn/n2588040/n2590387/n9854212/c15801372/content.html，访问时间：2022-3-29。

更多依赖于国有资产资本化。国有资产具有经济属性和社会属性。从国有资产的经济属性看,保值增值是国有资产管理的重要经济目标。"①面对数额庞大的国有资本,在运营的过程中需做到国有资本保值与增值的有机融合,在达致国有资本保值的基础上稳步实现国有资本的高质增长。

(一) 助推国企建立现代企业制度

市场经济下资本经营主体是企业,国有企业建立现代企业制度是实现国有资本保值增值的重要抓手,优良的企业治理结构是实现企业跨越式发展的根基所在,国有企业的治理效能关乎企业未来的发展前景,如果说国有企业改革是我国经济体制改革的中心环节的话,那么现代企业制度在国有企业的构建便是国企改革的关键环节。"国有资本的运作需要国有资本的人格化代表。有了这样的代表,国有资本的维护和扩张才会受到关心和负责。从某种意义上说,建立现代企业制度的过程就是国有资本实现人格化的过程。"②从这个方面而言,现代企业制度在国有企业的建立与完善是实现国有资本保值增值的不二法门,"产权明确、权责明确、政企分开、科学管理"是现代企业制度的基本意涵。首先,在国有企业的成立或转型初期,需在内部进行明晰产权的工作,使国有企业成为独立的法人,国有企业拥有可用作市场运营的独立财产;其次,竞争型国有企业在运营的过程中应将市场法则奉为经营的圭臬,为了完成企业盈利的目标,必须将市场作为发展的指挥棒,以市场法则来管理和经营国有企业,摆脱对政府的依赖和政府对企业的干预;最后,国有企业意欲实现资本的保值增值,需通过科学决策和科学管理来得以实现,最终通过一系列的实践关照反哺现代企业制度的建立。对于实施资本运营的国有企业来说,由于国有资本所有权归国家所有这一特性,其董事、监事、高级管理人员的任免受到政府各个层面的行政影响,其最终的任免结果是综合考量各方利益的结果,期间并未实质经过公司的内部选举。③ 行政机关对国有企业组织机构的组建、分立所实施的行政职权行为在一定程度上阻碍了国有企业内部机制的正常运行,使国有企业的经营自主权受到极大掣肘。实践中多出现的国有企业高层人员频繁调动、非专业人士管理等未做到"人尽其用"的现象短期内会导致

---

① 谭静、文宗瑜、范亚辰:《推动国有资本做强、做优、做大的若干思考》,载《财会月刊》,2021(8),64-72页。
② 唐成:《国有资本运营模式比较研究》,博士学位论文,载中国博士学位论文全文数据库,访问时间:2022-3-29。
③ 参见张峻、仇兴嬬:《我国国有资本运营问题研究》,载《财会学习》,2018(1),150-151页。

国有企业内部出现权力寻租,造成国有资产的流失。长期来看,还会导致国有资本运营效率下降。若出现重大决策失误将会严重损害国家和社会公众的利益。因此对国有企业进行现代化公司治理结构的建设,实现企业经营与政府扶持之间的平衡是优化国有资本运营的必要保证。

(二)完善国有资本激励约束体系

1978年我国国有企业改革之初,主要是解决体制僵化、政企合一、自治权丧失、资产严重流失等问题。为了鼓励员工和企业,政府采取了很多政策来帮助国有企业适应市场经济。随着国有企业改革的持续深入,当前上述问题已经在很大程度上有所改观,在当前新的经济形势下,应着重考虑和解决国有企业效率比较低下的问题,有必要根据现代企业结构的新要求,对国有企业进行进一步的治理和改革,在减少过剩产能的同时进行激励约束机制的构建。实现国有资本保值增值目标的关键在于管理国有资本的个体,国家的所有权抑或是国有资产监督管理部门的管理权归根结底需要依靠一个又一个鲜活的自然人个体才能得以实现。"头狼理论"通过形象的方式揭露出一个好的领导者对于一个团队的作用,这种重要作用将决定该团队的走向以及团队最终所达到的高度。"头狼理论"存在于任何一个团队和企业中,国有企业的管理者概莫能外,国有企业的管理者对国有企业的影响无疑是深刻、持续的,一个好的管理者将对企业的发展前景产生正向的积极作用,反之则可能将企业带入万劫不复的深渊中。同时,我们应清醒地认识到仅靠道德的教化和人性的指引是无法抵挡个人内心深处所隐藏的欲望,唯有建立一套科学、合理的奖惩机制,在国有企业中培育一种贡献与获得挂钩、低效与责任相随的氛围,使相应的国有企业管理人在辛勤付出将企业做大做强后能获得相应的经济待遇或政治待遇,同时还应将国有资产保值增值率等指标与企业经营者收入直接挂钩,加强对企业经营者保值增值的责任考核。有研究证明"在竞争类国有企业中,高管薪酬激励能够显著促进公司绩效,而公共服务类国有企业和特定功能类国有企业的高管薪酬激励效果不显著"。[①] 故在考核的过程中应对国有企业进行分类考核,根据不同国企的实际情况来动态制定考核标准,进一步完善激励约束体系,构建常态与动态相结合的风险报酬体系。

---

① 陈霞、马连福、丁振松:《国企分类治理、政府控制与高管薪酬激励——基于中国上市公司的实证研究》,载《管理评论》,2017(3),147-156页。

（三）构建国有资本分类运营框架

目前对国有企业的分类主要依据2015年中共中央、国务院印发的《关于深化国有企业改革的指导意见》，按照企业的经营目标和存在价值将我国国有企业分为商业类国有企业及公益类国有企业。[①] 对国有资本进行分类管理和运营是构建新型国有资本运营制度的前提，也是各国国有资本运营制度改革的基本经验。基于国有资本的性质、功能、目标任务等方面的不同，可将国有资本初步划分为公益领域国有资本、功能领域国有资本及竞争领域国有资本，并针对不同的国有资本，选择差异化的运营模式或制定不同的运营规则。[②] 公益领域国有资本关系国计民生，在资本运营符合国家战略布局时，还要加强对社会公益事业的运营，突出公益性质，在公共服务方面做出更大贡献；功能领域国有资本由于承载了特定的战略目标，在资本运营初期仍应强调政府的适当控制，引入中间层次资本运营机构作为政府与企业间的缓冲机制以实现特定的运营目标。在运营中后期应逐渐转向市场化运作模式，增强资本运营效率；竞争性领域的国有资本应采用完全化的市场运作模式，以追求资本的保值增值为唯一目的。

党的十八届三中全会指出，改革国有资本授权经营体制，组建若干国有资本运营公司，支持有条件的国有企业改组为国有资本投资公司。[③] 改组、组建国有资本投资、运营公司使履行国有资本出资人义务从国资委职能中分离出来，国资委授权国有资本投资、运营公司行使国有资本出资人权利，国有资本运营主体的多元化得到初步确立，"国资委—国有资本投资、运营公司—国有企业"三层结构的运营模式也至此形成。国有资本的运营要坚持主体的多元化，具体而言：首先，国资委作为第一层次的运营主体，主要通过制定国有资本运营整体战略布局、选派董事等方式对资本运营进行间接调控。其次，作为国有资本直接出资人代表的中间层次运营主体的国有资本投资、运营公司，主要通过资本层面的运作，以股东的身份参与国有资本的经营管理，并根据资本的不同类型可选择不同的出资方式，不从事具体的资本运营。[④] 再次，享有法人财产权并自主经营、自负盈

---

① 参见《国企改革指导意见：将国有企业分为商业类和公益类》，载中国新闻网，https://www.chinanews.com.cn/cj/2015/09-13/7520767.shtml，访问时间：2022-3-22。
② 参见柳学信：《国有资本的公司化运营及其监管体系催生》，载《改革》，2015(2)，23-33页。
③ 参见徐传谌、翟绪权：《国有企业分类视角下中国国有资产管理体制改革研究》，载《理论学刊》，2016(5)，46-53页。
④ 参见郭春丽：《组建国资投资运营公司，加快完善国有资本管理体制》，载《经济纵横》，2014(10)，4-7页。

亏的国有企业是国有资本运营的具体主体，主要通过对国有资本的具体经营管理，实现国有资本的保值增值。最后，国有资本运营主体多元化的配置也要求法律应予以及时跟进，结合实践需求尽快出台《国有资产法》等相关法律法规，对国有资本运营主体的法律地位、权利义务、职责责任、相互间的法律关系等方面予以明确。

二、国有资本运营之"国民共进"原则

经过 40 多年的市场化改革，中国国有企业发生了翻天覆地的变化。尽管目前国有企业在总数量、就业和产出中所占份额与民营企业相比较小，但国企在国民经济中仍占有重要地位，2017 年占到工业总资产的近 40%，并在银行、金融和其他战略领域占据主导地位。国有企业部门已经转变为一个现代的企业部门，拥有许多大型和全球性经营的公司，多元化的所有权和复杂的组织和运营结构。国有企业转型是民营企业蓬勃发展的关键。迄今为止，国有企业改革对中国经济发展的贡献体现在两个方面：一是国有企业变革为民营企业和其他所有制企业的兴起和繁荣创造了空间和必要条件。二是，这种变化还有助于提高国有企业的效率和竞争力，使它们的产出大幅增长，这反过来又使国有企业，特别是大型国有企业，保持其在经济中的巨大份额。在国有企业朝着正确的方针迅猛发展的时候，国内外有关"国进民退""国退民进"等说法甚嚣尘上，我们有足够的自信和精准的数据来回应这些质疑甚至抹黑我国国有企业改革进程的声音。国有企业改革的成功是深化中国供给侧改革的关键，如果成功，将提高中国在下一阶段发展中更强劲增长的前景，同时伴随着"大众创业、万众创新"思想的引领，以及经济全球化浪潮的席卷，我国有诸多民营企业迎来了干事创业的"春天"。"一花独放不是春，百花齐放春满园"，国民经济的稳固发展既需要国有企业不断深化改革的支持，同时也离不开民营企业的鼎力相助，只有国有资本与民营资本协调共生、"双向奔赴"，才能更好地实现不同产权资本之间的融合与互补，从而实现国有资本和国有企业的接续发展。

（一）摒弃"国资民资"零和思维

根据对近年来国有企业以及民营企业的效益增长速度、对税收的贡献以及就业人数等数据进行分析，可得出"国进民退"这一说法的荒谬性。同时，民营企业是我国经济的重要组成部分，近些年民营企业发展迅猛，税收贡献超 50%、民间投资占比超 60%、发明专利占比超 75%、就业存量占比

近80%、企业数量占比超95%,谱写了民营企业发展的新篇章。"在社会主义市场经济条件下,国有经济与非公有制经济之间不是此消彼长的关系,而应是和谐共生、协调发展的关系,中国的国有经济功能决定国有经济必须有'进'有'退。'"①根据具体问题具体分析的马克思主义哲学观点,面对因时而变、因势而变的时代特征,我们不应僵化地认为国有经济的发展状态和发展趋势在任何时间节点都是变动不居的,国有经济和民营经济的发展是一个动态平衡的发展过程,不应用"国进民退"或者"民进国退"去解释国有经济的"有进有退"。有学者就国有经济深耕的范围发表观点,其认为"国有经济应该向关键领域集中,要合理地减少国有经济布局的范围,放开自然垄断领域的竞争性环节,消除各种行政垄断,大力发展混合所有制经济,实现国有企业与市场经济的融合"。② 实质上,国有经济与民营经济的关系和如何发展等问题应根据市场思维来进行解决,按照市场规律和市场眼光来公平地发展国有经济和民营经济,国有经济"进"与"退"的真正意蕴是国有企业能否以市场经济的规则和市场经济的规律自由进入和退出,而非通过行政干预的手段强行将国有企业推入市场或者退出市场。

(二)打造政企分开新常态

国有企业改革的重点是如何将国有企业转变为规范的现代企业,使其在市场经济条件下的管理和竞争更加公平。要解决国有企业问题,必须使政府与企业分开,要把政府从企业中分离出来,首先必须把所有权与管理权明确分开,否则,任何改革措施都无法达到预期效果。在市场经济中企业才是主要的经济行为者。这是市场经济和计划经济的一个根本区别。只有当企业成为首要角色时市场才能发展和繁荣。在目前的体制下,国家所有权与管理权紧密地纠缠在一起,以至于国有企业不能自由地根据市场的需求来决定生产和经营的问题。改革措施应该为国有企业松绑,把它们推入"市场的海洋",并迫使它们学会自己游泳。

除了使政企分离之外,政府与国有企业复杂关系的另一个关键方面是在改革措施设计中赋予国有企业职能的双重性质。一方面,中央和地方政府的监管机构要求国有企业以利润为导向。另一方面,国有企业被指派执行政府的政策目标。在某种程度上,"铁饭碗"的概念维持了国有企业对员

---

① 李政:《"国进民退"之争的回顾与澄清——国有经济功能决定国有企业必须有"进"有"退"》,载《社会科学辑刊》,2010(5),98-102页。

② 陈东琪、臧跃茹、刘立峰、刘泉红、姚淑梅:《国有经济布局战略性调整的方向和改革举措研究》,载《宏观经济研究》,2015(1),3-17页。

工的重大社会福利责任,尽管这种责任随着时间的推移逐渐减少。因此,人们期望国有企业通过提供就业和保护工人的福利,在维护社会稳定方面发挥重要作用,特别是在社会保障网络不发达或出现经济冲击时。过去几十年里,国有企业在中央和地方政府为支持经济增长而开展的大型基础设施项目中发挥了重要作用。国有企业也被认为是促进技术进步、确保战略资源和促进国家利益的关键工具。政府的这些利益已经在选择性的产业政策中实现,这些政策对国有企业改革的措施和实践产生了重大影响,从它们的部门分配可以看出。有一些政府指导的工程是由具有公益性质的国有企业完成的。这些政策功能使得评估国有企业的绩效和改革成果变得困难,应用综合的衡量方式来评价国有企业的发展过程,故而在实现政企分离的基础上还应赋予国有企业职能的双重性质。

(三)推进混合所有制改革

国有企业发展至今仍然存在许多问题饱受诟病,首当其冲的是国有企业效率低下的问题。导致这一结果有多重因素,首先是所有者看似明确,但实则缺位,因为国有企业的所有者为国家,但国家是一个抽象的政治概念,单纯的国家并不能起到管理国有企业的作用,因此国有企业公有属性的产权性质导致了所有者的缺位,再加之国有企业相较民营企业而言有着更为烦琐和冗长的"代理链条",从全体人民—政治国家—行政机关—国资部门—国资公司—具体国企,这一过程将加剧国有企业内部的代理成本,亦会导致国有企业"内部人控制"愈演愈烈的现象,管理层缺乏制约和监督,激励机制也存在缺位,使得管理层为了一己私利而进行损公肥私的不法行为。

其次是国有资本盲目扩张、无序经营的问题。在市场经济的背景下,一些国有企业受"逐利性"的驱使而将资本运营的目标限定在资本总额的大小上,过度追求扩张企业的资本规模而忽略了资本运营所必需的稳定增长及有质量发展。企业如果无视资本扩张后的整体效益及扩张后可能出现的各种风险,盲目进行资本扩张,进入自身所不熟悉的行业领域,从而导致资本运营的效益低下,最终会面临因"船大难调头"所带来的种种危机。[①] 市场经济环境中,企业的资本运营对企业而言是一把"双刃剑",对国有企业而言亦是如此。国有资本在运营过程中要充分注重主营业务的发展和企业内部产业的关联,把握市场规律,重视运营效果的资本活动能

---

① 参见程红宇:《对当前国有资本运营若干问题的探讨》,载《市场论坛》,2008(1),61-62页。

够为国有企业带来跳跃性发展的机遇。国有资本的不健康运营亦会扰乱正常的社会经济竞争秩序,侵占民营资本的流通领域,从而造成国民经济活力下降。对国有企业而言,低活力、低效率的市场环境也会影响其自身利益的增长。

上述提及的问题是国有企业改革中面临的现实问题,要想解决这些问题需要找到"药引子",而混合所有制改革就是解决上述问题的"药方"。混合所有制改革的目标是建立相互制衡的公司治理机制,打破行业垄断,使政府从"管企业"为主向"管资本"为主转变以及充分发挥不同性质资本的综合优势,从而完善我国的现代企业制度,促进各类资本进行公平的市场竞争,提高国有资本效率实现国有资本保值增值。[1] 从实证的角度而言,现在只有少数的国有企业是纯国有的,大多数企业都为国有控股公司。鉴于国有企业在国民经济中占主导地位,中国国有企业改革的一项关键政策措施是所有权变更,即通过对国有企业进行部分或完全私有化,减少政府对国有企业资产的持股。这一措施具有双重效果,既降低了低效国有企业的政府成本负担,又为民营企业参与和扩张创造了机会。因此,所有权改革是市场改革计划的基石,以政府承认多所有制经济体制和私有产权为开端。但同时,进行混合所有制改革要协调好四个方面的关系,"即公有制与市场经济、党的领导与现代企业制度、公有资本与非公资本以及顶层设计与基层探索创新的结合。"[2]

三、国有资本运营之多层次监督原则

国有资本投资、运营公司的改组与组建将改变我国现有单一的国资委监管体制,未来我国国有资本运营的监管体系也将根据政府与市场关系的重新定位而不断创新。[3] 未来应在强化国资委监管职能的同时更加注重监督主体的多元化,引入社会监督和企业监督,把监督机制贯穿于国有资本运营的各个环节;进一步完善国有资本预算、审计、问责、评价等相关监管配套制度,以减少交易成本,提高国有资本运营制度效率;把完善国有企业法人治理结构及发挥董事会、监事会作用的监督方式放在更加重要的位置,以加强国有资本运营主体之间的内部监督,进而推动国有资本的市

---

[1] 参见高青松、唐芳:《国有企业混合所有制改革理论研究进展及评述》,载《改革与战略》,2016(12),149-154页。
[2] 谢鲁江:《深化国企改革要做好四个结合》,载《理论视野》,2017(2),39-41页。
[3] 参见杜磊:《2018年政府与市场关系研究部分文献综述》,载《现代交际》,2018(22),208-209页。

场化运作。①

(一) 加强对国有资本的监管力度

完善国有资本预算的监督,建立硬性预算约束机制。加强财务监管,保证企业财务数据的真实性与准确性,同时通过建立相应的财务管理制度或监察制度等确保企业预算收益和分配预算的实现。强化国有资产保值增值审计监督,做好国有资本收益预算情况和执行情况两方面的审计工作,及时发现并纠正资本收益预算执行中的问题,实现国有资本收益预算目标。在 2015 年的指导方针之后,国务院在 2017 年 4 月发布了一份文件,披露了近期国有企业改革的一些目标,旨在建立现代企业制度,同时加强党的管控。该文件指出,到 2017 年底,国有企业将建立现代企业制度。到 2020 年底,加强党在国有企业公司治理中的作用,发挥公司章程在公司治理中的基础性作用。

值此恰逢对 2018 年《公司法》进行修订的时期,修订后的《公司法》将深入贯彻落实党中央关于深化国有企业改革决策部署,巩固深化国有企业治理改革成果,完善中国特色现代企业制度,促进国有经济高质量发展。修订《公司法》,是深化国有企业改革、完善中国特色现代企业制度以及加强对国有资本监督力度的需要。具体而言,《中华人民共和国公司法》(修订草案)(以下简称《公司法》(修订草案))第 145 条规定:"国家出资公司中中国共产党的组织,按照中国共产党章程的规定发挥领导作用,研究讨论公司重大经营管理事项,支持股东会、董事会、监事会、高级管理人员依法行使职权",其旨在进一步加强党对国有企业的全面领导。国家出资公司应当依法建立健全内部监督管理和风险控制制度(《公司法》修订草案第 154 条)。在明晰国家出资公司职权的同时亦加强和细化了对其的监管措施。首先,草案欲加强国有独资公司董事会建设,要求国有独资公司董事会成员中外部董事应当超过半数;并在董事会中设置审计委员会等专门委员会,同时不再设监事会(《公司法》修订草案第 149 条、第 153 条)。

(二) 对国有资本进行精细化监管

从"资产管理"向"资本管理"转变的本质要求国家作为国家的总体所有者。这一行动涉及对国家角色的重新定义,以及对国家财富价值的重新

---

① 参见文宗瑜:《国有经济改革 40 年:从做大国有企业到做强做优国有资本》,载《中国财政》,2018(21),17-20 页。

定位。国有企业相对于国家本身是独立存在、自主经营的角色。因此，从国家的角度来看，它意味着"政企分开"和"政资分开"，正如国务院关于国有资本的改革方案所述。2015年以来采取的改革措施表明，从政策和监管角度来看，国家与国有企业的分离已经正式确立。这些措施形成了两大改革方案：一是创建国有资本投资和运营公司，在国资委之间增加一层重新定义国资委的角色和职能；二是采用负面清单的方式，在下放国资委权力的同时赋予国有企业自主权。

企业监管转型过程中，竞争性国有企业监管出现了监管对象存在盲区、监管机构缺乏合力、监管过程缺乏联系、监管结果难以评价等问题。基于上述问题，可以对竞争性国有企业的监管进行设计，包括通过治理监督和评估协调监管对象，通过职能协调和成果共享联系监管主体，通过信息监管和平台合作联系监管过程，通过风险控制和证据检查落实监管成果。在当前以"管资本"为核心的国有企业监管体制改革中，一些问题阻碍了监管体制转型的有效推进。作为国资委授权的经营主体和国有企业的出资人，国有资本投资运营公司如何解决监管问题，对其控股的竞争性国有企业进行有效监管，已成为一个重要的研究课题。目前对竞争性国有企业监管的研究主要是基于各种监管方式的功能作用，很少结合当前国有企业监管改革过程中出现的新情况、新问题；主要是基于国资委对国有企业的监管，缺乏国有资本投资运营公司对竞争性国有企业的监管模式研究。在当前逐步转型的环境下，国有部门一方面由政府控制，另一方面又面临着日益强大的非国有部门的竞争，因此单一的监管体系很难适应国有企业的异质性。对商业企业的监管更加困难、更加复杂，因此监管模式、评估机制和政策设计需要根据国有企业的具体情况进行分类并逐步实施。

第四节　国有资本运营的基本方法

国有资本运营基本概念的准确厘定、基本理念的科学选择、基本原则的高效归纳，势必催生国有资本运营方法的思考。传统国有资本运营主要着力于资本在企业中的具体运营，以国有企业为原点，通过高质量的企业运营的机制建构，尽可能推进国有资本运营效率与效益的增长，进而深层次推动国有企业获得积极发展。但是各个国有企业有着自己独特的业务范围以及极具个性的内部运行规则，因而对国有企业运营还不能完全仅着眼于国有资本内部原则、规则之设计，否则极有可能形成不具普适性意义的原则与规则，甚至内部运营制度与外部规制制度相抵牾，造成制度适用混乱。具体而言,应当将国有资本放置更为宏观的场域,利用科学合理的运营理念、原则去分析国有资本运营的基本方法,形成具有普适性的多层次的软硬兼合治理的国有资本运营方式。

一、充分的软法治理:确立并完善国有资本运营的柔性治理规范

软法通常被指众多法现象,是软性规范的总和,是一个概括性的用词。这些法现象有一个共同特征,就是这些现象皆可以有效约束人们具体行为,同时并不直接依赖国家强制力。[1] 国有资本运营亦需要细致尊重并发掘软法基本资源,以此应对国有资本运营过程中生成的纷繁复杂的商业风险。

首先,国有资本运营平台内部的各级各类内部制度构成了宝贵的治理资源,形成了国有资本运营软法治理的实践基础。主要表现在以下几个方面:其一,各级各类国有资本运营平台(国有企业)内部制度提供了运营理念的范本。例如中国国新控股有限责任公司提出"坚持党的领导、加强党的建设,坚持聚焦进入实体产业的国有资本,坚持在创新中运营、在运营中创新,坚持完善市场化机制与落实国资监管要求有机结合,坚持业务拓展与风险防控同步推进"。[2] 重庆渝富控股集团有限公司也在其官网中将公司运营理念定位为"股权投资、产融协同,价值管理、资本运作"。[3] 这就是典型的商业运作理念的范式。需要特别提及的是,虽然效率、公平、安全是国有资本运营科学合理的指导理念,但是因为每一个国有企业内设治理主体架构、具体运营业务范围、平台(企业)资本运营文化存有差异,因而理性设计的国有企业资本运营理念是否能被各个具体国有资本运营平台内部规范文本准确吸收有待考察,甚至实践中出现国有资本运营平台在内部国有企业运营理念的创设存在偏差。因而整合众多国有企业运营理念,为制定统一"接地气"的效率、公平、安全理念实践范本提供有力的参考资源,同时效率、公平、安全理念协调较好的具体理念条文可以作为其他相似国有资本运营平台(企业)的示范条文。其二,各级各类国有资本运营平台(企业)内部制度提供了更富有成效的原则。从国有资本运营的整体流程来看,主要分为资本运营模式的选择、资本具体经营、资本退出以及资本运营的监督几个环节。各个国有企业针对各个环节都有独特的规控方略,深刻体现着国民共进、保值增值、多层监督之基础原则。各个国有资本运营平

---

[1] 参见罗豪才、宋功德、姜明安等:《软法与公共治理》,6页,北京,北京大学出版社,2006。
[2] 参见 https://www.crhc.cn/qywh/gsyj/201909/t20190922_2468.html,访问时间:2022-3-22。
[3] 参见 https://www.cqyfkgjt.com/about/gongsizhili/,访问时间:2022-3-22。

台(企业)可以在这些共性原则之中寻求普遍性与共性原则表达,致力于各个国有资本运营平台(企业)原则的修正与完善。其三,各级各类国有资本运营平台(企业)内部制度提供了更富有成效的规则。此种规则既包括内部治理结构的规则,也包括资本运营各个环节规则的具体内容。例如在中国国新控股有限责任公司内部治理结构规则中,第一层级就是董事会、党委会;第二层级就是经理层和纪委。而在重庆渝富控股集团有限公司内部治理结构规则中,第一层级为党委会、董事会、监事会;第二层级为纪委和经理层。这种架构规则为一般国有企业的内设治理主体提供了一般性的指引规则。

其次,基于国有资本运营平台内生的规章制度所形成的软法资源符合"需求整合一致"之基本规律。国有资本运营平台(企业)运营资本的形式较为多样,例如可以采用投资并购、混改、重组等方式,同时还因为运营标的自身性质属性、平台(企业)自身内部架构,共同致使资本运营需要兼合各方需求。申言之,各方需求复杂且多变,甚至在不同阶段、不同项目、不同运营架构背景下可以形塑出不同的需求,若仅仅采取《公司法》等商事法律的调整,难免会遭遇实践与规制无法耦合之情形,造成国有资本运营风险显著提高或者国有资本运营模式僵化等问题。采用软法治理国有资本运营行为,实际上是对需求特性的客观回应,利于克服上述提及的问题。一方面软法治理天生具备"弹性"与包容性。国有资本运营的软法机制与硬法规制不同,软法形成过程中多方主体已然在软法机制中充分表达其基本利益立场,各方利益需求主体可以在平台(企业)内部文件规范制定前、制定中展开利益协调之协商,催生出的平台文件契合利益协调之基本目标。在此意义基础上,软法规范相较于硬法规范更具有具备利益的包容性与整合性。另一方面软法治理具有"动态博弈"之基本功能。软法治理国有资本运营行为实际上是充分利用国有资本市场自发资源治理中国新型资本的创新模式,其治理效果比传统的治理方式更优,此时行政机关及其立法机关的硬法规制可以与治理模式的本土资源形成动态博弈,[①]使硬法的制定也尽可能地达到最优状态。换句话说,贴近国有资本运营发展的软法规范,其形塑过程时间短、效率高、贴合资本运营基本规律,具有良好的治理国有资本运营行为之效果。硬法可以充分参照软法的具体规范内容

---

① 动态博弈,也即博弈中的当事人决策有先后。在这样一个动态决策当中,均衡就是给定先动者的选择,后动者的行动总是最优的。参见张维迎:《理解公司》,92页,上海,上海人民出版社,2017。

以及规制实效进行吸收借鉴，使得硬法规范制定的效率与质量得以显著提高，更好地对国有资本运营行为展开底线性规制规定。同时，统合国有资本运营行为所形成的软法规范所内含的道德、文化等软性因素，为硬法的完善与指定提供了价值支持，使得硬法与软法共同成为国有资本运营的制度指引，遵循铁则。

最后，国有资本运营平台内部章程等软性规范对硬法形成柔性补充。软性规范并不是对硬法进行替代，软法与硬法之间应当是动态互补的联结关系。具体而言，软法对硬法进行柔性补充，主要在以下三个方面显性呈现：其一，从性质、内容的角度，硬法规范与软法规范具有强互补性。硬法规范主要是国家、民族以及统治阶级意志的集中体现，规范天然内置保守性、稳定性、强制性、程序严格性等特质。而软法规范与硬法规范则不同，从它的发展迭变过程，以及适用主体范围来看，软法规范呈现出柔性、协商性、经济性、回应性、灵活性等特征。将二者相比较来看，硬法与市场经济之间仍具有一定距离，市场经济的意志无法及时、准确、完整、灵活地从硬法规范中表达与反映出来，软法规范也因其不具有严格的制定程序性和严密的逻辑推导而致使理性欠缺。对于国有资本运营而言，基于区块链技术、大数据技术等新兴科技引入商事交易，资本运营所面临的主体业务性质与交易结构发生根本性转变，硬法天然的滞后性、不周延性，无法快速回应交易模式的更新、安全需求的叠加以及政治指引的转向。而软法具备优势能够弥合硬法的缺陷，促进国有资本运营健康平稳发展。其二，互动转化是硬法与软法的运行常态。总体来说，硬法主要是对被规制对象整个领域设定治理的基本框架，为被规制对象实施行为划定行为底线。软法规范则在硬法规范的基础上侧重于提出更灵活、更符合实际的规范指引，激励被规制主体基于硬法底线作出更加理性可行的选择。[①] 以国有资本运营平台（企业）章程为例，各级各类国有企业章程存有共性和个性。共性部分可以提炼为该类该级国有企业章程制定的行业规范，进而各级各类国有资本运营企业由此形成横纵相间的立体式软法规范，而针对《公司法》等商事法律需求的强制性条目，则可以进一步吸纳到《公司法》等相关法律文件之中，补充完善法律的相关规定。其三，软法治理实效需要硬法强制力支撑。当然这不是说软法治理实效没有自我发挥的空间，因为软法治理有其自身独特的价值与功能，存在独立的指引、评估、惩治体系。例如国有资本运营相关的行业协会有权通过给予行为指引、运营警示、运营通报批评、暂停运

[①] 参见罗豪才、宋功德、姜明安等：《软法与公共治理》，65页，北京，北京大学出版社，2006。

营、降低信用等级等方式对协会会员的行为进行管理、规范,还有国有资本运营行业还可以借助行业引致性规范变相获得授权产生"准公权"性质的执法权能。需要特别指出的是,软法治理具有的独特价值不是可割裂的独立,从某种角度而言,在一定条件下软法规范治理实效也会依靠硬法规制,例如国有资本运营行为已经触碰硬法所设定的底线时,软法规范所指明的相关内容及依照软法规范查清的相关事实会成为硬法实质介入的直接或间接依据或者证据。"正是依赖于国家制定法的隐形存在,那些民间的、习惯的'法律规则'才变得起作用。"①

二、适度的硬法规制:制定《国有资本运营法》

社会治理主要有两种方式。其一是利用社会自行生成的资源进行自我规制,例如国有企业基于自身性质业务衍化生成的内部治理规范或是国有企业参与的行业协会所制定的统一行为准则。其二是立法机关通过立法对社会进行的规范。例如法律、行政法规、部门规章等。对于国有资本运营而言,对国有资本运营行为的治理必不可少,而制定《国有资本运营法》具备丰富的理论与实践基础。

(一)制定《国有资本运营法》的前提:人类理性的需要

理性具有丰富的内涵,是人类区别于动物的特殊能力与高阶属性。与其他内涵相比,理性内涵的确立更加清晰。许多哲学家与法学家高度认可理性的力量,认为人类完全具备能力通过理性建立完备、科学的制度。哈耶克认为"人类理性具有至上的地位,因此,凭借个人理性,个人足以知道并能根据社会成员的偏好而考虑建构社会制度所必需的境况的所有细节"。② 正是人类掌握基础性规律与规则,便以此为基础推导出更为复杂、精妙的制度体系并以此规制社会,治理国家。但也应意识到,人类理性与制度建构之间的关联,可以进行进一步的剖析与解构。参照康德之基本观念,理性可以具体分为思辨理性与实践理性。"虽然人的理性作为自然立法的实践来源,但人的此种认知仍无法摆脱必然性规律的制约。"③

就国有资本运营而言,人们对于国有资本运营规律已然有着深入的认知。即人们通过多年国有企业改革已然对国有资本运营的基本理念、基本

---

① 苏力:《法治及其本土资源》,51 页,北京,北京大学出版社,2015。
② [英]哈耶克:《致命的自负》,刘戟铎译,71 页,上海,东方出版社,1991。
③ 吕世荣:《从认识论到形而上学:康德哥白尼式革命的实质及其意义》,载《世界哲学》,2019 (5),76 页。

原则、国有资本运营平台(企业)内部治理主体整体结构设计有着成熟完整的思辨理性与实践理性。例如学界已经开始针对委托—代理的天然矛盾,针对股东会表决设计黄金股制度或者探索类别股制度,以此不断降低国有股东利用行政权力干扰国有资本运营平台(企业)运营,充分发挥国有资本运营平台的营利属性;学界也反思了国有资本运营平台(企业)董事会践行《公司法》忠实与勤勉义务的质效,开始细致考虑是否可以将党组织引领功能嵌入进去,以此提高董事会决策效率与决策精准性。此外,学界还反思了国有独资公司①监事会存在的必要性,更为强调董事会中外部董事以及董事会项下审计委员会的监督功能与作用。至此,可以看出学界对国有企业内部主体之间利益界分认识逐渐成熟,这为《国有资本运营法》之建构奠定了理论之基。实务界关涉国有企业资本运营的政策文件也从2013年开始逐步完善。例如2017年国务院办公厅转发《国务院国资委以管资本为主推进职能转变方案的通知》直接指出,要通过管理资本的方式加强对国有企业的监管,至此国有企业走上了从管资产向管资本转变之路。2021年12月24日公布的关于《中华人民共和国公司法(修订草案)》的说明,更是将国有资本治理作出了新时代的更迭与更新,但是却没有对国有资本运营作出更为细致的规定。这些都表明实务界已经为《国有资本运营法》的制定奠定了实践基础并为新法制定留有更为细致制定的空间。综上,学界与实务界共同为《国有资本运营法》之制定贡献了智识和实践范本。他们都致力于国有资本运营理念、运营原则、运营制度的架构。虽然这些经验认知与总结仍存有不足之处,但仍然可以认为对学界与实务界的理性认知进行微调,从而能制定出较为成熟的《国有资本运营法》。

(二)制定《国有资本运营法》:体系化的需要

单独制定《国有资本运营法》不仅是学界和实务界理性的认知,另一个重要的原因在于,制定《国有资本运营法》是规制举措体系化的需要。将国有资本运营从法律层面体系化主要有以下几层功用:其一,制定《国有资本运营法》不仅体现出运营制度的体系性,更体现出运营制度的融贯性。连贯性是一种逻辑要求,而融贯性则涉及价值评价。一个逻辑上不能自洽的体系自然而然无法满足形式上公平正义之要求,因为它会使得命令的接受者无所适从,陷入做与不做某个指令的逻辑上的永误境地。② 国有资本

---

① 主要针对国有资本运营独资公司。
② 参见雷磊:《适于法治的法律体系模式》,载《法学研究》,2015(5),19页。

运营制度单独成法不仅仅促使国有资本运营平台从主体—行为—责任角度实现了整合性规制,体现出规制的逻辑性。更为重要的是,从价值协调的视角,一方面可以将国有资本运营的理念、原则、基础模式融入其中,确保理念、原则、基础模式融合互通。《国有资本运营法》独特的运营理念、原则可以为具体的规则制度的制定与适用提供足够的"释理"性支持;另一方面也可以尽可能避免国有资本运营的特殊性被《公司法》其他公司类型的普遍性所覆盖。其二,《国有资本运营法》为规则的接受者提供了实践性的理由。目前为国有资本运营所提供的法律制度支持主要是《公司法》。但《公司法》规制的对象主要是普通公司,且更加强调公司营利性的实现。而国有资本运营因为国有企业类型的不同,致使规制理念上与普通公司或多或少存有差异之处。一旦国有企业发生纠纷,作为裁判依据的《公司法》可能无法承担起定纷止争,耦合国有资本运营平台(企业)发展之目的。而《国有资本运营法》可以对各种类型的国有资本运营平台进行细致的规定,所提供的制度所蕴含的先进理念,可以辐射国有资本运营行为,为法官、仲裁员等裁决主体依据平台(企业)性质作出适宜裁决提供基本指引。其三,制定《国有资本运营法》是国有资本运营行为规制具有法之安定性。除了《公司法》规制国有资本运营行为存在不完全等缺陷之外,更是因为这种不完全致使规制出现空白,此种空白往往给予资本运营平台或者行政机关过大的权力。而制定《国有资本运营法》既可以对平台、行政机关的权力进行适度的控制,又可以通过弹性条款为国有资本运营提供广阔空间,实现规制制度安定性与发展性合理均衡。

(三)制定《国有资本运营法》在立法与司法上具有可行性

立法层面实践可能性而言,国有企业按照现行规定已经被类型化处理,国有企业被划分为公益类、竞争类等多种类型的国有企业。不同类型的国有企业在各自行业都有代表性、典型性的企业。与此类似的是,这些行业都有与之匹配的国有资本运营平台(企业)。每个国有资本运营平台内部规章制度都结合自身特色从理念、原则、模式选择、业务范围、组织架构、决策程序、权利义务、责任等方面作出了明确的规定。立法者可以依据这些材料以及高超的立法技术对这些文件的基本逻辑以及基本规范进行提炼,便能制定一部有效的法律。换言之,立法机关制定《国有资本运营法》并不是无中生有的"造法",而是对现有规章制度、企业内部成熟的章程文件进行提炼归纳,这对于立法机关而言是以"最小的成本获取最大利益"之工作。当然除此之外,制定《国有资本运营法》,也利于规制机关在国有资本运营领域发生特殊情形之时能够遵循《国有资本运营法》之指引设计出配套实施细则。

司法层面实践可能性而言,制定《国有资本运营法》利于国有经济纠纷的顺利解决,推动国有经济平稳发展。正如上文所述,《国有资本运营法》之制定除了具有帮助法官、仲裁员能够直接依照法律按照"三段论"之推导规则作出符合国有资本运营平台(企业)基本发展规律、符合发展实践情形之裁决之外,该法律还有塑造国有资本运营特殊司法思维之功能。实际上可以说,目前法院与仲裁机构虽然意识到国有资本运营平台与普通公司的特殊之处,但是在裁决之时,仍主要遵循普通企业交易安全与交易效率的维度思考裁决思路,这将许多国有资本运营平台自身主要特色因素遗漏,最终造成国有经济内部运行效率低下,国有经济发展效果不彰。《国有资本运营法》的出台,实际上是采用法律的举措,倒逼法官、仲裁员、律师等司法团体深刻理解国有资本运营的理念、原则,塑造出独特的国有企业纠纷处理理念与规则。例如《中华人民共和国劳动法》以及《中华人民共和国劳动合同法》就成功凝练出偏向性劳动者保护理念,较多劳动者提起劳动仲裁时能够得到最大保护。又如《中华人民共和国消费者权益保护法》对消费者合法权益作出了清晰界定,推动了法院对消费者保护有法可依,甚至推动消费者公益诉讼的兴起。基于此,《国有资本运营法》之制定在司法实践层面具有较大的必要性与可行性。

三、硬法与软法基本规制制度的选择与内容架构

综前所述,虽然硬法与软法存有诸多不同之处,但也有共同之处。共同之处在于无论硬法还是软法皆由基本制度构成。而相异之处则是基本制度囿于软法与硬法制定主体、制定程序、规则内容效力的差异,其基本制度在硬法与软法之中的体现亦有所差异。基于此,通过硬法与软法规制国有资本运营的基本制度有以下两方面问题需要解决。其一,哪些制度是国有资本运营中硬法与软法的基本制度?其二,这些基本制度在硬法与软法之中如何构建?

(一)基本制度的选择

国有资本运营的基本制度主要包括国有资本运营模式、国有资本运营的出资制度、国有资本运营的经营制度、国有资本运营的退出制度以及国有资本运营的实现机制五个部分组成。选择这五项制度的原因主要是基于符合理性逻辑、规制理念两个方面的考量。

其一，五项制度合乎国有资本运营的理性逻辑。选取国有资本运营模式、国有资本运营的出资制度、国有资本运营的经营制度、国有资本运营的退出制度以及国有资本运营的实现机制五项制度作为国有资本运营的基础制度，根本原因在于这五项制度深层次体现出国有资本运营的理性逻辑。从理性假设的角度，我们将各类国有资本运营平台（企业）进行高度抽象可以发现，国有资本运营平台历经"从生到死"的发展规律，即可以将国有资本运营平台划分为"设立期""经营期""退出期"三个阶段。设立期意味着国有资本运营平台以有限责任、股份有限责任公司的形式得以设立，从而需要满足一定国有资本运营模式以及国有资本运营出资制度的相应要求。之后国有资本运营平台（企业）便可以进入市场进行资本的运营。国有资本在运营的过程中实现自身价值是由诸多经营方式共同促就的，主要可以通过国有资本与其他资本混合混改、国有资本重组、国有资本并购与反并购、国有资本对外投资的形式得以实现。当然任何一种市场经济行为风险与收益都是并存的，国有资本运营完全有可能陷入不能满足效率、公平、安全需要之情形，此时国有资本运营平台就会被淘汰进入"退出期"。需要特别指出的是，无论是资本平台处于运营的何种时期，监督、激励和责任都是贯穿于始终。综上，从国有资本运营平台（企业）"设立期""经营期""退出期"的市场逻辑来看，国有资本运营模式、国有资本运营的出资制度、国有资本运营的经营制度、国有资本运营的退出制度以及国有资本运营的实现机制与之深度契合，将其作为硬法与软法规范的基础性制度正当且合理。

其二，五项制度符合国有资本运营的基本理念。如上文所述，对国有资本运营存在科学合理的运营理念，因此硬法与软法基础制度的选择必须是与运营基本理念相合的基础性制度。国有资本运营模式、国有资本运营的出资制度、国有资本运营的经营制度、国有资本运营的退出制度以及国有资本运营的实现机制完全能够承载运营理念的基本内容而且能将运营理念深度运用于实践之中。首先，对于国有资本运营模式、国有资本运营的出资制度而言，国有资本由谁出资、国有资本运营的基本模式的选择无法避免对效率、公平、安全三要素之考量。具体而言，国有出资人通常分为两类：一类是国资委，另一类是国有资本投资公司。而运营模式是由国资委作为股东直接运营，还包括由国有资本运营平台进行运营。不同类别的国有企业，其效率、公平、安全价值配比存有差异，因此选择出资人制度、运营模式就会不同。其次，针对国有资本经营制度而言，经营制度无论是混改、重组、对外投资并购等商事行为，本质上说都会涉及国有企业财产的变动与流转。但考虑到无论是财产中的资本还是资产，其本质属性内置人民性、行业的主导性、资本保值增值性皆会要求对效率、公平、安全要素的思考。例如国有资本进行投资并购之时，就会考虑到被并购的主体发展前景（经济效益的有无）、投资并购形成的股份、资产占比是否属于高风险投资领域（安全是否可控）、是否会使本行业其他同类企业起到挤兑后果（介入之后市场是否仍处于相对公平的状态）。此外，针对国有资本运营平台（企业）退出制度而言，按照一般的理解，退出制度是国有资本运营平台（企业）死亡的标志，但也是净化市场优化市场环境的重要方式。基于此与出资制度、运营模式制度一样，退出制度内含效率、公平和安全之基本理念。而就国有资本运营平台（企业）的实现机制来说，监督、激励、责任制度的设计囊括国有资本运营整个流程，应当说每一个环节监督、激励和责任的设计必须契合其他制度的基本理念。例如国有资本运营平台（企业）的准入效率、公平以及安全的配比就可能影响在此环节中对监督、激励以及责任制度的相应设计。

（二）规制制度的内容架构

1. 硬法规制的立法模式及内容设计

对于国有资本运营的立法模式尽管存在较多争论，但针对国有资本运营还是适宜制定《国有资本运营法》，《国有资本运营法》应当以国有资本运营平台（企业）为核心，整体的框架模式应当采用"规制理念＋规制原则＋规制规则"的立法模式。原因在于：其一，法律理念是整个法律制度的基础。制定国有资本运营的基本理念有利于设计出符合国有资本运营的模式、原则性规范与规则性规范以及在具体国有资本运营个案中归纳出来的规制漏洞，依据理念研究解决此类问题的对策方案。换言之，只有定位规制理念才可能对国有资本运营展开深入研究。其二，原则性规范主要是统合国有资本运营各个具体行为的规制规范。原则性规范的设定可以对具体规制规范以及被规制主体、行为进行良好的指导。需要提及的是，与传统立法不同的是，"规制理念＋规制原则"应当作为《国有资本运营法》的总纲，但是国有资本运营原则也应当在国有资本各基本制度中得到深刻的体现。其三，设立具体性规则规范是国有资本运营平台底线性规定，《国有资本运营法》中的具体规则规范是国有资本运营的行为指引，国有资本运营平台能够通过《国有资本运营法》的具体规则规范明确实施国有资本运营行为的条件、程序以及行为效力以及违背相应规范规定会产生何种民事、行政、刑事责任。

基于此，《国有资本运营法》的主要内容可体现为：第一，将效率、公平、安全动态平衡理念,国民共进、保值增值、审慎退出等原则作为《国有资本运营法》的总纲内容。第二,在《国有资本运营法》中设定国有资本运营模式选择制度、国有资本运营的出资制度、国有资本运营的经营制度、国有资本运营的退出制度以及国有资本运营的实现机制五个章节,并在原则性规范的指引下章节里设定具体规范,该具体规范不宜过于细致,可给软法留有足够的"空间"。第三,《国有资本运营法》可专章设定对违反规制规范所产生的民事、行政以及刑事责任。

2. 软法自治的内容设计

国有资本运营平台自行生成的制度性规范以及行业自律性规范是软法治理的重要基础。需要明确的是目前软法并未发挥应有的功能,甚至软法出现功能异化,急需对软法内容进行设计。

其一,打造二元软法治理层级。目前软法治理阶层主要是行业协会以及国有资本运营平台。行业协会的软法保障力主要体现在警告、通报批评、降低信用等级以及停止交易等方面,而国有资本运营平台则主要是规则制定者以及规则执行者。虽然目前对国有企业章程制定存有一个统一的规范,但因资本运营平台类属的不同,整齐划一的章程规范普适性尤待存疑。解决方式是通过二元软法治理阶层形成强有力的牵连关系。以此培养具有自组织能力的多元主体围绕社会主义社会的治理目标展开充分的协同行动。① 具体而言,各类国有资本运营平台行业协会应当加强对国有资本运营平台(企业)指导与管理,将关涉国有资本运营所有行为纳入行业协会的规制领域之中,特别是行业协会定期对资本运营平台(企业)是否合理合法进行评估,国有资本运营平台应当根据协会意见自查自纠,实现协会治理与运营平台自治有效结合。

其二,软法治理规范要充分且具有较强的推演逻辑。软法治理充分的角度,有横向和纵向两个层次值得关注。就横向层次而言,应当尽可能搜集国有资本运营平台自行制定的规范性文件,使得软法规范尽可能最大限度地覆盖已知规范性文本。同时,无论是国有资本运营平台自行制定的规范性文件,还是行业制定的规范性文件,必须同样要遵循基本的推演逻辑即"规制理念+原则性规范+规则性规范"的思维范式。采取这样的模式对于软法治理而言有两大好处:第一个好处是使得硬法治理与软法治理能够交相映照。在法学三段论中时常使用"涵摄"概念,是指将客观的案件

---

① 参见范如国:《复杂网络结构范型下的社会治理协同创新》,载《中国社会科学》,2014(4),117页。

事实与法律规范进行比对分析,以获得某种确定性结论的一种思维过程,即判断出现客观案例的事实是否该当于法律规范的要件,而产生一定的权利义务关系。[①] 对于硬法治理与软法治理的相互关系参照涵摄的思维方式有助于硬法治理与软法治理之间相互"查漏补缺",渐臻完善。例如将软法置于事实部分,而硬法治理放置于前提的位置,软法治理可以通过涵摄时时审视其合法性问题,硬法治理则可以通过软法的涵摄发现自身缺漏及不完善的地方并进行修正。第二个好处是软法治理规制采用规制理念+原则性规范+规则性规范的方式,一方面既可以确保软法治理的效度,即软法治理可以以逻辑清晰、构造严密的规范规制国有资本运营市场,另一方面也可以防止规制漏洞。错综复杂的规制文件虽体现出规制主体负责的规制态度,但是繁杂的规制文本容易造成规范与规范之间的冲突及错漏,体系化的软法规制规范则可以较好地避免此类问题的发生,进而萌生出科学的软法规制规范。

[①] 参见王泽鉴:《民法思维:请求权基础理论体系》,157-158 页,北京,北京大学出版社,2009。

第二章 国有资本运营模式

国有资本运营模式,也可以称为国有资本运营结构,主要指国有资本运营主体及其相互间形成的关系,包括政府管理主体与市场运营主体之间的相互关系。① 现如今,我国将做强做优做大国有资本作为深化国有企业改革的重要目标。要讨论如何将法治建设与国有资本运营相结合,首要的,需要观察国有资本在我国的实际运营模式,并将其放入全球化的视野中,找到我国国有资本运营所处的困境以及未来发展的可能方向,为在具体的环节中讨论国有资本运营的改革提供总体的思路。

第一节 中国国有资本运营模式梳理

我国在发展经济过程中,经历了较为重大的转折。在计划经济时代,以政治发展为核心,经济发展是附属于政治建设的。在党的十一届三中全会后,我国实现以经济建设为中心的转向,逐渐建立起了相对完整的经济体制,社会主义市场经济也逐步发展起来。此时,国有经济作为国民经济的主导力量,同步历经了体制机制的改革。在此过程中,随着产权理论的引入,出资人的所有权和法人财产权之间的分离所带来的关于国企政企不分、政资不分的讨论成为国企改革的重要论题。通过对政企不分、政资不分问题的延展,学界和实务界逐渐认识到要构建一个主体明确、对象清晰、结构条块分明的国有资产管理体制,以授权委托为纽带对国家—国资委—国有资本投资、运营公司—国有企业的监督管理权力进行分工,形成较为完整的宏观—中观—微观的针对国有资产的管理体系。由此,在我国掀起了自上而下的国有企业改革浪潮。随着改革的进一步推进,国有企业改制基本完成,大部分国有企业以公司形式存在,相当部分国有企业实现了混合所有制改革。同时,国有资本概念逐渐走进学术研究和政府治理的视野中,成为国有企业改革的重要内容。国有资本的运营问题既是过去相对忽

---

① 参见朱孔生:《国有资本运营研究》,106页,济南,山东人民出版社,2003。

视的环节,也是目前来说最贴合国企改革趋势的。因此该部分内容试图以宽泛意义上的国有资本运营为观察对象,对我国国有资本运营模式进行纵向和典型梳理,以发掘我国资本运营模式的特点。

一、我国国有资本运营模式的变迁

回顾我国国有资本运营模式的流变,可以大致分为萌芽期、建立期和成熟期三个阶段。

(一)我国国有资本运营模式的萌芽期

国有资本运营理论是较晚引入我国国有企业改革历程的。在改革开放以前,国有企业中只有国有资产的概念,没有产权概念。[①] 为此,《中共中央关于建立社会主义市场经济体制若干问题的决定》提出"产权明晰",旨在区分出资人财产所有权和企业法人财产权。通过放权让利、扩大企业自主权、"利改税"等改革,确立了所有权和经营权的分离,以实现企业经营体制的转换。1988年《全民所有制工业企业法》和1992年《全民所有制工业企业转换经营机制条例》,标志着国有企业具有相对独立的主体地位,成为自主经营、自负盈亏、自我发展、自我约束的商品生产者和经营者。但此时国有企业只拥有国家授予其经营管理的财产,尚未有以资本金为基础的法人财产,还不是一个独立的法人主体。[②] 而后,围绕明细产权这一目的,我国通过开展国有资产授权经营试点和国有资产监管改革,理清国家和企业、集团内企业间的产权关系,明确了"国家所有、分级管理、企业自主经营"的原则。此时,由基于授权管理的经营权转变基于出资的法人财产权成为现代企业制度试点的重要内容。在党的十五届四中全会作出的《中共中央关于国有企业改革和发展若干重大问题的决定》对国有资本功能进行了解读。国有资本运营的理念在国有企业中初步确立。但此时的国有资本运营尚缺乏充分的发展空间。最主要的是,我国的市场经济处于建立和完善初期,无法提供国有资本运营的土壤。此外,我国形成了"股权分置"的局面,国有资本的流通受到极大的限制。另外,我国的国有资产管理体制改革历经波折,国企监管从最初的"九龙治水"转为国有资产管理局专门管理,但仍未解决监管不统一、政企职责不分等问题。因而,1998年国务院撤销了国家国有资产管理局,相关职能并入财政部。此时,国有资产管

---

① 参见国企改革历程编写组:《国企改革历程》,232页,北京,中国经济出版社,2019。
② 参见上书,235页。

理体制的缺陷使改革举步维艰,也影响了国有资本运营体制的建立和完善。改革开放初期,我国国有资本运营主要实行"国家各部委-国有企业"两层次模式,企业的行政附属性较强,自主经营权受到严重制约。这种资本运营模式直接导致资本运营效率低下,国有资本流失严重。可以说,在此阶段,随着国有资本概念的引入,国有资本运营理念已然在我国萌芽,但尚未形成良好的运营体系。为扭转此局面,深圳、上海等地先后对国有资本的运营模式进行了不懈地探索与改革,在实践中也取得了一些成绩和突破,为国有资本运营模式的改革打下了实践基础。

(二)我国国有资本运营模式的建立期

在一段时间里,国有企业通过股份制和公司制改革转变为国有公司,而国家以出资人身份作为股东投资国有公司,国有资产转化为国有资本,通过出资、交易、退出等活动实现保值增值。此时,党的十六大明确了国有资产管理体制改革的方向,指出"企业国有资产属于国家所有,由国务院和地方人民政府分别代表国家履行出资人职责"。而后,我国成立国有资产监督管理委员会,建立"权利、义务、责任相统一,管资产与管人、管事相结合"的国有资产管理体制。此外,对于国有资产的经营,初步形成了三层经营架构理念,包括国资委,从事资本运作、价值形态管理的控股公司,实体企业。这次整体部署进一步推动了政企分离,为国企改革实现"三分离""三转变"打下了基础。[①]

与此同时,在资本市场建立初期,我国存在国有股和法人股。这类股属于非流通股,无法进入资本市场流通。长期以来,股份类型的割裂导致股价价差越拉越大,腐败滋生。这种现象既不符合资本市场发展规律,也不符合国有企业改革的需求,既不能实现国有资本的流通和保值增值,也侵害了中小股东的权益。为此,为了推进资本市场的改革开放,优化国有资本运营,我国从1998年起开启关于国有股减持的探索,但这一系列的改革措施不如人意,很快被宣布停止。直至2004年,《国务院关于推进资本市场改革开放和稳定发展的若干意见》提出要"积极稳妥解决股权分置问题"启动了新一轮的改革。此后,中国证监会于2005年4月29日发布了《关于上市公司股权分置改革试点有关问题的通知》(以下简称《通知》)并推动了试点工作的展开。2005年9月4日,中国证监会颁布了《上市公司

---

① 参见周放生:《关于国有资产管理体制改革的几个问题》,载季晓南主编:《国有资产经营管理理论与实践》,45页,北京,中国经济出版社,2003。

股权分置改革管理办法》(以下简称《办法》)替代了《通知》。在《办法》的指导下,我国股权分置改革顺利进行,并取得了较好的成果。股权分置改革的实现,推动了我国资本市场的完善,解决了我国国有资本流通的障碍,畅通了我国国有资本运营道路,打开了国有资本运营的空间。可以看出,在此阶段,我国关于国有资本运营的认识更为充分、市场环境更为充裕、运营的体制机制更加充实,搭建起了三层国有资本运营结构。

(三)我国国有资本运营模式的成熟期

2013年,党的十八届三中全会提出,完善国有资产管理体制,以管资本为主加强国有资产监管,改革国有资本授权经营体制。建立以"管资本"为主的国有资产管理体制意味着国有资本运营进入了新的阶段。此后,国企改革顶层系列文件陆续出台。其中最重要的是,2015年《关于深化国有企业改革的指导意见》和《关于改革和完善国有资产管理体制的若干意见》对"管资本"作出了更为明确的要求。特别是,明确提出要"改组、组建国有资本投资、运营公司,国有资产监管机构授权国有资本投资、运营公司对授权范围内的国有资本履行出资人职责",标志着我国正式采取三层国有资本运营结构。2017年,党的十九大报告对国有资本的运营方向提出了新的要求。[①] 对此,国资委主任肖亚庆明确这"不仅是对中央企业提出了新的更高要求,对国资监管同样提出了新的更高要求"。国资委发言人彭华岗指出:"从做强做优做大国有企业到做强做优做大国有资本,这意味着国资国企改革的理念和方式都会有重大的转变。""重点是放活、管好、优化、放大。"[②] 2020年《中共中央、国务院关于新时代加快完善社会主义市场经济体制的意见》再一次对国有资本的整体布局、监管及运营方向作出总体安排,整体上强化"坚持有进有退、有所为有所不为""推动国有资本更多投向关系国计民生的重要领域和关系国家经济命脉、科技、国防、安全等领域""对处于充分竞争领域的国有经济,通过资本化、证券化等方式优化国有资本配置,提高国有资本收益"。总体来看,我国关于国有资本运营模式的转变主要体现在以下几项改革中。

首先,推进国资委职能转变,进一步推动政企分离。立足国资委出资

[①] "要完善各类国有资产管理体制,改革国有资本授权经营体制,加快国有经济布局优化、结构调整、战略性重组,促进国有资产保值增值,推动国有资本做强做优做大,有效防止国有资产流失。"

[②] 参见《做强做优做大国有资本重点是放活、管好、优化、放大》,http://www.xinhuanet.com/politics/2018lh/2018-03/10/c_137029612.htm,访问时间:2022-3-22。

人代表身份，《国务院国资委以管资本为主推进职能转变方案》强化了国资委管资本职能，主要强调其优化整体布局和组织、监督具体运营的两大功能。2019年《国务院国资委关于以管资本为主加快国有资产监管职能转变的实施意见》进一步围绕资本运营对国资委职能进行全面解读。从国资委管资本的目标、要求及方式来看，国资委主要起到宏观把控和全面监督的作用。关于国有资本运营的具体环节，主要交由国有资本投资、运营公司以及实体企业进行。其次，深化国有资本投资运营公司试点，强化国有资本运营的市场化。2014年7月，国资委组织中央企业启动国有资本投资公司试点工作，以盘活国有资本，推动国有资本流转重组。2018年《关于推进国有资本投资、运营公司改革试点的实施意见》明确国有资本投资、运营公司是国有资本市场化运作的专业平台。通过试点，上接体制，试国资监管机构与投资、运营公司的出资监管关系、监管模式，下接资本运作、企业运营，试投资、运营公司与所出资企业的管控模式，国有资本投资运营的有效途径。① 再次，推动企业类型化、差异化，强化经营和管理的针对性和灵活性。通过区分商业性、公益性的国有企业，实现国有资本的合理配置，确定差异化的经营和审核机制。最后，推进混合所有制改革，实现多种所有制经济共同发展。混合所有制改革是国企改革的重要内容，但在多年的改革过程中一直饱受争议。改革步伐过快招致国有资产流失的担忧，改革步子太小又会阻碍国企改革目标的实现。2017年被称作混合所有制改革的落地之年。② 在2017年中央经济会议明确指出，深化国企国资改革，混合所有制改革是国企改革的重要突破口。此后，地方混合所有制改革加快了进程。在2020年《中共中央、国务院关于新时代加快完善社会主义市场经济体制的意见》③进行全面部署后，混合所有制改革进一步驶进快车道。

  从上述文件和改革中可以看出，我国的国有资本运营模式逐渐走向成熟，在三层运营结构的基础上实现整体和个体的共同发展，推动各运营主体功能的转向，促进运营方式的更新。整体而言，国有资本运营从重视盈利转变为质量和效益并重，从强调做大国有资本转变为有重点的发展国有资本，从强调政府直接运营转变为着重间接运营，从单一的管理考核转变

---

① 参见国企改革历程编写组：《国企改革历程》，263页，北京，中国经济出版社，2019。
② 参见《国企混合所有制改革进入落地之年》，http://www.gov.cn/xinwen/2017-01/06/content_5157052.htm，访问时间：2022-3-22。
③ 2020年《中共中央、国务院关于新时代加快完善社会主义市场经济体制的意见》："在深入开展重点领域混合所有制改革试点基础上，按照完善治理、强化激励、突出主业、提高效率要求，推进混合所有制改革，规范有序发展混合所有制经济。对充分竞争领域的国家出资企业和国有资本运营公司出资企业，探索将部分国有股权转化为优先股，强化国有资本收益功能。"

为有区别的经营和监督。

二、我国国有资本运营模式的典型模式

通过历史回溯,可以看到我国国有资本运营模式的形成有其特殊的背景和途径。其肇始于计划经济向市场经济的转换期,在国家的主导和管理下萌芽、建立和完善。整体而言,我国国有资本运营模式是国家整体部署的,是自上而下逐步改革的,也是自上而下渐进放权的。但不可忽略的是,我国存在自下而上的区域改革试点。这些区域创新和试点给我国的国有资本运营模式改革提供了丰富的实践案例和路径选择。

(一)深圳国有资本运营模式

深圳是我国较早尝试通过授权经营下放国有资本运营职能,以产业为标准分类运营主体,以混合所有制改革为主线进行国有资本运营改革的城市。深圳经过长期的改革,确立由政府授权国资委对国有资本进行宏观调控和管理,再由国资委授权资本运营机构直接履行国有资本的出资人义务,之后由资本运营机构授权企业具体进行国有资本的运营活动,[①]以提高资本运营效率。深圳在 1987 年和 1993 年分别成立我国第一家国有资产专门管理机构深圳市投资管理公司和国有资产管理委员会以及市属企业国有资产管理办公室,初步形成三级结构的授权经营模式。此后,深圳通过试点、改革,形成了三家国有资产经营公司(投资管理公司、建设投资控股公司和商贸投资控股公司)和五家授权经营公司(以深圳集团公司为代表)分产业共同平行主导运营的体系。此时的运营体系受制于效率问题,存在诸多问题。在 2004 年,深圳市成立市国有资产监督委员会(国资委),整合了国资办和三家国有资产经营公司的相关职能。同年 9 月,深圳市国资委将三家国有资产经营公司合并为深圳市投资控股有限公司(以下简称"深投控")。深投控属于深圳国资委的独资公司。2007 年,深圳市成立远致公司作为市国资委资本运作平台,主要负责国有资本运营调整。二者分别开展国有资本投资、运营公司试点。标志着深圳正式形成以市国资委直接监管运营为主、国有资本投资运营公司为辅助履职、产业集团专业化运营的国资监管运营新体制。[②] 随着我国国有企业改革进程的推进,深圳

---

① 参见崔如波:《公司治理:制度与绩效》,北京,中国社会科学出版社,2004。
② 参见李子朴:《深圳国资"授权经营"的前世今生》,http://www.gdasc.cn/news_2828.shtml,访问时间:2022-3-19;邓靖,罗秀英编著:《国有资本运营机制研究》,62-63 页,北京,中国纺织出版社,2019。

以管资本为主进行了更为深入具体的改革。深圳国资委重点通过"一张清单、一个基金、三类平台"①，构建深圳特色国资监管运营体制，并于2018年批准深投控对标淡马锡模式，强化其资本投资功能。

（二）上海国有资本运营模式

上海一直遵循"改组为主，组建为辅"的原则，上海把原行业主管局改组成国有控股公司、企业集团公司等国有资本运营机构，在国资委的授权下，行使国有资本运营职能。国有资本运营机构通过投资具有独立法人地位、自主经营、自负盈亏的市场主体，即国有企业来实现国有资本的保值增值。在党的十八届三中全会后，上海市政府发布了《关于进一步深化上海国资改革促进企业发展的意见》（简称《上海国资国企改革20条》），将推进企业上市发展规范运营、建立公开透明规范的国资流动平台、调整优化国资布局结构、健全完善国有资本收益保障机制作为国有资本运营模式改进的方向。一方面，推进国企联合重组，推进企业集团整体或核心业务资产上市，推动国有资本向优势产业、优质企业、优秀企业家集中，打造国际品牌。另一方面，通过完善平台公司运作机制，增强资本运营功能。2014年，上海确定上海国际集团、国盛集团为上海两大国资流动平台推动国资流动。两大平台先后发起设立科创、国企改革、军民融合产业投资基金，成功发行"上海改革ETF"基金。② 以上海国际集团为例，其以国有资本运营和投资管理"双轮驱动"战略，肩负"两个主体、一个通道"职能，即部分国有股权的持股主体、国有资本流动的执行主体、部分国有资本进退流转的主要通道。③ 近年来，上海开始了探索契约化资本运营模式，不断创新投资主体，这表明合同化的运营方式、投资主体多元化的运营模式将成为上海国有资本运营制度革新的方向。

---

① 《构建国资监管大格局之四：深圳市优化监管体系 加速职能转变为国资监管体制改革先行探路》，sasac.gov.cn，访问时间：2022-3-19。"一张清单"，即制定国资监管权责清单，并根据形势发展和实际需求适时动态调整。"一个基金"，即构建以国资改革与战略发展基金为牵引的国资基金群，目前基金群规模超4900亿元，为管好资本、推进企业改革发展提供了有效的工具手段。"三类平台"，即针对国有资本商业属性、公共服务属性和政府延伸功能属性，打造国有资本投资、运营公司和公益类、功能类平台，为从管企业为主向管资本为主转变提供更加有效的市场化手段和运作机制。

② 参见中国经济信息社编：《改革开放再出发 新征程上铸品牌——对话上海国企领导》，13-15页，上海，上海人民出版社，2019。

③ 参见《勇立潮头敢为先 奋力谱写国有资本运营平台发展新篇章》，https://www.sigchina.com/index.php?m=content&c=index&a=show&catid=51&id=663，访问时间：2022-3-19。

(三) 珠海国有资本运营模式

珠海市成立中共珠海市委企业工作委员会、珠海市国有资产经营管理局、珠海市企业董事局的"一委两局"模式代表市政府履行出资人义务,并按照"政企、政事、政资"三分开的要求,实现"管人、管事、管资产"三结合。① 国有资本运营机构接受"一委两局"的授权,按照分类分层管理原则,实现对国有资本的管理与运营。资本的具体运营则通过投资市场经营主体国有企业来实现。

总体上看,深圳、上海等地的改革实践为全国其他各地国有资本运营模式的革新提供了一些基本经验。具体表现为几个层面:其一,专司国有资本管理的国有资产管理委员会的设立,实现了国有资本所有者职能与社会经济管理职能的分离,形成了国有资本运营的隔离带,减少了政府的行政干预,为政企分开创造了条件;其二,国有资本运营机构的设立,实现了出资者所有权与法人财产权相分离的现代企业制度的产权规范,明确了资本经营公司的定位,为其分类组建、不断多元化创造了条件;其三,资本运营机构以股东或其他方式投资于国有企业行使所有者权能,保证了国有企业能依法进行规范化、市场化运作,平等地参与市场竞争,进而使国有资本的资源配置得到优化。

三、我国国有资本运营模式的特点

通过整体的纵向历史梳理和区域的横向列举,可以看到我国国有资本运营模式的形成过程、影响因素、变革缘由、发展侧重等。在特殊历史背景的推动下,政治和市场环境的滋养下,我国国有资本运营模式得以形成和完善,也具备了自身的特点。

(一) 采取"国资委—国有资本投资、运营公司—国有企业"三级运营结构

从整体结构看,我国国有资本运营采取"国资委—国有资本投资、运营公司—国有企业"的三级运营结构。这种模式有助于更好地实现政企分离、政资分离。首先,国资委剥离公共管理职能,以出资人身份参与到国有资本运营,以管资本为主对国有资本的运营状况进行监管。其"以价值管理的形式从宏观角度进行资本管理,具体的国有资本配置和经营管理等职

---

① 参见刘晓敏:《国有资产管理体制改革要有新思路》,载《郑州经济干部管理学院学报》,2003(2),3-6 页。

权应授予国有资本投资运营公司。"①其次,国有资本投资、运营公司以市场主体身份进行资本运营,强化国有资本运营的专业化、市场化。国有资本投资、运营公司的加入,可以有效剥除国资委异于一般市场参与主体身份所带来的国有资本运营障碍。最后,通过分类管理和混合所有制改革,实现国有企业的资本多元化,构建充分的竞争机制,使其经营活动更符合市场运行规律,最终实现国有资产保值增值,国有资本做优做大做强。

(二) 采用授权经营方式连接国有资本运营各主体

1992年《关于国家试点企业集团国有资产授权经营的实施办法(试行)》指出国有资产授权经营是国有资产管理部门对企业集团的授权,授权的内容是对紧密层企业国有资产的统一经营和管理权。这一定义没有脱离经营管理权的掣肘,尚未明确企业集团和紧密层企业间的产权关系。对此,1996年《关于企业集团国有资产授权经营的指导意见》明确指出,授权经营是通过政府授权持股方式对集团企业进行产权重组,形成母子公司关系。2003年《企业国有资产监督管理办法》指出被授权的主要为国有独资企业、国有独资公司。这些企业或公司对其全资、控股、参股企业中国家投资形成的国有资产依法进行经营、管理和监督。有别于国有资产所有权和经营权关注的实体国有资产,授权经营所关注的是股权。其标志着从实物经营向价值经营的过渡。② 基于此,国有资产监督管理机构—国有资本投资、运营公司—实体企业以授权经营为纽带,形成了较明细的产权关系。但这一时期,我国的运营重点仍在资产运营上,资本运营理念尚未正式提出。直至党的十八大以后,我国开启授权经营改革,国有资本成为管理和经营的重点。为了进一步解决政企不分、政资不分问题,提高国有资本运行效率,2019年国务院发布《改革国有资本授权经营体制方案》强调出资人代表机构作为授权主体,以股权关系为依托,按照类型的不同进行动态调整的授权放权。强调出资人代表机构授权经营的依据是股权关系,更进一步明确了国有资本运营各主体间的基础关系,即股权关系。这是进行资本运营的前提。

---

① 马忠、张冰石、夏子航:《以管资本为导向的国有资本授权经营体系优化研究》,载《经济纵横》,2017(05),20-25页。
② 参见赵旭东、王莉萍、艾茜:《国有资产授权经营法律结构分析》,载《中国法学》,2005(4),76-88页。

(三) 三级主体分别进行"宏观—中观—微观"国有资本运营

三级运营主体在国有资本运营结构中处于不同的地位,其功能亦存在明显的区别。因而,我国致力于确立三者的权责边界,从而更好地剥离国有资本运营中的政企不分、政资不分问题。按照改革初期学者的设想,在二级运营向三级运营转变后,国资委主要以预算方式作宏观运营,资产经营公司依托投资进行中观运营,实体企业则围绕财务管理进行微观运营。① 总体看,三级主体分别在宏观—中观—微观层面开展国有资本运营。

1. 宏观层面运营:国资委

对国有资本运营,国资委主要通过前端整体布局—中端监督资本运营流程—后端统计、审计资本收益的方式参与。这种角色的转变符合出资人代表身份的定位,也符合市场化、专业化的改革趋势。就目前而言,国资委致力于职能转变,逐步将权力下放给国有资本投资、运营公司或国有企业。但授权放权的重点是不同的。基于国有资本投资、运营公司的中观运营定位,国资委主要以授权战略规划和强化其内部治理的独立性为授权放权的重点。而对微观层面的国有企业,国资委以不干预为原则,强化其自主性。

2. 中观层面运营:国有资本投资、运营公司

2015年8月,中共中央、国务院印发的《中共中央国务院关于深化国有企业改革的指导意见》提出要建立国有资本投资、运营公司。其在国有资产管理机构与企业之间发挥"隔离带"的作用,以促成我国"管资产"到"管资本"的变革,实现政企分开,避免政府机关过度干预企业资本运营,从而促进国有资本的保值增值。相对过去的二级运营结构,三级运营结构最显著的特点在于加入了国有资本投资、运营公司作为桥梁连接国资委和国有企业,作为枢轴着力资本运营工作。

第一,国有投资、运营公司的设立方式包括改组、划拨股权新设等。在改革初期,学界对应当采取新设公司还是现有公司过渡的方式搭建国有资本投资、运营公司进行了一定的讨论。我国最终选择了主要采取由集团公司过渡的方式,以央企为试点对象,推动国有资本投资、运营公司的构建。由该类公司转变为国有资本投资、运营公司有其先天的优势。在国企改革过程中,形成了诸多大型集团公司,试点央企多为集团公司的母公司,由政府或国资委出资以国有独资形式存在。一方面,该类公司与下属公司之间

---

① 参见刘纪鹏:《国有资产管理体系的建立与完善》,季晓南主编:《国有资产经营管理理论与实践》,34-35页,北京,中国经济出版社,2003。

存在投资与被投资的关系,符合国有资本投资、运营公司的定位。另一方面,该类公司采取国有独资形式,有助于国资委统一规划的落实,以保障国家对国有资本的绝对控制力。

第二,一般认为,国有资本投资、运营公司是独立地进行资本运营的市场主体。作为市场主体,国有资本投资、运营公司围绕价值规律,以资本经营为重点。这种定位使其区别于过去强调企业管理、实物资产管理、产权管理的经营模式。① 基于此,国有资本投资、运营公司在机构设置上比一般公司更为简单。目前,试点的国企通过对自身经营范围、运营方式、法人治理结构等方面的改革逐渐转变为着眼于资本运营的公司,改革已初具成效。

第三,国有资本投资运营公司的运营模式在于通过资本经营和产业经营结合运营手段,构建资本与产业的良性互动,建立多渠道,低成本和灵活高效的资本运营机制,按照市场竞争决定资源有效配置规律,将国有资本不断动态调整和配置到那些最需要和最能够创造价值机会的产业领域中去,优化产业结构,优化国民经济布局。② 国有资本投资、运营公司的运营模式包括投资融资、产业培育、资本整合、股权运作、价值管理、有序进退等。国有资本运营公司的运营手段主要有:其一,资本经营。国有资本投资运营公司通过资本经营,将国有资产转变为国有资本,资金的周转循环,极大提高了国有资本的流动性和保值增值率。如"阶段性持股",即产权经营、股权经营。又如"融资",国有资本投资运营公司通过创新融资方式,开拓融资渠道获取源源不断的资金供应。如发展金融产业,吸纳股东资本投入、私募基金、债券融资、信托计划等。多渠道的融资方式,不仅保证了资金的充足性和安全性,还能借鉴先进的管理理念和管理模式。又如"投资",投资业务是国有投资公司主营业务之一。国有资本投资运营公司可以通过风险投资、成长型投资等手段,将国有资本注入国有有限责任公司中去。通过国有投资运营公司的投资活动,能够引导和带动国有资本、社会资本进入国家鼓励发展的经济领域,实现不同行业、地区、企业的产业结构优化调整。③ 其二,产业经营。国有资本投资运营公司可以通过产业经营的方式,通过投资高新基础产业、新型产业领域,寻找新的利润增长点,培养新的竞争优势,实现利润和规模扩增。配合国家产业调整和升级政

---

① 参见刘纪鹏:《国有资产管理体系的建立与完善》,季晓南主编:《国有资本经营管理理论与实践》,34-35页,北京,中国经济出版社,2003。
② 参见郭春丽:《组建国资投资运营公司 加快完善国有资本管理体制》,载《经济纵横》,2014(10),4-7页。
③ 参见马浩东:《做实国有资本投资与运营公司》,载《上海国资》,2015(6),22-24页。

策,发展新业务,在产业领域形成联动经济增长效果。

3. 微观层面运营:国有企业

作为第三层的国有企业既是最终实现国有资本保值增值的主体,也是国有资本投资、运营公司进行资本运营的对象。可以说,国有企业是国有资本运营的基础。对于微观层面的运营,我国强调"一企一策"。因而,相对而言,国有企业的国有资本运营具有多样性、多元化、自治性的特点。

第一,国有企业类型多样。党的十八届三中全会《关于全面深化改革若干重大问题的决定》(以下简称《决定》)提出了发展混合所有制的改革思路,为国有资本运营提供了政策指引。其明确国有资本、集体资本、非国有资本等交叉持股、相互融合的混合所有制经济,是基本经济制度的重要实现形式。国有股一股独大阻塞了股份的自由流通,而该问题可诉诸混合所有制和股权多元化来进行化解。就此,我国的国有企业走向了更多元化、多样态的发展路径。特别是,因发展定位的不同而选择不同的公司或企业形式。基于资本来源集中和分散的不同,各类公司的治理模式、资本运营方式也有显著区别。《决定》将国有企业划分为三种类型:公益性国有企业、自然垄断性国有企业和竞争性国有企业。对不同类型的企业作不同的改革安排,包括是否需要保持控股地位,是否可以引入多元资本,是否可以购买服务、特许经营、委托代理等。根据国有企业在集团公司中的位置又可以分为母公司和子公司、孙公司。在母公司层面,一般采取控股的形式,但在非特定领域,也不排斥通过股权调整实现资本多元化。在子公司、孙公司层面,其股权结构更为多样,相应的资本运营方式也更多元。

第二,各类企业运营模式具不同特点。其一,国有独资公司限制更多。首先,营运空间具有特定性。国有独资公司营运范围集中于垄断性、公益类。其次,运营目标的政策性。基于行业的特殊性,部分国有独资公司运营的首要目的不是国有资产的保值增值,甚至有可能不追求利润。再次,运营管理模式的法定性。这种法定性在主体制度、治理结构和权利义务分配等方面都有不同程度的体现。最后,运营方式的直接性。主要表现为国有独资公司是由国家作为出资人直接出资的、国有独资公司直接用国有资本进行投资、国有独资公司的收益归于国有资本。其二,国有的有限责任公司和股份有限公司市场化程度更高,灵活性更强。首先,运营范围更广泛。市场经济是辐射范围不限于熟人社会,交易的地域范围更广。[①] 优质

---

① 参见赵万一、赵吟:《论商法在中国社会主义市场经济法律体系中的地位和作用》,载《现代法学》,2012(7),60-73页。

商业类国有有限责任公司和股份有限公司立足于更为开阔的国际、国内资本市场平台，彻底实现运营市场化、资本社会化、经营商业化、治理规范化。其次，运营方式更灵活。在商业竞争领域的国有控股、参股公司国有资本的运营过程中，可以采取更为灵活的方式。比如通过引入各类投资方式，实现股权多元化；[①]鼓励具有资金、技术、管理优势的各类投资者，以及社保基金、保险基金、股权投资基金等机构投资者为国有资本参股的商业竞争类公司带来技术经验，帮助此类公司优化治理结构，从而激发国有资本的活力，完美对接市场经济的发展诉求。

第三，强化经营自治。随着国有资本运营理念的深入人心，我国深刻认识到国有企业的市场主体本质。强化经营自治，是激发国有企业活力和潜力的必然选择。目前，我国着重通过章程规范化、职业经理人制度等方式强化国有企业的自主经营能力。章程作为公司"宪章"，在公司治理中处于基础性地位。通过章程条款的自主约定，设计出符合公司发展的条款，用契约精神化解国有资本运营过程中过多的国家公权力介入，在国有资本参股的商业竞争类公司运营过程中，适当采用一些灵活性安排，通过契约性来彰显公司的发展价值和需求，从而使国有资本的运营更具活力。[②] 另外，在大型公司，投资和管理一般由独立的人员来完成。他们的存在既能降低集体决策的时间成本，也能提升公司经营的专业性。[③] 因此，推行职业经理人制度有助于实现国有资本运营的专业化和职业化，使微观层面的国有资本运营更具活力、创造力。

第四，国有资本运营手段多元。在国企改革初期，我国采取"靓女先嫁"理论，即将优质资产从国企中剥离并上市，募集资金，但部分尚未转型与这部分优质资产未脱钩，形成了母子公司的控股关系，成为了影响优质资产发展的障碍。[④] 目前，国有企业进行着转型升级，比之早期单一的方式更为科学，也更灵活。在运营国有资本时，其充分利用市场经济的交易机制、价格机制、竞争机制，通过商业性投融资、资本运作、资本重组、产权交易、重组上市等市场行为来促进资本合理流动，实现社会财富最大化。

---

① 参见李润生、沈鹏：《有限责任公司适用种类股制度研究》，载《学习与实践》，2017(11)，67-73页。

② 参见李响：《有限责任公司涉章决议中的股权保护——基于对公司法人理论的思考》，载《重庆大学学报（社会科学版）》，2020(2)，119-130页。

③ 参见[英]保罗·戴维斯等：《现代公司法原理（第九版）》(上)，罗培新等译，367-368页，北京，法律出版社，2016。

④ 参见郑志刚：《中国公司治理现实困境解读：一个逻辑分析框架》，载《证券市场导报》，2018(1)，4-12页。

总的来看,我国的国有资本运营模式的构建经历了较长期的过程。从国有资本概念的萌芽,到三层结构的建立,再到进一步的发展,形成了自己的经验和特色,我国国有资本运营模式也正在走向成熟。但要更完整地探讨,需要将其放到国际视野中,通过比较分析,找出我国与域外国有资本运营的异同,从而发掘具中国特色的改革路径。

第二节 域外国有资本运营模式考鉴

国有资本运营并不是我国所特有的。在资本主义国家,虽然强调私有制,但国有资本仍旧占据着重要的地位。作为世界经济重要组成部分的国有资本,其运行模式的选择直接决定着运营目标的实现。为此,各国纷纷重视对国有资本运营模式的研究。

一、域外国有资本运营的典型模式

因具体经济制度与国情有别,各国国有资本运营模式的具体运行差别显著,[①]但已基本形成"两层次"和"三层次"两种运营模式。美、德、法等国家采取的"两层次"模式是由政府行政管理部门直接对国有企业进行管理;而在英国、新加坡等国家采取的"三层次"运营模式中,顶层是政府行政部门,中层是资本运营机构,下层才是各个国有企业。[②]

(一)"两层次"运营模式典型代表

1. 美国模式

美国国有资本运营实行"政府—国有企业"两层次模式。在第一层次,国会代表政府履行国有资本运营职能。美国国有企业的设立、变更、撤销由国会通过立法的形式决定。因美国国有企业主要集中于基础性设施或军工等行业,其对国有企业的运营管理较为严格。国会通过立法确定国有企业的设立目的、组织结构、董事会组成、经营方式等,还通过审议议案的形式确定国有企业的管理问题,甚至会设立常设或临时机构行使管理和监督职能。[③] 这种立法管理的方式也有利于防止政府过度干预或违法干预国有企业的运营。在第二层次,美国国有企业按照其资产组织形式的不

---

① 参见潘丽华:《国有资本运营模式比较研究》,载《经济视野》,2014(20),339 页。
② 参见胡海涛:《国有资产管理法律实现机制若干理论问题研究》,62-81 页,北京,中国检察出版社,2006。
③ 参见朱孔生:《国有资本运营研究》,113 页,济南,山东人民出版社,2003。

同而有不同的经营方式,包括政府经营、出租经营、承包经营、政府和民营共同持股经营、民营国助等,其中国有民营是主要形式。①

2. 法国模式

法国国有资本运营实行"政府部门—国有企业"两层次模式。第一层的主体主要是财政部。法国的国有资本由财政部统一负责,并派员参与公司发展战略与规章制度的制定,对国有资本运营的监督和管理。但国有企业的管理工作则由各主管部门负责。因而,在法国国有企业内部,形成了双重派员制度,即财政部和主管部门分别派员参与国有企业活动。第二层的主体包括垄断性国营企业和竞争性国有企业。国家主要以对母公司或总公司控股的方式强化国有资本运营。此外,法国在特殊情况下,采取与国有企业签订合同的方式强化国有企业进行资本运营的责任。② 具体而言,法国采用"分类+合同+三重监督"管理模式,与"两层次"运营模式相呼应,以便遵守市场规律的要求,促进市场作用的发挥。首先,国有资本分类管理制度,即政府根据行业竞争、规模效益及基础设施投资等标准对不同行业的国有资本运营主体采用不同的管理制度,以合理把控政府对企业的控制度及企业自主度。其次,合同管理制度是指政府基于是否为新的发展项目、是否为国家战略重点产业原则,与国有企业签订合同以责任自负的形式来制约企业自主权的行使。③ 在降低国家干预的同时也能增强企业的自主决策能力。最后,三重监督制度主要是强调由政府各部门、议会和审计院共同对国有资本运营进行监督,三个监督主体相互独立、各司其职,以确保国有资本有效运营。

(二)"三层次"运营模式典型代表

1. 英国模式

英国国有资本运营实行"政府—国家企业局—国有企业"三层次模式。英国按照资产组织形式不同分为国有企业、国有公司、国有股份公司等,对不同类型的企业采取差异化的运营方式。在政府层面,英国以议会为国有资产管理的最高机构,通过立法来管控国有企业的行为,并授权各个主管部门具体管理且对议会负责,在各主管部门及国有企业之间建立报告和监督制度,以期监督国有资本的运营。财政部和各主管部门分别以国有资产

---

① 参见邓靖、罗秀英编著:《国有资本运营机制研究》,69页,北京,中国纺织出版社,2019。
② 参见朱孔生:《国有资本运营研究》,116-117页,济南,山东人民出版社,2003。
③ 参见耿明斋:《国有资本生存边界与实践模式》,北京,中国经济出版社,2003。

和国有企业为侧重点。前者的监管方式包括财政预算、确定资助额、审批投资报告等,后者包括任命董事、规定财务指标等。① 在国家企业局层面,国家企业局实质为国家独资控股公司,由政府作为所有者代表授权贸工部对国家企业局进行产权管理,以传达政策指示、明确财务目标、任命领导并规定运营权限。同时,国家企业局向其投资的子公司及关联企业派驻董事,并不直接干涉其日常生产和经营活动。在国有企业层面,国有企业实行的大多是董事会领导下的经理负责制。政府负责任命董事、确立目标和管控财务,只是赋予企业一定程度的自主权。由政府任命组成的董事会是英国国有资本运营管理制度模式的重要纽带,也是平衡经济利益与社会利益的关键点。

2. 新加坡模式

新加坡国有资本运营实行三层模式,三者之间各司其职,前者对后者保持"一臂之距",注重企业的长期稳健发展,不介入日常经营和商业决策,②进而实现行政管理、营造市场环境、产权管理的分离。但需要注意的是,新加坡模式存在"政府部门—法定机构—国联公司"和"政府部门—政府控股公司—国联公司"③两种模式。在第一层次,政府部门负责制定发展战略、设计制度规则及监督企业运行等职能。针对国有控股公司或企业经营范围的不同,其具体职能范围有别。这明晰了政府、政企与政资的界线,把政府之手把控在合理范围之内。在第二层次,法定机构与国有控股公司担负着保证实现国有资本职能的重要任务,根据国有资本控制与运营方式的不同,两者承担的具体职能有差别。在"政府部门—法定机构—国联公司"模式下,处于第二层次的法定机构是由议会立法设立的独立法人,具有部分管理职能,并承担一定的社会性目标。议会对法定机构的组织结构、董事任免制度、企业财务与审计、岗位责任和罚则等分别进行专门立法,如此避免法定机构与政府部门之间权责不清等乱象。鉴于法定机构的全部资产都属国家所有且担负着一定的社会性目标,所以,法定机构的法律地位直接处于政府的控制之下,在人事安排、资金管理等方面都缺乏自主权。法定机构主要投资于公共基础设施及其他社会服务领域等方面,这种模式有利于营造良好的市场环境,避免高价垄断。在"政府部门—政府

---

① 参见邓靖、罗秀英编著:《国有资本运营机制研究》,70页,北京,中国纺织出版社,2019。
② 参见王灏:《淡马锡模式主要特征及其对我国国企改革的启示》,载《中共中央党校学报》,2011(5),50-54页。
③ 袁丽娜、陆长福:《对新加坡国有资产管理体制的分析与借鉴》,载《河北科技大学学报(社会科学版)》,2004(2),23-25页。

控股公司—国联公司"模式下,处于第二层次的政府控股公司依公司法成立并运行,由政府投资所有,董事会成员与总经理一般都由政府直接任命,通过董事会对企业生产经营进行指导和监督,财政部负责控制与运作企业资金。新加坡淡马锡控股公司的运行就是政府通过设立控股公司运营国有资本的成功典范。① 相对法定机构的运营模式,控股公司投资的范围更广,以资本和股权管理为核心,其注重资本回报率,服务于国家的经济政策,且存在大量国际投资业务,有助于保障国有资本的保值增值,也有利于提升国有企业在国际市场中的影响力和竞争力。在第三层次,国联公司是按照公司法的规定设立与运行的企业,一般由一家或多家政府控股公司投资参股,与行业内的私营企业在市场中地位平等、相互竞争。

二、域外国有资本运营模式的比较研究

域外国有资本经营模式发展有相似的脉络和背景。总体来看,国有资本运营在市场经济中占据重要地位,且大多集中于基础设施、军工等关系国计民生的重要领域。特别是在战争期间或经济危机期间,市场经济增长出现下滑,国有资本运营成为挽救经济颓势,振兴国家发展的重要因素。因此,各国对国有资本运营模式的选择是较为动态的,有的放矢的。但每个国家存在不同的经济文化背景,因而在模式选择时存在一定的不同。通过检视各国国有资本运营模式的异同点,可以发掘国有资本运营模式的发展规律,并在此基础上探讨我国国有资本运营模式改革的方向。

(一)域外国有资本运营模式的共通点

域外国有资本运营虽然存在"两层次"和"三层次"运营模式的不同选择,但也有诸多相通之处。整体上看,各国进行国有资本运营出发点是类似的,即发挥国有资本稳定和主导国有经济发展的功能,填补缺乏市场吸引力的行业空缺,带动高新技术行业发展,改善经济结构,保障劳工就业、价格稳定、收入平衡。基于此,国家在国有资本运营中的功能必须得到发挥。这就造成了各国国有资本运营都面临的困境,即政府、市场、企业之间的关系问题。通过多年的研究和实践,各国基本形成了共识:政府应从微观的公司经营中剥离。在此共识上衍生出了三种分割方式,包括政府部门和市场主体的分离、行政管理和产权管理的分离、国有资本运营的分类。

---

① 参见潘岳:《中国国有经济总论——历史沿革、改革历程、发展趋势》,北京,经济科学出版社,1997。

1. 政府部门和市场主体的分离

国有资本因其特有的国有属性与政府部门有着密切的联系。实际上,有相当一部分国有企业是从政府部门剥离出来或者是由政府部门直接投资设立,具有一定的行政管理机构的属性。而这种特质带来了垄断下的低效问题和官僚主义下的腐败问题。为此,各国纷纷选择了实现国有企业独立性和市场化的改革路径,实现政府部门和市场主体的分离。这一改革路径主要通过以下几方面实现。

首先,设立中间层运营国有资本。这一特点在"三层次"运营模式中更为明显。政府授权"中间层"运营国有资本,代表国家履行出资人职能。这将在政府与企业之间建立隔离层和保护层,实现政企、政资分开,以减少行政干预,利于资本保值增值。如新加坡国有控股公司的设立。在"两层次"运营模式中,也有一定的体现,如法国也存在国有化金融机构间接控股的方式。[1] 从广义的理解看,政府部门对母公司和子公司的介入程度是有明显区别的。一般而言,国家控股或是重点监管的主要是母公司,而子公司的管理,则更多地交由母公司负责。母公司在一定程度上在子公司和政府部门之间扮演了中间层的作用。子公司的独立性和市场化程度就更为明显,与一般民营企业适用同样的规则,具有相同的地位。可以看到,"三层次"运营模式是各国进行国有资本运营模式改革的主要选择。这一选择也符合实现政企分离的目标需要。采取"两层次"运营模式的国家有其特殊的背景,比如美国国有企业占比小且集中于军工和基础设施行业,因而需要严格的管控。这些特殊背景很大程度上并未充分考虑政企不分问题,甚至在一定程度上要求企业具有一定的行政管理属性或者要求政府对企业进行强管控。

其次,采取股份公司形式。目前,各国主要采取控股或参股的方式构建国有公司制企业。政府通过直接或间接投资的方式,成为公司股东,并以股东身份参与到国有公司的运营中。这样一来,政府只需对投入资本承担责任,从而减少投资风险。另一方面,政府部门可以通过较灵活的出资和退出机制进行国有资本运营,实现股权多元化,推动国有资本流动和优化,既包括以国有资产重组、国有股转让[2]等方式引进民营资本或境外资本,又包括通过投资入股民营企业,挽救濒临破产的企业或实现强强联合。

---

[1] 参见朱孔生:《国有资本运营研究》,116 页,济南,山东人民出版社,2003。
[2] 参见李志祥、张应语、薄晓东:《法国国有企业的改革实践及成效》,载《经济与管理研究》,2007(7),84-88 页。

对于国有公司而言,国有公司的运营以《公司法》为范本,确立了公司独立的法人地位,形成了相对独立的内部运营机制,更有助于激发国有公司资本运营的活力和动力。

最后,强化国有企业内部治理,注重董事会作用的发挥。各国政府进行资本运营通常以政府或中间层派驻董事会成员的方式实现对企业经营行为的监督和管理,在规范企业自身行为的同时也能使企业享有充分的自主权。如法国政府通过派驻代表参加企业董事会以影响公司发展战略与制度的制定。新加坡淡马锡模式也是其中的典型,淡马锡董事会有较大的经营管理权限,有权批准公司的长远战略目标、年度预算、重大投资融资、总裁任免和董事会变动等。[①] 此外,淡马锡董事会成员多为具有专业知识的独立董事。

2. 行政管理和产权管理的分离

由于国有资本在国民经济中的主导地位,政府部门倾向于严格的管理和控制。但现实情况是,国有企业的各主管部门职能不明,导致国有企业受行政干预的程度愈演愈烈,严重影响了国有资本运营的效率。为此,各国都采取了改革政府部门的路径。其中最重要的是,实现行政管理和产权管理的分离。首先,限缩政府部门的管理权限。各国采取了多种方式对政府部门管理权限进行限制。其一,将政府部门的职能限制在宏观的资本运营上,即战略方向的选择、经济政策的确定、财政预算的支撑等。其二,采取立法规定的方式明确国有企业的设立、治理和撤销机制,对政府部门的管理职能进行清晰的权利分工。如美国通过国会立法方式规定国有企业内部管理体制。其三,限制政府部门参与手段,减少直接干预,主要通过行使股东权利实现管理,包括任命董事、股权管理等。其四,限缩政府部门干预范围,包括集中于对基础设施、高新技术、军工产业等行业,主要参与到母公司经营管理等。其次,统一国有资本管理权限。大多国家将国有资本的运营统一交由某一机构专门管理,如法国交由财政部负责。这种方式有助于政资分离,实现行政管理权限和产权管理权限的分离。最后,建立完善的监管制度。在实现行政管理和产权管理的分离后,难免会带来国有资本流失的担忧。为此,建立完善的监管制度可以弥补因分离带来的风险问题。资本的有效运营必须以资本的有效监管为前提,虽然国外对资本运营监管的具体方式有别,但建立统一、独立、有效的监管制度则成为共识。如

---

① 参见周建军:《新加坡"淡马锡模式"的政治经济学考察》,载《马克思主义研究》,2015(10),73-81页。

法国三重监督制度的建立、英国双重监管机制的确立。

3. 国有资本运营的分类

尽管各国关于国有资本划分的标准不一,但从整体来看,分类主要依据资本投入的行业性质,包括自然垄断性行业、基础服务行业、金融行业、竞争性行业等。各国对资本实施类型化的监管模式和运营方式已然达成共识。这种分类运营的思维贯穿了国有资本运营的全环节,包括投入退出环节、监管环节和国有企业内部运营环节。在投入退出环节,各国一般对自然垄断性、基础设施、高新技术等特殊行业形成绝对控股地位。对竞争性的行业,采取参股的方式实现资本运作。当然,各国还根据国有企业类型不同采取了不同的资本运营方式,如法国国办企业的计划合同运营制、美国的出租、承包经营制等。在监管环节,对自然垄断性、基础设施、高新技术等特殊行业采取相对严格的管理模式,而对从事竞争性行业的国有企业,各国多以强化其自主性为原则,不进行行政管理,不直接参与日常经营管理活动。在国有企业内部运营上,主要在董事构成、投资方案的确定、日常经营管理决定权、财务监督等方面体现了治理机制的不同。

总的来看,各国资本运营模式依循着分类运营、分层运营、市场化运营的规律逐步完善。这一发展趋势是内含于国有资本运营需求的。值得说明的是,国有资本运营模式还具有规范化运营的趋势。国有资本运营只有置身于良好的市场环境、法律环境、政策环境中才能焕发活力、增强竞争力、激发创造力。如法国针对国有资本的运营建立了一套完善的法规制度体系,囊括了国家与国有企业的关系、国有资产的企业组织形式、国有资本的财务、税收、审计、合同管理等各个方面,使国有资本的运营有法可依,进而提高资本运营的效率。因而,除了上述共同点外,运营模式的规范化和法治化也是各国国有资本运营模式发展的基本走向。

(二)域外国有资本运营模式的特殊安排

如前所述,域外各国虽然依循相似的规律完善国有资本运营模式,但在具化层面上有不同之处。其中有些安排有一定的借鉴意义。首先是特别股票制度。特别股票是指政府保留一部分国有股权暂不出让,它可以为政府提供否决权。[①] 特殊股在域外并不少见,英国、法国等国家都有采取特别股票制度。通过特殊股的设计可以实现收益权、决策权的特殊分配。

---

① 参见史忠良、毛树忠:《英、法、德三国国有股东行为机制改革研究》,载《江西社会科学》,2007(10),162-167页。

对于国有资本运营而言,特殊股的设计可以实现国家股东代表在国有企业中的特殊地位。在关系国计民生的重要领域,特别股票制度可以保障国家的话语权,防止国有企业被恶意收购或兼并,导致国有资产的流失。其次是法国计划合同的经营模式。20 世纪 60 年代末,法国开始"合同化管理"模式的尝试。这一转变最早是为了应对行政化管理的弊端,推动国有企业的市场化经营。政府与企业签订合同的原则是看此合同是否为新的发展项目,是否为国家战略重点产业。① 合同的内容通常包括政府政策目标、企业发展的中长期目标、企业应该承担社会发展和国家安全等方面责任、企业和政府的财政关系、政府提供的支持条件等。② 最早这种合同主要针对公共服务类国有企业,后逐渐扩展到竞争性国有企业。如今,计划合同制仍在延续,只是基本不涉及企业具体经营,更类似于企业战略发展规划的确认书。③ 最后是美国出售/出租、承包经营模式。④ 前者即国有民营方式,国家将国有资产以出售或出租的方式交付给私营企业经营,如波音公司、洛克希德公司等。后者指系统工程承包制,政府将国家项目进行招标,选择最优竞标商合作。

三、我国与域外国有资本运营模式的比较研究

我国属于后发展国家,在制度构建中具有一定的移植色彩。在改革开放初期,我国市场经济刚起步,国有资本运营缺乏实践经验和理论研究,对域外先发展国家的借鉴有助于赶上世界先进国家的步伐,更好地融入国际市场。然而,每个国家有其自身的政治秉性、文化背景和经济发展阶段,域外经验容易陷入水土不服,难以解决本土问题的泥沼。因而,我国的国有资本运营模式亦带有自身的特点。

(一)我国与域外国有资本运营模式的共性

我国的国有资本运营模式改革路径与各国改革的共同经验相同,以实现政企分离、政资分离为核心。我国通过构建"三层次"运营模式逐步剥离政府对国有企业的直接干预,我国主要采取控股、持股方式进行国有资本

---

① 参见朱孔生:《国有资本运营研究》,117 页,济南,山东人民出版社,2003。
② 参见史忠良、毛树忠:《英、法、德三国国有股东行为机制改革研究》,载《江西社会科学》,2007(10),162-167 页。
③ 参见姜影:《法国国有企业管理体制改革的历程及成效》,载《法学》,2014(6),61-71 页。
④ 参见邱伟年、林家荣、林铭:《美、法国有企业改革对我国国有企业发展转型的启示》,载《特区经济》,2011(8),120-122 页。

运营；通过设置统一的监督管理机构实现行政管理职能和出资人职能的分离；通过确立分类改革、一企一策的原则实现国有企业的区分化、个性化塑造。通过长久的研究和实践，我国逐渐确定了以淡马锡为范本的国有资本运营模式改革路径。

正如前文所分析的，选择两层运营模式的国家国资占比小，且其主要将国有资产作为国有资源，强化保护和产权变动等问题。[①] 我国国有资本在市场中的占比较大，涉及的行业领域较广。并且，我国从计划经济转型为市场经济造成了特殊的时代印记，即政府部门对国有企业的管控权限较大、范围较广。因而，通过打破固有格局的方式更符合我国国有资本运营改革的需求。淡马锡模式作为"三层次"运营模式的典型代表，在一定程度上值得我们借鉴，主要体现在以下几点。

一是淡马锡公司是由政府全资控股的企业，同时又坚持所有权和经营权分离。一方面，淡马锡公司股权结构简单，股权收益归于政府，主要通过发行淡马锡债券或商业票据的方式融资。这种简单的股权结构符合我国政府对国有资本运营进行统一管理的需求，也能实现我国政府获取收益的运营目标。另一方面，淡马锡模式中市场化原则贯穿于整个结构，表现为政府对淡马锡公司、淡马锡公司对国联公司都不进行直接干预。政府只对任命董事、提取储备金等重大事项行使权利。这种模式能够确保国有公司独立的商事地位，推动政企分离。

二是淡马锡通过灵活的资本运营手段实现国有资本的有序进退。1985年淡马锡实施国企布局战略调整计划，通过投资和退出机制，使政府投资从非战略重要性、无须政府主导的行业以及足够成熟允许私人资本进入的行业退出，并将这些资本转投海外。[②] 由此，淡马锡从侧重产业振兴的战略投资者转变为侧重资本投资收益的财务投资者，[③]实现了国有资本的灵活、有序、方向性调整。目前，我国的国有资本运营既强调要推动国有资本投向关系国计民生的重要领域和关系国家经济命脉、科技、国防、安全等领域，也强调要实现国有资产保值增值，实现国有资本做强做优做大。这表明，我国对国有资本的发展策略有一定的调整。最关键的是推动国有

---

① 参见刘纪鹏、刘彪、胡历芳：《中国国资改革：困惑、误区与创新模式》，载《管理世界》，2020(1)，60-68页。

② 参见焦欢：《淡马锡模式对我国国企改革的启示与局限研究》，载《时代金融》，2016(8)，141-143页。

③ 参见周建军：《新加坡"淡马锡模式"的政治经济学考察》，载《马克思主义研究》，2015(10)，73-81页。

资本战略性集中,实现资源配置的优化。这样一来,就需要对优质资本进行整合,积弱资本进行重组,实现国有经济布局结构调整。淡马锡模式的灵活性是符合我国调整国有资本布局需求的。

三是淡马锡公司强调董事会核心地位,以完善法人治理结构为核心。为了保障董事会的决策核心地位,政府一方面通过授权董事会职权的方式,排除政府部门的直接干预,明确董事会的地位和作用,一方面通过建立科学完整的法人治理结构实现董事会运作的高效。首先,强化董事会成员的专业性和独立性。淡马锡公司董事会成员的选择一般以专业知识、从业经验、人品等标准,从而保障其决策的科学性。此外,淡马锡的董事多为独立董事。独立董事制度能够解决内部控制人所产生的代理成本问题,确保董事会能够按照公司利益进行决策。其次,建立董事会下属委员会分别开展工作,为董事会决策提供专业建议。[①] 这些委员会的主席由独立董事担任,以保障各自的独立性。最后,在董事会和经理层的分工上,一般而言,公司的日常经营交由经理层负责,董事会主要负责重要事项决策和对经理层的考核。这种强调董事会在公司治理中核心地位的方式符合我国推进公司经营独立性和专业性的现实需求,亦是我国目前的改革重点。

四是淡马锡公司以资本回报为运营目标。这主要表现在:淡马锡公司以效益为导向开展资本运营,选择投资项目;淡马锡公司采取短期和长期激励并行、正向和负向激励结合的方式确立薪酬体系,[②]从而绑定员工和公司利益,保障公司盈利;淡马锡公司以资本回报率为经营管理的重要考核标准。实现国有资产的保值增值是当前我国国有企业改革的重要目标。因而,营利应是国有资本运营的重要考量因素,这一点与淡马锡模式不谋而合。

(二)我国国有资本运营模式的特殊性

不同于资本主义国家,我国国有资本的改革方向是,一方面致力于实现国有资本的有序进退、重点发展,优化国有资本运营结构,更好地履行国有企业的公共责任;另一方面,应坚持国有资本在国民经济中的基础性地位,保障国有资产的保值增值,防止国有资产流失。特别是,如今要提升我

---

① 参见王灏:《淡马锡模式主要特征及其对我国国企改革的启示》,载《中共中央党校学报》,2011(5),50-54页。
② 参见周建军:《新加坡"淡马锡模式"的政治经济学考察》,载《马克思主义研究》,2015(10),73-81页。

国在国际市场的竞争力,国有资本和国有企业发挥着重要的作用。因而,我国的国有资本运营不是一味强调私有化,也不是单纯追求经济效益。这是我国国有资本运营模式发展区别于淡马锡模式的特殊之处。

首先,从运营目标看,我国国有资本运营始终不能抛却维护公共利益,承担社会责任的意旨。淡马锡模式以效益为唯一评价标准。但在我国,对国有资本运营情况的评估是多维度的。虽然目前我国对考核指标和员工激励进行改革,将效益作为重要考量因素。但必须认识到,国有资本运营的效益导向是有前提的,这一前提是国有资本运营是符合国家路线、方针、政策的,是符合社会公共利益的。对此,我国强调要毫不动摇坚持和加强党的全面领导,这其中也包括国有资本运营领域,要充分发挥党总揽全局、协调各方的领导核心作用,坚持建立和完善中国特色现代国有企业制度,可以使国有企业更好地肩负起社会责任,担当时代使命。这是我国有别于淡马锡模式的主要表现,也是我国国有资本运营模式发展出中国特色的集中体现。

其次,从运营定位看,淡马锡公司更类似于一个投资基金,通过投资境外获取财产收益。[①] 而我国的国有资本运营的定位相对复杂。一方面,我国尚未形成完整、合理的产业结构,国有企业担负着填补产业空缺、带动产业发展、优化产业结构的重任。因此,国有资本运营以战略投资为重点。另一方面,我国要强化国有资本在国民经济中的基础性地位,以实现国有资产保值增值,国有资本做强、做优、做大,提升国有企业在市场经济中的影响力、控制力、抗风险能力为目标。基于此,实现资本收益的财务投资也是国有资本运营的重点。所以,我国国有资本运营所涉范围更广、方式更多元、结构更复杂。

最后,从运营体量看,我国的国有资本的实际体量及其在国民经济中的占比远大于新加坡,这就导致我国国有资本运营的影响力和风险更大,需要衡量的利益更多。从另一个角度看,淡马锡公司只是一家控股公司。目前,我国强调国有资本运营改革中的国资本投资、运营公司应按照"一企一策"进行建设。也即,单一模式不是改革的方向,需要结合各公司实际进行灵活构建。

---

① 参见潘泽清:《以新加坡淡马锡公司为例谈国有资本运营公司投资策略选择》,载《财政科学》,2017(6),109-119页。

第三节 我国国有资本运营模式检视

对我国国有资本运营模式的检视,既需要总结长期以来我国改革的经验和成果,也需要发掘当前国有资本运营模式所面临的诸多问题和难题。这些问题成为我国国有资本运营模式完善进程中的阻碍,而要涤除这些阻碍,必须明晰问题出现之因,并对其中的难点进行整体布局和逐个击破。

一、我国国有资本运营模式改革的成效及经验

当前,我国国有资本运营模式改革在一定程度上获得了成功。主要表现为以下几方面。首先,我国国有资本规模扩大,运营效率提升。2021年,国有企业营业总收入和利润总额实现连续增长。① 其次,我国国有资本布局优化,实现战略性重组和整合。我国国有资本逐渐退出竞争性领域,更多地集中于基础性行业及关键领域。此外,我国通过重组和混合所有制改革实现了诸多企业资本的整合。如中国星网、中国电气装备、中国物流集团挂牌成立,中化集团和中国化工联合重组、鞍钢重组本钢、国家管网集团资产进行重组。同时,通过发挥国有资本投资、运营公司作用,数十家央企实现了"两非""两资"剥离清退。再次,国有企业竞争力和影响力提升。在2020年世界500强名单中,中国企业占133家(含香港及台湾地区),第一次超越美国,实现了历史跨越。上榜国企有92家,其中中央企业有48家。这是国企改革重组的重要成就。最后,我国重点行业取得了突破性的发展。一方面,我国国有资本增加对研发经费的投入,获取了多项重大科技项目成果,包括"天问一号""深海一号"大气田投运等。另一方面,我国国有资本继续加强基础设施的建设,履行社会责任和政治责任。2021年,川藏铁路、中老铁路等开通运营。② 能取得这些成果,不仅是因为我国关于国有资本运营模式的总体设计是符合国有资本运营的基本规律的,符合我国当前国有资本运营发展阶段需要的,也是因为我国关于国有资本运营模式的改革安排是合理的、科学的。

具体而言:一是我国坚持党的全面领导,以党的路线、方针、政策为重

---

① 其中营业总收入为755543.6亿元,同比增长18.5%,两年平均增长9.9%,利润总额为45164.8亿元,同比增长30.1%,两年平均增长12.1%。参见 http://www.sasac.gov.cn/n16582853/n16582888/c22940505/content.html,访问时间:2022-3-19。

② 参见 http://www.sasac.gov.cn/n16582853/n16582883/c22826836/content.html,访问时间:2022-3-19。

要指引。因而,我国国有资本改革始终坚持公有制的基本秉性,除了注重资本收益,还强调兼顾公平,维护市场秩序,保障国家安全。在党的领导下,我国国有资本改革不是单一的改革,而是与党的建设、国有企业治理机制改革、破产清算制度完善、职工安置工作同步进行的。在系统的机制配备下,我国国有资本得以有序进退。二是我国坚持以市场为导向,推动国有资本运营模式的转型。我国采取"三层次"国有资本运营结构,加入国有资本投资、运营公司,代替国资委进行资本运营,既保留了国有企业的自主经营权利,又能够优化国有资本的运营和投资,有利于推动国有企业的资本运营更加专业化和科学化。三是我国一直以实事求是为基本方法。这种改革思路既与我国基于小农经济发展起来的实用性科学观一致,又与马克思主义方法论辩证唯物观相协调。回顾我国改革历程,渐进模式贯穿其中。基于中国经济 M 型的初始组织结构决定了中国应采取先试验,然后逐步推广的改革方式。[①] 聚焦到国有资本运营模式的改革,我国亦坚持实用性和渐进式发展逻辑,在国家统筹规划的前提下,注重自下而上的实践,通过区域和企业试点的方式,以点到面、由小到大,分阶段分层面逐步推进。[②] 这是我国国有资本在国民经济中所处地位所决定的,也是我国长期的实践经验的延续。

二、我国国有资本运营模式改革面临的问题

当然,我国目前的国有资本运营模式还有许多问题尚待解决。这些问题既有因改革不充分所造成的问题,也有因改革不全面而产生的问题,既有一直存在的固有问题,也有改革后所产生的新问题。

(一)行政干预过多,政企不分问题较为突出

我国的资本市场具有历史特殊性,具有强烈的行政机关指导印记。因此,我国资本市场行政性干预较多,市场化的特征极其微弱。政府在资本市场中起着主导作用,这使得现有的以政府为主导的市场制度与市场规律产生不可调和的矛盾。政府的干预也是国有资本运营出现问题的症结所

---

① 参见佟健、宋小宁:《中国经济改革模式:基于路径依赖理论的视角》,载《经济与管理》,2012(5),5-12 页。
② 参见项安波:《重启新一轮实质性、有力度的国企改革——纪念国企改革 40 年》,载《管理世界》,2018(10),95-104 页。

在。① 虽然自 2003 年起,我国形成了由各级国有资产监督管理委员会统一监管国有企业和国有资本的结构,但这种结构仍然是建立在政府内部的委托代理基础之上的。② 国资委直接干预国有资本的运营方案、国有企业的经营管理,使得很大一部分的企业的自身经营范围与政府监管事项发生交叉,加深了政府对国有企业行政性主导的程度。国有企业在这种情况下的经营自主权被压缩,不利于市场机制的正常运行,阻碍了国有资本在市场中的自由流转。

(二)国有资本运营活力不足,布局不合理

我国国有企业一直采用宽松的信用政策,流动资产的比例偏低,导致资本周转率下降。由此造成的直接影响是国有资本运营率低。为解决这个问题,许多国有企业采用折价处理或债权转股权的方法。虽然一定程度上能够促进国有资本的活力,但同时也带来了对国有资产流失的担忧。③ 另一方面,党的十八届三中全会强调国有资本的投资运营重点投向,涉及国民经济命脉、国家安全、公共服务等重要领域。目前,虽然我国已经对国有资本运营方向进行了调整,加大了基础行业和关键领域的投入,但仍有大量国有资本投向盈利高的竞争性行业,与党的十八届全会的目标相去甚远。国有资本集中在竞争性行业和非重点领域,造成国有资本与民营资本竞争激烈的局面,不利于经济的内生增长。

(三)国有资本监管未实现统一

虽然我国已经确立了国资委统一履行监督管理国有资产的职权。但必须认识到,我国大量企业仍处于国资委监督管理体系之外,这其中包括金融企业,主要由财政部统一管理,也包括由各级政府直接投资设立的国有企业。这种分别管理的局面,不符合产融结合的大趋势,容易造成监管的缺失或冲突。④

---

① 参见张炳雷,王振伟:《国有企业资本运营管理的问题探析》,载《经济体制改革》,2016(2),24-28 页。

② 参见曹冬梅,辜胜阻等:《当前国有资产管理与国有企业改革研究》,载《中国科技论坛》,2015(7),95-96 页。

③ 张炳雷,王振伟:《国有企业资本运营管理的问题探析》,载《经济体制改革》,2016(2),24-28 页。

④ 参见刘纪鹏,刘彪,胡历芳:《中国国资改革:困惑、误区与创新模式》,载《管理世界》,2020(1),60-68 页。

（四）国有企业内部治理机制违背市场要求

行政干预下的国有企业的管理者选拔未尊重市场规则的运作，领导层人选往往是各方利益协调的结果。许多资产管理公司的管理层都是市场的选择，高学历、高素质、经验丰富的管理层受到更多的青睐。但是，仍有国有企业实行非市场化的用人制度。行政干预过度，使职业经理人制度异化，变为内部人的控制手段。不仅如此，国有企业的基层员工薪酬颇具平均主义，但国有企业高层的薪酬却不与企业的效益挂钩。国有企业基层员工的工资水平与高层的工资水平的极大差距，打击了员工的工作积极性，不利于国有企业的稳定发展。长此以往，政府主导的国有企业选拔制度难以吸引真正的市场人才，国有企业会遭遇人才流失和资本流失的双重打击。①

（五）委托代理机制失灵

委托代理理论将以委托人和代理人之间的约定为基础，实现所有权和经营权的分离。但这种分离带来了因利己动机和信息不对称导致的"道德风险"和"逆向选择"。基于此，委托-代理理论围绕激励和控制进行安排，以降低代理风险。② 在国有企业中，企业的三个重要命题存在不同程度的缺失和偏离。首先，国有企业的产权主体缺失，从理论上来说，国家是国有产权主体，但国家不能行使股东权利，只能通过授权政府代行"出资人"职责。其次，国有企业的剩余索取权和剩余控制权配置失灵。国家通过授权政府行使对国有企业进行经营管理，然而政府可能会和企业偏好相分离，政府可能会承载更多的政治目标，与国有企业追求经济利益的目标分离。而政府官员没有足够的动力去委派，选任适合公司的管理层，甚至在很大程度上，政府官员就担当公司的管理层或者与公司管理层合谋进行利益输送，侵蚀国家财产，短期行为、权力寻租、道德风险弥漫国有企业的管理层，他们既是剩余索取者又是剩余控制者，剩余索取权和剩余控制权最优安排难以在国有企业中实现。最后，国有企业的委托代理链条过于冗长。一般公司治理结构委托代理仅存在于股东和董事高管之间，而国有公司的委托代理关系始于国家，中间包含国资委，国有资本投资、运营公司，最后才延

---

① 参见曹冬梅、辜胜阻等：《当前国有资产管理与国有企业改革研究》，载《中国科技论坛》，2015(7)，95~96页。

② 参见张维迎：《企业的企业家——契约理论》，284页，上海，上海人民出版社，2015。

伸至国有企业内部。因此,这就导致了更高的代理成本,也为滋生权力腐败留下了更多空间。

目前,我国对国有资本运营模式的改革对上述问题有一定的改进作用,但仍存在明显的不足。这是因为,在国有资本运营模式改革中存在改革的难点,在短时间内尚未得到突破或还未找到改进的合适路径。

三、我国国有资本运营模式改革的难点

目前,我国关于国有资本的理论研究碍于国有资产管理体制的桎梏,仍未摆脱行政管理逻辑的窠臼,缺乏从民商事角度的探讨。这使得我国国有资本运营模式的理论研究停滞于宏观层面,既缺少对基础理念、概念和关系的厘清,也缺乏体系性的全面构建。另一方面,虽然三层运营结构早已存在,但各级主体定位不清、分工不明,特别是国有资本投资、运营公司尚处于试点阶段,改革尚在探索中,使得我国国有资本运营模式的完善进程较缓慢,缺乏突破性的发展。基于此,我国国有资本运营模式改革的难题有待攻克。

(一)国有资本运营主体间关系的争议

从计划到市场,从绝对排斥资本概念,到接受资本概念,甚至开启资本运营,我国国企改革相对坎坷。因而,我国国有资本运营主体间的关系相对复杂。从公司治理角度看,国资委是以出资人身份参与到国有资本投资、运营公司的资本运营中并获得收益。国有资本投资、运营公司则是其下属国有企业的股东。目前国有企业治理的改革正是围绕这一层关系进行调整的,以建立完整的董事会结构为中心,提升国有企业治理的专业化,保障国有企业经营的独立性。但从国有资本授权经营角度看,我国采取国家统一所有、分级经营的方式,国资委授权国有资本投资、运营公司对国有产权或股权进行运营所形成的关系一直饱受争议。经济学领域将此关系描述为委托-代理关系。科尔曼认为,委托代理是行为人因自身能力不足而寻找具备相应能力的其他行为人为自己服务,并支付报酬。[①] 其基本原理是通过建立代理关系,产生合理的社会分工效应,并借助行为激励平衡风险,实现目标最优化。

我国长期以来也采用这种广义上的委托-代理关系来界定国有资本运

---

① 参见[美]科尔曼:《社会理论的基础》(上),158页,邓方译,北京,社会科学文献出版社,1990。

营主体间的关系。国有资本的出资人可通过行政性委托、经济性委托等方式将国有资本的具体运营委托给代理人,以利用代理人的专业优势实现资本的运营目标。委托-代理说也将改组或组建国有资本投资、运营公司界定为增加代理人的一种做法,以此有效隔离国资委对企业的直接干预,保障企业的具体资本运营自主权,明晰政府与市场的行为边界。但委托-代理理论的适用中,存在诸多缺陷。首先,委托-代理理论中,初始委托人是重要的主体,其对委托代理的客体拥有所有权和收益权。但国有资本运营的初始委托人即所有者长期缺位。基于此,学界提出了各种方法试图解决这一问题,如建立人民代表股东会和社会化董事制度[1]、引入积极的社会资本[2]等。但目前而言,还未形成较为统一的解决问题的观点。另一方面,有学者从法律解释的角度探讨委托-代理问题。其指出,在民事关系中,委托代理有特殊的含义。这一法律关系与当前国有资本授权经营关系的委托代理关系存在明显区别。被代理人名义行事和委托人承担法律后果是判断是否成立委托代理的必要要件。而国有资本授权经营制度的初衷是使国资委在国有资本投资、运营公司,国有资本投资、运营公司在国有企业中以出资人的身份出席。[3] 因而,从要件上看我国国有资本授权经营关系所界定的委托代理关系与民事法律中的委托代理关系相去甚远。因而,围绕国有资本运营主体间关系,存在诸多理论和实践难题有待解决。

(二)国资委职能转变问题

如今,我国虽然建立起了"三层"结构,但过去的行政管理思维仍旧影响着国有资本运营的各环节,这就导致各运营主体的定位尚不清晰,分工尚不明确。国资委的双重身份是造成这一问题的重要原因,也是我国国有资本运营改革进展缓慢的重要影响因素。目前,虽然我国着眼于国资委职能的转变,但转变亦存在障碍。我国一方面强化国资委的出资人身份,通过《公司法》《企业国有资产法》明确国资委作为出资人的权利范围。但是,相较于普通公司股东,国资委的权利范围更广,行权手段更多、行权效力更

---

[1] 参见蒋建湘:《委托代理视角下国企公司治理的改进》,载《法律科学(西北政法大学学报)》,2014(6),158-164页。

[2] 参见郑志刚:《国企混改:理论、模式与路径》,301-302页,北京,中国人民大学出版社,2020。

[3] 参见赵旭东、王莉萍、艾茜:《国有资产授权经营法律结构分析》,载《中国法学》,2005(4),76-88页。

强,这就导致了在国有企业内部,国资委的实际地位远高于一般股东。另一方面,又强化国资委对"资本"运营的监管。监管是规范代理人行为、降低代理风险及追求最优代理结果的重要手段。在改革前,国有资本运营监管主要是通过政府直接干预企业具体行为等方式来实现对代理人"人、事、资产"一体化的行政性监管,这样的行政性监管模式容易扼杀代理人的自主性、积极性,致使国有资本运营处于低效率甚或无效率状态。而新委托主体国有资本投资、运营公司的产生将更多依赖于法律、政策等间接监管方式,强化委托人对"资本"运营本身的监管,从而减少行政干预。但这种改革不够彻底。国资委对国有企业的领导干部任命、考核、薪酬等具有较大的影响力和决策力。此外,对国有企业的重大经营管理事项具有一定的决策权,而往往关于参与决策的范围具有扩大化的嫌疑。虽然现在通过负面清单的方式对此进行了限制,但实践效果还未得到验证。基于此,国资委既是国有资本投资、运营公司的出资人,又是国有资产的监督管理者,还是国有资本运营相关规则的制定者,既履行出资人职能,又有权对国有资产进行整体规划并对国有资本的运营情况进行考察评估,还在特殊情况下接受政府委托进行社会公共管理。复杂的职能分布使得国资委的履职手段相对强硬,履职内容过于繁重,履职范围较为宽泛,容易造成渎职、滥权。此外,国资委的内部人员属于国家公务员,其选任、薪资和考察的标准都与一般公务员无二。这种人员构成使得国资委决策难以突出国有资本运营的市场性,无法体现商事活动的专业性。

(三)国有资本投资、运营公司的转型

目前,我国国有资本投资、运营公司处于试点阶段。2014年,国资委确定了首批国有资本投资公司试点单位,此后,又确定了国有资本运营公司的试点单位,正式拉开了国有资本投资、运营试点的帷幕。目前,全国国有资本投资、运营公司试点单位已超过100家。通过这些年的试点和研究,我国国有资本投资、运营公司体系初具雏形。国有资本投资、运营公司的改革方向也逐渐清晰。具体而言。首先,国有资本投资、运营公司的区分定位。国有资本投资公司主要以战略投资者身份进行投资,以产业资本运作为主要特征,聚焦实体企业产业的升级转型和集聚,致力于优化国有资本布局。而国有资本运营公司主要以财务投资者身份进行投资,以资本(股本/股份/股权)运营为主要特征,不涉及、参与实体企业层面的经营,侧重国有资本运营效率的提升,关注资本回报率,致力于促进国有资本的流

动和保值增值。① 其次,国有资本投资、运营公司目前以业务结构的调整为核心开展工作。这种调整既包括战略选择层面的调整,即退出部分竞争性或非战略重点产业,向战略性产业和基础产业集中,也包括资本回报考量的调整,退出长期亏损的企业,清算低效无效资产,还包括资源整合方面的调整,如通过重组、合并形成上下联合的产业链。最后,国有资本投资、运营公司在内部组织结构上采取精简方式,致力于打造"小总部,大产业",着重战略管控,合理配置资源,将资本权力上移、产业经营责任下沉,从而达到充分放权、授权的目的,以激活二级公司的自主经营。② 但国有资本投资、运营公司的改革仍面临着巨大的挑战。第一,由于目前国资委和国有资本投资、运营公司之间的关系仍未明晰,分工仍未明确,导致国有资本投资、运营公司受到行政干预的程度较高。并且,在对二级公司进行管理过程中,国有资本投资、运营公司延续国资委的管理模式,对二级公司的日常经营、经营策略选择、管理人员选择等干预过多。这一方面模糊了国有资本投资、运营公司作为市场主体参与公司经营的身份安排,另一方面也不利于二级公司的市场化运营。第二,国有资本投资、运营公司的产业政策是动态调整的,手段又是类似的,这就造成通过出资和退出,国有资本投资公司可能在某一国有企业中出资占比减小,战略投资功能降低,成为类似财务投资者的定位。而国有资本运营公司又可能因出资占比的增高,对经营管理的参与程度加深,担负起战略投资者的责任。在实践中,这种身份的模糊性导致部分省市并未区分国有资本投资公司和运营公司,而是统一以国有资本投资运营公司来界定,战略性和财务性业务同时存在。③ 第三,国有资本投资运营公司内部治理体系改革不完善。④ 一方面,国有资本投资、运营公司采取国有独资公司形式。根据现有法律法规的规定,国有独资公司的内部治理具有强外部干预性和强管控性,在管理层的任免、考核、薪资安排、重大事项的决策、财务管理等方面都有所体现。虽然基于国有资本投资、运营公司的特殊性,国家应对其具有一定的控制力,因而采取国有独资的方式。但在具体的治理层面,当前的制度设计仍过于严格,

---

① 辛宇:《国有资本投资、运营公司与国有经济的高质量发展——基于国企系族的视角》,载《财会月刊》,2019(11),3-8 页。
② 仁达方略管理咨询公司:《国有资本投资运营公司的管理》,13-15 页,北京,中国财富出版社,2019。
③ 参见辛宇:《国有资本投资、运营公司与国有经济的高质量发展——基于国企系族的视角》,载《财会月刊》,2019(11),3-8 页。
④ 参见何小钢:《国有资本投资、运营公司改革试点成效与启示》,载《经济纵横》,2017(11),45-52 页。

不利于国有资本投资、运营公司运营目的的实现,运营的效率受影响。另一方面,国有资本投资、运营公司的监管模式尚在探索中。不再设立监事会后,审计部门的职能是否能够替代公司内部的监管成为争议的话题。对于国有资本投资、运营公司的内部监管,仍需进一步的探讨。

第四节 我国国有资本运营模式的完善

为了应对我国国有资本运营模式存在的问题和改革的难点,我国国有资本运营模式仍需进一步的完善。需要明确的是,由于我国国有资本运营模式的改革尚未完成,目前的完善不只需要针对问题提出解决方案,也需要坚持改革的规律性方向。基于此,适宜通过对完善原则的梳理从整体上确立我国国有资本运营模式完善的路线,再对具体问题和难题进行回应。

一、我国国有资本运营模式的完善方向

当前我国国有资本运营模式是以政企分离为出发点,以市场化运营为宗旨,以提升资本回报和调整资本布局等多重目标为指引,以授权放权和分级分类运营为方向所构建起来的。这种安排是符合国际国有资本运营模式发展规律的,也能够满足我国国有资本运营改革的现实需求。因而,我国国有资本运营模式应在整体上坚持这一方向。大致可分为以下几点。

(一)坚持推动政企分离

从我国的改革历程看,我国从计划经济发展而来,政府对市场的参与和干预程度是高于国际一般情况的。这就导致我国国有资本运营受政府影响过大。一方面,政府以行政管理手段和公共管理思维来运营国有资本,偏离市场一般规律,影响了资本的自由流动。另一方面,政府和国有企业的紧密联系,使我国国有企业在国际上面临垄断、不正当竞争的指控,影响国有企业形象,也不利于我国国有企业"走出去"。这就要求,我国国有资本运营模式改革坚持政企分离这一出发点,国资委强化管企业向管资本的转变,纯化政府部门与国有企业之间的关系。国有企业坚持推进国有资本的市场化运营,以资本回报、运营效率为主要考量因素,按照市场价值规律,通过投资-退出的各种手段实现国有资本在市场中的自由流转。

(二)坚持资本运营效益和公共利益的结合

资本运营主要以保值增值为目的。因而,国有资本运营应以效益为优

先考量。但这并不意味着我国的国有资本运营仅以效益为考察标准。国有资本运营主体应认识到其肩负的社会责任。这种社会责任既来源于国有资本天然的公共性,也来源于国有企业的社会性。因而,国有资本运营模式的改革需要立足效益和公共利益两点,对国有资本运营的参与主体、使用手段、适用范围进行甄别,并以效益和公共利益共同构成考察标准,以实现国有资本的高质量运营。中国共产党致力于维护最广大人民群众的根本利益。为此,国有资本运营模式改革应坚持党的全面领导,在党的路线、方针、政策的宏观指引下运行,使国有资本运营模式符合社会利益的需要,从而推动共同富裕的进程。

(三)坚持分阶段改革和分类运营、管理模式

目前,我国从高速发展阶段进入高质量发展阶段,所面临的社会主要矛盾也有所变化。这就需要我国国有资本运营模式的改革立足现阶段特点和要求,有重点、有区分地进行完善。目前对国有资本运营对象的安排体现了这一点,将国有资本更多投向保障民生、提升竞争力的行业。此外,我国目前的产业布局还不够合理,从大趋势看,产融结合将会是未来的发展方向。如今国有资本运营对产业资本和金融资本的管理尚未统一,应当对此进行调整。另一方面,不同领域的国有资本所承担的社会目的和经济目的不尽相同,"一刀切"地进行统一管理不仅在执行中困难重重也不利于国有资本的高效运营。运营模式的分类,是指将本国的国有资本按照功能的不同分成不同的类别采用不同的运营模式。如新加坡将国有企业分为国营企业、国营公司和国联公司三种,依据所承担的社会公共职能强弱,政府对其干预程度也相应不同。在我国,也可以对处于不同领域内的国有资本采取不同形式的管理和运营。

二、我国国有资本运营模式的改进路径

通过对国有资本运营模式改进中所遇问题、难题和国有资本运营模式完善方向的梳理,当下可以从调整运营主体、明确运营主体间关系、完善运营主体治理结构、创新运营方式等方面对我国国有资本运营模式的改进提供建议。

(一)调整运营主体

总的来看,运营主体所面临的主要是定位不清、分工不明的问题。但各运营主体所面临的困境是不同的。因而,应当作分别调整。

首先,调整国资委的定位和职权。学界对国资委身份进行了反思,出现了截然相反的两种观点。一则将国有资产监督管理机构更名为国有资产经营管理委员会,进一步剥离其监管者的身份。这种观点是对我国目前强化出资人身份要求的延伸,明确了国有资本的出资人,对国有资本运营模式的构建具有积极意义。但这种观点忽视了国资委作为国务院直属机构的性质,其天然的行政机构背景,使其难以完全剥离社会公共管理职能。一则认为国资委的出资人身份定位是过渡时期的不得以的产物,应将其回归监管者身份。由国有资本投资、运营公司担任"干净的出资人"①。具体而言,国有资产监督机构和出资人管理机构应当分立,这样有助于避免双重身份带来的弊端,促进国有出资人和一般股东的公平博弈。对于国有资产监督机构,可以通过改造国资委方式,或者参照证监会成立"资监委"统一行使行政监管权。对于出资人职能,按照目前改革的趋势,逐渐向国有资本投资运营公司转移。未来,通过构建"国务院(或地方人民政府)—国有资产运营公司—国家出资企业"的结构,国有资本投资运营公司成为实际的出资人代表。② 相对于国资委,国有资本投资、运营公司是相互独立的不同的个体,这种模式也有助于国有资本运营的行业化、专业化、个性化,促进国有企业的分类运营。

从短期看,我国目前对国资委的定位仍是国有出资人代表机构。在此前提下,应加大力度转变国资委的监管者身份,将其他监管职能交由特定的部门或机构负责。同时,纯化国资委的出资人监督职权。在国有企业的资本运营过程中,监管制度是事前预防的重要手段。为构建科学的资本运营监督机制,应该完善以下几个方面:第一,推动国有资产监督管理机构的去"行政化"。首先是国有资产监督管理机构自身的去"行政化",改变以往的行政管理方式,加强外部董事制度、信息披露制度的建设。然后是国有资产监督管理机构加快转变监管模式,向国有投资运营公司委派董事和监事,监管所负责的国有投资运营公司的投资运营事项。在监管范围和监管权限方面,国有监督管理机构可运用"负面清单"这一模式,明确其监管权限和监管范围。③ 第二,国有资产监督管理机构停止延伸管理,保证

---

① 漆思剑:《否定之否定:国资委监管职能之未来回归》,载《江西社会科学》,2019(1),166-173页。

② 参见毕革新等:《公司治理视角下的党组织与中国特色国有企业监督体制机制研究》,161-162页,北京,中国发展出版社,2019。

③ 参见何小钢:《国有资本投资、运营公司改革试点成效与启示》,载《经济纵横》,2017(11),51-52页。

国有资产监督管理机构只针对国有资本投资运营公司进行监管，不对国有投资运营公司的下属层级进行向下延伸。第三，对不同国有独资公司实行分类监管。对于如国家安全、国民经济等有关的国有企业，由于其特殊的政策性，对该类国有企业应在维持国有资本控股地位的同时，适当引进非国有资本投资。对于处于充分竞争领域的国有企业，可引进多样化的投资者，重点考察其经营业绩指标、国有资产保值增值能力和竞争力大小。特别是国有独资公司，积极引进其他国有资本，实现股权的多元化的目标。根据不同的行业特性，采用不同的监督管理方法。从长期看，在条件成熟的情况下，应将国资委调整为干净监管人或新设专门的监管部门，整合监管职能。而由国有资本投资、运营公司或专门的机构履行出资人职权，在股东权利范围内参与国有公司运营。

其次，强化国有资本投资、运营公司的"隔离带"作用。一是需要保证国有资本投资、运营公司的独立性，去除过度的干预手段。目前，我国采取了建立国资委的正面负面权利义务清单的方式实现放权授权。这种方式在一定程度上可以强化国有资本投资、运营公司的作用。但需要看到的是，当前国有资本投资、运营公司的运作尚处在一个自由度、灵活性和创造性较弱的状态。要激活国有资本运营，除了放权让权外，还需要建立完善的容错机制，①使国有资本投资、运营公司在一个相对宽松的环境下进行运营，释放其发展活力。二是国有资本投资、运营公司的目标是动态调整的。基于此，在一定情况下，国有资本投资、运营公司可能会相互转化或趋同。目前，我国关于二者的设立采取相对区隔的方式。为了顺应国有资本运营的规律，应当尊重国有资本运营的从下而上的改革，允许国有资本投资、运营平台的创造性尝试，以避免自上而下安排可能形成的障碍。三是防止国有资本投资、运营公司对二级公司的过度参与和干预。设置国有资本投资、运营公司，其主要目的是使处于第三层的公司能够与普通公司建立平等的合作、竞争关系，更好地融入到市场经济环境中。如若国有资本投资、运营公司延续国资委的管理模式，是背离了其设立目的的。因此，应当强化国有资本投资、运营公司与国有企业其他投资者的平等地位。特别是，我国在一般法人治理结构外，强调党组织的领导作用。在二级公司，党组织的构建和作用应当与国有资本投资、运营公司有明显的区别。

---

① 参见辛宇：《国有资本投资、运营公司与国有经济的高质量发展——基于国企系族的视角》，载《财会月刊》，2019(11)，3-8页。

（二）明确国有资本运营主体间关系

采取信托关系来解释国资委和国有资本投资运营公司间的关系。引入国有资本运营主体间的信托关系。信托源于英国的衡平法，受托人义务是一项衡平法义务，约束受托人为了受益人的利益处理他所控制的财产。信托经营双重所有权的设计、完全市场化的运作能有效构建政府与市场间的隔离带，契合了资本运营的内在属性。以信托关系解释我国国有资本授权经营关系有助于增强国有运营资本的竞争力、抗风险力，以实现资本保值增值。实践中，具有信托经营实质的资本运营方式在我国其实已有探索和研究。如国有企业的托管经营、上市公司国有股权托管、国有商业银行不良债权的信托处置等。这些成功实践使信托经营成为我国国有资本运营模式的新选择。不过，信托经营模式基于自身特性的考量，在适用中不得不遵守一定的适用规则。

首先是适用对象的单一性。信托经营完全市场化的运作特性及我国对资源、社会公共利益的保护，决定着信托经营模式的适用对象当前仅限于不具有自然垄断属性和社会公益性且以追求自身盈利和价值增值为唯一目标并在国有资本总量中占比较大的竞争类国有资本。[①] 这促使信托经营与竞争类国有资本在资本自由、充分运营上获得最大公约数，并为公益类和功能类国有资本的运营积累经验、提供借鉴。

其次是明确信托经营的委托人代表。实践中对我国国有资本信托运营委托人代表的选择主要有国资委、财政部和国有资本投资、运营公司三种选择。但由国有资本投资、运营公司担负此任则更有优势，[②] 一是国资委身兼二任，代表国家履行出资人义务的同时又担任资本运营的监督者、管理者的双重任务，在实践中很难充分尊重受托人的自主权，存有行政干预之嫌；二是财政部作为管理政府公共支出的部门，庞大的财政事务已使财政部负荷运转，加之自身职能与资本职能迥异，很难再兼顾信托经营委托人创设信托关系的重任；三是资本投资、运营公司本身也是专业化的市场机构，在信托关系的创建上能更好地处理政府与市场的关系。

再次是合理设定受托人准入条件。受托人基于信托契约对信托财产予以运营管理并自担责任，信托经营目标的实现受受托人资本运营能力、专业素养、职业道德等多种因素影响。合理设定受托人门槛，直接影响着

---

① 参见倪受彬：《国有资本信托经营的法律问题研究》，载《社会科学》，2005(6)，60-63 页。
② 参见廖红伟、张楠：《论新型国有资产的监管体制转型——基于"管资产"转向"管资本"的视角》，载《江汉论坛》，2016(3)，11-16 页。

资本的运营效率。因此,受托人的选择方式、专业素养、职业道德、义务履行等都应根据信托运营环境的完善而灵活作出调整,实践中也可辅助"审慎投资原则"等标准对受托人的行为进行判定,以明晰权责。可根据实践需求出台《国有资本信托运营法》等相关法律,对受托人的选任、资产规模、内部治理、经营业绩、运营程序、责任体系等予以明确的规范,增强可操作性。

最后是建立双重监督制度。制度的有效性源于良好的制度监管。信托关系基于委托人对受托人的信赖而建立,受托人对委托人承担信赖义务,同时委托人也不得以任何借口对受托人予以不当干预。建立内外部双重监督制度能有效促使各方各司其职、各担其责。可作如下思量:在内部层面,主要包括委托人、受益人基于信托契约对受托人的监督。共同受托中,受托人的相互监督以及受托公司内部通过强化监事会作用、引入独立董事、设立风控委员会等方式实现的自我监督。在外部层面,主要包括通过引入公益诉讼制度的方式强化社会监督、设立统一监察机关或引入监察人制度的独立监督以及信托业主管部门对国有资本信托运营的行业监督。

(三)完善运营主体治理结构

改善公司治理机制,建立现代化的企业制度。现代公司治理结构以股权结构为核心,包括股权性质、股权制衡以及股权集中等内容。国有企业存在股权过度集中、以董事会为代表的高级管理人员过于行政化、监事会形同虚设等问题。[①] 建立完善的现代公司治理结构是国有企业改革的重点内容,也是优化国有企业资本运营的重要路径。公司治理机制有内部治理机制和外部治理机制之分。公司的内部治理机制要求公司应当具备透明度、问责性、尊重股东价值、弘扬股东平等精神、强化公司的社会责任、具备民主性。[②] 故而可以依照现代公司治理的要求对国有企业的内部治理结构进行调整,重点从各组织机构的权利和义务、管理层的选任和薪酬制度、职工持股问题等方面入手。

首先,从投资者的类型方面来看,引入外资企业、民营企业等投资者,参与国有企业的公司治理,可以改变国有资本一股独大的局面,照顾中小股东的利益。而且,引入多样化的投资者,能够优化股东会、董事会的管理结构,发挥制衡和监督机制的作用,督促高级管理人员更好地为公司、股东的利益最大化而工作。

---

① 参见徐向艺:《有效治理视角下国有企业制度创新与改革路径探索》,载《中州学刊》,2015(5),33页。

② 参见刘俊海:《公司法学》,216页,北京,北京大学出版社,2013。

其次,从组织机构的优化方面,注重建立以董事会为核心的公司经营管理机制,完善独立董事制度、董事会下属委员会的安排等,通过引进专门人才、专设机构的方式实现公司决策的市场化、科学化。但同时,需要进一步明确党组织、职工代表大会和工会在国有企业中的特殊地位,以维护公共利益和利益相关者的利益。

最后,从国有企业的管理层任用制度和薪酬制度来看,要对国有企业的资本运营管理人员进行市场化选拔,减少行政性干预色彩浓厚的内部人控制弊端。国有资本管理这一职位要与政府行政人员相分离,任何行政部门都不得随意干涉国有资本运营管理人员的职务行为。只有从源头预防权力寻租行为,才可以做到经营体系和监管体系的真正独立。① 对于管理层的薪酬制度,应区分商业类国有企业和公益类国有企业。商业类国有企业管理层的薪酬制度应在保持基本年薪的前提下,采用高管的绩效年薪与企业利润挂钩的方式,以激励管理层。而公益类国有企业就需要考虑如社会认可度的多种因素来确定薪酬。②

(四)创新国有资本运营方式

国有资本的投资运营应朝向多元化的方向发展。一方面表现为多元化的投资产品。国有企业的资本运营除了需要根据党的十八届三中全会的《决定》重视国家安全、生态环境、前沿科技等战略性产业外,也要注重多元化的市场投资产品。我国的资本市场日益成熟完善,投资理财产品种类多样化,如股票、债券、基金、期货、期权、资产证券化等。在遵循国有独资企业投资目标的前提下,国有资本的投资应注重各种投资工具的合理配置,提高国有资产的利润和收益。③ 另一方面表现为多元化的合作手段。除了通过混合所有制改革引入战略合作伙伴和财务合作伙伴外,还可以采取委托经营、租赁的方式实现与民营资本的合作。此外还包括多元化的股权形式,适当地引入特别股制度。在公益类企业中,可以通过持有"金股"的方式强化国家的控制力,在特殊情况下可以以一票否决权的方式影响公司决策。在商业类企业中,可以更加强化对收益权的保障。

---

① 参见张炳雷、王振伟:《国有企业资本运营管理的问题探析》,载《经济体制改革》,2016(2),24-28页。
② 参见周娜、庄玲玲:《供给侧改革背景下国有企业改革的新思路》,载《华东经济管理》,2017(2),55-56页。
③ 参见张炳雷、王振伟:《国有企业资本运营管理的问题探析》,载《经济体制改革》,2016(2),24-28页。

第三章　国有资本运营之出资人制度

国有企业改革的过程,本质是公司化改造的过程,而国有企业公司化改造的目的在于实现两权分置,即企业所有权与企业经营权分离,也在于实现政企分离。但改革实践告诉我们两权分置并不等于政企分离,国有企业改革的复杂程度远超我们的想象。对该问题的解决还是应当回到国有企业公司化改造的源头,回归国有资本的出资人制度上来。

第一节　国有资本出资制度的历史沿革

国有出资制度的建立和改革,是我国经济发展的延续,是国有企业改革整体框架的一部分。国有资本出资制度发源于现代企业制度。国有资本出资制度的发展历史,也是国有企业独立经营,现代企业制度建设,国有企业股份制改革的历史。国有资本出资是国有资本运营的起点,是国有企业制度建设的一部分。国有资本出资制度是以法人制度为基础,以公司企业为主要形式,是一种基于"产权清晰、权责明确、政企分开"的现代企业制度基础上的政府宏观管理框架。[1] 我国国有资本出资制度主要可划分为四个阶段:一是 1978—1993 年,国有资本出资制度的初始形成阶段,"放权让利"与调动企业经营者的积极性;二是 1993—2003 年,抽象的国有资本出资人阶段,现代企业理论的引入,启动了基于公司理论的出资人制度雏形;三是 2003—2013 年,实体化的国有资本出资人阶段,成立国资委实现全面的国资监管;四是 2013 年至今,"管资本"为主的国有资本出资人阶段,国有企业分类改革,并在此基础上构建管资本为主的新的国有资产监管体系。

一、国有资本出资制度的初始阶段(1978—1993 年)

新中国成立初期,国营经济是我国政府直接管理运营的主要企业,国有企业中只有国有资产的概念,没有产权概念。在计划经济体制下,国有企业

---

[1] 参见吕立邦、黄恒学:《国有企业改革中的政企关系问题探析》,载《社科纵横》,2016(11),67-71 页。

的经营权和所有权都是政府控制,企业的生产经营活动通过计划指令来实施,企业的出资都由财政直接拨款。这一阶段,既没有产权的概念,也没有建立国有资本出资制度。但是这一阶段,"拨改贷"政策的试点探索、企业独立经营权的设立、国有经济的概念诞生,都为未来国有资本出资制度的建立奠定了基础。

第一,国营企业资金"拨改贷"改革初探(详见表1)。从1981年起,根据《关于实行基本建设拨款改贷款的报告》要求,凡是实行独立核算、有还款能力的企业,进行基本建设所需的投资,需从银行贷款。但此后"拨改贷"制度进程缓慢,直至1984年《关于国家预算内基本建设投资全部由拨款改为贷款的暂行规定》实施。"拨改贷"有效遏制了资本浪费,但对于基础薄弱的企业加重了债务负担,甚至出现负债率超过100%。1989年,"拨改贷"停止实行,直至1995年国务院将部分企业"拨改贷"资金本息余额转为国家资本金,宣告这段政策改革成为历史。

表1 国有资本出资制度初始形成阶段

序号	时间/年	制度/标志事件	相 关 文 件
1	1984—1989	拨改贷试点	《关于实行基本建设拨款改贷款的报告》
2	1988—1992	授权经营制度	《全民所有制工业企业转换经营机制条例》;《全民所有制工业企业法》
3	1991—1996	产权清理工作	《国家国有资产管理局职能配置、内设机构和人员编制方案》;《企业国有资产产权登记管理办法》

第二,所有权与经营权分离,国有企业授权经营制度建立。1988年,党的第七届全国人大通过《全民所有制工业企业法》,确立了所有权与经营权相分离的原则,授予了企业经营管理权,通过承包、租赁、股份等多种途径实施国有企业的授权经营。1992年7月,国务院颁布《全民所有制工业企业转换经营机制条例》(以下简称《转换经营条例》)在《全民所有制工业企业法》的基础上,明确企业需要适应市场要求,自主经营、自负盈亏,确立了企业的14项经营权;同时,要求政府智能全面管制转向抓大放小,管好宏观、放开微观。1992年,开展国有资产授权试点工作。以东风公司、中国重汽、天津渤海化工等国有企业作为试点,把国家投入的各种形式的资产授权给国家持股的集团公司经营管理,并通过集团公司内部的母子公司持股关系实现产权分割与联结。

第三,产权清理工作。1988年,党的第七届全国人大一次会议设立国家国有资产管理局。根据《国家国有资产管理局职能配置、内设机构和人员编制方案》对国有资产管理局的定位,国有资产管理局代表国家行使国有资产所有者的权利,管理国内外国有资产、进行对外投资、制定各项管理制度利润分配办法。其中一项重点工作是"负责国有资产的清产核资、产权界定、处理产权纠纷、进行产权登记、资产汇总报表等基础性管理工作,建立健全国有资产管理信息系统"。此项工作早在1991年9月开始启动,1993年开展了全国性的核资、登记工作。直至1996年1月,国务院印发《企业国有资产产权登记管理办法》,进一步规范产权登记工作。其中,第3条规定"要求国有企业,国有独资公司、持有国家股权的单位以及以其他形式占有国有资产的企业,应当办理产权登记"。从上述管理规定可以看出,此时的国有资产管理属于起步阶段,对于国有企业的分类混乱,即对国有资产的管理对象范围并不明晰。但是,这一阶段的工作是国有资产产权管理的第一步,为国有企业所有权与经营权分离工作提供了不可忽视的助力。

第四,该阶段的改革是我国国有资本制度建设的初试,以电信、民航等重要领域为例,部分行业改革作为试点走在政策之前,部分则是政策颁布后方才执行。从几大行业改革措施也可窥见一斑,这一阶段的国有资本制度的各种政策,都是围绕从计划经济到市场经济转变展开,为国有企业自主经营铺垫准备工作(详见表2)。

表2 抽象化国有资本出资人阶段

行业领域	时间/年	改革措施
石油	1982	设立中国海洋石油总公司,隶属于石油部
	1983	石油部炼化部分成立中国石油化工总公司,将原来分属石油部、化工部、纺织部管理的39个企业划归中国石油总公司管理
	1988	成立能源部,撤销石油部,能源部是石油工业主管部门;改建中国石油天然气总公司
电力	1988	撤销水利电力部,将电力行业划拨至联合电力公司;省电力工业局改组为省电力公司
	1991—1993	大型电力企业集团组建;华北、东北、华东、华中、西北五大电力集团成立
电信	1988	确立原邮电部政企分开、邮电分营的改革目标
	1994	设立中国联合通信有限公司,电信业务服务对象从党、政、军扩展到经济服务;邮电部门与地方政府、社会各方面广泛合作,形成政策筹资与市场融资并存、以自筹为主的通信投资新格局
民航	1980	1980年,邓小平提出"民航一定要企业化",民航开始"军转民和企业化"改革,民航运输业从军队中分离出来,改为国务院直属部门
	1987	民航成都管理局进行航空公司与机场分立改革试点,分别组建民航西南管理局、中国西南航空公司、成都双流机场

二、现代企业制度与出资人制度的设立(1993—2003 年)

1992 年之前,国有企业都不是独立的法人主体,只是代为经营国有资产的主体。此种运营模式下,国有企业只是政府部门的执行机构,无法发挥其自主性。1993 年《公司法》颁布,规定了不同类型的公司制度,国有企业治理的改革目标变更为"建设符合公司法规范的法人治理结构",根据《公司法》规定,国有企业逐步设立股东大会、董事会、监事会等公司管理层,优化内部公司治理结构。如此一来,国有企业逐渐走向自主管理、自主决策的道路,实现政企分离也就成为了国有企业改革的必然环节。

《公司法》在对国有独资企业重大事项的决定权的规范中提出了"国家授权投资的机构"这一概念。同年《宪法》修订,将"国营经济是社会主义全民所有制经济"的表述变更为"国有经济,即社会主义全民所有制经济",这其中表达了"国有企业从国家经营向国家投资的运营模式的转变"这样一层含义,这也是企业授权独立经营制度改革在宪法统领下的法律制度上的转变。1994 年 7 月,国务院《国有企业财产监督管理条例》规定,由国务院统一行使国家对企业财产的所有权,实行分级管理制度。根据"九五"计划"把专业经济管理部门逐步改组为不具有政府职能的经济实体,或者国家授权经营的国有资产单位或自律行业组织"这一指导思想,现代企业制度试点工作逐步开展。这一阶段国有资本运营制度的目标是要转变"政府与企业之间的隶属关系、授权经营关系"为"出资者与被出资者、管理者与被管理者的关系",逐步实现党的十四届三中全会所提出的"国家统一所有、政府分级监管、企业自主经营"的国有资产管理体制。

在此期间,以石油、电力、民航、电信等涉及国计民生的重要领域为代表的行业逐步开展改革行动,推行政企改革,实现政企分离(详见表 3)。

表 3　实体化国有资本出资人阶段

行业领域	时间/年	改革措施
石油	1998	通过行政资产划拨与互换,成立中国石油天然气集团公司、中国石油化工集团公司,重组后的两大集团公司不再承担政府职能,自主经营、自负盈亏,将政府职能部分并入国家石油化工局,由国家经贸委管理,自此实现政企分离
电力	1997	国家电力公司正式成立,与电力工业部双轨运行
电力	1998	撤销电力工业部,组建国家经贸委电力司,原电力部的行政管理职能移交经贸委电力司,中央层面实现政企分离
电力	2002	取消国家电力公司,重组成立国家电网公司、南方电网公司、五大发电集团公司和四大辅业集团公司

续表

行业领域	时间/年	改革措施
电信	1995	电信总局以"中国邮电电信总局"的名义进行企业法人登记,单独核算,承担运营职能。原有的政府职能转移至邮电部内其他司局,逐步实现了政企职责分开
电信	2000	中国移动集团、中国电信集团及中国联通相继成立,逐步实现了全行业的政企分开
民航	1991	民航设立华北、华东、中南、西南、西北、东北六个地区管理局,成立了北京首都机场、上海虹桥机场、广州白云机场、成都双流机场、西安西关机场和沈阳桃仙机场,组建了中国国际、东方、南方、北方、西南和西北六大骨干航空公司;部分省市政府、国内企业通过合资或单独投资,组建了20余家航空运输公司和20余家通用航空公司
民航	2002	原民航总局直属的航空运输和服务保障企业联合重组为中国航空集团公司、中国东方航空集团公司、中国南方航空集团公司等6个集团公司,并交由国资委管理,民航总局不再代行国有资产所有者职能,民航业实现了政企分离

这一阶段,虽然各大行业领域都在逐步实现政企分离,实现了国有企业的自主经营。但国有资本是没有一个具体的出资人的,因此国有企业在公司所有权、财产权的行使,国有资本的股东代表上是缺位的,以此招致的后果是,此阶段的国有企业运行效率低下,同时出现国有资产流失等现象。

三、实体出资人制度建设阶段(2003—2013年)

国有资产出资制度的建设取得了一定的成就,但是仍然存在一些具体问题。最为主要的问题是各行业的出资人职责分属于不同的部门,管资产、管人、管事相互脱节。在此背景下,国有资产管理委员会应运而生,成为"管资产和管人、管事相结合"的国有资产管理体制建设的主要负责人。2003年国资委的成立,是我国国有资产出资人制度建立的基本标志。同年,国务院颁布《国有资产监督管理暂行条例》确立了国有资产管理体制基本框架,确立了中央及各级政府代表国家履行出资人职责,并将授权由对应的国资委履行。

2007年《中华人民共和国物权法》(以下简称《物权法》)颁布,明确了国有财产、集体财产等概念,并在其第55条中规定,国家出资的企业,由国务院和地方政府代为履行出资人职责,享有出资人权益。2008年《企业国有资产法》颁布,从法律层面肯定了国有资产管理体制的改革成果,对出资人制度进行了更为全面细致的规范。新的国有资产管理体制,初步实现了管理职能与出资人职能的分离,经营权与所有权的分离。2003—2011 年期间,国有企业 90% 以上完成了公司制股份制改革,通过改制、并购、出租、出售等方式,国有资本的行业领域进一步限缩,更多地集中在涉及国民经济命脉的行业。分级代表制度的建立,激活了国有资本运营的积极性,从"分级管理"到"分级代表",各级政府对国有资本运营的积极性得到了极大提升,国有资本运营效率也显著提高。

国资委的成立真正完成了国家作为出资股东实体化的任务。应当说,国资委成立之后,国有资本的运营出现了很大的变化:第一,国有资产的流失现象得以被遏制。国资委的一项重要职责就是防止国有资产的流失,任何国有资产的变动必须经过国资委的监督审核,原有的厂长经理广泛而集中的权利得到部分消解。第二,国有资本的在垄断行业的运营效率不低于民营企业,即使在竞争领域,运营效率仍不低于民营效率,但出现不断靠拢的趋势。

四、"管资本"为主的出资制度建设(2013 年至今)

2013 年党的十八届三中全会提出,要转向以管资本为主导的国有资产管理体制,组建若干国有资本运营公司,支持有条件的国有企业改组为国有资本投资公司。国有资本出资制度建设重心从"管资产、管企业"转向"管资本"。以管资本为主的国有资本授权经营体制,将重心放在了资本的流动上,开展投资融资、资本整合、产业培育等运营模式。换言之,改革的前期在于如何对已经存在的国有资本出资进行产权的厘清,构建基本的管理框架。2013 年以后,国有资本管理体系基本成型,国有企业改制工作也基本完成,国资委需要继续准确地把握自己的职责定位,推进职能的转变。根据《国务院国资委以管资本为主推进职能转变方案》要求,国资委未来的发展着重于完善规划投资及监督,强化国有资本的运营,提升国有资本的投资回报效率。因此,国资委现阶段以及未来很长的时间,在功能定位上要以提高资本运营效率和回报为目标,主要方式是加快资本流动、协调布局结构优化,构建"资本+人才+技术"的轻资产运营模式。

2014 年,国资委组织启动国有企业改建国有资本投资公司试点工作。2016 年开始,国资委经审慎研究,逐步扩大资本投资公司和资本运营公司"两类公司"试点。2018 年 7 月,国务院印发《关于推进国有资本投资、运营公司改革试点的实施意见》(以上简称《实施意见》),对两类公司改革进行了系统部署,这是国有资本授权经营体制改革里程碑式的一步。截至 2019 年,全国 30 个省级国资监管部门已改组组建"两类公司"76 家。最早试点的国新基金管理公司,截至 2021 年年底,其名下已投资超 190 家优秀企业,投资金额多达1100多亿元,其中25家完成上市。①

2020年《国企改革三年行动方案(2020—2022年)》要求,深入推进国资监管机构职能转变,重点管好资本布局、规范资本运作、提高资本回报、维护资本安全。这一阶段的国有资本出资制度目标已经逐步从"如何管好国有资本"变为"如何实现国有资本的保值增值"。这一目标的转化,实际上也是现阶段国有资本制度建设的必然结果,财务性投资为主、轻资产运营模式将成为未来国有资产出资的主要方向,国有资本制度的变化最终是为了服务国有经济改革的目的,为我国经济发展守住高端产业链、守住核心技术、突破"卡脖子"环节提供助力。

第二节 国有资本出资人制度的定位与异化

不论国有资本出资人制度如何演变,较之于一般的民事主体,国有资本出资人仍具有公益性特征与营利性特征。国有资本出资人不同于纯粹民事主体,决定了国有资本出资人制度的重要内容之一是要将国家出资人地位在竞争领域中最大限度实现民事化,限制国家出资人作为"超级股东"的权利,维护公司制度的应有价值和市场经济的内在价值。国有资本出资人在公益性和营利性双重特征之下,使得企业在运行过程中对国有资本出资人的改造成为重要的一项内容,尤其是根据不同的国有企业类型中协调公益性与股东性的比例,将成为未来国有企业改革的重点研究内容和永恒话题。

一、出资人制度的定位矛盾

经多年来国企改革的探索和经验总结,出资人制度可以算作是最符合现阶段发展需求、适应市场经济进程的制度安排。其在规范资产权益、监督管理流程、收益分配等关键问题上,能够对国有产权制度历史缺陷予以弥补。② 国有资本出资人制度,是国家代表人民成为国有企业的股东,国家作为出资人的股东资格,只是需由职能机构或者设立的运营公司代行。也即是说,国有资本出资人作为股东权的行使主体,而股东权又具有私权属性,决定了出资人应当是一个具有相应民事权利能力和行为能力的法律

---

① 参见国新基金管理公司:《坚持对标世界一流 打造特色基金管理运作模式》,http://www.sasac.gov.cn/n4470048/n13461446/n15390485/n15769618/c23730193/content.html,访问时间:2022-3-31。

② 参见傅才武:《国有文化企业管理体制改革:从主管主办制度到出资人制度》,载《华中师范大学学报》,2014(05),61-67页。

主体。公司是出资人以营利为目的进行投资创业的组织形态,股东自治进而公司自治是世界各国公司法制的基本要义。因此,国有资本出资人制度中,无论是授权哪一层级的机构作为出资人的代表,该机构在国有企业的治理框架中,应作为私法上的公司股东存在。按照《公司法》的规定,在公司治理中依法享有股东对公司的分红、选举董事、对重大事项表决等权利。值得强调的是,通常情况下,国有资本出资人基于绝对的财务优势成为公司大股东或者实际控制人,但是其仍然享有的是公司法所规定的出资人权利,而不是高于平等主体之间的行政权力,在公司范围内,其仍然属于民商事主体。在具体制度设计上,也体现了这一特征。《企业国有资产法》对出资人职责履行机构的权利设计,契合了一般股东权利要求,试图完全剥离其公共管理职能,使得出资人的代理人能够在法律层面成为"纯粹"的出资人。国有资本出资人制度设计,是通过委托代理理论,解决国有企业全民所有产生的所有者虚位的问题。授权经营的方式,能够将所有者与经营者之间权限分割,满足国有与国有企业之间实现经营决策与所有权的分离需求。其本质在于,处理过去政企不分导致的国有企业所有者缺位、缺乏激励、权责失衡等问题。但是,出资人制度定位的矛盾也在于此,国资委是国有资本出资人制度的重要主体,是我国国有企业监管的关键力量。但是,国有资本既想当好纯粹的出资人身份,却又一直扮演者国有企业监管者。国资委作为出国有企业出资人所委托的代理人,仍存在着很多不可回避的难题。首先,国资委作为政府机构有很多目标,例如政治目标、经济目标、生态目标等,这与一般的企业以营利为主要目标存在巨大差异。其次,国资委的行政身份与市场经济对出资人的要求不相吻合。例如,民营公司的出资人成为该公司的股东,既可以用手投票,也可以用脚投票。对于国资委而言,倘若国有企业发展不良好,其用脚退出的可能性很低。最后,国资委主要以管理企业本身为主,而不是管理资本为主,其目的在于要求国有企业完整、准确地贯彻国资委的意见。以上种种实际上束缚了国有企业的发展。双重身份的矛盾,导致国资委无法完成出资人制度设置的政企分离的根本目标。

企业的经营自主权,是指企业在不违反国家法律法规的前提下,所拥有的调配、使用其人员、物资、场地等,自行组织生产经营的经济权利。企业经营自主权的存在与否关系到企业经营状况的优劣。[①] 应当说国有资

[①] 参见武陵寺:《搞活企业有法可依——谈认真贯彻落实〈企业法〉赋予企业的生产经营自主权》,载《经营与管理》,1991(10),5页。

本运营公司的试点是国有企业的自主经营权得以保障的细化举措。根据委托代理理论,国有资产的实际产权人是全国国民,作为抽象体所以无法直接行使产权,抽象地赋权给人大再转交给政府管理。从表现形式来看是以国资委为代表的政府委托企业经营。由于这种多层式的代理关系选择的是非市场化的,即使是国资委作为国有产权代表,与私人股东相比,也是缺少个人追求利润最大化的内在动机,缺乏产权转让获取收益的权力,也缺乏了形成有效的企业风险责任连带机制的物质基础。① 2013年之后,国有资本投资公司和国有资本运营公司的建立,进一步延长了国有资本与国有企业之间的距离,当前基本形成了"国资委—国有资本投资、运营公司—国有企业"三层监管架构。国资委与国有投资运营公司之间的关系是授权经营,国有投资运营公司与国有企业则是直接纯粹的私法投资关系。三层监管的构建是为了国有资本投资运营公司能够成为更纯粹的出资人,服务国家战略,实现国有资本的保值增值。② 过长或者过于分散的"委托代理"链条,会产生过高的代理成本以及营运效率低下的问题。多重的代理链条,增加了经营决策的信息成本,也增加了监管的执行成本,需要耗费更多的人力、时间和财力支出。这从本质上来看,国资委主导的出资管理模式同之前的国有资产管理模式并没有根本性的区别,依然是政府主导下的国有企业管理模式,中央集权的性质没有改变,一定程度的代理问题与代理成本也仍然存在。③

但是现有的整个国企改革中出资人制度的设计逻辑仍然停留在如何拉长政府与企业之间的"直线距离",似乎政府与企业之间的距离越远越能保障企业的经营自主权,更能实现国有企业的保值增值。此种设计逻辑的不合理之处在于:其一,"直线距离"越长并不等于企业的经营自主权不会受到侵害。例如,在《实施意见》中国有运营公司都是国有独资公司,其出资人的权利直接由国有资产监管机构或者政府直接授权,内部机构的组成人员也大多由政府直接指定委派,这看似是对传统国资委资本运营功能的剥离,实际上国有资本运营公司也有可能成为国资委新一轮的"替身"。其二,单纯拉长政府与国有企业的"直线距离",而不对政府与国有企业之间

---

① 参见唐立杰:《从委托-代理理论看国有出资人制度的建立》,载《合作经济与科技》,2018(06),68-69页。

② 参见赵斯昕、孙连才、关权:《本轮国企改革的重大突破与创新——"以管资本为主"的国资监管新体系解析及变革建议》,载《青海社会科学》,2020(12),117-123页。

③ 参见燕春、史安娜:《从国资委到人民代表股东会——国有资产出资人制度批判与重构》,载《经济体制改革》,2008(03),58-61页。

的关系设计一套行之有效的国有资本运营制度,也无法达到国有资本运营的目标。即是说,政府与企业之间的关系并不是越远越好,它们之间应当有一个恰当的平衡点,只有找到这个平衡点才有可能实现国有资本的保值增值。正因如此,代理人有条件可以低成本侵蚀国有资产,制度条件没有足够的力度约束代理人的道德风险问题,所以才导致国有资产屡屡被侵蚀。

二、出资人制度的实践异化

基于国有资本出资人制度设计的基本逻辑存在矛盾,实践发展也当然不会按照立法者所期盼的成为一个"纯粹"的出资机构。首先,国资监管机构职能定位不明确。国资委既不是政府部门,也不是企业,更不是中介机构,这种模糊的职能定位导致其在履行职能时立场不明确。其次,国有资产监管职能越位问题突出,缺位和错位并存。国有资产监管一管到底,甚至深入到国有企业内部运营层面,存在监管过多、过细和监管越位问题。

(一)国资委身份偏差

按照出资人制度设计,国资委作为国有企业的股东,可以提名并经股东会决议选举董事会成员。但是,"团体因脱离权力而取得私法上的人格",国资委等机构不能脱离公权力体系,本质上属于公法组织,勉强属于履行公共任务的"行政法人",而绝非"私法人"。① 按照《公司法》规定,股东都无法直接决定公司总经理的选聘,而应当交由董事会选聘。至于公司经营中的重大事项的决定,也应当是通过董事会或者股东会决议通过即可。公司行为只要符合公司法和其他相关法律法规的规范,则不应当随意干预。② 但是实践中,国有企业的领导层选任,仍然是按照行政干部的标准执行,由组织部选任,导致干部对于所任职岗位的专业能力等方面的考察是有所欠缺的,对于企业的经营盈亏也不必负责。国资委几乎没有以与其所出资的企业股东这一民商事主体身份出现,履职方式更多是行政手段。股东对出资企业行使股东权利时,如果发生侵犯公司合法权益的情形,或者发生重大失误造成公司损失,需要依法承担责任。但国资委对其名下国有企业的监督行为,对企业经营事项的干涉,则不需要承担责任,企

---

① 参见张力:《法人与公司制度融合风险的法律控制——兼论实现国家公司公益性的法人制度支持》,载《现代法学》,2013(03),75-92页。

② 参见高明华:《澄清对国有资本授权经营的模糊认识》,载《中国党政干部论坛》,2019(05),54-57页。

业缺乏相应的法律路径实现自我保护。目前国资委这种法律地位内部的巨大矛盾,已经在国资委的改革措施中逐渐显露出来。

从管资产到管资本的转变,是配合国有企业的多元化股权改革实现的,这也意味着国有企业中引入了更多的民营资本。理论上将多元股东的引入应当能够通过股东会决议,董事会人员选任等方式,减少国有资本管理机构对公司化运营的干预程度。① 但实际上恰好相反,公司法一直以来都非常关注公司治理中的中小股东保护问题,采取了股东诉讼等多种手段以求在公司治理中有效维护中小股东的权益,但是从实效上来看并不理想。这个问题放在国有企业治理层面,只会有过之而无不及。国有资本"一股独大"的问题,并不能通过国资委"纯粹"的出资人的设定而有所缓解。更遑论国资委还具有高于企业本身和其他股东的公共管理权力,国资委对于国有企业的日常经营问题的干涉程度,无法得到规范的控制。

回到国资委干涉国有企业经营问题本身,国资委是否应当享有行政权?是否具有行政主体资格?从实践来看,国资委享有行政权,却不具备行政主体资格。② 从国有资本出资制度的发展历史来看,国资委的建立本是为了解决各行业领域对国有企业分开治理的九龙治水的局面,是将原财政部、劳动和社会保障部等多个行政部门名下关于国企的部分职能分割统一划归给国资委。所以,国资委自设立之初,便享有国有企业宏观规划等社会公共管理职能。在《国有资产监督管理委员会主要职责、内设机构和人员编制规定》中也提到,国资委的职责包括了"起草国有资产管理的法律、行政法规,制定有关规章制度;依法对地方国有资产管理进行指导和监督"以及"承办国务院交办的其他事项"。如此一来,国资委不仅可以指导、监督下级部门,还能制定相关的规章。虽然是起草国资管理相关的法律,并不能直接制定法律法规,但起草文书仍然能够反映和影响很多规则的制定,将其思想通过法律文书扩展到国有企业资产管理的方方面面。所以,从历史发展来看,国资委享有行政监管的权力实属必然;从国资运营监管的角度来看,也需要一个像国资委这样的机构对国有企业的运营进行宏观的把控,对国有资本的出资、流通、退出等全环节进行监督,防范其中的道德风险问题。

---

① 参见赵斯昕、孙连才、关权:《本轮国企改革的重大突破与创新——"以管资本为主"的国资监管新体系解析及变革建议》,载《青海社会科学》,2020(12),117-123页。
② 参见徐文进:《"管资本"功能视角下国有资本投资运营公司研究》,载《东吴学术》,2020(05),123-128页。

（二）出资关系模糊

2015年,国资委从央企中进行了国有资本投资公司、国有资本运营公司的试点,地方国有企业也进行了一些改革尝试。但是,对于国有投资、运营公司的构建规则,应当由哪些企业改制形成,以及国投运公司具体运行规则和公司内部治理的问题,其功能定位、投资对象等方面都没有统一的定论。按照现有的国有资本投资层级,分为三方面的关系：国资委与国投运公司之间、国投运公司内部治理结构及相互关系、国投运与出资企业之间。① 在企业的国有资本流动路径中,不同授权模式下出资人职责和权利边界的模糊、出资人与国有资本投资运营公司之间法律关系的不清晰以及公司特殊功能定位不明确等因素影响着国有资本投资运营公司的治理。处理好这三层之间的关系,是厘清国有资本出资结构的关键,但是现实情况仍然存在诸多问题。

首先,国资委与国有资本运营公司的法律关系混沌。国资委与国有资本运营公司之间到底是一个什么样的法律关系存在许多争议,按照《实施意见》中应当是授权与被授权的关系,即国家将出资人的权利与职责赋予国有资本运营公司。② 但是这种授权关系是公法层面的授权还是私法层面的授权却存在争议。国资委是国有资本投资、运营公司的股东,股东与公司治理的深层逻辑是股东授权公司经营其财产,并对其资本运营进行监督,这是所有者对其财产的监督,是民事法律关系层面的授权委托所产生的监督。但是,如果涉及行政监管行为,就超越了这一层面的权利边界,属于行政法律关系层面。从国资委的职权内容上看,其中既包含参与产权流转、重大事项决策、享有资本收益等股东权利,也包含资本战略布局等政策方针方面的考量。政府和国有资本投资、运营公司之间的关系是否应当划分为出资人与被出资人的关系还有待进一步讨论。虽然纯粹的出资人身份可以有效防止政府的越位干预,但是却加长了委托代理的链条,对于宏观政策规划的执行力是有所减弱,代理成本也会进一步提升。进一步讲,这看似对国资委的出资以及资本运营的职权实现了剥离,但这仅仅是浅层次的制度设计,因为授权机制并没有解决以下几个问题：其一,国有资本保值增值之后,所获得的利益应当如何归属？是归于国资委还是直接归于

---

① 参见袁东明、袁璐瑶：《国有企业改革：成就、经验与建议》,载《经济纵横》,2019(06),21-28页。

② 参见胡迟：《国有资本投资运营公司监管分析》,载《中国国情国力》,2017(10),29-31页。

国有资本运营公司,还是其他主体?其二,在《实施意见》中规定国家将资产采用无偿划转或市场化方式重组整合相关国有资本,这种划转关系定位在什么样的法律关系更为适宜,是赠与关系?信托关系?还是其他?其三,国资委将出资人权利与职责授权给国有资本运营公司之后,国资委将演变成为何种法律主体?若对上述问题不作出一个清晰而明确的回答,国资委与国有资本运营公司的职能将呈现混乱的趋势,国有资本运营的公益性将无法灵活的调适,国企改革政企分离的目标将难以实现。

其次,国有资本投资公司、运营公司之间功能和结构存在混淆。国有资本投资公司与国有资本运营公司在治理结构、投资领域、投资方式、持股要求等方面并没有明确的区分标准。并且因为改革措施落到具体企业时,各个国企所处行业、领域、管理成熟度、内部结构等大相径庭,仅靠一纸公文精确推行"一企一策"难度太大。该政策实施至今,各地仍然处于探索阶段,实效并不理想。基于国有资本投资、运营公司具有特殊的功能定位和性质,其内部的治理结构与一般的国有独资公司相比,应当有所调整。尽管"两类公司"改革试点开展已逾八年,但目前对国有资本投资、运营公司认知、理解都还未达成共识、也不够深入,对国有资本运营公司的经营目标、存在意义和改革目的,还存在诸多困惑。尤其是国有资本运营公司与国有资本投资公司二者之间的联系与异同,理论上和实践上未能形成认知共识,没有真正的清晰认识。

最后,国有资本运营公司的持股比例判断指标模糊。《中共中央、国务院关于深化国有企业改革的指导意见》明确指出,将国有企业分为公益类国企与商业类国企。国有企业性质的划分直接影响到国有资本在国有企业中持股比例、参与程度和公司地位。例如,主业处于充分竞争行业和领域的商业类国有企业,国有资本可以绝对控股、相对控股以及参股。而针对主业处于关系国家安全、国民经济命脉的重要行业和关键领域、主要承担重大专项任务的商业类国有企业,要保持国有资本控股地位,支持非国有资本参股。① 但是将国有企业分为公益类国企与商业类国企的划分方法并不科学,因为会存在公益类与商业类并存的国有企业,退一步说,即使将国有企业的性质依据主业的性质而确定,但是仍不能涵盖主业同时为公益类与商业类业务的国企。国有企业不科学的划分方法进一步导致了国

---

① 参见光明日报:《中共中央、国务院关于深化国有企业改革的指导意见》,http://epaper.gmw.cn/gmrb/html/2015-09/14/nw.D110000gmrb_20150914_1-06.htm? div=-1-2015,访问时间:2022-3-31。

有资本运营公司无法确定在国有企业中的持股比例,例如在公益类业务与商业类业务并重的国有企业中国有资本营运公司应当处于绝对控股、相对控股还是参股的地位就不得而知,这些问题最终造成了国有资本运营的实际困境。

三、出资人制度的异化根源

出资人制度异化的根源还是在于,履行出资人职责的部门机构的特殊身份。虽然《企业国有资产法》所构建的出资人制度将权限回归私法上的股东权限,但却忽略了在此之前,这些履行出资人职能的机构已被构筑了盘根错节"行政法规和部门规章",赋予了这些机构"具体特权"。一个国家所具有的治理结构都部分地依赖其早先所具有的结构,破除这种传统结构并且重建新结构的成本可能会远远超过新结构所带来的价值。因此,按照路径依赖理论,制度的变迁会在很大程度上受到原生环境和初始条件的制约,若是强行地变更相关制度,会丧失既有的法律规则在实施效率上的优势,因为最初制度与结构已是考虑了在这些规则下的需求与问题。在这种情况下,替换另一种规则,可能会导致已有的制度和职业上的基础设施变得荒废和不相称,并且还会需要更多求新的资本、人力、政策等方面的投入。因此,国有企业治理的旧有结构会依然存续。国资委等出资人虽然基于《企业国有资产法》拥有了私法属性的股东身份,但其基于传统治理结构想要完全去除国资委的行政职能,既不划算也不现实。因此,履行出资人职责的部门存在履行行政监管职责的需求和必要性,出资人必然面对双重身份的问题,这是国有企业改革依赖留下的结构性问题,无法割舍。但正如洛克所言:"如果同时拥有制定与执行法律的权力,这将给人的弱点带来绝大的诱惑,促使他们想要攫取权力,使自己免于服从其所制定的法律,同时,制定和执行法律偏向于满足于自己的私人利益,对社会的其他成员不相同的利益予以排斥。"①国有企业负责人选任给企业经营带来了不利后果的,仍然是内部的主观的认定与行政化的免职处分,存在随意性的风险。对于国有企业经营至关重要的负责人角色,我们只能期待国资委内部的自我约束来完成,缺乏外部的监督。

所以,基于对国资委等机构履行出资人职责异化的表象分析,可以发现表象之下立法者与执行者双重身份的根本矛盾。正如前文所述,在国企是政府手臂的理论指导下,因为"国有企业应当为全民服务,为公共利益服

---

① [英]洛克:《政府论》(下篇),叶启芳、瞿菊农译,89页,北京,商务印书馆,1964。

务,而不是简单的保值增值。国有企业的首要任务是提供公共产品,而不是其他"。国有企业的经济人身份和准政治人身份的复合性,使得政府与国有企业之间关系难以厘定。毋庸置疑的是,如果政府既想通过国有企业扩大国有资产的经济效益,又希望利用国有企业提供公共服务,那么不仅国有企业会出现迷惑,政府也会在与国有企业的关系上摇摆不定,游走在职能"越位"与"缺位"之间,而无法合理归位。国有资本的性质是全民所有,其中的委托代理问题无解,其特殊属性所带来的管理者的特殊身份也无法剥离。单纯地忽视这些客观的因素而追求司法层面纯粹的出资人定位,只会导致法律实践的异化,削弱最初制度涉及的实施效力,脱离立法者的本意。与其纠结于特殊身份与出资人身份的剥离,循环往复的尝试,不如跳出身份是与否的两极对立,将视线放回国有企业市场化改革的发展历程——现在的国有资本运营体制本就是从计划经济到市场经济的过渡发育,是以逐步放权、双轨过渡的方式发展而来,这本就是依托政府从上至下的改革而来,这也是企业国有资产应有之意。社会主义市场经济体制与其他国家不同,不仅是国有企业所占比重远超出其他国家,国有资产的内生条件、影响因素皆有所区分。美国、法国等国有资本尚且需要政府的参与调控,我国国有资本的运营就更离不开政府的控制与监管。甚至说,我国国有资本的运营不能剥离政府机构,也只有在其控制下,才能发挥出国有企业对国家经济发展上的前瞻性价值以及国家规划中的预防性功能,国有资本体量优势才能得以发挥。[①]

总而言之,国有资产的特殊属性决定了履行出资人的部门具有行政属性,在这一前提条件下,国有资本运营应当立足于国有资本的多样性需求,根据不同行业领域、不同的经营目标将其细化分类,为不同类别的国有资产提供不同类型的经营模式,进行细分的管理模式。对不同类型的企业应根据自身特征和容易出现的问题制定与生产经营相匹配的资产管理制度。根据所处领域的公益性、竞争性的程度不同,予以不同的出资模式和管理方案。建议一个从完全公益性、非竞争性到完全的竞争性的过渡划分,对非竞争性的国有资产强化国家经营与政府干预;对于强竞争性的国有资产,可以考虑契约经营的出资模式,使之完全参与市场竞争,构建存粹的出资人制度。

[①] 参见荣振华、张拓:《从身份到契约:企业国有资产出资人制度剖析与重构》,载《河南司法警官职业学院学报》,2011(12),73-77 页。

第三节　国有资本出资制度优化

在推动国有企业财产运行机制从管资产到管资本转变过程中,不能单纯强调国有企业的市场化运作,需要对国有企业功能进行区分,对资本运营和资产管理的对象进行区分,构造更系统、完整的国有企业财产运行机制。政府与企业之间的关系并不是越远越好,它们之间应当有一个恰当的平衡点,只有找到这个平衡点才有可能实现国有资本的保值增值。并且,这一平衡点不是唯一的,也不是固定的,他是一个动态的调解的过程;这个平衡点的确定,主要由国有资产或者是国有企业的本身性质来决定。

一、国有资本出资人制度的设计逻辑再定位

科学的制度设计逻辑决定了制度内容构成的合理性。对于国有资本出资人制度而言,我们应当摒弃拉长政府与企业之间的"直线距离"作为设立国有资本运营公司唯一功能的观点,事实上,政企分离仅仅是国有企业出资人制度优化的目标与功能之一,其实质应当是国有企业改革过程中寻找到国有企业"公益性"与"营利性"的"平衡器"。国有资本出资人制度的设计逻辑应当采用"公益性"与"营利性"动态平衡的理念,即"公益性"与"营利性"是国有资本运营公司在实际运营过程中的动态选择而非固定设置,本质内涵在于"确立金融安全、金融效率与金融公平的价值理念,并构筑三者之间的动态平衡关系"。[①] 这主要分为两个层次。第一,国有资本运营公司在资本运营的初始就可以根据国企分类设计"公益性"与"营利性"的比例,以此决定国有资本运营公司在企业中属于绝对控股、相对控股或者参股的地位,进而可以较为细致合理地制定国有股东与其他股东之间的契约。例如该行业是完全竞争的行业,国有资本运营公司在进行资本运营之时,就会采取参股的形式,其参与公司治理的权利会受到相应的制约。第二,国有资本在进入企业之后并不是指其"公益性"与"营利性"就已经被完全固定下来,因为一个企业的业务范围是可以发生变化的,倘若企业的业务发生转向,此时需要调整国有资本的比例,国有资本运营公司可以重新调和"公益性"与"营利性",进而满足企业发展的需要,实现国有资本的保值增值。

---

① 王腊梅:《我国地方政府金融监管价值理念重塑》,载《改革与战略》,2017(4),67-69页。

二、国资委与国有资本投资、运营公司的法律关系之厘清

国有资本运营出资人制度的优化路径主要是处理好国家、国有资本运营公司以及国有企业三者之间的关系,所有的制度设计也应当紧紧围绕这三方主体。国资委与国有资本运营公司的关系,不能简单地定义为授权与被授权的关系,也不能因资产划转行为而定位为划转与被划转的关系。改变国资委与国有资本运营公司之间的关系,由授权关系向监管关系转变,国资委承担国资监管职能。在国有资本的投资关系中,分解为投资预算、投资执行、投资监督,分别由人大、国有资本运营公司、国资委承担相应的职责。国有资本投资、运营公司被赋予了区别于其他国企的更大的权利,包括主业投资、核心团队持股和跟投、工资总额管理等方面更多的自主权。因此,国资委对于这两类公司的各项管理能力和履职要求、职业责任要求和监督都更为严格。① 对它们之间的关系认定为直接授权模式,更有利于强调对这两类公司的行政管理。如此一来,可以强化其他类型的国有企业监管职能与企业出资人职能分离,加强政府国资部门和财政部门的监管职能,进一步推进政企分开、政资分开。直接授权模式下,国资监管部门可以监督投资、运营公司落实与规划,定期向国务院汇报国有资本投资、运营的落实情况,协助考核国有资本投资、运营公司及其主要负责人工作成效,确保国有资本投资、运营能够服务于国家战略目标,更好地以市场化方式落实政府战略。②

将这种授权的关系定性为国资委与国有资本运营公司限定在信托关系中更为适宜。首先,信托关系明晰了国资委与国有资本运营公司之间的基础法律关系。当采用信托关系之时,信托人则是国家(国资委),受托人是国有资本运营公司,受益人是全国人民,若国有资本运营公司项下的信托资产得到了增值,获益的是全国人民,其获益的资产也不必回溯给国资委。其次,信托关系确立了国有资本保值增值的目标。从《实施意见》中可以发现,国资委与国有资本运营公司之间是授权与被授权的关系,国资委将资产转移至国有资本运营公司也是划转与被划转关系,但这两种法律行为并不存有国有资本保值增值的隐喻,换句话说,这两种行为仅仅是明确了双方职责与权属等事实关系。而对于信托关系而言,客观存有信托目

---

① 参见德勤国企改革系列报告:《国企改革三年行动背景下国有资本投资公司、运营公司改革的思考和实践》。
② 参见刘现伟、李红娟、石颖:《优化国有资本布局的思路与策略》,载《改革》,2020(6),71-86页。

标,而信托目标就为国有资本保值增值追求的具体实现构建了一个较好的载体。最后,信托关系有效防控国家权力的无限渗透。在信托关系中,存有三方关系并且财产的所有权也随着信托关系的建立转移给受托人,此时国资委对国有资本运营公司的实际控制也渐渐演变为信托财产份额的控制,这就使得国家(国资委)的行政权力渐渐淡化出信托关系,此种制度设计赋予受托人最大化的运营国有资本的权力,有效阻隔政府对国有资本运营的干预。① 但这并不意味着国家(国资委)完全丧失了对国有资本运营公司的管控,而是管控的方式由粗暴的行政指令演化为信托份额的控制以及行政监管。

三、国有企业分类方法的重新设计

国企改革的真正问题是对国企进行准确定位。特殊类国有企业并非自由市场的产物,将政企分开和市场化作为这类国企的改革方向就是个错误命题,其必须受政府宏观调控,来满足国民基本生活需求,如烟草公司、交通公司等。普通类企业中的竞争性企业因所有权不变,无法真正实现自由化、竞争化,普通类企业中的非完全竞争性企业因商业化和市场化的需求导致无法承担其应当承担的社会功能。国企改革"一刀切"是国企运营状态徘徊不前的根本原因,只有对国有企业按照功能定位进行区分并进入不同改革路径,国有企业改革才有可能顺利推进。② 但如何对国企进行功能定位,这需要对国企进行种类区分。

《实施意见》中国有企业分为公益类国企与商业类国企,这种按照国有企业性质的二分法既会漏掉许多国有企业主业既包含公益类与商业类的国企,又会将业务处于不断发展演变的国有企业"拒之门外"。当然,不同学者提出了不同的方法。在国有资本投资、运营公司的种类上,有学者认为国有企业应当按照国有资本进行分为三类,即公益性国有资本、产业类国有资本以及竞争性国有资本。③ 第一类如国防基础设施建设,第二类如汇金公司,第三类如股权基金,但是此种分类方法并没有将处于"中间地带"的国有企业完整准确地概括描述出来。有人认为,应该成立公用事业类、公共保障类、战略类、竞争类四类;④ 也有学者将国有企业分为三类:

---

① 参见倪受彬:《国有资本信托经营的法律问题研究》,载《社会科学》,2005(6),60 页。
② 参见宁金成:《国有企业区分理论与区分立法研究》,载《当代法学》,2015(01),110-120 页。
③ 参见荣兆梓:《以管资本的体制如何建立》,载《政治经济学报》,2015(5),13 页。
④ 参见郭春丽:《国有资产管理体制改革的总体思路和实现路径》,载《宏观经济管理》,2014(10),18-20 页。

公益类、商业一类(竞争类,处于充分竞争性的行业和领域)与商业二类(功能类);①也有学者认为应分成两类,即只分为商业类和公益类(或政策类)。但是不同的划分标准导致不同类型划分,学者对于国有企业的划分存在着诸多不同的观点,理论上呈现百家争鸣之状。但是似乎每一种分类都有其特点但并不能完全契合实际情况。

国有企业分类管理制度构建的最大目的在于使不同类国有企业可以准确界定自己的功能,以不同的运行规则顺利实现自己的目标。但是否每一类国企只能有一个清晰的目标或职责?要求竞争性国企负担政治性任务,是否必然导致难以成为真正的市场主体?提供公共产品的国有企业如果逐利,必然导致其公共职能的缺位?国有企业目标、职责的不同源于有不同的功能、不同的法律属性,目标和职责的不同决定了它们要建立不同的制度、规则,政府要对它们保持不同的关系。基于此,我们发现国有企业的性质并不是一成不变的,正如合伙企业、有限责任公司、股份有限公司、上市公司的"人合性"在不断衰减一样,国有企业的类型也有一个区间即国有企业性质在"公益性"与"营利性"之间也存有很多的类型,于是我们应当按照现有的分类方法深化思考,另行将中间过渡的国有企业类型描述出来并予以确定。所以,从现有体制的成熟度与分类的灵活性来看,对于国有企业可暂且分为三类:第一类为公益性国有企业,此类企业存在的目的主要是为了保障国家安全以及社会公共利益,该类国有企业应当排斥民营资本的介入,实现政府的直接出资管控。第二类为公益性与竞争性并重的国有企业,此类国有企业难以区分公益性或竞争性哪方面更强,公益性与竞争性时常处于变动发展的状态,此时国有资本既可以绝对控股也可以相对控股,可通过国有资本投资、运营公司进行控制,把控政府干预与存粹投资者之间的平衡点。第三类为竞争性国企,该类国企实际上应当与民营企业居于同样的地位,此时要作为存粹的出资人,可以采取多元化的出资方式,国有资本应当是以参股的形式予以运营。

四、建立多元化出资形式

(一)充分竞争性领域的出资路径

对于充分参与市场竞争的企业,这些企业在国民经济中不掌握国民经

---

① 参见胡锋、黄速建:《对国有资本投资公司和运营公司的再认识》,载《经济体制改革》,2017(06),98-103页。

济命脉,在市场经济条件下也不起主导作用,其主要面向特定用户群提供竞争性产品或服务、采取充分市场定价的国有企业,是典型的市场型国有企业,营利性是它的主要经营特性。对于这类国企,为了充分实现其在市场经济环境下的营利能力与风险防范能力,现代公司制度的基本构造非常适合与此类国有企业实现衔接,在传统公司法理论中,出资人在完成了对公司的出资义务后,其认缴的出资所有权即由出资人变更为公司,出资人以其所认缴的份额作为其对公司所拥有的股份,对公司享有以股份份额为限的资本收益权。因此,对于充分参与市场竞争的国有企业,其资产管理的重点是,如何保障出资企业资产的流动性。出资人在该类型的国有企业中所担任的是存粹的出资人角色。

不过对于这类竞争性的国有企业,通过加长代理链条来实现政企分离,还不如在代理人处形成"收敛机制"[①],通过非授权委托的出资方式将国有资产交由市场中的平等民事主体自由经营。例如,通过合同契约的方式将国有资产交由市场,并收取一定比例的收益。事实上,在一些市场经济发达的国家也是采取这样的方式。美国近年来国有企业的数量、规模呈现递减的趋势,并且对其国有资产采取了高度分权的监管模式。美国多数的国有企业是由政府通过招标,与主承包商签订购货合同,并经过层层转包的形式设立。美国监督国有企业采取的方式是政府对合同进行约束,租赁承包管理是美国国有企业投资经营的主要方式。同样采取合同化管理模式的还有法国。法国政府通过国有企业所在领域的行业主管部门代表国家与国有企业的管理层签订"计划合同",以此来固定政府与企业之间的权利义务关系,并且国家不再干预具体企业具体的经营。法国近年来对国有资本的运营,在市场化改革和应对竞争的压力下始终坚持国家主导性特征不动摇,但实现主导权的具体方式却发生了深刻的变革,且成效卓著。我国与法国的经济发展模式有着高度的相似性,因此,法国国有企业管理体制改革的经验可成为我国国有企业改革值得研究和借鉴的样本。

合同、租赁等契约化的管理方式,虽然看似缩短了政府与企业之间的距离,但可以切断政府对企业经营的行政干预,也可以避免经营过程中的政府寻租行为。如果契约相对方业绩与企业国有资产所有人资产增值目标不一致,出资人职责机构可以不继续续签合同或者约定终止合同的条件;通过招投标选择有优势的合同相对方,进而形成合同相对方的良性竞

---

① 荣振华、张拓:《从身份到契约:企业国有资产出资人制度剖析与重构》,载《河南司法警官职业学院学报》,2011(12),73-77页。

争,达到国有资产保值增值的目的;不仅如此,通过国有资产的契约合作方式,可以有效约束市场竞争中的垄断行为,达到平衡的作用。竞争领域的契约化出资形式,可以使国家还利于民,将一些国有垄断经营的竞争领域的资产"脱公入私",盘活民间资本,构建更加自由、开放、合理的市场经济竞争秩序。

(二) 公益性领域的出资路径

对于以提供公共服务为主,不参与市场竞争,不具备营利性的国有企业,这类企业以履行公共职责向社会提供市场上不能很好提供的公共产品和准公共产品为首要目标。同时,公共企业以企业的方式运行,是一个经济实体,要强调运营效率,不过公共企业追求效率并不是为了谋求资本回报,而是为了节约成本、提高经营管理效益。由于政府的社会业绩评价、价格管制、强制缔约管制等,使得公共企业在实际运作时,主动或被动地考虑到公共责任,不能像一般营利性企业那样以经济利益最大化为唯一目标,而公共企业在经济利益上的一定程度的牺牲可以以政府补贴为补偿。[1]公益类的国有企业由于其所固定地从事提供某种国家职权运行功能的行业,如造币、供水供电供气等行业,其并不具有市场经济下公司的显著特征,若要让其完全符合市场化运作模式则极有可能造成国家以及人民群众根本利益的丧失。基于此,行政权力在公益类国有企业中所占的比重较重,不再去强调企业的自主经营权,而是强调国有企业的政治功能。此类性质的国有企业对独立性要求低,应当保持国资委等出资人直接控股,不必过分强调政企分离。

很长一段时间,理论界都认为国有企业治理中公司法人结构的缺乏,导致了企业效益低下,将国有企业、法人与公司制度的融合作为解决国有企业低效、国有资产流失等问题的出路。但事实上,对于此类需要政府加以干预控制的领域,可以建设非公司的公法企业——"国库企业"。根据盈利收益、社会责任等因素作为划分依据,将投资风险大、回报周期长、回报率低,民间资本不愿意投入的,对国家科技发展、技术进步、国计民生有显著意义,不可或缺的企业设立为国库企业。"国库企业"本身是与公司法人治理结构具有同等竞争地位的制度存在。对于非竞争性领域的国有资本运营,没有必要追求存粹的出资人制度,在"非公司制国库企业"的制度下仍然能够很好地完成这部分国有资本所负担的社会公益使命。只是,对于

---

[1] 参见许克祥:《公共企业的公共责任实现机制初探》,载《行政论坛》,2007(3),90-93页。

该制度还需要对其内涵与外延进行更为深入的研究和专门设计,以形成新的国有资本运营的改革措施,而不是与公司相比的次优企业模式。国库企业的实质是准行政机关,属于经济公法人而非民法中的私法人。①

(三) 混合领域的出资路径

最后,实践中我国还存在一种类型的国有企业,即公益与营利混合型行业的国有企业,也是目前占比很高的一类。这类企业的存在职责是为了帮助政府完成一定的特殊任务,这类企业的特点是功能的双重性:既需要在市场经济中盈利,也要在国民经济中起主导、带领发展的作用。这类企业既不能直接由政府经营,也不能按照完全市场化的标准来改造,而应选择国有控股模式。结合目前国有企业的发展情况,这类企业需以国有资本为纽带,吸引民营、外资等多种经济形式参股或资产重组,最终形成国家控股的混合股份结构,建立一批具有较强竞争力的跨地区、跨行业的集团企业。在此类国有企业中,如何界定国家对企业中财产的控制权以及企业股权之间的边界,如何确保两者保持恰当的比例以确保垄断型国有企业高效率、高质量、低成本完成政府的战略任务,是国有资本监管的重点问题。目前国有资本运营的"国资委—国有资本投资、运营公司—国有企业"的三层出资结构模式,最能够适应该类国有企业灵活、变动、平衡的权力分配与制约监督的需求。

国有资本运营公司与国有资本投资公司是现有"管资本"为主的国有资本出资体系的重要部分。三层的出资结构在一定程度上拉长了委托代理的链条,弱化了国资委等出资部门的行政干预程度。纵观国有资本的出资改革历程和出资人制度的底层逻辑,政企之间虽然实现了一定程度的分离但无法做到完全的分割,这是一直以来为人诟病的一点。但一定程度上,这样的出资机构是契合了营利性和公益性双重身份的国有企业的治理需求。所以,此类国有企业的出资路径的最佳方案是通过国有投资、运营公司。具体而言,国有资本投资公司、国有资本运营公司根据投资对象的"竞争性"与"公益性"程度,在履行出资人职责的设置上把握干预程度,立足股东身份对公司经营发展进行决议。一方面,在对国有企业财产运行机制法律制度构建过程中既吸收现代企业制度的先进理念如公司治理、资本运营等,运用商事法律制度强调效益优先的理念,在国有企业制度设计中

---

① 参见张力:《法人与公司制度融合风险的法律控制——兼论实现国家公司公益性的法人制度支持》,载《现代法学》,2011(3),75-92页。

注重降低运行成本,提升运行效率,发挥资本积累作用,实现国有资产的保值增值,做强做优做大国有资本。另一方面,立足国有企业公益性功能,注重充分发挥社会主义优越性,坚持党的领导,强化国有企业的社会责任。并且,国有企业的性质和功能是随着国家政策要求实时变动的。在市场经济发展的不同阶段中,要重视国有企业在纯公益和纯营利之间动态变换的现实,强调功能平衡的动态调控与制度转化。

第四章 国有资本运营的经营制度

第一节 国有资本的混合所有制改革

我国作为世界上最大的社会主义国家,国有企业是中国特色社会主义的重要物质基础和政治基础,是党执政兴国的重要支柱和依靠力量。国有企业中国有资本与非国有资本的混合所有制改革是市场经济发展需求驱动下的必然趋势,引入非国有资本与国有资本进行混合所有制改革,已成为国有企业运营的新常态。选择这种新常态的原因在于,一方面,国有资本通过引入具有市场竞争力的非国有资本可逐步促进国有企业转型升级,加快现代企业制度的建立,提高国有企业治理水平;另一方面,国有资本与非国有资本的融合有利于扩大国有资本的控制范围和影响力,促进国有资本的流动,完善国有资本的资源配置效率。此外,国有资本与非国有资本的混合经营能够相互取长补短,发挥各自优势,加快国有经济布局和结构调整的步伐,形成多元化的投资格局,提升国有企业的核心竞争力。[1]当然,国有企业混合所有制改革也为非国有资本参与国家特定业务领域提供了渠道,为非国有资本创造新的投资机会,有利于进一步实现资本市场的公平和开放。[2]

一、国有企业混合所有制改革的目标要求和意义展现

(一)国有企业混合所有制改革的目标要求

党的十九大报告明确指出要不断深化国企改革,创造出在全球范围内具有竞争力的一流企业,并强调了混合所有制经济的重要性,表明后者是实现前者的重要手段;2020年6月,中央全面深化改革委员会(简称中央

---

[1] 参见朱光华:《大力发展混合所有制:新定位、新亮点》,载《南开学报》,2004(1),3-5页。
[2] 参见马连福、王丽丽、张琦:《混合所有制的优序选择:市场的逻辑》,载《中国工业经济》,2015(7),16页。

深改委)第十四次会议审议通过了《国企改革三年行动方案(2020—2022年)》,进一步明确我国深化国有企业改革顶层设计的具体目标要求,要完成国企改革3年行动任务,加快国有经济布局优化和结构调整,加强国有资产监管,促进国有企业聚焦主责主业、提升产业链供应链支撑和带动能力;而"十四五"时期是我国开启全面建设社会主义现代化国家新征程、向第二个百年奋斗目标进军的第一个五年。为更好地发挥国有经济战略支撑作用,实现做强做优做大国有资本和国有企业、建设世界一流企业,对国有企业混合所有制改革提出了新的目标要求,具体如下。

1. 加快国有经济布局优化和结构调整

围绕服务国家战略,坚持有进有退、有所为有所不为,加快国有经济布局优化、结构调整和战略性重组,增强国有经济竞争力、创新力、控制力、影响力、抗风险能力,做强做优做大国有资本和国有企业。发挥国有经济战略支撑作用,推动国有经济进一步聚焦战略安全、产业引领、国计民生、公共服务等功能,调整盘活存量资产,优化增量资本配置,向关系国家安全、国民经济命脉的重要行业集中,向提供公共服务、应急能力建设和公益性等关系国计民生的重要行业集中,向前瞻性战略性新兴产业集中。对充分竞争领域的国有经济,强化资本收益目标和财务硬约束,增强流动性,完善国有资本优化配置机制。建立布局结构调整长效机制,动态发布国有经济布局优化和结构调整指引。

2. 推动国有企业向中国特色现代企业转型

坚持党对国有企业的全面领导,促进加强党的领导和完善公司治理相统一,加快建立权责法定、权责透明、协调运转、有效制衡的公司治理机制。加强董事会建设,落实董事会职权,使董事会成为企业经营决策主体。按照完善治理、强化激励、突出主业、提高效率的要求,深化国有企业混合所有制改革,深度转换经营机制,对混合所有制企业探索实行有别于国有独资、全资公司的治理机制和监管制度。推行经理层成员任期制和契约化管理,完善市场化薪酬分配机制,灵活开展多种形式的中长期激励。

3. 健全管资本为主的国有资产监管体制

坚持授权与监管相结合、放活与管好相统一,大力推进国资监管理念、重点、方式等多方位转变。优化管资本方式,全面实行清单管理,深入开展分类授权放权,注重通过法人治理结构履职,加强事中事后监管。深化国有资本投资、运营公司改革,科学合理界定政府及国资监管机构,国有资本投资、运营公司和所持股企业的权利边界。健全协同高效的监督机制,严格责任追究,切实防止国有资产流失。加快推进经营性国有资产集中统一监管。

(二)国有企业混合所有制改革的意义展现

其一,积极推进国有企业混合所有制改革,有利于国有企业适应市场环境,提高市场竞争力。国有企业混合所有制的改革,能够在国有资本中增加具有市场竞争力的非国有资本,一方面,可以优化企业管理适应市场经济环境。具体表现为健全决策、运行、监督机制及不同资本股东之间的制衡机制,推动企业在组织机构、管理模式等方面建立起现代企业制度。另一方面,优化企业布局,增强企业实力。表现为在较短时间内扩大企业规模或者优化资源配置进行产业升级,提高市场竞争力。

其二,全面推进国有企业混合所有制改革,有利于国有企业更好承担社会责任,引导经济发展方向。国有资本承担着多重使命,除了创造利润,其在稳定物价、促进就业甚至扶贫等社会责任承担上发挥着重要作用。国有企业混合所有制改革,可以将非国有资本引导至国家战略性产业和与民生密切相关的产业,发挥出国有资本的引导和放大作用,推动我国经济结构优化、治理优化和产业技术革新,同时提高国有资本投资效率和科学性。

其三,深度推进国有企业混合所有制改革,有利于提高国有企业创新能力,打造具有国际竞争力的支柱产业。国有企业的创新能力直接影响其市场竞争力和盈利能力,成熟发展战略的非国有资本的加入、激励约束机制的建立、科技创新人才的引进、风险分担机制的设立,直接有效地提高了员工的工作积极性和企业的凝聚力和向心力,增强企业的内部管理能力和核心竞争力,促进了国有企业的创新能力提升、国有企业的抗风险能力加强,有利于培育出具有创新能力和国际竞争力的国有优秀企业,巩固我国经济支柱。

二、改革的理论依据与历史进程

(一)理论依据

由于经济学本身的特性和不同经济学体系的前提条件的不同,现代企业理论出现百家争鸣各有所长的学术局面,同时现代企业理论在各大流派的论战和实践中也不断地发展和完善,在这样的环境中,中国特色现代企业制度同样呈现着与时俱进的发展态势。当前,影响国有企业混合所有制改革的部分理论基础如下:

1. 现代产权理论

作为现代产权理论的创始人和主要代表,科斯认为,从经济学的角度来看,私有企业的产权所有人享有剩余利润的占有权,产权所有人有强烈的动力去不断提高企业的经营效率。因此,在利润激励方面,私有企业比传统的国有企业更为强大。在产权理论的支持下,私有产权在配置稀缺资源方面可以更好地利用市场的作用,资源常常会被配置到最有价值的用途上。因此,产权关系是经济体制构造的深层次要求,产权关系的安排直接决定了社会主体之间的权益关系,决定了主体行为的成本效率对比关系。此外,2016年诺贝尔经济学奖得主哈佛大学哈特教授也同样提出:"企业就是由他所拥有或控制的资产所组成。"哈特认为,投资人应当成为所有权人,享有对不完全合约中未约定事项的剩余控制权,才能使投资人愿意投资。因此把"现代产权理论"作为国有企业混合所有制改革的理论基础之一,积极探索所有权(部分)转移,充分发挥现代产权理论的激励机制,让非国有资本成为国有企业的产权所有人,主动创造和提高国有企业的经营效率,优化资源配置,有利于解决"政企不分""所有人缺位"等问题。但同时我国的经济体制选择了国有企业不能完全私有化,因此国有企业混合所有制改革适合对"现代产权理论"理性"使用"。

2. 委托代理理论

现代企业发展的重要特征之一是所有权与控制权的分离。20世纪30年代,美国经济学家伯利和米恩斯主张将所有权和经营权分离,即所有者只享有企业所有权,把企业经营权委托给管理者行使,进而产生了"委托代理理论"。在此基础上,经济学家简森和梅克林在20世纪60年代末70年代初针对企业内部信息不对称和激励问题提出了代理理论,其核心作用是研究在利益相冲突和信息不对称的环境下,委托人如何设计最优契约[①]激励代理人。而在国有资本的运营过程中,引进非国有资本来规制国有资本的管理行为,利于弥补所有者与经营者之间的信息不对称,按照现代公司治理理论使得国有企业规范经营,促进国有企业内部管理效率的提升。[②]因此在国有企业混合所有制改革中,应用"委托代理理论"有助于发挥经营者的专业能力,提高资源配置效率,有利于增强国有企业的市场竞争力,尤其是在互联网等新兴科技领域。同时,由于经营者可能会追求自己的利益

[①] 最优契约(Optimal Contract)是指在合理利用现有条件下达到较优效果的一种契约形式。

[②] 参见黄速建:《中国国有企业混合所有制改革研究》,载《经济管理》,2014(7),10页。

更大化，必然导致委托人和受托人利益冲突。因此，在国有企业放权授权的同时也要完善监督机制。

3. 控制权理论

控制权是指能够决定企业经营管理决策的权力，一般拥有控制权的主体被称为实际控制人。对国有企业来说，出资人是国家，国家委托国有资产监督管理委员会行使国家资产经营管理职责。从控制权分配机制来看，国有企业因其国有属性容易出现"一股独大"，控制权无法制衡之情形，极易导致"政企不分"，降低企业效益。另一方面，国有企业的委托代理链条较长，时有所有者缺位问题产生，而此时控制权掌握在企业管理层手中，一旦经营者与所有者利益目标不一致，则面临经营者为追求自身利益而损害所有者利益之后果。借鉴和应用"分权控制理论"能极好地解决国有企业混合所有制改革中所有者缺位导致控制权旁落，产生内部人控制问题，或国有企业"一股独大"导致的大股东监督过度的问题。从控制权运作机制来看，控制权主要通过董事会治理发挥作用。这也是国有企业混合所有制改革过程中，引入机构投资者的初衷，与个人投资者相比，机构投资者往往具有丰富的管理经验，通过委派董事分配控制权，能够更加科学地进行管理决策，亦可有效制衡内部人控制。当前国有企业混合所有制改革在探索适当放开对国计民生行业的控制权，同时已经不仅仅局限在传统制造业领域，也有互联网、软件及信息技术服务、新能源、新材料和节能环保等战略性新兴产业，适当借鉴民营企业在股权架构中的创新形式，如同股不同权、释放管理权等方法，有利于探索在"一企一策"下追求资本效益最大化。

中国国有企业混合所有制改革的目的之一是培育具有全球竞争力的世界一流企业，因此国有企业混合所有制改革过程中要让市场发挥资源配置的决定性作用，同时保障国有企业的社会性，满足国家和人民的需要。故而，我国国有资本混合所有制的理论依据要在充分吸收借鉴优秀西方经济学理论基础上，同时发挥国有企业的独特属性，取长补短、相互促进，逐渐形成中国特色现代企业理论，进而提高国有资本经济效率，增强国有企业国际竞争力和抗风险能力。

（二）历史进程

在全面开启建设社会主义现代化国家新征程的时代背景下，我国国有企业的混合所有制改革也推进到了强化发展和深化实施阶段。以党的十一届三中全会进行经济体制改革为重要历史节点，可以将国有企业混合所有制改革的进程划分为打基础和谋发展两个重要时期，并可进一步划分为以下七个阶段。

1. 国有企业混合所有制改革打基础时期

(1) 从无到有,公私合营(1949—1956年)

在1949—1956年中国新民主主义时期,我国企业的发展环境从凡有利于国计民生的私营经济事业,人民政府应鼓励其经营的积极性并助其发展,转变为行政指令型计划经济体制下的单一公有制。1949年年初,我国采取了多种所有制混合并存的企业经营模式;1952年开始,应国家需要以及企业改造的可能和资本家的意愿,国家以个别企业为试点摸索建立公私合营的企业经营模式;1956年,我国对资本主义工业实行以全行业公私合营为基本形式的国家资本主义工业改造,生产资料全部转归国家所有,资本家的股金由国家给付定息。直至1956年年底,"三大改造"基本完成,生产资料所有制结构发生根本性变革,高度集中的计划经济体制基本形成。

(2) 发展支柱,初建体系(1956—1978年)

1957年,我国的"一五"计划超额完成,社会主义现代工业体系的雏形基本建立,从而奠定了我国现代工业体系的基础。1958—1978年,我国经济建设虽然经历了曲折,但是总体发展迅速。时至1978年我国基本形成一个工业独立、门类齐全的社会主义现代工业体系,能够满足国民经济各部门扩大再生产的要求。[①] 但该时期在经济快速增长的同时,计划经济体制高度集权的发展模式限制国有企业发展活力和市场竞争力的弊端也充分显现。

2. 国有企业混合所有制改革谋发展时期

(1) 放权让利,实践先行(1978年12月—1992年9月)

1978年12月,党的十一届三中全会作出将工作重心转移到社会主义现代化建设上的战略决策,以此揭开了我国经济体制改革的序幕。该时期被称为国有企业发展史上的"放权让利"阶段,即在保持国家所有权的前提下,推行下放企业的经营权,使得国有企业呈现明显的规模扩张。改革初期,受制于社会主义意识形态和政治上对私有化的回避,国企改革尚未触及所有权改革,仅能体现出混合所有制的萌芽。随着我国对所有制内涵认识的发展以及社会主义市场经济体制的建立,实践中企业经营权的自主化程度不断提高,部分企业开始实行多种形式的承包制、租赁制,同时着手对股份制进行初步尝试。虽然政策层面上没有明确提出发展混合所有制,但

---

① 参见杨琰:《新中国工业体系的创立、发展及其历史贡献》,载《毛泽东邓小平理论研究》,2019(8),11页。

是企业已经从实践层面上开始探索涉及所有权的改革。因此,本阶段的国企改革是实践早于理论的有益探索时期,为国有企业混合所有制改革提供了实践基础。

(2) 抓大放小,探索混改(1992年10月—2002年10月)

1992年在国企改革历程中是具有标志性意义的一年。因为正是邓小平南方谈话后,国企改革进入制度创新和结构调整的全新阶段。同年10月,党的十四大报告首次提出了"联合经营"的概念,鼓励发展以公有制经济为主体,多种经济成分长期共同发展的所有制结构。1993年党的十四届三中全会召开,提出要进一步转换国有企业经营机制,建立适应市场经济要求,产权清晰、权责明确、政企分开、管理科学的现代企业制度。1995年,党的十四届五中全会提出要抓好一批国有骨干企业,放活国有小企业。1997年党的十五大第一次明确提出"混合所有制经济"概念。而后在1999年的党的十五届四中全会上提出发展"混合所有制经济",并指出国有企业混合所有制改革的重要途径是实行股份制。由此在本阶段奠定了混合所有制经济发展的重要基础,开启了国有企业混合所有制改革的初步探索。

(3) 改革体制,积极混改(2002年11月—2013年10月)

2002年11月,党的十六大提出深化国有企业改革,进一步探索公有制特别是国有制的多种有效实现形式,大力推进企业的体制、技术和管理创新。除极少数必须由国家独资经营的企业外,积极推行股份制,发展混合所有制经济。2003年3月,国资委挂牌成立,在法律授权范围内履行出资人职责。国资委的成立解决了国有企业出资人权责缺位的问题,并建立起了权责统一的资产、人事相结合的国有资产管理体制。2003年10月,党的十六届三中全会在此基础上进一步提出增强公有制经济的活力,大力发展国有资本、集体资本和非公有资本等参股的混合所有制经济。2007年10月,党的十七大报告中提出以现代产权制度为基础,发展混合所有制经济,部分大型国有企业借助资本市场实现产权混合,并建立起现代企业制度,逐步与国际企业管理、运营接轨,为参与全球竞争创造了条件。至此,国有企业混合所有制改革进入以国有资产管理体制改革积极推动国企改革的良性发展阶段。

(4) 深化改革,坚定混改(2013年11月—2019年9月)

2013年以后,国有企业改革步入新时期。经济由高速增长转为中高速增长,开始步入经济发展的新常态。中央结合新形势下的国民经济发展开始推进供给侧结构性改革。党的十八届三中全会指出混合所有制经济是基本经济制度的重要实现形式,有利于国有资本放大功能、保值增值、提高竞争力,有利于多种所有制资本取长补短、相互促进、共同发展。同时提出"以管资本为主加强国有资产监管,改革国有资本授权经营体制",国家对于国有资本的监管体制由"管企业"向"管资本"为主转变。2015年出台的《关于深化国有企业改革的指导意见》提出了分类分层推进国有企业混合所有制改革的方略。党的十九大报告继而指出,深化国有企业改革,发展混合所有制经济,培育具有全球竞争力的世界一流企业。2019年4月19日,国务院发布《改革国有资本授权经营体制方案》,坚定了混改方向。据此,国有企业混合所有制改革进一步向纵深发展,改革的方向更加明确,操作更加具体。

(5)优化布局,高质发展(2019年10月至今)

2019年10月党的十四届四中全会确立了"党的领导"对于国企混改具有重大而深远的意义。同日,国资委发布《中央企业混合所有制改革操作指引》,提出"完善治理、强化激励、突出主业、提高效率"的总体要求,对国有企业混合所有制改革的全过程进行了系统性的澄清和梳理,并在长期激励以及在上市公司利用混改进行股权多元化的过程中发现的问题给出了清晰的答案。2020年6月30日,中央深改委审议通过《国企改革三年行动方案(2020—2022年)》,对2020—2022年国企改革各项重点任务明确了时间表、路线图。至今,国企混合所有制改革通过增资扩股、改制上市、并购投资、合资新设、产权流转等多种方式,取得了积极进展。国企改革三年行动,已作出战略部署,今后一定时期将以加快国有经济布局优化和结构调整,加强国有资产监管,促进国企聚焦主责主业、提升产业链供应链支撑和带动能力为工作重点。

三、国有企业混合所有制改革的主要模式

根据《中共中央、国务院关于深化国有企业改革的指导意见》《关于印发〈中央企业混合所有制改革操作指引〉的通知》(国资产权〔2019〕653号)等文件规定,对于国有企业混合所有制改革表现形式,国家提出鼓励各类资本、通过多种模式参与混改,除了将非国有资本通过产权转让、增资扩股、认购可转债、股权置换、首发上市(IPO)、上市公司资产重组等形式入股国企外,也可通过国有资本以投资入股、出资新设以及并购重组等方式入股非国有企业。国有企业通过引入不同所有制资本,实现国有资本与非国有资本间的取长补短、相互融合,可以推动国有企业转换机制,增强国有企业的活力和市场竞争力。当前,国有企业混合所有制改革实践中常见的

几种模式主要表现如下。

（一）上市

2020年10月，国务院印发《关于进一步提高上市公司质量的意见》，明确提出鼓励和支持混合所有制改革试点企业上市。国有企业上市是实现混合所制改革的最佳模式,通过资本市场的运行规则来规范和监督国有企业运行,提供持续改革发展动力,提高直接融资比例,降低国有企业资金成本,从而优化经济布局和资源配置,释放发展红利。与其他模式相比,通过上市实现混合所有制改革,既可确保定价的合理性,亦可促进国有企业优化公司治理,完善公司管理,推动公司规范化运营。整体或核心子公司资产重整、估值并上市后可引入大量自然人资本和机构投资者,丰富股权结构,高质量完成国有企业混合所有制改革。实践中上市还可分为整体上市和分拆上市。

1. 整体上市

整体上市的混改模式是将国有企业的主要资产和业务整体改制为股份公司进行上市。将混改目标企业整体上市路径分两种：一是通过整体改制后首次公开发行上市的方式完成；二是借助国有企业控股的上市公司或以企业全部资产注入上市公司后实现资产整体上市。整体上市是国有企业混合所有制改革中最基本、最普通,也是最规范、最经典的一种模式。国有企业通过上市从国有独资公司改制成为混合所有制股份公司。同时,上市公司的法律规范比较严格,上市后将依据上市公司的法律规范进行管理,建立自我约束的治理体系。国有企业整体上市还有助于理顺集团公司与子公司之间较为复杂的股权关系,完善集团整体治理结构,并充分利用资本市场的积极作用,打造更加广阔的融资平台。最主要的是,企业整体上市的混改模式,可以直接有准备地解决原企业国有股"一股独大"和股权架构倒置的问题。2017年5月上海电气(SH.601727)便采取了通过核心资产注入完成整体上市的模式。上海电气的控股股东上海电气(集团)总公司将港股上市公司上海集优47.18%内资股权、自仪泰雷兹50.10%股权、电气置业100%股权及其持有的土地使用权等多项资产注入上海电气,交易总价高达66.28亿元。上海电气的资产证券化率由此上升到了90%,从而实现整体上市。由此,上海电气战略性地将电气总公司的优质资产注入到上市公司、丰富了产品宽度,提升了产业能级,通过横向、纵向产品延伸,实现产业链的整合,增强了协同效应。

2. 分拆上市

2019年12月,中国证监会发布了《上市公司分拆所属子公司境内上市试点若干规定》(证监会公告〔2019〕27号),规定分拆试点条件和流程,开展A股上市公司分拆在境内上市试点,为国有上市公司下属企业利用资本市场进行所有制改革带来了重大利好。分拆上市有广义和狭义之分。广义的分拆上市包括已上市公司或者未上市公司将部分业务从母公司独立出来单独上市;狭义的分拆上市指的是已上市公司将其部分业务或者某个子公司独立出来,另行公开招股上市。在国企混改进程中,分拆上市已逐渐成为混改上市的主要模式之一,分拆上市更多的是指将国有企业集团的核心业务重组为股份公司,并公开发行上市。这种模式比较适合国有企业生产系统或辅助生产系统中有大量效益低下资产的情况,或者国有企业内有部分公益性或非营利性业务的情况,从而需要将部分业务适当地拆分,将优质资产剥离出来。一方面,可以提高拟上市公司的质量与估值,确保国有资产的保值增值;另一方面,选择合适的拟上市公司进行资本运作,减轻整体改制带来的压力,增强拟上市公司的融资能力。2021年6月铁建重工(SH.688425)在科创板挂牌交易,其公开发行股票12.85亿股,募集资金为36.88亿元,引入机构投资者22家。募集后铁建重工控股股东仍为中国铁建,双方的主营业务并不相同,不存在同业竞争,且铁建重工与其他业务板块之间保持高度的业务独立性。铁建重工及下属其他企业(除铁建重工)将继续集中发展主营业务,突出主业优势,进一步增强独立性。同时铁建重工的发展与创新将进一步提速,进而有助于提升其未来的整体盈利水平,增强生产与研发能力,提升技术和保留人才等,满足未来发展需要。

(二)引入战略投资者

引入战略投资者是当前混改实践中所运用最为普遍的操作模式。战略投资者需要具有较好的资质条件,例如雄厚的资金、核心的技术、先进的管理、成熟的市场、顶尖的人才、较好的实业基础和较强的投融资能力。且战略投资者参与混改必须要致力于长期合作,谋求长远利益回报。由于历史原因,我国国有企业市场化改革动力不强、经营效率不高,而面对国家经济发展新常态的高要求,国有企业必须具有独立盈利能力,以迎接市场机制进入的方式提高经营能力。因此引入外部战略投资者正是国有企业市场化建设的重要路径,"外部人"带来的资源与市场压力能促使国有企业提升公司治理水平,达到提高效率和效益的目的。与其合作,不仅可以带来大量的资金、先进的技术和丰富的经验,还可以弥补所有者缺位,增强国有企业的核心竞争力和创新能力,促进产品结构、产业结构调整升级,提高市场竞争力。引入战略投资者的方式可以多种多样,既可以通过产权转让、增资扩股、新设混改企业等方式进行,也可以通过反向混改的方式进行,但需设置好合理的股权比例。

产权转让是指国有产权转让方将国有产(股)权在产权交易机构进行挂牌转让或以协议转让的方式对国有产(股)权全部或部分转让给受让方,实现引入战略投资者。此处,战略投资者既可以是国有资本,也可以是非国有资本。典型的如混改前,天津城投持有城投置地100%的股权。2018年12月,天津城投以产权转让的形式引入战略投资者华润置地。混改后,天津城投持有城投置地51%的股权,华润置地持有49%的股权,城投置地公司借助华润置地在住宅开发、商业运营等领域的丰富经验,积极参与并主导区域综合开发,创新产业园区多元化发展。为防止国有资产流失,保证交易价格公允等目的,产权转让方式主要以在产权交易机构公开挂牌转让方式进行,协议转让是例外情形。

增资扩股是指战略投资者在依法确定国有企业股权价值的基础上,向国有企业增加投资,实现引入战略投资者。增资扩股方式与产权转让不同,前者由产权持有者获得转让的对价,后者的股权对价由被混改企业本身获得,更有利于国有企业的发展和扩规;此外,优质国有企业还有机会获得一定的溢价空间,有利于国有企业的保值增值,引入更多的资金。实践中,为满足安置职工和混改成本的需要,可采取产权转让和增资扩股相结合的方式。如2020年青岛新丰对海信电子控股进行增资,认购海信电子控股新增注册资本4150万股,约占增资扩股完成后海信电子控股总股本的17.20%。青岛新丰及一致行动人海丰航运作为海信电子控股的长期战略投资者,有助于电子控股进一步优化股权结构,改善董事会结构和法人治理结构,促使海信电子控股的股东大会和董事会的决策和运作更加市场化。这也将为公司引入更加灵活的市场机制,激发公司活力,提升效率,借助于战略投资者的产业协同效应,加速公司的国际化发展战略。

新设公司是指由国有独资及控股企业以货币、非货币资产或股权与非国有资本共同出资成立的新的公司。若完全以货币形式出资,该种方式在交易价格上更易达成一致,从而提高混改效率。而反向混改则是指国有独资及控股企业直接出资收购非国有企业的股权或者以出资入股的方式成为非国有企业的股东,从而使原非国有企业变为国有控制或国有参股的混合所有制企业。从逻辑上看,依靠收购股权或者出资入股的方式实施混改与采取产权转让的方式实施混改恰好是相反的运作方式。

(三) 员工持股

20世纪八九十年代,伴随着我国国有企业改革和股份制经济发展,员工持股开始试行,并经历了产生、发展到暂缓、停滞和再发展的历程。实践证明,通过员工持股使管理者或员工成为股权、期权所(持)有者,可以实现管理者与国有企业的利益长期捆绑;转变管理者角色定位,补足国有企业所有者缺位的问题,改善国有企业的风险承担水平;更有利于激发员工的积极性和留住企业人才,稳定管理层;以及利于建立利益共享、风险共担的长效激励约束机制,增强国有企业对员工的吸引力,从而使员工利益尽可能与国家股东和国有企业本身的利益高度趋同。但同时,在操作以员工持股方式进行国有企业混合所有制改革时,也需重点关注员工持股是否规范、激励效果是否明显等问题,国资委曾两次对中央国有企业实行员工持股进行清理规范和限制。

员工持股一般采用增资扩股、出资新设的方式开展,且保证国有资本处于控股地位。在实施过程中,要设置岗位与业绩挂钩,合理圈定范围,一般为核心技术人员、核心管理人员以及核心业务人员。员工认购股权(份),应严格按照评估价格的准则,建立动态的流转与退出机制。员工的持股比例,应结合国有企业行业特点、生产规模、发展现状等进行确定。员工持股总比应在30%以内为宜,且单一员工的持股比例不高于国有企业总股本的1%。此外还应合理预留期权池,用于对后续人才的引进和激励。采取员工持股的混改典型如山东交运的经营范围以道路客运和现代物流两大产业为主,混改前山东交运是山东省国资委独资的省属一级国有企业,2017年9月成功完成集团层面混合所有制改革,员工持股平台与战略投资者共同出资2.04亿元,员工持股比例30%,单人不超过1%,持股范围为管理层及核心骨干员工,并通过合伙企业方式设立持股平台,核心员工持股价格依据战略投资者交易价格确定,同价同股同权。其核心团队和骨干180多人组成4个员工持股平台入股山东交运,降低了融资成本和人力成本,强化管理层主人翁意识,对所有者缺位进行了弥补,也增加了对山东交运的认同感和岗位的责任心,混改后集团的财务状况得到了较大的提升,截至2018年年底,即集团完成混改后第一年,集团营业收入12.09亿元,较前一年增长0.31%,净利润1162万元,增长227.13%。

（四）并购重组

并购重组，通常是指企业兼并与资产重组，通过让渡企业的所有权或控制权，实现资产扩张与资源整合，发挥产业协同作用或构建双主业发展格局。对于国有企业而言，通过并购重组引入非国有资本、注入新鲜血液，也是国企混改的主要模式之一。对于业绩长期低迷的国有企业，通过优质资产注入、不良资产剥离的方式，可以甩掉沉重包袱，再次焕发新活力。而国有企业通过收购非国有企业的股权或资产，致力于实现优势互补和共同发展。国有企业实施并购重组首先要厘清发展战略，融合管理架构、资产负债和人员等运营要素，可采取资产剥离、人员分流、挂牌转让及债务重组等步骤。2017年，东方市场的重大资产重组草案经国资委核准，作价127亿元购买盛虹科技、国开基金持有的国望高科100%的股权。交易完成后，盛虹科技持有上市公司68.71%的股份，至此，东方市场也从国资控股企业转变为民营资本控股、国资参股的混合所有制企业。此次重组的交易标的国望高科，系盛虹集团旗下盈利能力较强的子公司，也是目前国内化纤企业的龙头之一。通过优质资产注入，盛虹集团旗下的国望高科实现了同A股资本市场的对接——背靠资本市场平台拓宽融资渠道、提升品牌影响力；同时借助资本市场的并购整合功能为企业的业务发展持续供能，进一步推动其"生产规模化、产品差异化、品牌国际化"的战略布局。

（五）国有企业混改专项基金

设立国有企业混改专项基金，以基金为载体，由政府出资作为引导，吸引社会资本加盟，共担改革成本，分享混改收益，也是一种不错的混改模式。非国有资本以基金的方式参与到国企混改中，通过国有资本运营平台成立产业基金、专项基金等模式，既与非国有资本带动和放大国有资本的影响力和控制力逻辑相一致，也使非国有资本可以用少量的资金参与到规模较大的投资当中，其平衡投资者的权利和义务，理顺投资与运营的关系，从而实现国资价值的再发现，建立一种新型的国企改革路径。中国国有企业混合所有制改革基金是经国务院批准成立的"国有级"基金，基金总规模2000亿元，首期募集资金707亿元。基金按照"政府引导、市场运作、完善制度、保护产权、严格程序、规范操作、宜改则改、稳妥推进"的原则，采取股权投资模式，聚集核心领域和核心技术的混合所有制改革，重点布局国家战略领域、竞争性领域，科技创新领域和产业链关键领域，致力于促进国有经济布局优化，持续提升国有资本运营效率，激发各类市场主体活力，服务助力混改和国企改革,实现做强做优做大国有资本和国有企业。通过专项基金进行国企混改,首先有助于实现在保持国资控股权、控制权的前提下,科学合理地调整股权比例;其次,基金管理人在投后管理过程中,可以监督和制衡管理者有效决策、科学决策,良性发展所有者与管理者的委托代理关系;最后,专业的基金管理人往往会为被投资企业提供产业链上下游资源,积极推进企业纵向扩张。因此通过混改专项基金实现国企混改,能够更公平地保证各方利益,从而实现长远利益。

(六)交叉持股

交叉持股是指在不同企业法人之间互相参股,以达到防止恶意收购、加强关联企业之间关系等特殊目的的法律现象,目前通常作为防止公司被收购的策略而使用。国有企业与非国有企业通过交叉持股的方式同样可以混合所有制改革的目的。交叉持股的方式起源于日本并作为一种防止被收购的策略而大行其道,1953年日本《反垄断法》修改颁布后,三菱公司下属的子公司为了防止被恶意收购,开始交叉持股。采用交叉持股的方式展开混改的优势在于:一是利于防止恶意收购。二是利于稳定股价,如果企业已经上市,国有企业通过与非国有企业的交叉持股可以成功规避不能自己购买自己股票的限制。一旦资本市场上发生股价波动,那么便可以通过交叉持股企业进行反向操作从而稳定自己的股价。三是可以通过与国企自身生产经营相关企业之间的交叉持股实现战略合作。如港华燃气及其母公司香港中华煤气发布公告,宣布向上海燃气增资,直接持有后者25%的股权,根据双方签署的交叉持股协议,后续上海燃气也将持有港华燃气25%的股权,实现"双向进入"。通过交叉持股,双方实现产业一体化的整合,迅速形成产业闭环,降低生产成本,扩大市场规模,增强企业竞争力,同时达到类似于公司合并所形成的协同效应等功效。当然,交叉持股方式也会产生一些问题,比如容易产生资本虚增、容易产生垄断联合、容易形成内部人控制的局面,等等。

对于国有企业混合所有制改革的模式选择上,任何一家国有企业都可以根据自身特点和战略需要,选择一种模式展开实践,同时也可以兼顾其他模式在局部应用,只要多元化的混改方式更能完成和实现发展目标。如拟解决充实核心团队和提高研发能力的问题,可通过股权激励、员工持股计划等模式,纳入相关产业核心管理人才和研发人才,通过多种方式完成国有企业人才梯队建设。当然,除了要选择适合的模式,深化国有企业所有制改革,综合改革的形式已显露,对不同的国有企业采取不同的改革模式,甚至可以尝试多轮混改,综合混改,逐步从单一的混改,走向以混改为主线、借混改推综改的新阶段。

四、国有企业混合所有制改革现状总结及问题检视

(一) 国有企业混合所有制改革现状总结

自 2016 年国务院发展改革委和国资委牵头开展国有企业混改试点开始,从第一批的 9 家混改试点到第四批的 160 家试点,已经推出共 208 家的试点。[①] 2016 年至今,新增国有上市公司数量 232 家,国有上市公司总数为 1348 家,增幅为 17.2%。近年来,混改试点企业数量显著增多,由点向面在全国范围内铺开,呈现出加速、向更深层次的方向推进的态势。而 2022 年是实施国有企业改革三年行动方案的最后一年,"深化混改"的深度和广度超越以往,主要表现如下。

1. 国有企业混合所有制改革进一步深化

2013 年以来,按照党中央与国务院的决策部署,国资委以积极稳妥的态度进行国有企业混合所有制改革的推进,已顺利完成国有企业改革三年行动 70% 目标。从整体上看,混改取得了积极进展和显著成效。首先表现在混改参与度不断提高,中央企业对外参股企业累计已超过 6000 户,至今累计实施混改 5000 余项,吸引非国有资本超过 1.8 万亿元,产权层面的混合范围不断增大。其次表现为混改领域逐渐拓宽,积极推动充分竞争行业和领域的企业混合所有制改革,也有序探索电力、电信、军工、民航等重要领域的混合所有制改革。再次表现为混改方式多元化,一方面,为化解过剩产能、优化调整产业结构发挥重要作用,协助推进国有企业混合所有制改革进程,国有资本运营公司共发起设立 9 只国家级基金,总规模已超万亿;另一方面,中央企业也积极探索其他混改方式,灵活运用多种混改方式,并积极展开双向混改与二次混改,推动各类所有制企业优势互补、携手共赢。

2. 市场化经营机制进一步完善

市场化经营机制的建立有助于实现提高国有企业活力和效率的目标,其作为国企改革的重要内容和关键环节,带来的正面影响不可忽视。近年来,国有企业通过混合所有制改革进一步完善了市场化经营机制,表现为:一是通过高额引资,促进产业发展。国有企业在混改过程中,引入高额资

[①] 参见刘政:《混合所有制改革如何"混"怎么"改"》,载《中国经济导报》,2021-12-31,003 版。

金对国有企业后续持续的经营管理、对外投资、技术创新、产业拓展等提供积极的资金保障支持。如珠海格力电器股份有限公司(以下称"格力电器"),其深耕暖通、家电领域及智能装备领域。混改后,格力电器引入金额417亿元,格力集团持股3.22%,高瓴资本持股15%。高瓴资本的加入,助力格力电器成为适应科技化、多元化、全球化的新型企业。二是注重产业协同,助力产业升级。推动国有企业混合所有制改革,加强了国有企业与产业链、供应链上下游企业之间协同作用,提高行业整体水平,助力产业升级。如深圳中电港技术股份有限公司(以下称"中电港")首轮混改前后正处于由传统分销业务转型到元器件供应链生态圈的创新服务模式的阶段。此次混改,新战略投资者在行业资源、运作经验以及资金方面提供支持,并在主管部门协助的加持下,进一步增强了中电港实力,使其在行业持续快速的潮流中保持良好发展。2016年,中电港营业收入首次突破100亿元,企业混改带来的经营成效提升得到显著体现。再如北京二商健力食品科技有限公司(以下称"二商健力")为弥补自身发展的短板,需要引入在营销与市场开发能力和技术方面资源优势突出的战略投资者,规划拟募集的资金将主要用于专利技术的市场转化、市场渠道建设,及行业上下游的产业链拓展。本次混改引入的中融金汇正符合二商健力的需求,扩大了公司经营规模并形成市场品牌效应,提高了公司对上游的话语权和对同行的竞争力。三是激发企业活力,提高市场竞争力。在近年来深化国有企业改革的实践过程中,国有企业在吸引人才、留住人才方面遇到越来越多的挑战。中长期激励是实现利益共享风险共担、平衡短期与中长期目标、优化薪酬结构、提升薪酬竞争力、吸引和留住关键人才的有效方式,对于完善公司治理有着重要而深远的意义。如杭州海康威视数字技术股份有限公司(以下称"海康威视")在成立之初,就已经意识到原有经营机制存在弊端,决定由国资委持股51%,创始人龚虹嘉持股49%。正确的混改方向以及有效的员工激励机制助力其快速发展按照市场化标准。海康威视在公司上市后连续推出4次添加授予条件的股权激励计划,即海康威视若想实施股权激励计划,其营业收入复合增长率,净资产收益率必须达标。2年锁定期结束后,员工若想解锁股票,则其业绩应达到更高的要求。其通过双层考核机制既提高了员工积极性,也实现了公司业绩稳定的增长。

3. 中国特色现代企业制度进一步健全

完善中国特色现代企业制度,是深化国有企业改革的重要任务。[①] 中

---

① 参见于娟:《深化国资国企改革 加快完善中国特色现代企业制度》,载《中国经贸导刊》,2021(15):36-38页。

国特色现代国有企业制度,还"特"在把党的领导融入公司治理各环节,把企业党组织内嵌到公司治理结构之中,明确和落实党组织在公司法人治理结构中的法定地位,做到组织落实、干部到位、职责明确、监督严格。这种制度安排是与国外现代企业制度的重要区别,也是对现代企业制度的重大创新。2018年,方大集团按照党的十九大精神,落实沈阳市推动国有企业混改的工作安排,将"党建文化"与东北制药混改有机结合。方大集团的"党建文化"在参与和推进东北制药深化混改的过程中充分发挥了引领和保障作用,企业股权结构上真正混合,在体制机制上真正改革,让东北制药更有活力。混改当年,东北制药实现销售收入同比增长30%以上;实现利润同比增长70%以上,上缴税金同比增长45%。

(二)国有企业混合所有制改革存在问题检视

国有企业混合所有制改革通过多年探索,出台了许多配套政策,其顶层设计已基本完成,也涌现出许多优秀的混改典型案例。但在混改范围不断扩大的过程中,依然存在诸多问题,如区域发展不平衡,混改战略制定不明晰,机制改革深度掌握不足,混改后与企业发展无法适应的问题。同时,对于混改过程中的配套制度、政策,还存在不完善的情况,如考核体系、监管体系不健全、不完善。长此以往,无法发现问题或者解决问题过分迟缓,将削弱混改成效。具体如下。

1. 区域发展不平衡,地区差异化明显

国有企业混合所有制改革本身是经济体制发展中重要的一环,但其受限于区域经济的发展的差异性,导致发展不平衡。中央企业混改已取得重大成就,沿海区域地方国企混改也初步实现了混改目标,但还有部分区域,存在地方政府干预地方国企日常管理,"混"流于形式、"改"程度不足,退出机制缺失等。因此,地方国有企业中"政企不分"问题较为明显,甚至很多地方国有企业不混改、假混改,无法实现混改目标要求。2019年9月,中央正式批复在上海、深圳和东北设置了地方国有企业改革试验区,要求三地结合本地特点和重点改革目标开展试点。由于各区域人文环境、经济环境、国有企业发展情况不同,在推进地方国有企业混合所有制改革过程中也形成了各具特色的模式,比如上海提出上市是混改的主渠道,而东北地区,招商局集团积极推动太平湾绿色低碳高质量发展先行区建设,努力打造新时代东北地区"新蛇口"。但由于前述基础条件的不同,若不注意因地制宜采取分类混改,将可能会导致同样的混改策略,在实施后却难以产生同样的效果。

2. 混改战略选择不清晰

2022年是国有企业混改的重要阶段,应当更加注重混改战略的选择,坚持因地制宜、因业制宜、因企制宜。要突出分层分类改革,"一企一策"推进混改,重在转换机制,完善治理,健全市场化经营机制。混合所有制改革战略的选择应当充分考虑自身优劣特质与适用情境,混改战略选择得当是决定改革取得预期效果的重要保障之一。如此前沱牌舍得集团以股权转让方式开展混改,但其转让股权遭市场冷遇,主要原因还是混改的战略不清晰,未能在股权架构、合作投资者等要点中明晰战略方向,而盲目开展混改,导致该等操作被当地政府叫停。因此,若混改战略不针对自身需求、市场需求及行业特点进行合理设计,寻找合适战略投资者,很可能面临失败。

3. 机制改革不够完善

(1) 结构设计

合理的股权结构设计可以尽量降低国有企业"一股独大"的弊端,为国有企业增添新的活力。但国有企业混合所有制改革的"分业推进",也为股权结构的设计提出了更高要求。如竞争性行业,可在股权层面充分调动非国有资本的积极性,通过释放股权比例,形成中长期的激励机制;而基础战略性行业,需要保持国有控股的地位,若无股东权益的差异化安排,则可能出现非国有资本无"话语权",或者因为信息不公开、不对称而导致非国有资本无法切实有效发声的情形。另外,也存在国有企业混改后股权过于分散,未就表决权集中等特定事项进行事先明确,可能出现退出或者终止项目的应急机制不完善,导致无法及时止损,造成各方的信任危机。再如,为平衡战略投资者的出资或引入单一战略投资者,混改后,国有资本和战略投资者持股比例设置成1:1,极易出现股东会僵局。若国有资本、战略投资者和管理层三方在混改企业的发展上发生分歧,利益取向无法达成一致,则该种股权比例的设置将不利于混改后国有企业的发展。非国有资本获益动力不足,无法达到资源配置优化,提升国有企业活力等效果,甚至会造成"短期混战""改革夭折"等不利后果。

(2) 管理模式

国有企业混合所有制改革目标之一就是建立现代企业制度。不同资本属性的股权发生混合之后必须按照现代企业制度来实现"产权清晰、权责明确、政企分开、管理科学",才能实现国有企业混合所有制的实质要求。一方面,治理层面存在权责不明确,政企不分之情形。部分地方国企混改后,委派人员到管理层,极易出现管理行政化,或监管过严,或急于决策,导致混改后国有企业仍然"政企不分",治理机制失效。因此,仍需对混改后国有企业治理结构的权责界限进行划分,使党委会、董事会、监事会与经理层发挥应有作用,将"放权"与"监管"相结合,优化混改企业治理机构的战略布局、业务发展、决策方式等与市场环境的匹配度。引入战略投资者,不能仅仅停留在股权层面的合资,更应在治理层面充分发挥战略投资者的决策能力,科学投资决策,建立风险分担机制。另一方面,激励机制不到位,约束机制不科学。国有企业管理人员薪酬结构不合理且市场化程度低,导致管理层没有动力创造利润,国有企业长期活力不足,效率不高。此外也存在薪酬标准与绩效目标不匹配之情形,造成个别混改后的国有企业人员成本过高,超额收益不足,难以形成系统的激励约束机制。而科学职业经理人制度落实不到位或较难推行经理层持股,无法实现管理者与所有者利益趋同;或长效激励不足,难以实现经理层收入与净利润及经营目标相挂钩,致使职业经理人流动性强;或放权不够,束手束脚,难以推行市场化经营决策;等等。

4. 改革成果考核评估体系不完善

根据《国企改革三年行动方案(2020—2022年)》要求,混改企业应"结合实际抓紧制定完善本企业的具体实施方案,确保可衡量、可考核、可检验"。而建立健全以考核评估检验和强化三年行动落实成效的工作机制的具体要求也是对标对表梳理分析自身改革状况,完善考核和评估方案,强化考核和评估结果应用,尽快加强短板,弥合差距。因考虑企业差异性,国家层面仅对考核评估提出原则性要求,具体方案交由地方党委和政府结合实际作出。结合国有企业自主确定混改考核评估范围及内容现状来看,很多国有企业在混合所有制改革后各项指标不同程度有所提升,但仍存在考核评估体系不完善的现象。首先,在方案制定过程中,出现只"混"不"改"的偏离现象。部分地方国企将股权层面的混合作为混改的终极目标,甚至由于避免混改流程的繁复,在混改的方式上选择简单的1‰增资扩股,规避进场交易、股权定价、重组"三会"等必要程序,并无后续经营机制的转变,也没有合理的指标体系,乃至指标与企业现阶段发展情况不匹配,缺少有效的评价体系与监管依据等,其得出的考核结论往往不客观,且无法应用。其次,在方案实施过程中,存在评价与监管混淆的偶发现象。国企混改后,更要将考核评估的实施与监管相结合,而评价重在认清现状、补齐短板,国有企业混改后效果不佳可通过整改、二次混改等改革措施进行完善;而监管重在国企混改过程中,是否存在违规违法行为、是否导致国有资产流失、是否未尽到国有出资人职责之情形等。同时,评价与监管更要有机结合，若考核评估过程的实施与监督不到位，可能导致绩效考核结果准确性降低，或无法发现问题，或考核评估结论不客观，则混改带来的积极作用将不断被削弱。此外，由于国企混改所处的发展阶段，在考核评估实施中，考核指标体系执行难度大。如体系设计脱离实操经验；考核主体角色混同，考核部门也可能是实施部门或混改企业的主管部门，考核结论的独立性存疑；考核结果难以横向应用。鉴于"一企一策"的混改思路，其考核评估的结论，只能作为本企业的改革效果检视结论，其考核评估体系本身就无法横向应用，而混改的方式、投资者的引入、实施过程、绩效目标、管理水平等，更难以复制或借鉴。如何确保考核评估结果被真正运用，切实发挥成效，关系到能否圆满完成国有企业改革三年行动任务，并为下一阶段改革打下良好基础。

5. 混改企业人员机制政策亟待完善

（1）员工持股规范不够系统

员工持股为混改方式中的重要一环，为企业吸纳人才、留住人才，调动管理层与核心人员的积极性，焕发国有企业活力等发挥重要作用，但也存在相应问题：一是资金来源问题。员工入股需要大量资金，因此对于员工入股的资金来源的合法性需要予以重点关注。实践中，有一些改制的国有企业用企业自有资金为职工垫付股金或提供借款，或与本企业有业务往来的上下游客户为员工出资入股提供借款或融资，甚至有企业外的人员通过代持方式取得国有企业股权，这些做法均值得商榷。二是效果模糊问题。员工持股的目的是要通过改变员工的身份起到激励员工的作用。但是在实践中存在股东权利行使受限之情形，部分员工因不懂企业经营而无法有效行使股东权利，形成由部分职工作为"股东代表"的局面，其他被代持股份的职工则基本丧失了表决权、处置权等股东权利。此外，员工因持股比例过低难于真正参与企业决策和管理，无法真正提高员工的积极性。三是内幕交易问题。国有上市公司的持股员工利用岗位接触到一些和自身利益相关的市场信息，违反信息披露诚实义务，违反上市公司内幕交易红线进行股票交易。国有非上市公司的混改过程中，控制审计评估、对外透露交易底价等行为均可能威胁国有资产安全。

（2）员工安置引发的纠纷

混改带来的完善的治理结构、合理的管理体制、高效的生产设施设备等导致企业用人需求减少。混改过程中员工通常采取竞争上岗，从而选择更适合企业发展的员工留下，对竞聘失败的员工进行安置，或安排其他岗位、内部退养，或解除劳动合同等。经检索，由于混改职工安置问题引发纠纷，多为安置措施不完善、不到位的劳动争议纠纷。而留在混改后的企业员工,在参与员工持股后,也要建立完善的激励约束制度,对持股员工退股、辞职、调动、退休、死亡等情况制定严格的股权激励方案,否则仍易引起股权纠纷。

国有企业混合所有制改革不能停留在只混不改,其重点在于对落后制度、固有弊端的破除,推陈出新,提高国有企业经营效率。当然,也不能将所有期待都交给混改,混改也不是"一混就灵"。总体来看,国有企业混合所有制改革已取得了积极进展,一大批企业通过混改完善治理、强化激励、突出主业、突出效率,放大了国有资本功能,促进了多种所有制经济的取长补短、相互促进、共同发展。但同时,也需要通过效果检视认清混改的不足之处,通过对检视结果的有效运用,坚持问题导向,立足问题解决,真正实现国有企业混合所有制改革目标的完成。

五、国有企业混合所有制改革的法律完善

(一)坚持巩固和发展公有制经济不动摇是混改的宪法基础

坚持和完善基本经济制度是《中共中央、国务院关于深化国有企业改革的指导意见》(以下简称《意见》)规定的国有企业改革的基本原则。《意见》指出,坚持和完善基本经济制度是深化国有企业改革必须把握的根本要求,必须毫不动摇巩固和发展公有制经济,毫不动摇鼓励、支持、引导非公有制经济发展。"坚持公有制为主体、多种所有制经济共同发展"是宪法确定的基本经济制度,国有企业混合所有制改革也要坚持公有制经济的主体地位。公有制经济的成分包含了混合所有制经济中的国有成分和集体成分,发展混合所有制经济中的国有部分和集体部分就是发展公有制经济。国有企业混合所有制改革的目的是实现共同富裕,推进混合所有制改革不是"国退民进",而是"国民共进",是国有资本布局结构的进一步优化,从而维护公有制经济的主体地位,实现国有经济的做强做优做大。国有企业混合所有制改革是对多种所有制经济共同发展的践行,混合所有制改革不是将国有企业私有化,与西方经济学理论和实际情况不同,我国国有企业混合所有制改革过程中以坚持公有制为主体,实现多种所有制经济共同发展为准则是符合我国基本国情的。

(二)关于法律法规层面的完善建议

1. 关于完善公司法中与国企混改相关的建议

现行公司法于 2018 年 10 月 26 日修订颁布实施,作为规范市场经济

核心主体的基本法,现行公司法对于国有独资公司进行了规定,也为国有企业混合所有制改革奠定了基本法层面的法律基础。但现行公司法在国有企业创新改革方面依然存在一些与改革和发展不适应的问题。其中包括国有公司的特别规定未能涵盖混改后的企业主体类型、未能明确对实践中已经大量适用的差异化股权设计提供公司法层面的法律依据,等等。2021年12月24日,《公司法(修订草案)》经第十三届全国人大常委会第三十二次会议审议后公开征求意见。公司法修订草案总结了近年来深化国有企业改革的理论成果与实践经验,其增设"国家出资公司的特别规定"专章,体现了国家重视国企改革的阶段成果,强调国资主体特殊性的立法目的;通过对国有公司"出资人职责机构"职责范围与履职程序进一步明确,增设建立健全内部监督与风险控制的制度要求,通过审、监协同,完善监管等修订内容,体现了重视国有独资公司及国有控股公司的规范运营及混改后企业的规范发展的立法重心。《公司法(修订草案)》在国企改革三年行动的关键节点,为进一步全面深化改革提供了法律依据,也为国企改革作出进一步的规范指导,初步解决了现行公司法与国企改革发展现状不协调的问题。但随着国企改革的不断深化,仍需就部分内容进一步完善。

第一,"坚持党的领导"是国企改革的基本原则,现行公司法并未将其体现于国有企业的治理机制中,导致党组织在国有企业乃至国企改革中发挥领导作用缺失上位法依据。《公司法(修订草案)》明确规定"国家出资公司中中国共产党的组织,按照中国共产党章程的规定发挥领导作用,研究讨论公司重大经营管理事项,支持股东会、董事会、监事会、高级管理人员依法行使职权"。为党组织在国家出资公司以及国企改革中发挥重要作用建立了公司法层面的法律基础。但是,如何在实践中发挥党组织的积极领导作用,并避免影响非国有资本参与国有企业混改积极性是需要进一步研究完善的问题,因此仍需规范性文件对其进行进一步细化。

第二,现行公司法规定股份有限公司采取"同股同权"原则,不能适应国企混改的创新实践。实践中已探索出的国有资本参股创新股权结构,例如负面清单制度、优先股制度、"黄金股"制度等。以"黄金股"为例,"黄金股"制度本质是赋予部分股东超过股东登记持股比例的特权,其起源于英国电信进行的私有化改革,政府仅保留一股但该股具有特殊表决权,在英国电信损害公众利益时,政府有权否决董事会决定。在我国探索适用"黄金股"制度已具备实践基础,"黄金股"主要强调国有资本的"一票否决权",持有"黄金股"的国有资本不参与日常经营决策,对于涉及"一票否决权"外的决策事项没有表决权,不参与分红,没有收益权。在竞争性领域,根据实际探索"黄金股"制度,既能够发挥战略投资者的积极性,又能够通过"一票否决权"保证政府维护民生及稳定的社会职能,还能够实现国有资本在应当退出的领域适时退出的同时避免后续民生问题。当然,"黄金股"制度等多元化的股权结构本质上是股权差异化的体现,应受公司法的调整。对于有限公司来说,现行公司法允许有限责任公司就股东表决权、收益权等股东权利进行意思自治,即允许通过全体股东一致约定对股权作出差异化安排。而对于股份有限公司,其股份能否作出差异化的安排以及安排的尺度,现行公司法并没有作出明确规定。《公司法》(修订草案)第157条新增规定:"公司可以按照公司章程的规定发行下列与普通股权利不同的类别股:(一)优先或者劣后分配利润或者剩余财产的股份;(二)每一股的表决权数多于或者少于普通股的股份;(三)转让须经公司同意等转让受限的股份;(四)国务院规定的其他类别股。公开发行股份的公司不得发行第二项、第三项规定的类别股;公开发行前已经发行的除外。"本条新增股份有限公司可以发行与普通股权利不同的类别股,为国企混改实践中已经大量适用的"优先股""AB股"等多元化股权设计提供了上位法依据。随着国有企业混合所有制改革的深化过程,可能产生更加多元化的股权制度需求,若《公司法》(修订草案)顺利通过,则该规定为国有企业混合所有制改革提供了法律依据,同时在这些股权制度安排的实施中,仍需在规范性文件层面给出一定的实施细则和具体要求,以便配套和支持国企改革中的创新和深化。

2. 关于完善企业国有资产法中与国企混改相关的建议

《企业国有资产法》于2009年5月1日实施,该法律的出台使得国有资本实现了依法监管,包括履行出资人职责的机构需对国有资产的保值增值负责等具体规定,为国企混改中有关国有资产流失等问题的解决提供了法律依据。但《企业国有资产法》的颁布与实施是在国企改革的初期,其部分规定反映出不适应国企深化改革的情形,应在公司法修订后进行适时完善。

第一,《企业国有资产法》中关于"国务院、地方人民政府及地方人民政府授权其他部门、机构履行出资人职责"的规定,从一定程度上与"政企分开"的改革原则相矛盾。在国企改革深化以来,国家层面已将传统的管理模式由"管人、管事、管资产"向"管资本"进行了部署和转变,因此修订《企业国有资产法》已迫在眉睫,国有资本出资人的履职重心应在有效提高出资人资产收益、重大决策参与以及管理者选择和考核等股东权利上。故具有双重职能的部门在履行国有资本出资人职责时，应就行政权与国有资本出资人职责进行明确划分，通过建立健全国资三重管理架构，即国资委（或履行出资人职责的部门）—国有资本平台运营公司—国有实体企业逐级管理，各有侧重，实现职权隔离。

第二，随着国有企业混合所有制改革方式、路径不断创新，多元化的改革实践已超前于《企业国有资产法》的规定。例如国企混改过程中的增资扩股、交叉持股、发行可转债等混改方式必然涉及国有资本的流转与扩充，虽然国企混改已形成了"1+N"政策体系，但国有资本的流转和交易程序问题的处理，仍应提级到《企业国有资产法》层面加以解决。例如特定资产如土地使用权的处置和流转限制、债权债务处置成本与国有企业债权人保护的平衡规制，等等。在产权问题方面，目前相关法律法规并没有对混合所有制改革后国有企业产权的变更事项作出明确要求，并没有明确界定国有企业产权性质发生改变的具体判断标准和具体界限。在国有资产评估方面，应当加快修订国有资产评估管理办法，严格规范国有资产评估程序、细化评估方式、强化监管和法律责任追究、强化违法失信联合惩戒，以有效防止国有资产流失。2020年11月29日，《国有资产评估管理办法》修订实施，但并未对混合所有制改革中国有资产评估进行专项细化规定。从资本市场角度来看，战略投资人通常会按照国内外资本市场上通用的估值办法和估值模型对国有企业的估值进行测算，而资本市场通行的估值方法和模型与法定资产评估的方法和模型不尽相同，经常能看到两套标准测算出来的估值存在相当大的偏差。与此同时，要保证国有资产处置公开透明，避免交易过程中的利益输送，既需要国资监管层面的配套政策支持，又需要产权交易市场层面的规范制度配合。所以在产权交易市场方面，产权交易法规没有及时根据产权交易形式和内容的变化进行补充、修改，反应迟缓，不符合现实需要；产权交易规范缺乏统一规范性，各地做法不一；资产评估确认的规范和监管方面缺乏科学性、严密性；另外，产权转让审批主体不明确，也导致了所有者缺位和各部门推诿行为屡有发生。

3. 关于完善《监察法》中与国企混改相关的建议

《中华人民共和国监察法》（以下简称《监察法》）是我国监察体制改革的重要法律，是廉政建设和反腐败工作的重要保障。国有企业混合所有制改革的目的是保障国有资本安全与增效，运用监察手段强化国企改革，特别是国有企业混合所有制改革中的监督力度与责任追究力度，能够有效防止恶意侵占国有财产，确保国有资本的保值增值。因为《监察法》的监察对象是人员及其行为，并不直接影响企业的改革过程及自主经营，因此能够充分适应"政企分开"的改革目标。关于监察对象范围的问题,国有企业混合所有制改革后,管理人员成分复杂,可能包括国家机关等国有主体委派的人员,也可能包括社会化聘请、非国有资本委派的人员。这些人员均应对国有企业负有经营管理责任,是否均应认定属于监察范围,目前仍有待进一步明确。特别是对于国有参股企业中从事经营管理,但不能完全代表国有出资人履职的人员,需根据人员的委派主体性质、人员职权范围等因素综合判断是否应纳入监察对象的范围。

(三) 关于规范性文件层面的完善建议

目前对于国有企业混合所有制改革的指导性文件大部分集中在规范性文件层面,有关的文件较多,发文机关、针对的地区和领域也各不相同,具体可待完善的维度可能有如下方向。

1. 完善战略投资者的筛选制度

国有企业混合所有制改革的重要参与主体是非国有资本性质的战略投资者,如何选择适合且优质的战略投资者在一定程度上影响了国企混改的结果和效果。但截至目前,暂无法律、法规、规范性文件或其他政策文件予以规制。对此完善的思路可以包括,一方面,从程序上应当遵循国有产权交易规则,按意向洽谈(项目路演)、初步考察、深度磋商、形成方案(考察报告)、方案审批、进场交易、签约成交等步骤实施。另一方面,从考察重点上战略投资者的指标要求合理且与混改项目匹配、考察范围应尽可能全面,重点关注战略投资者的行业地位、战略布局、业务规模、资产、负债、盈利能力、管理水平、意向合作方案,等等。此外考察方式应多样化,除书面材料的审阅外,还可以包括上下游客户的走访、管理人员的理念磨合,等等,最终应当形成书面考察报告留存并作为混改方案的一部分,以便党组织和履行出资人职责的部门进行决策,并作为事后监督的基础资料。

2. 完善员工持股制度

推进国有企业高管薪酬市场化,将员工利益与国有企业利益结合起来,有利于形成资本和劳动利益共同体。对于适合采用员工持股的行业,应积极推广员工持股,形成国资本持股、非国有资本持股、员工持股"三足鼎立,相互制衡"的股权结构。它有利于完善国有企业治理结构,促进产权结构多元化,提高企业运行效力,对国有企业高管既是激励,也是约束。因此应通过员工持股的持股方式,解决如何通过员工持股更好地提升企业活力的问题。员工往往比外部投资者更了解企业设计、生产、研发、宣传、销售等各个过程。应利用其对于企业的了解,让员工代表能够进入股东会、董事会等决策部门,实际参与公司治理,把员工通过劳动者身份取得的行业信息优势运用到股东身份中来,促进企业做出适合行业发展的经营决策。为充分发挥员工持股的制度优势,应继续坚持"一企一策"原则,从实际出发制定员工持股方案。如国有高科技领域企业,企业核心员工多为核心技术人员,掌握企业的发展基础,应发挥其对于技术的研发优势,可考虑通过赋予其董事会席位的方式鼓励其参与决策。当然也应考虑到企业的上市需求,否则可能出现员工在其持有股份解禁后立刻出售股份套现的情况,由此不利于企业长期掌握核心技术。

目前关于混合所有制企业员工持股的规范性文件,主要是 2016 年 8 月 2 日国务院国有资产监督管理委员会、财政部、中国证券监督管理委员会联合印发的《关于国有控股混合所有制企业开展员工持股试点的意见》(国资发改革〔2016〕133 号),而该试点意见仍在试点企业范围内适用,随着国企混改的不断推进,有必要在广度和深度上推行员工持股制度并进一步完善其内容。如关于员工持股退出情形应予全面具体,目前试点意见中仅规定了"持股员工因辞职、调离、退休、死亡或被解雇等原因离开本公司的,应在 12 个月内将所持股份进行内部转让"。实际上,员工持股退出的情形呈多样化,包括回购、通过员工持股基金退出,等等。且员工持股退出时受让对象的范围和条件都没有具体细化的规定。再如关于员工持股的入股价格,试点意见规定:"在员工入股前,应按照有关规定对试点企业进行财务审计和资产评估。员工入股价格不得低于经核准或备案的每股净资产评估值。"但以"每股净资产评估值"来衡量和确定拟混改企业股权的价值具有一定的不合理性,实践中除上市公司外,仅作为员工持股的作价依据开展审计评估工作更是屈指可数,这不利于非试点企业开展员工持股。因此该试点意见作为指导性意见,各地方国资委可参照并综合各地方经济发展等因素,及时出台适合的员工持股制度。

3. 完善混改考核体系以及容错机制

国有企业的混合所有制改革是一项以创新为驱动的改革行动,但创新不是盲目尝试,宏观上需要总结各个混改方案的成功经验和失败教训,微观上需要对不适应实际情况的问题及时纠错。因此建立完善混改考核体系是必要的。在规范性文件层面出台混改考核体系,建立混改成果评价机制。考核体系应区分程序性事项及非程序性事项。对于程序性事项,应当严格规定考核的具体标准,未达标应规定纠错措施及追责机制。程序性事项的考核应主要包含对以下程序的规范性考核:企业分类、决策审批、审计评估、产权交易、职工知情权,等等。对于非程序性事项,应建立科学客观的考核体系,考虑在国资委设立考核小组,引入专家学者及第三方评估机构,切实发挥"管资本"的职责。非程序性事项的考核应主要包含:是否满足"三因三宜三不"原则、①股权结构是否合理、非国有资本的选择是否合适、治理机构是否科学、经营效率是否提高,等等。对于采取员工持股或差异化股权设计的企业,应进一步评价员工持股或差异化股权设计的规范性和效率性。

在以上考核过程中,难免发现在创新过程中出现与改革前的期望不一致的情况,因此建立容错机制也是深化混改的重要保障。关于容错机制,国务院国有资产监督管理委员会在《中央企业混合所有制改革操作指引》中明确指出,中央企业要坚持解放思想、实事求是,积极稳妥统筹推进,鼓励探索、勇于实践,建立健全容错纠错机制,宽容在改革创新中的失误。混合所有制改革是一项复杂又个性化的工作,对于不同的国有企业来讲,是否应该进行混合所有制改革,如何进行混合所有制改革,并没有可以完全套用的模板,也没有成熟的经验可以借鉴。"一企一策"是混合所有制改革的常态,在现实存在的改革难度下,一些国有企业领导人员担心出错承担责任,因为怕犯错而不推进,可能导致应该进行改革的国有企业迟迟无法走上改革道路,错失改革良机,也与"宜改则改"的改革基本原则相冲突。故应尽快推进落实容错机制的建立实施,鼓励改革者放下包袱,探索实践。

对于混合所有制改革中出现的各种问题,应分类认定其性质,对于不应宽容的原则性错误,应予依法追责。第一,以权谋私不能容错。混合所有制改革过程中,必然涉及国有资产处置、产权转让等工作内容,部分人员利用职务便利进行暗箱操作、低价处置国有资产从中牟利、利益输送等,应依法追责。第二,重大程序性错误不能容错。"严格程序,规范操作"是国有企业混合所有制改革的基本原则之一,混合所有制改革涉及多个程序,如方案审批程序、国有企业产权评估定价程序、国有产权公开进场交易程序等均需要符合程序性规定要求,未按法定程序履行职责的人员,应依法追责。对于非原则性错误导致的失误,应从实际出发,区分不同情况,制定科学容错机制。比如因采取不同的市场化定价手段或因市场波动等原因导致国有企业资产价值发生变化的,如果进行评估时依据的评估方法具备合理性,应当认为价值偏差不属于原则性错误。对于类似非原则性错误,各地方国有资产监督管理机构可以根据实际情况,制定配套政策,鼓励创

---

① 参见原诗萌:《国企改革呈现加速度》,载《国资报告》,2021(2),28-31页。

新,增加国有企业混改的积极性。

(四) 关于企业内部治理制度的完善建议

1. 强化内部监督机制

2015年10月31日,国务院印发《关于加强和改进企业国有资产监督防止国有资产流失的意见》强调,要加强和改进党对国有企业的领导,切实强化国有企业内部监督、出资人监督和审计、纪检监察、巡视监督以及社会监督。因此要实现多元监督机制,企业应先强化企业内部监督机制,特别是混改企业,内部治理结构复杂,人员结构多样,更应该强化内部监督机制。一是要强化董事会的监督职能,设立外部董事科学决策机制,保证外部董事发表独立意见,履行事前监督职能。二是要继续完善内部审计监督,赋予内审部门实际监督企业经营的监督权力,兼顾避免事前参与过多干预管理层决策。内部审计部门应向股东会负责,并与监事会相互独立,分别履职。此外,还应给外部监督创造便捷条件,完善经营信息公开制度,重视人民群众检举等。

2. 优化董事结构

优化董事结构可以从两个方面进行,一是重视外部董事的作用,二是优化委派的非外部董事结构。在外部董事方面,《公司法》(修订草案)就国有独资公司中外部董事的数量进行了明确规定,要求董事会成员过半数为外部董事。外部董事对国有企业内部治理及监管发挥的积极作用已被立法所认可。而国有企业内部应在外部董事选用时,充分发挥国有出资人的决策功能,制定完备的选用制度,即设立以国有控股混改企业提供多元化的知识结构,提高企业决策及管理水平为目标,在具有商业、法律、财务、企业管理背景的各领域专业人士择优选用。在优化委派董事结构方面,《中央企业混合所有制改革操作指引》指出要"充分发挥非公有资本股东的积极作用,依法确定非公有资本股东提名和委派董事、监事的规则,建立各方参与、有效制衡的董事会,促进非公有资本股东代表能够有效参与公司治理"。实际上,如果国有控股股东能够做到不超额委派董事,使非国有资本能够充分参与治理过程,能够有效缓解"一股独大"带来的过度监督问题,利于经营绩效的实质改善。[1]

---

[1] 参见郑志刚:《国企混改:理论、模式与路径》,24页,北京,中国人民大学出版社,2020。

第二节 国有资本的重组

一、国有资本重组概述

（一）国有资本重组的内涵

现代意义上的资本重组表示企业全要素的重组，是指两个及以上企业通过兼并、收购、买卖资产、股权转让等多种方式，转移企业各项资源的产权或控制权的一种经济行为。[①] 通过重组实现企业内部资产负债结构、人员配置结构、组织管理结构等的重新整合，重组后的企业获得部分或全部被重组企业资产的控制权，实现社会资源的重新配置。而国有资本重组是指根据国有资本的功能定位，从总体上改变国有资本存量结构，通过破产、解散、兼并、收购等方式促进国有资本流向高效、关键领域，优化国有资本的配置结构、增强国有资本控制能力，从而提高国有资本的整体质量的行为。[②] 即为适应外部环境变化，国家对其拥有所有权或控制权的企业采取兼并、收购、剥离等方式以实现微观层面上国有资产保值增值，宏观层面优化国有经济布局，[③]实现国有资本的战略性任务。

（二）国有资本重组的形式

资本重组的形式主要包括以下几种：一是企业破产或解散。企业的持续经营只是一种假设，对负债高、技术低、扭亏无望的国有企业，可通过破产或解散方式了断。但此方式会产生员工安置、要素无法产生流动的结构性效率等问题。二是企业兼并和收购。指利用企业的自有资金或股份对另一企业的全部或者部分股权或者资产进行吸收或者购买。两者的本质都在于通过此行为扩大市场份额、增强企业竞争力，不同之处在于实施兼并行为后，被兼并者不再具有法人资格，兼并企业则以更大的规模继续向前发展；而被收购者仍然具有独立的法人资格，只不过收购方对其享有

[①] 参见《财政部、国家税务总局关于企业重组业务企业所得税处理若干问题的通知》(财税〔2009〕59号)第一条将企业重组解释为：本通知所称企业重组，是指企业在日常经营活动以外发生的法律结构或经济结构重大改变的交易，包括企业法律形式改变、债务重组、股权收购、资产收购、合并、分立等。

[②] 参见刘玉平：《国有资产管理与评估》，131页，北京，经济科学出版社，2004。

[③] 参见陆俊华：《中央企业重组的目标和运行机制研究》，载《中国行政管理》，2006(6)，98-100页。

一定程度的控制权。三是国有企业托管。此种方式将所有者与经营者相分离,所有者将其财产转交具有经营管理经验、能力的人进行经营,并根据企业经营绩效给受托人相应的托管费用。与其他方式相比,此种方式具有一定程度上的现实性,能够在一定程度上达到盘活存量资产的目的,但是托管本质上具有代理的性质,其监管能力较弱,所以容易导致企业出现经营行为短期化。四是资产或股权置换。即互换价值相等的资产、股权,以避免高额的现金融资成本。相比之下,此形式可以注入优质资产,剥离不良资产,转变业务方向、提高资产质量。五是资产剥离。指将与公司主营业务无关的资产或者非营利性资产等其他资产通过出售、赠与等方式划分给其他企业,本企业舍弃该部分资产后继续发展。此种重组方式一方面能够产生与资产置换某种等价的效果,即剥离不良资产,优化企业资产结构;另一方面还能通过某业务领域资产的舍弃进而改变企业的主营业务,对于有意向转化公司发展方向的企业(尤其是部分传统行业)来说,此种重组方式为不错的选择,以便将企业更多的精力和财力投放入高精特新、发展潜能巨大的行业。另外,通过出售的方式将资产进行剥离,往往还能给企业带来一笔不小的现金流,促进企业资金链的循环。

(三)国有资本重组的动因

1. 特殊动因——政府战略选择

国企相比一般企业需要施以某些特殊规制的重要原因在于国企具有双重目标属性,即国企兼具营利性和社会性双重属性,这也就决定了国企在市场中追求自身利益最大化的同时,还要完成与生俱来的政治任务,也就是应当服从国家某些时期的政策安排。从政府角度看,资本重组有助于实现国家产业结构调整和保证国有资产保值增值,党的十四届五中全会提出,以存量资产的流动及其重组,对国有企业进行战略改组;[①]党的十五大提出,以资产重组及调整结构的方式,突出并加强重点,从整体上提高国有资产的质量,[②]以及党的十五届四中全会提出,要求国有企业应当"抓大放小",具体即应当将国有资本重点保留在支柱、关键的领域,该领域涉及国家安全及国计民生;2003年党的十六届三中全会确立了国有资本应主要投向重要行业、关键领域这一战略方向,直到2016年7月,经济发展进入

---

① 参见中共中央文献研究室编:《十一届三中全会以来党的历次全国代表大会中央全会重要文件选编》(下),350页,北京,中央文献出版社,1997。

② 参见上书,426页。

了新常态,国有资本在很大程度上依然分布于过程产业,所以国务院办公厅明确指示应当推动中央企业进行结构调整与重组,在此期间,政府针对资本重组问题进行了多次战略选择,每一次战略选择都会决定国有资本的重组方向,尤其是供给侧结构改革深化的当下更是如此。2021年2月23日,国新办举行国企改革发展情况新闻发布会,国资委秘书长、新闻发言人彭华岗提出国有资本布局四大路径,分别是:推动国企资本向关系国家安全、国民经济命脉的领域集中;补齐产业链供给短板;推动创新资源的整合协同;以及切实解决部分央企之间产业相近、资源分散、重复建设的问题,形成资源合力。① 此四条路经的最好解决方式统一指向"国企重组",即向战略性重组、专业化整合借力。公开数据显示,"十三五"时期先后完成了12组24家中央企业的重组,新组建和接收了5家企业,中央企业的数量和"十二五"末比,从"十二五"末的106家调整到目前的97家。② 重组已经成为深化供给侧结构改革的重要方式,达到企业内部改革无法实现的成效,③推动"去产能、高质量"发展,减少同质化竞争、重复建设等问题,大大提高了国企的影响力、竞争力和在交易市场的话语权。同时,政策对于绿色经济的倡导也成为我国国企大力前进的方向,特别是传统钢铁、煤炭行业的国企,如宝武联合重组中一个非常重要的战略引领就是"绿色、精品、智慧的高质量发展生态圈"④。尽管政府的选择会随着经济、政治、市场环境等发生变化,但是政府战略的主导地位从未发生变化,政府的战略安排在某种程度上决定了国有企业的重组方向和进程。⑤

2. 一般动因——国企自身经营效益需要

从以上可以看出政府战略对国有资本重组的方向、进程均具有决定性,但是政府战略的选择是基于何种基础?当然,其中影响因素有很多,包括政治经济文化各方面,但是最为主要的因素当是国有企业的自身盈利追求,简而言之,即国有资本的经营情况。当国有经济效益低迷时,政府以及银行、职工均面临困境,而重组则可以暂时缓解政府压力,职工失业率也将降低,所以,进行资本重组从根源来看,是国有企业自身的需要,意图通过

---

① 参见徐华旭:《重组成为国有资本布局优化调整的路径》,载《现代国企研究》,2021(4),78页。
② 参见上文,78-79页。
③ 参见刘青山:《总结推广央企重组经验,更好发挥央企"主力军"作用》,载《国资报告》,2021(5),1页。
④ 中国宝武钢铁集团有限责任公司:《大型央企集团联合重组与整合融合实践创新》,载《冶金管理》,2019(14),33页。
⑤ 参见剧锦文:《国有企业重组的动因解析》,载《天津社会科学》,2017(4),95页。

重组提高国企竞争力。如武钢与宝钢进行重组整合的重要背景之一就是，武钢重组前深陷严重的亏损状态，武钢的经营理念、技术成本、非钢铁产业发展等方面均落后于宝钢，[1]借此重组机会，能够接触优质宝钢的资源，从另一个维度焕发新生。

从国有企业自身角度看，资本重组将加快企业发展速度。资本原始积累期，企业发展只需要靠自身积累，就可以满足经济发展的需要，但是随着科技的不断进步以及社会化生产规模不断加大，此时已经不能仅仅依靠自身积累，而应转向资本积累速度更快的方式，即资本重组，其不仅能迅速地积累资本，还能通过资源的重新配置达到调整产业结构的效果，推动企业进一步实现现代化。重组本身是企业进行的经济行为，从经济学角度而言，该行为确实对重组各方乃至整个交易市场产生巨大福利，此处存在几个相关的经济学理论：一是规模经济理论。在西方古典经济学代表提出的规模经济理论看来，单位时间内的生产产品数量绝对增加，则平均成本就会降低，即经营规模扩大，成本降低，企业利润增加。重组为形成规模经济提供了路径，即为盈利的提高提供了契机。二是协同效应理论。通俗解释就是通过重组实现"1+1＞2"的效果，重组将两个独立存在的企业联结在一起，一次成功重组后产生的现金流高于两公司独立存在或者预期现金流量之和的效果，企业的市场竞争力得到增强。三是交易成本理论。奥利弗·威廉姆森对该理论进行了系统阐述，[2]公司在市场交易中选择交易对象、协商洽谈、订立合同等都会发生交易成本，并且因为信息不对称、机会主义、商人逐利主义等因素往往导致成本费用很高，而重组将不同的企业联结在一起，减少了中间市场的花费，交易过程的内部化带来交易成本的降低，促进企业盈利。四是价值低估理论。事物的客观表现因外在诸多因素的影响可能与其真实本质存有一定的差距，由于管理层能力不足、评估手段误差、信息偏在等因素造成企业价值被低估的风险，通常可能是企业的潜在价值未能展现出来。此时价值被低估的企业易成为重组的目标对象，一来重组对价低于该企业的真实价值，二来也是看重该企业未来适当时机其潜在价值得以发挥、具有极大发展空间的可能。综上，重组的经济动因在于通过增加规模效应、发挥企业间的协同作用、减少交易成本，进而使得重组后的企业利润上升，实现更高质量的发展。

---

[1] 参见吴以、程晓琬：《国有企业并购重组的动因分析——以宝钢、武钢合并为例》，载《财税金融》，2022(4)，83页。

[2] 参见吴白丁：《论纵向合并审查中竞争损害理论的证明——以 AT&T 收购时代华纳案为切入点》，载《经贸法律评论》，2019(5)，73-93页。

3. 人为动因——国企管理者的推动

产权主体的虚置使得管理层在国企中地位跃升,国企管理层的支持成了推动重组的人为因素。国有企业的规模、控制力,一定程度上与企业地位挂钩,其亦影响着管理人员的行政级别,因此管理者反而对扩大企业规模乐此不疲,从实际来看,若是大型企业面临着破产、倒闭的威胁,管理者反而不甚担忧,因为其规模大所涉职工多,一旦倒闭将带来大量职工失业问题,所以政府会出面解决,这也会造成管理人乐于扩大企业规模。管理层的薪酬通常与企业的规模成正比关系,即规模越大的企业,管理层待遇越高,故薪酬的诱惑成了管理层积极推动国企借重组之力扩大企业规模的途径;再者成功的重组会引来行业关注、提升管理层知名度,也有利于管理层更好地得到领导的赏识,进而更容易获得职位晋升的机会,钱、权、利的期待也是促使管理层做出重组决定的因素之一。

(四) 国有资本重组的重要战略意义

国企作为国有资本的重点聚集地,而国有资本又有独特的功能定位,即国有资本除了通过市场交易实现保值增值的一般功能外,还应当充分发挥社会保障和大型国家公共基础设施建设、国家战略任务完成等特定的功能。而我国国有资本目前存在的问题严重阻碍了国有资本应有功能的发挥:其一,国有资本行业分布过散,产业分布过宽。一方面导致资源未有效集中,竞争力不强;另一方面,过于广泛的分布挤压了民营企业的发展空间,还导致关乎国计民生、国家战略的领域投入不足,国有资本未投入到关键领域发挥应有的作用。其二,地方国有资本产业结构趋同,产生了大量的低水平重复性建设、资源不合理分配的现象。[1] 不仅经营效率低下,也难以发挥地方特色,直接影响整体国有资本的发展。其三,国有资本证券化程度低导致其流动性不足,单一的产权结构也制约国有企业治理机构的完善,不利于国有企业做大做强,更妨碍国有企业进军国际市场。

重组作为资本化运营的重要手段是解决上述国有资本现存问题的有效路径之一,国企改革强调国有资本保值增值、资本证券化等重点,而重组是这些资本活动的常态化工具。[2] 换言之,国有企业借助重组手段,整合进其他企业的资本或资产、管理制度、优质人才等资源,建立现代企

---

[1] 参见刘现伟、李红娟、石颖:《优化国有资本布局的思路与策略》,载《改革》,2020(6),79页。
[2] 参见金军政:《国有企业并购重组中的财务风险与控制策略研究》,载《财会学习》,2021(10),59页。

业制度以适应市场竞争。资产重组对国有资本保值增值产生极大的影响,大改国企经营效率低、经营利润低、资产结构不合理等问题。① 一来通过重组促进国有资本资源的整合,推动非主业、非优势的"两非"和低效、无效资产退出市场,②实现供给侧结构改革下"去产能"的政策要求;同时得以解放在该部分投入的人力、物力、财力,使国有企业集中资源加大创新投入,将国有资本聚焦于民生领域、公益性行业、战略性新兴行业和高精特新行业,优化国有资本的产业布局,集中精力做大做强;此外,国有企业的监管理念从管资产向管资本进行转变,而管资本的前提要求资本具有高度流动性,重组就是国有资产资本化、证券化的过程。③ 国有资本证券化方便了国有资本在交易市场流动,更有利于吸引国内外资本、民营资本的进入,促进股权多元化,同时国有资本得以通过证券化的形式接受公开市场的监督和约束,推动国有资本的运行更加规范化、公开化,更契合市场竞争需要。

二、国有资本重组模式

按照重组中产业链的整合方向,基于产业结构角度的考量,再从产业结构的优化延伸至提升国企经营效益、实现高质量发展,国企重组主要采取以下三种典型模式。

(一) 横向重组模式

横向重组通常发生在同行业的企业之间,指主营业务相同、生产同一或者相似产品的国有企业重组行为,存在强强联合或者强弱联合的情况,强强联合如武钢和宝钢的重组整合,强弱联合如中丝并入保利。④ 横向同业合并有利于提高产业集中度,化解过剩产能,我国煤炭行业就通过大企业兼并企业的重组方式,淘汰了落后、不安全的企业,提高了煤炭行业集中度;⑤由于横向重组的主体面向同一供应市场,通过和同行业领域企业进行资产、资源、技术、人才等的专业化整合,将原本为竞争对手的企业联结在一起,减少了不必要的同质化竞争;双方的市场和产品都可以实现共

---

① 参见李峰:《浅析资产重组对实现国有资产保值增值的影响》,载《财经界》,2021(14),33页。
② 参见徐华旭:《重组成为国有资本布局优化调整的路径》,载《现代国企研究》,2021(4),79页。
③ 参见《央企、国企重组"半年报":A股市场"贡献"377起》,载《证券日报》,2021-7-2,A02版。
④ 参见王璐:《央企重组浮现三大路径》,载《小康》,2020(5),59页。
⑤ 参见张银平:《加快推进重要领域的国有资产并购重组》,载《上海企业》,2020(12),81页。

享,扩大了生产规模,规模经济效应优势更加突出,提高企业协同效率,比如"能够在产品的对外销售中统一报价",提高了国企的议价能力,减少内部成本损耗。

(二) 纵向重组模式

纵向重组即纵向沿产业链上下游企业的重组行为,该类企业在产业链中呈现出纵向协作、前后衔接的关系,两类企业在市场打交道中往往伴随着产品的交易活动,按产业链的上下游方向,还可以具体细分为前向重组、后向重组和双向重组。纵向重组将原本处于交易相对方的企业联结在一起,减少了交易环节的成本和费用,实现纵向一体化整合。如国家核电和中电投集团的重组,国家核电主要优势和产业是核电产业,而中电投主要优势在电站管理和电力市场销售和融资,两企业重组为国电投之后,实现了优势互补协调发展,进一步延伸和完善了核电产业链条,促进了核电产业的竞争和行业的发展。再如中国国电集团公司与神华集团有限责任公司合并重组为国家能源投资集团有限责任公司,煤电行业巨无霸的产生对于推进煤电一体化、稳定煤炭市场、促进行业可持续发展和企业转型升级均具有重要的意义,并且神华企业实施了清洁能源发展战略,国电则拥有火电和水电、风电、光伏发电等清洁能源业务,两者的联合更加促进了清洁能源技术的发展和推广。

(三) 混合重组模式

混合重组模式指相互之间没有直接投入产出关系以及技术、经济联系企业之间进行的重组行为。不同行业之间业务整合的出现契合了现代企业多角化经营战略的需要,拓宽了企业业务范围,多元化经营能够分散企业的经营风险。如华润集团、中国保利集团是多元化重组的典型案例,实现了优质、优势国有资本功能的持续放大;产业结构的多元化有利于充分发挥各类资源的组合效应,某一生产领域过剩或者不需要的物料可能为别的领域所需,能够在另一行业发挥效用,提高了资源利用率进而提高盈利能力;并且此种方式对于本就有意向投入新领域尝试或者意图进行产业转型的国企来说,实为极佳路径。混合重组模式下,该企业能够借助另一企业在新行业已经较为娴熟且优质的技术经验、管理经验以及较为丰富的人才资源,并且还能在另一企业良好行业声誉的庇护下开掘一个全新的领域,减免了诸多进入新行业领域的成本和困难,是资源有效共享和利用的典型体现。

三、国有资本重组障碍及随附问题

如前所述,国有资本要根据市场保持其流动性、优化其存量结构,就有必要进行资本重组。虽然我国重组一直在进行、国企改革也在不断深化,经济效益得到了显著提高,国企竞争力有所增强,但国有资本重组与国有企业产权结构调整之间并未产生足够的预期成效,重组前、重组过程中乃至重组后均存在着一系列的随附问题,以至于国企重组产生的作用和意义远不及于前述所及,国有资本重组遭遇的障碍依然是需要国企改革中着力化解的挑战。

(一)产权不明晰

现代企业制度要求产权清晰,即产权主体应当具体明确特定化,某项资产的权利主体在利用资产之时,其责、权、利应当保持统一。唯有产权明晰之后方能实现资产的顺利流转,否则,允许任一产权模糊之企业在市场上交易都会造成极大的投资风险。资本重组内涵中本质地包含了产权的重组,所以要进行资本重组前提条件就是产权关系清晰、明确,在此基础上才能谈重组等活动。比如实践中有的煤矿名义上是集体企业,但实际上为个人所有;而有的煤矿明明是集体企业,其资产中却含有国有资产。[①] 此种产权主体不明确的情况下,重组方极易遭受经济损失或涉诉风险,大大降低企业重组积极性。另外,由于我国曾实行长期的计划经济体制,此种高度集权化的行政管理经济体制给我国国企造成特有的影响,即"企业长期处于产权关系不明",从而带来了政企不分、管理方面等一系列后遗症,以至于转变到社会主义市场经济体制后,国有资产监管机关依然习惯于对企业进行直接干预,最突出的表现即国资委对企业的管理,其权限包含了企业人事、社会责任等一系列本应属于企业内部问题。在此种对企业的方方面面进行直接干预之下,机关与企业之间的责、权、利就很难分清,当需要承担责任之时,就会出现相互推诿的情况,而出现利益时,又会出现相互争夺的情况。产权不明晰之下,对于国有企业的经营者来说,产权制度很难发挥对经营主体有效激励并以此自律的作用,故缺乏独立性与经营的激励性、自主性,国有企业的效率亦难以提升。[②]

---

① 参见马凯亮、代娜、盛家鸿:《浅析国有企业改革的法律风险治理——以山西阳煤集团为例》,载《经济与社会发展》,2016(03),62 页。

② 参见廖红伟、杨良平:《以管资本为主新型监管体制下的国有企业深化改革研究》,载《学习与探索》,2018(12),125 页。

（二）产权交易市场不完善

在市场经济条件下，资本重组亦需通过等价交换的方式进行，所以其客观上需要一个交换市场，虽然资本重组已经有较长的历史，但是产权交易活动并非一成不变，伴随着市场经济不断深化，产权交易活动亦趋于多元化，社会对产权交易市场的期待值亦越来越高，目前的产权交易市场已经不能满足产权重组与资本重组的需要。

首先，体现在产权交易中介作用不明显。由于产权交易形式及内容向宽度、深度方向发展，仅仅依靠产权交易的双方完成交易行为是十分困难的，通常需要有中介机构促成双方交易；与此同时，专业交易机构加入交易可降低交易成本和费用，节省交易时间，产权交易中介也在一定程度上影响交易质量。商事经济以效率第一为基本原则，①资本市场交易偏爱任何能够促进经济效率的事物，产权交易中介市场的发达程度逐渐成为影响重组的因素之一。中介机构发光发热的时间应从重组前一直延续到重组后，需要中介机构进行资产评估、参与咨询、开展策划和组织等活动，但产权交易中介作用在我国并不明显。一是因为我国已有的中介机构发挥作用有限。如资产评估机构和财务审计机构等中介机构数量少，分布不均，未持续深入企业重组中，再加上其对行政主管部门具有依赖性，从而导致其独立性、公正性受到质疑，组织机构内部管理不完善，人员专业素质难以满足产权交易需要，中介机构职能的发挥十分有限。比如资产评估机构作为重组中必不可少的资产评估环节实施者，然其公正性不足，评估队伍建设薄弱，评估方法科学性欠缺等，极易造成评估过程中的疏漏，降低国有资本的实际价值；又如现今的重组普遍将重心放在重组后企业产业结构布局、政策目标的实现，并未充分重视重组前对目标企业的尽职调查，财务审计机构、法律中介机构都未能给决策者提供及时有效的信息，极易造成重组失败。二是中介机构在我国鲜见，更遑论其应有作用的发挥。比如投资银行会运用各种方法从海内外筹措大量资金，进而注入到面临改组及开展并购方案的企业中，促进企业并购重组方案的顺利进行；又如风险投资公司能够为企业提供并购重组资金，日常经营管理、开拓市场、优化资产结构等。

其次，我国产权交易市场发展仍不完全，政府干预色彩强烈。产权交易的市场机制主要包括：价格形成机制、信息传导机制和交易保障机制等，由于国有资本重组受到政府干预，所以价格并非由市场交易双方自愿

---

① 参见赵万一：《商法学》（第五版），10页，北京，中国人民大学出版社，2017。

决定,所以导致此种产权交易与市场经济的基本原则背道而驰,有悖于市场经济原则,而且产权交易会影响就业率,可能带来大量职工失业,加大社会压力。

(三) 国有资产流失

1. 国有资产在破产中流失

国有资产流失主要指运用各种手段将国有产权、国有资产权益以及由此产生的国有收益转化成非国有产权、非国有资产权益和非国有收益,或者以国有资产毁损、消失的形式形成的流失。① 基于破产法的相关规定,破产企业对于破产后不能承担部分债务不用负担清偿责任,所以越来越多的企业在出现困难之后并不担心,反而企图用申请企业破产的方式逃避债务,致使国有资产在破产程序中大量流失,实践中大量企业管理人员在企业经营出现困难之时并非致力于挽救企业,而是开始转移资产,从而更加剧了企业的困难导致企业破产,导致国有资产在破产程序中流失十分严重。

2. 国有资产在股权转让、置换与改制中流失

首先,国有资产被低估或未进行评估就低价折股是导致是资产流失最常见的情况。一方面,在重组过程中特别是在股权转让或置换、股份制改造过程中,一些国有企业有意识地低估国有资产价值,例如仅评估有形资产,对那些极具价值的无形资产,如品牌、商誉等反而不予评估或者严重低估,从而使得该部分国有资产不能由国家获取;另一方面,在对有形资产进行评估时,其评估基础也是成本原值,而不是按照其现在的市场价值,所以国家对于一些有形资产的增值部分权益也未得到实现。其次,国有资产常常被内部职工、管理层等以重组的幌子低价侵占。例如管理层往往低价收购国有资产以谋私利,以致国有资产流失。另外,随着经济体制的改革,权力和责任仍然不对称,一些人将权力或者管理漏洞作为其隐匿、转移国有资产的手段,从而将国有资产转化为自身资产,实现非法占有。

3. 资本重组中国有资产流失的原因

首先,主体因素。一是重组观念错误导致国有资产价值被忽视。国有企业重组的主要内容包括股权结构调整和产权交易行为,尤其是国有股的减持和退让更是在众多企业重组中都难免有所涉及。在国有股重组退出的过程中,无论是企业经营层还是政府主管部门,对于国有资产保值增值

---

① 参见廖红伟:《资本重组与国有资产流失监管分析》,载《江汉论坛》,2009(9),36 页。

都不太注重,而是将注意力放在重组结果之上。这种对国有资产缺乏实质性意义的重组行为,必然导致一种情形,即国有资产的价值在形式上得到了维护实质上却在流失,此种重组观念最为直接的表现就是缺乏对国有资产市场价值的探究,而简单地以其成本价格为基础进行评估,以及评估对象流于有形,导致漏评无形资产。观念将会影响方向,重组之前,最重要的是应当建立正确的观念。二是政府在重组过程中的主导力导致了国有资产很容易被低估。国有资本重组过程中往往会受到政府的干预、主导,为了减少亏损企业,追求短期经济利益,只顾眼前自身政绩,地方政府对被并购企业的实际价值并不十分关注,特别是在出现了亏损企业或者追求短期经济利益之时,收购企业能否承担这一问题比被收购企业的真实价值更受关注。当收购企业承受不了或者承受能力出现一些困难时,地方政府甚至指示评估机构低估企业的价值或者对一些企业资产不进行评估,从而促成并购。最后,MBO 改制中存在道德风险。"管理层收购",亦称 MBO (Management Buy-out),是指公司管理阶层或部分经理人联合外部相关实体,通过"资金杠杆",购买公司或者公司的一部分,其身份亦将从公司的高管变成所有者,这种模式有利于降低企业管理者的成本,实现管理者创业的愿望,激发企业的活力,理论上是值得借鉴的国有企业改革路径。但是,此项路径应当有明确的所有者、严密的监督与之相辅,才能尽其之利,而我国现状是国有资产所有者处于缺位状态,国有产权的转让行为不仅缺乏规范性,监管制度亦处于短缺状态,在 MBO 进程中,国企的高级管理人员等控制人员,依靠其经营企业占据的信息优势,自己编改制方案,故意对资产价值进行低估,自买自卖国有资产,等等,导致国有资产被低估,部分价值流入其手中,从而导致国有资产被严重侵吞。

其次,体制因素。产权主体缺位是导致国有资产流失的根源,目前尚没有建立起有效的国有资产约束及监管、运转机制。虽然我们进行了国有管理体制改革,但是产权主体仍处于缺位状态,国有资产监管机构虽已建立并已运作,但是国有企业原管理机关尚未及时转变角色,为了利益,它们仍然不放弃管理国有企业资产运营,即使名义上退出了,实际上其仍然在根据旧的管理体制对国有企业进行管理,这些旧体制遗留问题使得国资委无法充分发挥其作为资产所有者所应发挥的作用,在监管上有心而无力;在监管机制方面,内部治理结构缺陷导致了"内部人控制"现状,监督机关客观上对国有资产监督不可能有效,从而导致国有资产流失。

最后,方法因素。国有资本重组的核心问题是对国有资本的存量结构进行调整从而导致利益需要协调的问题。① 国有资本重组本质上属于一种市场交易，所以必须确定其交易价格，但企业及其股权均非商品，从而只能通过评估机构的评估确定其交易价格。成本法、收益法和市场法三种均是实践中用到的方法，相较之下，基于资产的预期收益能力的收益法和市场法可以更好地反映企业价值的本质，成本法往往会漏评无形资产，而仅仅只是机械地对企业的实物要素价值进行累加，② 与企业的实质价值不符，由于品牌等无形资产往往不在成本法评估范围内，从而极易漏评商誉等无形资产，导致企业的真实价值被低估。所以，成本法已经与无形资产具有巨大价值的社会市场格格不入，但我国目前实践中仍主要采用成本法对企业的转让价值进行评估，其主要原因即是我国市场体系发展仍不完善，特别是资本市场的发展还有很长的路要走，难以预测变量对应的参数值，但是要依据收益法或市场法进行评估又必须准确预测变量所对应的参数值，所以我国经济发展现状与良好的评估机制之间就有了矛盾，实践中，少数企业试图基于收益法或市场法进行评估，但其得出的企业价值评估经常受到质疑，这反而又导致交易成本提高或者交易失败。成本法估算尽管不能反映企业真实价值，但是在市场体制不完善的情况下其能满足交易需要。虽然有关规定要求，对上市公司除需要运用成本法进行评估，还需要用收益法进行核实，但此法对参数值预测要求高、对评估人员水平要求高等原因，实际上使这一规定不能得到真正的适用。从主观角度来看，成本法也是交易各方更倾向的选择，这在 MBO 的过程中尤为突出，因为若采用此种方式，那么企业管理者压低企业净资产就会变得非常容易，企业管理层即可以由此变相地获利。

（四）职工安置未妥善

国企改制重组必然涉及职工的利益调整，③职工权益保障是重组中的重头戏。国有企业的资本重组目标是资本增值，为提高企业资产配置效率而调换职工的现象在实践中经常发生，而在这个过程中通常需要减少企业职工总数，职工得面临下岗失业风险，再加上现实中可能发生国企高管利用行政职权强制迫害职工利益的情形，因此企业职工安置问题是企业资本重组过程中必须面对的棘手问题。我国劳动力市场现仍不成熟，就业机会

---

① 参见刘玉平、牛晓燕：《国有资本重组中的企业价值评估研究》，载《经济与管理》，2011(11)，34 页。
② 参见廖红伟：《资本重组与国有资产流失监管分析》，载《江汉论坛》，2009(9)，36 页。
③ 参见杨志才：《国有企业改制重组中的法律工作研究》，载《改革与开放》，2015(18)，52 页。

相对较少,特别是目前就业环境相对较差,很多职工一旦被裁减下来就很难再找到满意的工作,且群体性裁员是影响社会稳定的一大风险。还有一些管理层企图从职工安置补偿方案中捞取利益,算计职工经济补偿的情况,极易引发群体性的劳资矛盾;①另外我国的社保制度仍有缺陷,不能为被裁员工提供良好的失业保障,所以职工失业问题不仅会阻碍国有企业的资本重组,还将不利于整个社会的长远的发展,这对于共同富裕的目标实现也是一大挑战。如前所述,充分发挥社会保障功能乃国企与生俱来的任务之一,所以国有资本重组要取得良好的效果必须解决好职工失业保障及再就业问题。

(五) 重组财务风险

重组中的财务问题涉及重组对象的评估、重组价格确定、资金筹措及支付与成本控制等,②重组之前、重组过程中以及重组后的企业整合阶段都应当充分重视企业财务管理,这是一个连环延续的过程,任一环节出现问题均极易引发重组后国企的财务风险。首先,在重组之前,应当对重组目标企业的财务状况进行深度调研,充分了解其资产、负债、财务管理等情况,不能为了完成重组的政策目标而随意选择重组对象。在合格资产评估机构的作用下,对该企业资产价值进行科学合理的评估,如果未经过科学真实有效的资产评估,或者管理层出现为己利益对外勾结等现象未禁止调研重组前期工作,目标企业存在高溢价估值或者故意隐瞒负债的事实,后期重组企业就会出现财务负担过重、实际效益与预期利润差距巨大的问题,最终引发重组后国企的财务风险。其次,在重组过程中的融资阶段,实施重组决定的企业往往需要庞大资金量用以支付重组对价,而鲜有国企保有充足的闲置资金,故经常需要采取融资方式支付重组费用,可以采取内部融资和外部融资两种方式。内部融资即从国企内部获取资金,但资金量消耗巨大,会给企业内部带来很大的财务负担,不利于国企内部生产经营的正常运转,也会减少国企应对外界突发状况的危机处置能力,除非国企有大笔闲置资金或者资产具备足够变现能力外,此种非极佳方式。③而外部融资也会给企业带来过重的债务负担,易形成不合理的资本结构,一旦出现问题就有可能造成企业的资金链断裂,引发财务风险。最后,完成重

---

① 参见刘现伟、李红娟、石颖:《优化国有资本布局的思路与策略》,载《改革》,2020(6),80页。
② 参见张圆:《国有企业整合重组政策及法律问题研究》,载《职业》,2015(04),32页。
③ 参见潘思恩:《基于国有企业视角的资产重组与重组绩效研究》,载《商业会计》,2020(10),40页。

组后的企业整合阶段依然不容忽视,财务整合是其中的重要环节。财务目标影响企业经营者的决策,若是不能实现财务目标的统一,将会大大造成决策的迟延,甚至出现同业竞争的情形,时间成本增大再加上不必要资源的浪费,国企利润自然降低;且被重组方对于陌生财务管理体系具有天然的抵触。[①]若不能对原有的财务管理体系根据重组后企业的特征进行重新制定,则会出现职能部门工作重合、机构设置臃肿、资金管理不充分、部分财务数据被反复核算、有的数据却"无人问津"等问题,进而影响企业资产结构和经营秩序,陷入财务危机。比如在松下收购美国 MCA 公司的案例中,MCA 高管层意图凭借松下的财务开拓市场,而原松下管理层则主张保守战略,两企业的财务目标迟迟不能达成一致,MCA 经营效益在双方反方向的拉扯中逐渐衰弱,最终松下贱卖 MCA 公司给力西格拉姆公司,此番重组彻底宣告失败。

(六)整而不合

未重视重组后深层次的企业整合成了重组失败或者重组后企业效率未提升的重要原因,此为形式上进行了重组整合,而实质上"整而不合"的状态,难以达到"1+1>2"的效果,相反可能还会造成"1+1<1"。各企业之间并没有很融洽地结合在一起,如同骨髓移植中要求配型,若是不能与其他身体器官很好地协调运作,那么反而会拖延阻碍整体身体机能的发挥更甚者拖垮整体。管理体制整合是深层次整合的一部分,如 2016 年中国化工收购瑞士农业化学巨头先正达公司重组案例,重组前中国化工采用传统自上而下科层制的决策管理模式,而先正达却是以市场为导向的决策管理机制,且二者在知识产权、环保理念、产品质量、营销服务等方面存在明显差别,若不能进行有效整合将大大阻碍协同效应的发挥。另外,文化整合也是不容忽视的一步,企业文化是企业的根本气质与行为规范,是企业内部的基础性力量,[②]企业文化制约着企业制度的形成,指引着员工价值观的构建,深刻影响着职工的工作方式和行为态度。优秀先进的企业文化激发员工对企业的忠诚度、信念感,提升企业的凝聚力和亲和力,[③]不同的

---

① 参见罗云花:《国企并购重组后的风险识别与财务整合分析》,载《中国产经》,2021(12),60 页。
② 参见王保国:《对国有企业并购重组后文化融合的认识与思考》,载《中国产经》,2021(10),63 页。
③ 参见任钊、王静:《中央企业重组整合的动因及实证分析》,载《铁路采购与物流》,2020(15),47 页。

企业都应当发扬自身独特的企业文化,比如华为企业的文化内核"以客户为中心,以奋斗者为本",极具风度的雅士之礼维系着愈发庞大的客户群体,上至企业领导者、下至公司员工的奋斗精神推动着企业走出国门、走向世界。而若是不能进行有效的文化整合,重组双方员工无法对彼此的企业文化产生认同感,也就无法对重组后的企业产生归属感,企业文化不能发挥正向的激励作用,甚至有可能因为文化的差异造成企业内部的冲突,最终导致重组的失败。比如索尼并购哥伦比亚影视公司的案例,日本企业文化倡导领导层级性,下级部门对于高层领导的决策以绝对地服从和执行为主流,而欧美企业文化崇尚个人主义,推崇员工和管理层的各自平等且独立,两企业并购后产生的文化冲突不可避免对企业的发展造成了负面影响,因此企业间文化的深层次整合也成了并购后亟须解决的问题。

四、国有资本重组的法律制度完善

(一)严格界定重组中政府与国企的法律定位

严格界定政府行为和企业行为才能真正地保障国有产权的独立性,大大破解了目前国企产权界限不清的难题。市场经济应将产权作为进行相应的活动的基础,但是如果产权界定明确,政府依然过多干预企业,那么产权界定就没有多大意义。因此,在产权界定后,企业和政府各自的角色定位、职能定位必须明确。[①] 根据市场经济学原理,市场在资源配置中起决定性和基础性的作用,政府只起到边缘性的作用,只在市场失灵时方呼唤政府干预,一旦干预机制实施到位,市场恢复正常合理的秩序之后,政府干预立马退出市场、继续归隐。国企虽然因含有国有资本而具有某些功能上的特殊性,但是其本质仍然是参与到市场经济活动中的平等市场主体,市场发挥的决定性作用不应该也不会在国企中存有例外,政府不能利用行政强权对国企经济活动进行指令,关于国企和政府的法律定位应当足够清晰,这是重组工作顺应资本市场的首要前提。

第一,明确国有企业本身才是资本重组的主要主体。不论政策目标对于重组有多么迫切,政府也不能直接凭借行政强权要求某两国企之间强制重组。对国企而言,重组前对重组对象进行的全面考察、选择哪一企业作为重组对象、重组中对于资源调配的决定、经营方式的规划等都由国企本身根据市场经济形势、专业的管理人才等全权把关,政府切忌更加干涉;

---

① 参见刘玉平:《国有资产管理与评估》,157 页,北京,经济科学出版社,2004。

对政府来讲,建立合理的国有资本管理体系,通过代理人来实现对国有企业及国有经济的控制即可。因此,在市场经济体制下,政府应该明确所有权人与所有权代理人的定位,对国有企业的控制主要应当通过采用缩减所有权代理层次及加强对代理者的激励、约束机制等间接方式实现,而不是直接对国有企业进行干预。尤其是国资委作为传统上国有资产的出资人,对企业的经营管理以及日常生产运营活动均缺乏相关经验,更没有经济学的专业素质,所以企业的日常生产经营活动应当由国有企业完成,政府机构不应当对其进行过多的干预,二者之间应当严守其责、权、利界限。

第二,肯定政府作为辅助主体的法律地位。政府作为国有资本所有者的代表,同时又是国家政策发言人、社会冲突解决者,其在国企重组中能够充分发挥对重组工作的指引、促进作用。一是作为一个宏观调控者,合理运用财税政策、产业政策、货币政策和区域发展政策等宏观调控手段,引导国民经济的协调健康发展。如制定有关货币金融政策为国企重组提供融资渠道,对符合国家战略发展需要、优势产业及战略性新兴产业基于倾斜照顾,简化其重组流程、降低重组费用。二是作为一个重组服务者,打破地方交易壁垒,破除地方保护主义,为不同区域之间的重组牵线搭桥,提供必要的国际外交服务,促进跨境重组工作的开展。除此之外,在中介机构不完善的现状下,政府可以提供某些中介机构的服务职能,比如提供重组所需的信息资源,缩减交易成本。三是作为一个重组监督者,国企管理层和国企本身可能存在着利益的不一致,类似于普通公司中的"代理风险",因此需要掌握国企管理层任免权的政府实施强有力的监督以避免此种风险的发生。具体来说,监督重组管理、资产评估、财务审计等是否符合相关制度的规定,打击欺诈性重组、强取豪夺性重组,维护公平竞争的市场秩序;重点监督跨境重组,严厉制止垄断性重组、为引入不合伦理性技术重组等威胁国家经济安全的情形;加强对国有资本产权变化是否合规以及重组后企业运营状况的监督,督促重组后及时进行深层次专业化整合,适当地提供整合建议。

(二)健全产权保护体系

重组过程中健全产权保护体系是激发国企重组活力、提升竞争力的重要保障。首先,应当从法律层面进行产权界定以明晰国企产权。产权是一种法权,产权改革过程中没有法律手段的规范是不会有实际效果的,[①]唯

---

① 参见于树青:《中国产权制度创新的法律环境与走向》,载《宏观经济研究》,2012(6),23 页。

有产权明确后,才能将主体的外在行为内在化,此时产权主体能够充分意识到自己行为产生的不利后果将由自己承担,形成对产权主体的内在约束力,保证产权主体自觉接受产权规则的制约和外部监督,并能以此自律。产权界定是指国家对财产所有权和经营权、使用权等依法进行划分,明晰各产权主体权利的范围及管理权限的行为。我国在产权界定方面已经有一系列的规定,但是这种规定在实践中常被当作基础性、日常性工作,而未达到法律的高度,即目前的产权界定在法律层面上没有较强的效力,要使产权界定具有法律层面的效力,各地应当认真对待产权界定工作,只要确定了产权界定的定义,未来在进行并购等重组时就要以此为依据。

其次,应当完善产权交易中介机构,使中介组织能够在重组中充分发挥作用。在立法层面有必要完善中介机构的相关法律法规,从而用以规范中介机构的行为,并形成一套体系,为产权交易提供中介服务。一方面,通过法律规定指引中介机构的设置,引入域外新型中介机构,重视中介机构对推进重组进展的有益作用并积极挖掘新的中介服务功能。比如在德国法上,中介机构还负责从具有重组意向投标企业中筛选出符合资质的企业,向托管局等政府部门提供筛选名单,由政府从该名单中决定最终中标者,由此中介机构在政府和重组企业之间搭建桥梁,起到上传下达的缓冲作用。另一方面,对现存中介机构进行调整,将不宜作为中介的组织整改为他类产权经营机构,对整改后依然不能达到要求的中介,可以取消其产权交易资格。此外,应健全监管制度,使产权交易活动做到真正的公平公开。目前国有资产监督管理委员会是国有资产管理的主力军,但是应当将其监管与国有企业之间的经营管理区分开来,监管的手不能伸到日常经营之中,因此应当是由国有资本投资、运营公司对多层次、复杂的国有企业产权转让行为实施统一经营管理,并规范产权转让过程中的产权交易主体、交易程序、产权转让收入的处置问题,而国有资产监管机构的主要定位应当是出资人。

(三)完善防止国有资产流失的法律规制

1. 建立新型监管体制

出资人到位是国有资产管理体制改革的首要环节,因此,建立出资人到位的权利和监管体系显得十分重要。一方面,可以在国有资产经营和监管环节上模拟私有产权的利益机制,让经营者获得一部分剩余利润请求权,从而将经营者利益与国有资产运营相结合,提高国有资产的运营效率。

另一方面,要健全国有资产监管体系,以高标准的财会制度强化国资委对其授权经营机构的监督,国资委可以要求国有资产经营机构定期或不定期向其报告有关企业、个人财产的详细情况,而且在报告后须经公共会计审核。公共会计和审计部门独立于政府和企业,对所有审计账目负法律责任。[①] 同时,通过实施工作评估、绩效考核制度强化所有者对派往企业的所有者代表的监督,且所有者代表应强化其对经理层的监管,从而使经营管理者能对国有资产保值增值负责。此外,建立出资人到位的责任体系也十分重要,国资委作为出资人,国有资产的投资收益权、监督权由其享有,与此同时,其亦应当负担相应行为所带来的义务和责任,该种义务、责任应当在法律中予以明确。

2. 规范交易行为

主观上应当重塑重组理念。由于重组主要由政府主导,所以在国有资产的重组过程中,政府部门应当彻底转变以退出国有股来提高企业效益、减少财政补贴的想法,而应当积极参与国有资产的经营管理。一方面,企业价值评估应给予高度重视。国有经济发展最重要的是提高存量资产的利用效率,重组将是在市场交易中提高资产利用效率的主流手段,而重组又必然涉及对企业进行价值评估这一问题,所以在重组市场发展过程中,无疑更应当重视企业价值评估;企业管理者也不能忽略对目标企业的关注,并在交涉过程中以企业价值为基础进行管理;评估机构方面,不仅应当注重当前单项资产价值,更要以整体的观念以未来的眼光对企业的获利能力进行评估,就评估方法选择而言,未来收益法更加贴合企业的真实价值,所以我国应当将未来收益法作为主要的评估方法,并通过立法等方式规范资本市场,为未来收益法创造实践环境。另一方面,应当探索国有资产管理经营的新思路。股权多元化,不一定是转让股权,也可以通过增资扩股方式吸收民营资本进入,同时带动民间资本投入到社会再生产活动中来,国有资产也可以向民营企业投资以盘活国有资本,实现国有资产的保值增值。

3. 完善资产评估机制

重点解决资产评估定价方法和无形资产的评估问题。首先,应当对评估方法进行彻底改变,实践中可以使用收益法中的折现现金流量法作为企

---

① 参见邵学峰、孟繁颖:《国有资产流失与所有者主体缺位》,载《经济与管理研究》,2007(4),49页。

业价值评估的基本方法,并用市场价值法和类似公司法作为补充参考,①以此增强对所有企业价值作出客观评价的概率,以上方法的选择与确定应以制度规则作为保证。其次,在评估过程中,应当注重无形资产的评估,由于我国主要采取成本法进行评估,所以在评估过程中很容易就遗漏了无形资产,因为像商誉、品牌等无形资产都是在经营的无形之中形成,虽然实际上其包含了很高的企业价值,但是如果要从成本来看,它不像实物资产那样,是从他人手中通过交换的方式获得,所以大部分没有最直接的成本。但是在实践中,无形资产又是具有大量价值的,能够给企业带来超额的利润,所以在评估的过程中应当重视对无形资产的评估。此外,审计、评估机构的专业性和中立性也是影响资产评估的主要因素,应当建立审计、评估机构名录,实行动态淘汰考核机制,连续两年不达标的机构应当退出该名录,确保审计、评估机构资质符合要求,地位不偏不倚。为确保审计报告、评估报告的中肯真实,还可以探索建立专家复审制度,由专家对于评估数据选择、评估参照及评估方法等进行评价,②将评价结果和动态淘汰考核机制联系起来,形成淘汰指标。

(四)强化职工权益的法律保障

职工安置是国企重组中的重要问题,如果职工安置不妥善极易造成群体性的劳资矛盾,成为危害社会稳定的重大隐患,因此职工安置应当予以高度重视。首先,建立职工公示制度。在重组之前,应当就相关的重组改制计划等向双方员工进行披露,征求意见,尽可能在正式重组之前摸清员工对于重组的态度,以便能够及时调整计划获得员工的认同,为后期深层次整合降低难度;员工作为企业生产经营的亲力亲为者,某些情况下会比企业高层更了解企业真实状况,重组中管理层做出的企业财务制度、管理制度等决策也应当向员工进行公示,使员工参与进重组中来,让员工获得被尊重感的同时积极献言献策。其次,对于存在被淘汰风险的员工,应当综合其以往工作效益、工作年限考虑调岗或者进行职业培训,调岗或者培训后仍然不能胜任本工作的,方予辞退。但此时对员工的辞退应当严格依据劳动法的相关规定给予劳动者经济补偿,裁掉人员名单和应支付给员工的补偿金应当接受职工代表大会的监督。

除了对员工辞退的慎重外,还应当完善职工失业救助体系,这是维护

---

① 参见廖红伟:《资本重组与国有资产流失监管分析》,载《江汉论坛》,2009(9),39页。
② 参见肖若石:《混改、重组中国有资产合规问题研究》,载《财经界》,2021(28),20页。

和谐稳定社会、实现国家共同富裕目标的应有担当。一方面,建议创建创业基金。帮助淘汰职工再就业才是其根本出路,但是创造就业的岗位必须投入大量资金,通过企业和职工共同创建创业基金是可行的方式,具体操作方法是从利润中按比例提留部分资金,职工自愿入股,建立区域性的创业基金组织,进行职工培训、提供开业贷款等活动以促进职工再就业。另一方面,建立就业保险法律制度。我国现行失业保险制度不能保证被保险职工的基本生活,也不能适应促进就业的制度目标,因此可以进行适当调整:一是可以从立法上为失业职工设置部分权利,如获得免费的就业服务、一次职业培训的权利;二是政府可以成立就业服务机构,提供免费就业信息、咨询、指导等服务,可以将失业保险机构与就业服务机构合并,将就业咨询、失业审核登记、安排职业培训、发放失业金等职能实行整合,以达到减政便民的目的。① 同时还可以将我国现有失业保险完善成为就业保险,构建以促进就业为中心的就业保险模式,通过创业基金和就业保险制度的构建完善我国对于职工的失业救助体系,才是对以人为本的生动诠释。

(五)健全财务合规制度

企业的财务问题是专业性问题,非专业经济学人才所不能完成,为充分应对重组前后企业易出现的财务风险,国企可以成立临时性专业财务管理团队,指导重组企业财务运行的合规化。此团队应当由重组双方各派相关专业财务人员组成,该财务人员应当对各自企业财务状况等较为熟悉,且还应当聘请中立的会计师事务所和律师事务所的审计人员以及法律人员加入此团队,以监督整个重组财务决策是否科学且合规。重组之前,该团队应当对重组对象的财务信息、资产信息进行清理总结,并基于此做好重组后企业财务结构的预期规划,②着力控制重组成本;重组过程中做好产权的移转、资产处置工作,清理资金账户,统筹规划资金,精准掌握重组过程中的资金流向,避免国有资产流失;重组后的整合阶段,结合重组双方原本经营状况、财务结构等制定统一的财务管理目标,整合财务机构,增强企业向心力。③

---

① 参见黎大有、张荣芳:《从失业保险到就业保险——中国失业保险制度改革的新路径》,载《中南民族大学学报(人文社会科学版)》,2015(2),112页。
② 参见朱莉:《国有企业改制重组路径及成本分析》,载《企业改革与管理》,2021(11),163页。
③ 参见罗云花:《国企并购重组后的风险识别与财务整合分析》,载《中国产经》,2021(12),61页。

(六)完善重组税收优惠制度

关于企业重组的有关税收现行规定比较零散且不完备,有必要进行完善整合、统一规范。首先,对于重组中发生的企业所得税适用财政部、国家税务总局出台的部门规范性文件,①该文件将企业重组的税务处理分为一般性和特殊性,满足一定条件下方可适用特殊性税务处理享受递延纳税的待遇,但此条件略微苛刻,不能达到通过税收优惠政策以支持企业重组的初衷。"股权收购的情况下,要求收购企业购买的股权不低于被收购企业全部股权的50%,且收购企业在该股权收购发生时的股权支付金额不低于其交易支付总额的85%。"②2014年财税〔2014〕109号文件将"收购企业购买的股权不低于被收购企业全部股权的75%"的比例下调到了50%,但仍显严格。这未考虑到现实中大量存在分多次进行股权收购且总计比例也达到50%的情况,且股权支付要求在一次收购中达到85%的比例过高,实际操作过程中,除了股权支付和现金银行存款外,还有以有价证券、存货、固定资产以及承担债务等多种形式。③ 类似地,该文件第六条第三项关于"资产收购"的比例限制也存在同样问题。因为在重组税收优惠制度完善过程中可以充分考虑实际将85%比例下调,且将三次以内的多次连续收购纳入特殊税务处理序列,防止未能有效发挥法律制定的初衷。

其次,员工持股计划也是重组中一个比较重要的环节,员工持有所在公司股票和期权期间可以根据公司业绩得到长期绩效奖励计划,④主要是为了调动员工积极性,促进员工与重组后"新企业"的融合,使得员工与企业经营利益形成利益共同体的状态,也是促进重组企业深层次整合的重要手段。但目前仅就重组中企业所得税进行了部门层级的单独规定,员工持股没有单独规定,只能参考适用《中华人民共和国个人所得税法》:员工获得认股权证、股票期权时,按照"工资、薪金所得"纳税,持股期间资产增值,按照"利息、股息和分红所得"纳税。我国对于员工持股的税收制度未成体系,由此导致优惠力度大大欠缺,体现出法律未足够重视员工持股的激励作用,再加上实践中股权分配不公平、员工持股仅集中在少数管理层手中

---

① 指财政部、国家税务总局出台的财税〔2009〕59号、14年财税〔2014〕109号文件对其中部分条文进行了修改。
② 财税〔2009〕59号第六条第二项,财税〔2014〕109号将"75%"调整为"50%"。
③ 参见崔志坤、刘冰:《国有企业混合所有制改革税收政策的完善》,载《税务研究》,2018(5),23页。
④ 参见李娜:《国有企业混合所有制改革中的税收问题》,载《现代经济信息》,2017(6),197页。

的情况,由此带来重组中的员工持股计划不能产生足够的吸引力,为企业思考重组后的深层次整合关闭了一条便利通道。建议完善重组中员工持股的税收处理规定,将其与前述重组中企业所得税税收处理整合在一起,也方便重组企业的法律适用。员工持股同样应当存在满足一定条件之时适用特殊处理规则、享受递延纳税等特殊待遇的情形;同时还要注重员工持股分配的公正性、平等性,所谓不患寡而患不均,①建议增加员工持股最高数额规定,以此来协调员工之间的利益均衡;另外还可以借鉴美国相关处理,对实行员工持股计划的企业在获取银行贷款时给予税收优惠等。②

(七)深化国企总法律顾问制度建设

2004年《国有企业法律顾问管理办法》首次提出在国企中设置总法律顾问,但是在2008年的《国有资产管理法》却选择性对该制度进行了忽视。国企总法律顾问作为把控国企资产运营、重组等一系列过程中的法律风险首要风控官,对于促进国企合规化运作、保障国有资产合法化运转具有重要意义,但是因为关于其的现行规定效力层级不高、规范内容不完备等问题,导致总法律顾问制度并未在我国国企中发挥预期的重要作用,大多数国企不存在长期的法律风险治理机制,法律部门在国企中缺乏足够的话语权,埋下诸多安全经营风险和经济隐患。③ 因此,有必要将国企总法律顾问制度予以深化。

首先,注重提高规定的效力等级。可以考虑将国企总法律顾问的提法融进《企业国有资产法》之中,从法律层面彰显该制度的存在权威性,再经过国务院出台专门行政法规将该制度的具体建设进行深化,甚至可以通过法律将国企总法律顾问的法律地位进行明确,使得国企领导能够对该制度起到足够的重视,进而遵循行政法规的细化规定对该制度建设进行具体操作。在这个意义上说,领导对于该制度的看重意识非常重要,若是未能让领导充分认识到该制度的重要性,很有可能就是多一事不如少一事的敷衍态度,故提高制度来源的效力等级是增加领导重视的途径之一。此外,还可以通过加大国企的违法违规操作成本来反面催促领导对国企总法律顾问的建设,当然也不能漫无边际地增加成本,否则

---

① 参见孔子:《论语·季氏》第十六篇《季氏将伐颛臾》。
② 参见崔志坤、刘冰:《国有企业混合所有制改革税收政策的完善》,载《税务研究》,2018(5),25页。
③ 参见马凯亮、代娜、盛家鸿:《浅析国有企业改革的法律风险治理——以山西阳煤集团为例》,载《经济与社会发展》,2016(14),64页。

更不利于国企协调发展。

其次,应当进一步深化国企总法律顾问的具体规定,充分落实总法律顾问的职责。所谓职责,即职能与责任。一是要明确总法律顾问在国企重组中的职能。不同于普通法律顾问仅参与文件审核、作为事后"救火队员"的职能,总法律顾问应当参与国企重组的全过程,从根本上介入重组前的论证调查,到重组中的谈判决策及合同制定,再到重组后的财务整合、制度整合、人员整合等制度制定,充分发挥法律的风险预先防范功能。具体而言,总法律顾问应当帮助国企运营强化合规意识,参与重组方案的设计、全程参与各类会议,与财务审计、相关中介等保持密切联系,严格进行项目审查,若是在已经充分论证重组方案存在重大纰漏、必然造成严重损害的情况下,还可以赋予总法律顾问对该方案的一票否决权,特别是在跨境重组中,还应当注重不同法域的协调,在可能威胁国家安全、经济安全的情况下,向领导提出建议或者允许其将危险直接上报至更高层。二是落实总法律顾问的责任。总法律顾问职能如此广泛,有权必有责的权责一致观是对其必然的要求,其应当树立严格的自律意识、廉洁意识,一旦行为越界,除了依照现行法律对其进行金钱、自由等惩罚,还包括对相关的职业限制惩治措施,加大违法成本以产生足够的威慑作用。

最后,深化国企总法律顾问制度建设还有赖于注重法律之间的协调作用。一个完善的法治体系是由独立存在又彼此联系、彼此调和的法律法规组成的,其他法律对于总法律顾问制度的回应也是深化建设的重要一步,比如在公司法中提及该项职务在公司组织中的地位,在刑法中增设总法律顾问违法行为导致的刑事责任,在国企重组的有关法规规章中强调其对重组过程的根本性参与等。并且还应当将此制度纳入国企章程,章程作为企业运行的纲领性文件,有必要彰显对该制度的支持,普通员工一般不会为了工作去熟读有关国企的所有法律法规,但对于经过公司内部公示的章程却有基本了解,这样也便于总法律顾问有关职务活动的开展。

第三节 国有资本的并购与反并购

观察世界上各个国家资本市场的发展历史,不难发现,企业并购这一方式一直以来都受到投资者们的青睐。美国著名的经济学家施蒂格勒曾论述道,美国的大公司均是通过兼并的方式发展起来的,而非内部扩张企业通过兼并竞争对手从而成为巨型企业,是现代经济史的一个显著特征。① 并购与反并购一直是资本市场的两种针锋相对又相互依存的经济手段。并购固然有改善公司治理、督促管理层、提高目标公司经营效率、加大市场流通之优势,但面对恶意并购,国有资本也必须采取一系列的反并购措施以抵御恶意并购者。

一、国有企业并购的概述

在世界经济一体化潮流的推动之下,企业之间的竞争也愈演愈烈,许多企业为了提高自身的竞争优势,增强规模效应,多采用并购这一扩大规模的方式。我国国有企业也开始不断通过并购的方式提高自身规模以及竞争力,很多地区或者行业的龙头企业也多有国有资本的身影。在国有企业混合制改革的背景下,国有资本也成了国内并购浪潮中的重要角色。

(一)国有资本并购的相关概念

在国有资本并购的语境中,兼并、合并、并购以及收购几组概念常常会被混用。因此有必要厘清上述几组概念的定义,一方面可以避免讨论中出现歧义,另一方面也可以进一步理解国有资本并购的内在线索。

1. 合并

合并属于法律概念,在我国《公司法》第九章"公司合并、分立、增资、减资"中,其中第172条到174条专门规定了公司合并的类型、程序以及效果。公司合并是指两个或者两个以上的公司由不同的法律主体变更成同一法律主体的法律行为。公司合并包括吸收合并与新设合并两种形式。吸收合并是指两个或两个以上的公司在合并时,由一家公司保持法律主体人格不变,其他公司并入该公司并灭失自身法律人格的行为。法律人格保持不变的公司为吸收合并中的吸收公司,法律人格灭失的公司为被吸收公司。新设合并是指两个或两个以上的公司在合并时,设立一家新的公司并通过灭失自身法律人格的方式并入新设立的公司。根据《公司法》对公司合并的界定,公司合并有如下特点:第一,公司合并的法律效果必然包括至少一家公司法律人格的灭失。第二,公司合并的法律效果包括最终只存在一个法律人格。第三,公司合并的法律效果包括合并后存续或新设的公司继承所有参与合并公司的债权、债务。

---

① 参见[美]G·J·施蒂格勒:《产业组织和政府管制》,潘振民译,3页,上海,上海三联书店,1992。

2. 兼并

兼并一词尽管在相关规范性文件中出现过,但该词并不是严格意义上的法律概念。根据1989年《关于企业兼并的暂行办法》第1条,[①]企业兼并是指一个企业购买其他企业的产权,使其他企业失去法人资格或改变法人实体的一种行为。根据1996年《企业兼并有关财务问题的暂行规定》第2条,[②]企业兼并是指一个企业通过购买等有偿方式取得其他企业的产权,使其失去法人资格或虽然保留法人资格但变更投资主体的一种行为。在《关于企业兼并的暂行办法》中,兼并的形式包括承担债务式、购买式、吸收股份式以及控股式。承担债务式是指,兼并方通过承担被兼并方债务的方式,承接被兼并方的资产,并最终实现两个企业的合并。购买式是指,兼并方购买被兼并方企业的资产,从而实现兼并方在资产上对被兼并方的吸收。吸收股份式是指,兼并方通过增资扩股的方式,吸纳被兼并方的资产,而被兼并方的股东成为兼并方股东,从而实现两个企业的合并。控股式是指,兼并方通过成为被兼并方控股股东的方式,实现对兼并方的实际控制权。从《关于企业兼并的暂行办法》规定的几种兼并方式来看,既可以是兼并方与被兼并方合并,也可以是兼并方购买被兼并方资产,还可以是兼并方/被兼并方的投资主体发生变更。而《企业兼并有关财务问题的暂行规定》中兼并仅指兼并方与被兼并方合并以及被兼并方投资主体改变两种兼并方式。这也从侧面反映出兼并一词在法律上并无确定的概念,也不是特定的一种法律行为。但根据上述规范性文件对兼并的说明,仍然能够归纳出公司兼并的特征。其主要表现为:第一,兼并既包括法律上的合并行为,也包括不影响兼并各方法人人格的控制权移转行为。第二,从控制权移转角度来看,兼并既包括股权层面的变更也包括债权债务层面的变更。总之,兼并并非严格的法律概念,而是一种概括性表达一家公司吞并或控制其他公司的概念。

3. 收购

收购的汉语释义为从持有者手中购进。从现有的法律、法规来看,收购的客体既包括物资,也包括股权。当收购的客体是物资时,收购者的主观意愿仅仅为购买物资。例如《粮食收购条例》《中央人民政府政务院关于实行棉花计划收购的命令》等规范性文件中提到"收购"时,仅仅

[①] 国家体改委、国家计委、财政部、国家国有资产管理局发布的《关于企业兼并的暂行办法》已于2018年2月6日被国家发展改革委废止。

[②] 财政部发布的《企业兼并有关财务问题的暂行规定》已于2008年1月31日被财政部废止。

指的是物资购买行为。然而在《公司法》《证券法》中,收购并不包括购买物资的行为,而仅仅指购进股权的行为。在企业并购语境下的收购即指,收购人旨在取得目标公司控制权而大量购进目标公司股权的行为。作此区别主要是将公司收购其他公司资产的行为排除在外,因为并购语境下的收购仅仅指股权的收购。由此,收购的特点包括:第一,收购的客体仅为目标公司股权。第二,收购是以取得控制权为目的的股权购买行为。

4. 并购

并购一词来源于英文的"Merger and Acquisition"。由于合并、兼并以及收购存在混用的情况,因此并购一词在学界也有不同的解释,有观点认为并购是指兼并与收购,也有观点认为是指合并与收购。实际上,从前文对于合并、兼并以及收购的梳理可知,兼并一词既能够涵盖合并,也能够涵盖收购。兼并本身是一个内涵丰富的概括性词语,并不能准确地表达Merger一词。Merger与我国《公司法》中"吸收合并"一词更为贴近。① 因此并购的"并"应当指的是合并而非兼并,并购的"购"则指收购。合并与收购统称为并购,而兼并的内涵则大于并购。不过由于兼并一词的边界不够稳定,并且属于特定历史时期的产物,② 所以我们使用并购一词来指代合并与收购为代表的公司控制权移转行为。马克思的资本集中论中最先提到企业并购。对于企业并购的原因,古典经济学认为企业展开并购活动是基于规模经济和降低成本的需要。而新制度经济学则认为企业进行并购的目的是降低交易成本。新制度经济学将交易成本理论视为并购减少交易成本的解释。③ 无论从何种经济学的原因出发,企业的并购在法律上的内在表现都是一种控制权的变化,外在表现则既可以是企业的合并,也可以是企业的收购。企业的合并表示必定有一方会失去法律人格,而企业的收购则并不一定导致某方法律人格的丧失,只需要被收购企业的实际控制人发生变化即可。合并与收购都涉及股权的交易与变更,并购方一般根据目标公司实际情况以及市场现实情况来选择到底是与被并购方进行合并还是收购。

---

① 参见王长河、孟祥魁:《公司合并及其相关概念的比较》,载《中国人民大学学报》,1998(6),71页。
② 参见上文,72页。
③ 参见袁金华:《论国有企业并购的公司治理效应——基于国有企业改革的视角》,载《经济法论坛》,2017(19),30页。

（二）国有企业并购的目标

1. 核心目标：优化国有经济布局

国有企业并购是实现优化国有经济布局的有效途径，优化国有经济布局也是现阶段国有企业并购中的核心目标。我国"十四五"规划在激发各类市场主体活力一章的第一节专门就加快国有经济布局优化和结构调整作出了新的要求。从"十三五"规划主要强调"国有企业做强做优做大""保值增值"到"十四五"规划主要强调"加快国有经济布局优化""坚持有进有退、有所为有所不为"。对国有经济的发展，我国决策层面对于国有经济改革已经发生了方向性变化。在"十三五"规划中，国有经济改革的方向还处于在不同领域都做大做强；而"十四五"规划则选择了国有经济有进有退的发展思路。例如，必须"进"的领域有关系国家安全、国民经济命脉的重要行业、提供公共服务、应急能力建设和公益性等关系国计民生的重要行业、前瞻性战略性新兴产业；而可以"退"的领域主要指充分竞争领域，比如产能过剩领域。国有资本的并购一直是合理配置资源，实现国有经济的战略性调整和保值增值的一项重要渠道。由于国有企业本质上属于全民所有制企业，具有高度的垄断性，故有观点认为，新一轮的国有企业改革并非是富有成效的，而是颇具"国进民退"的意思。提出这些观点的专家学者以科斯的产权理论为基础，认为应采用全面私有化的方法来改善国有企业的垄断性和效率低下的特点。[①] 这些观点的不足之处在于，并购并不会降低国有企业的竞争力，也不会增强国有企业的垄断性。国有企业虽然具有垄断地位，但与经济学上的垄断组织概念并不完全相等。为取得高额利润，资本家建立垄断组织以打压同行竞争对手。但国有企业并不存在上述情况，相反，国有企业在国家的严格管控下，通过并购这一方式可以优化国有资本的布局和资源配置，提高产业效率和行业集中度，避免国有企业同业竞争的尴尬局面，解决产能过剩问题。

2. 微观目标：增强国有企业发展活力

企业并购意味着原本两套甚至多套资源配置系统会得到统一，被并购的企业所拥有的资产可能得到更加有效的利用。从国有企业的角度而言，并购能够使原本缺乏的资源得到补充，使自身的生产、经营网络能够更加完善。在此种意义上，国有企业并购在微观层面的目标就是增强自身发展

[①] 参见王梅婷、余航：《国有企业并购重组的趋势、模式和挑战》，载《经济学家》，2017(7)，5页。

活力。效率理论认为,国有资本通过对目标企业进行并购来获取资源。在此基础上,将所获取的资源加以整合和合理配置,提升企业的效率,增加价值创造。① 改革开放四十余年来,国有经济管理体制经历了从"管企业"向"管资产"的转变。基于国有企业的特殊产权性质以及适应经济转型的需要,2003 年国务院国有资产监督管理委员会对国有企业进行了一系列重大的重组和兼并行动。据统计,2003—2013 年,多达 80 家国有企业进行了兼并重组。② 党的十八届三中全会作出的《中共中央关于全面深化改革若干重大问题的决定》为国有企业的改革指明了方向。近年来,国有企业通过并购重组以及国有上市公司与集团公司联合,成功树立了如"中国神矿""中国神车"等行业标杆。国有企业的改革涉及许多领域,包括军工、钢铁、通信等。2017 年党的十九大报告提出了"深化金融体制改革,增强金融服务实体经济能力,提高直接融资比重,促进多层次资本市场健康发展"的经济发展目标。

3. 基本目标:防止国有资产流失

自国有企业改革之始,就一直存在国有资产流失严重的问题。因此经过多年的经验积累,防止国有资产流失就成为了国有企业改革中的重要目标,自然也是国有企业并购过程中的基本目标。国有资本交易主体具有行政和市场的混合特征,这种特征决定了国有资本交易主体的模糊性以及交易过程的行政化。③ 企业国有资产属于国家所有,国务院和地方人民政府依照法律、行政法规的规定,分别代表国家对国家出资企业履行出资人职责,享有出资人权益。所以,国家是国企的实际出资主体,行政机关是"履行出资人职责"的主体,行政机关内部的行政人员才是真正落实该职责的主体,而实际落实国企中国有资本流动的主体又另有其人了。这其中就涉及不止一层的代理行为。可见,国有资本交易主体的特征暗含了极大的代理成本问题,这也是国有资本流失难以避免的原因。为了顺应我国经济发展现状,国有企业合并的浪潮也将会继续,而防止国有资产流失也将是未来国有企业合并的持续性的重要命题。

---

① 参见卫婧婧:《国有企业并购行为对全要素生产率的影响——基于目标企业所有制类型的考察》,载《商业经济与管理》,2017(4),90 页。

② 参见王大刚、宋昊阳、方乔,等:《国有企业并购整合过程中管控能力与方式的匹配研究——以延长石油为例》,载《管理案例研究与评论》,2014(12),464 页。

③ 参见郭复初、程宏伟:《国有资本重组的流动性障碍分析》,载《财会月刊》,2004(10),5-6 页。

二、国有企业并购的规则现状及制度完善

(一) 国有资本并购的现状检视

2003 年之前,国有企业产权并购的法律法规并不健全,对于国有资产、国有产权的具体交易规定并未涉足。2003 年国务院发布了第一个关于国有企业并购的条例,即《企业国有资产监督管理暂行条例》。在此基础上,国资委相继出台了《关于国有企业清产核资管理办法》《关于规范国有企业改制工作的意见》等指导性文件。2003 年 12 月,国资委联合财政部发布了《企业国有产权转让管理办法》。2005 年 4 月国资委和财政部联合发布了《企业国有产权向管理层转让暂行规定》。2005 年 8 月,国资委出台了《企业国有资产评估管理暂行办法》《企业国有产权无偿划转管理暂行办法》。2006 年 12 月,国资委和财政部出台了《关于企业国有产权转让有关事项的通知》。2008 年 10 月 28 日,《中华人民共和国企业国有资产法》正式颁布,并于 2009 年 5 月 1 日开始实施。《中华人民共和国企业国有资产法》的颁布实施为国有企业的并购提供了法律依据。国资委对国有企业的发展要求由"做大"转变为"做强",国有资本的并购以强强联合为目的开始步入了正轨。① 由于我国国有资本并购历史的特殊性,其兼具了计划经济和市场经济的双重特征。因此,国有资本的并购存在较多问题,主要表现为以下几个方面。

1. 政府在并购活动中的不适当干预

由于国有企业的特殊性质,使得政府长期以来在国有资本的并购中发挥了举足轻重的作用。但政府的过度干预也带来一系列的问题。由于政府的干预带有垄断性色彩,违背市场规律,扰乱市场秩序。不仅如此,国有企业的行政垄断色彩过于浓厚从而遮蔽了中小企业的发展机会,有损市场的资源配置。同时,对于优势企业来说,并购弱势企业产生的负面效应使得自身的经济效益严重下降,不利于优势企业的自我发展。

2. 国有资本并购的方式、规模较为狭隘

国有企业并购大致有三种方式,其一为并购方通过货币购买被收购企业的产权;其二为并购方购买目标企业的股权从而并购该企业;其三为并购企业入股成为目标企业的控股股东。从该三种方式不难看出,国有资本的并购方式较为贫乏。国有资本并购的规模和类型也很不发达。在以前,

---

① 参见邓欣:《国有企业并购重组及其策略分析》,载《财会通讯》,2010(6),18 页。

国有企业进行并购无非是政府为避免企业破产引起的一系列连锁效应,所以为此进行并购。但从我国国有企业并购的外部环境来看,我国关于国有企业并购的法律法规并不健全,许多涉及并购的产权市场、交易机制均存在不够完善的问题。

3. 国有企业的产权不清晰

国有企业的性质属于全民所有制企业,但政府作为人民意志的执行者和人民利益的捍卫者代行了人民管理国有企业的权利。这使得人民作为法律上的所有权者无法直接行使所有权。国有企业的控制权牢牢地掌握在政府手中。国有资本的并购对国有企业的改革起到了推动作用,同时也在一定程度上稀释了行政机关对国有企业的控制权。在此种情况下,并购并不会顺利推行。一部分失去控制权的行政机关为了继续享有该控制权,会阻挠并购活动的进行。更有甚者,相关行政机关与非国有企业会通过权力寻租的方式低价获得国有资产,使得国有资产大量流失。

4. 忽视无形资产的重要性

在国有企业的并购中,并购双方通常只看到有形资产,而忽视了无形资产的巨大价值。无形资产也是国有资产的组成部分,是不可忽视的重要资产。因此,除了要重视有形资产,还要正确看待无形资产,准确评估无形资产的价值。在无形资产的评估中,还存在评估不科学的突出问题。评估单位采用错误的、单一的评估方法,随意评估无形资产,从而无法正确评估无形资产的价值。在无形资产的投资中,许多企业以很高估价进行投资,但在转让和买卖无形资产时又低估作价,使得无形资产大量流失。值得注意的是,在并购完成后离职的高级管理人员,极易造成无形资产的变相损失,如客户名单、商业秘密等。

(二)国有资本并购的制度完善

2006 年继国务院国有资产监督管理委员会提出国企重组并购的路线图后,国有资本并购重组开展得如火如荼。自此我国国有企业的并购规模不断提升和扩大,国有企业正处在形势大好的并购时代。[①] 为有效发挥国有资本的并购作用,解决并购过程中存在的问题,需要做到以下几点。

1. 减少政府对国有资本并购的干预

国有企业的真正管理者,应该"简政放权"。政府应该制定宏观的产业

---

① 参见高燕燕:《政府干预与并购对象选择偏好——基于国有企业多元化并购的分析》,载《投资研究》,2017(9),4-5 页。

政策和发展战略,而对于国有资本并购的具体事项,则应该尊重市场规律的判断。在相关法律法规中,具体规定政府的职权,同时也须规定相应的法律责任。如若国有资本流失是由于行政机关的错误判断造成的,则行政机关需要承担损害赔偿责任。同时,也有必要赋予国有企业对抗不合理的行政命令的权利。① 国有企业通过并购重组等一系列活动可以提高在市场上的企业竞争力,吸引大量的投资者尤其是机构投资者。由此,可以进一步优化国有企业的公司治理结构,让政府逐步放松对国有企业的管理控制,让国有企业自主决定。②

2. 建立合理评估制度,正确对待无形资产

企业价值评估是对企业整体价值、股东全部权益价值或部分权益价值的分析与估算。不同于对企业单项资产的简单相加,也不同于对企业账面价值的简单相加,企业价值评估应当是能够将企业作为整体进行评估的一种估价方式。因此,对于不能反映在账面上的一些无形资产,也是企业价值评估需要考虑的内容。③ 由于国有企业合并中,交易的客体就是企业本身以及企业股东的股权。因此为了能够公允地确定交易客体的价值,企业价值评估是国有企业合并中不可缺少的一个环节。《国有资产评估管理办法》《公司法》《上市公司收购管理办法》都对企业资产评估、公司股权估价作出了相应的规定。④

根据上述法律法规的规定,可以知道国有企业在合并时进行价值评估需要把握以下几个要点:首先,国有企业在合并时必须进行资产评估;其次,国有企业在合并时如果涉及与上市公司进行资产交易时,资产交易定价可以以资产评估结果为依据;最后,国有企业在收购上市公司时,若以证券支付收购价款,则需要根据该证券发行人的资产、业务和盈利预测,对相关证券进行估值分析,若涉及管理层收购的,也应当对上市公司进行估值分析。企业价值评估的方法有很多,中国资产评估协会颁布的《企业价值评估指导意见》就提到有收益法、市场法和成本法。其中,成本法是相对简单一种评估的方法,因为成本法的计算方式主要依靠账面价值为依据。正是由于账面价值是成本法的主要依据,因此成本法是一种"向后看"的计

---

① 参见高燕燕:《政府干预与并购对象选择偏好——基于国有企业多元化并购的分析》,载《投资研究》,2017(9),14 页。
② 参见龚小凤:《国有企业并购重组与市场化进程》,载《财会通讯》,2012(7),9 页。
③ 参见刘玉平、牛晓燕:《国有资本重组中的企业价值评估研究》,载《经济与管理》,2011(11),33-38 页。
④ 参见《国有资产管理评估办法》第 3 条、《上市公司重大资产重组管理办法》第 17 条、《上市公司收购管理办法》第 67 条等相关规定。

算视角。在国有企业合并的浪潮中,防止国有资产流失一直是必须要达到的目的之一。因此成本法作为一种"向后看"的计算视角,能够保守地达到这一目标。所以,成本法是我国国有企业合并中最常使用的一种企业价值评估方法。尽管成本法是我国传统的、最常使用的一种评估方法,但其相比收益法、市场法仍然有其弊端:只要是无法反映在账面,或未建账的无形资产就很难被计入企业价值。这也恰恰是成本法饱受诟病的原因之一。因此,想要在企业价值评估层面改善国有企业合并过程中的国有资本流失问题,有两条途径。第一是在继续沿用成本法时,将企业无形资产纳入评估过程。第二是在成本法的基础上引入收益法作为企业价值评估的方法。因为收益法是一种"向前看"的评估视角,能够一定程度改善因成本法过于保守带来的弊端。

3. 优化国有企业的公司治理

国企并购与公司治理之间存在密切的联系。国有资本的并购是企业的外部治理规则的体现,优化国有企业的公司治理结构可促进国有资本的并购。在国有企业的改革中,推进国有企业的现代化、完善国有企业的公司治理机制一直是改革的重要目标。[①] 近年来,国务院大力提倡深化国企改革的总逻辑,改革的方向要从行政型治理向经济型治理转变。完善国有企业的公司治理模式,优化国有资产的并购重组,反过来也有利于国有企业的转型和国有企业改革。

4. 健全完善国有资本并购的相关法律法规

目前所出台的关于国有资本并购的相关法律法规主要有《公司法》《证券法》《上市公司收购管理办法》《国有资产评估管理办法》《反垄断法》《企业国有产权转让管理办法》等,但是,这些法律法规对国有资本并购的规定较少,无法为国有资本的并购提供充分的法律依据和行为指引。国有资本并购不仅涉及并购双方,还涉及金融、税收、保险、职工安置问题。在上述方面,我国对相关规定匮乏,不利于国有资本的并购开展。而通过法律这一方式将并购活动步步加以落实,有助于国有资本并购的顺利推行,防止国有资产的不当流失。

5. 关注国有资本的海外并购问题

在实施"一带一路"战略的背景下,我国国有企业"走出去"进行海外并购的案件越来越多。相比境内并购,海外并购的风险更大,对交易的控制

---

① 参见袁金华:《论国有企业并购的公司治理效应——基于国有企业改革的视角》,载《经济法论坛》,2017(19),33页。

度更低,专业性与技术性要求更高。一旦失败(包括交易的失败与交易成功但后期整合的失败),损失巨大。为避免海外并购的风险,需要遵循双赢原则、保持交易的灵活性与确定性原则、遵循当地市场规则的原则等,防范并购过程中的系统性风险、政治风险、合规贪腐风险、商务风险、财税风险等。

三、国有资本的反并购概述

(一)国有资本的反并购内涵

反并购,通常指反恶意并购。凡是股权分散但公司回报不错的董事会,都应当提前备有一份"华尔街防狼手册"。反并购条款,又称"驱鲨剂"条款(Shark Repellants)或"箭猪"条款,具体指目标公司为防止并购方的恶意收购而在章程中预先规定某些条款,降低目标公司自身的吸引力,增加并购方的成本。① 近期国内比较出名的恶意并购就有两起,分别是"宝能恶意并购万科"②以及"美年健康恶意并购爱康国宾"③。在此意义上,我国目前上市国有公司被恶意并购的风险实际很小。因为并购上市国有公司存在一个极其严苛的门槛,即《上市公司收购管理办法》第4条所规定的内容:"上市公司的收购及相关股份权益变动活动涉及国家产业政策、行业准入、国有股份转让等事项,需要取得国家相关部门批准的,应当在取得批准后进行。"但是国有企业反并购这一命题在国有经济发展方向发生转变的背景下,上市国有公司被并购也存在相当的可能性。因此,仍然有必要就国有企业的反并购问题进行研究。但由于上市国有企业的特殊性,反并购的探讨内容不应当仅仅局限于反并购措施本身,而应当扩大至是否应当完全杜绝上市国有企业被并购的风险、上市国有企业被并购风险的控制主体以及可能被并购的上市国有公司应当如何建立相应的反并购措施。

---

① 参见王建文:《我国公司章程反收购条款:制度空间与适用方法》,载《法学评论》,2007(2),135页。

② 2015年1月,深圳市宝能投资集团有限公司(宝能)在二级市场持续购入万科企业股份有限公司(万科)股票,超过万科之前的第一大股东华润集团。万科以重大资产重组为由发出万科A股停牌公告。双方之间的角逐持续两年之久,这场"宝万之争"终于在2017年6月以深圳地铁成为万科第一大股东、宝能系位列第二落下帷幕。

③ 2015年11月,美年健康和平安德成投资有限公司、太平国发(苏州)资本管理有限公司、华泰瑞联基金管理有限公司、北京红杉坤德投资管理中心(有限合伙)和凯辉私募股权投资基金等组建买方团,由买方团向爱康国宾董事会及其特别委员会提交无约束力的私有化交易初步要约。由于由马云和虞锋作为创始人的云峰基金的调停,2016年6月8日,美年健康发布公告表示不再向爱康国宾特别委员会呈递有约束力的收购要约并退出买方团。

对于国有企业面对非国有企业、劣势国有企业面对优势国有企业、国有企业面对外资企业的并购活动,被并购国有企业的管理层如何应对成为关键。并购固然有改善公司治理、督促管理层、提高目标公司经营效率、加大市场流通之优势,但面对敌意并购,被并购国有企业公司的反收购措施是维护公司及利益相关者利益的"最后一道防线"。根据控制权市场理论,敌意收购虽然是促进资源流通和优化配置的手段,但是也会带来许多不利影响。因此面对敌意并购,反并购措施的采用是十分必要的。

(二)国有资本反并购的前提:优化国有经济布局

1. "十四五"规划的发展要求

国有资本反并购的前提是能够被并购。前文已述,我国目前上市国有企业实际上并没有太多被并购的可能性。这实际上是一个优劣并存的现状,因为在杜绝恶意并购的同时,也缺乏了善意并购,从而缺乏资本市场对国有企业经理层的监督。而在优化国有经济布局的大背景下,这一现状在未来很大程度上可能会被打破。因为国有企业本质上属于全民所有制企业,具有高度的垄断性,故有观点认为,新一轮的国有企业改革并非是富有成效的,而是颇具"国进民退"的意思。在此背景下,上市国有企业在资本市场的流通自由可能会得到进一步扩张,随之而来的也是上市国有资本被并购可能性的增加。

2. 委托代理成本理论的支撑

在公有制经济的委托-代理关系中,国有资本的所有者是委托人,在国有企业中获取固定报酬的企业成员是代理人。① 这一委托-代理关系并非真实存在的法律关系,而是一种拟制的理论关系。当国有企业的成员未尽到忠实、勤勉义务时,委托-代理关系并不是追责的直接依据。但是通过这一理论上的关系构建,我们得以从新的角度去要求、解释国有企业成员的职责与义务。委托-代理关系所产生的代理成本是包括国有企业在内的整个公司法面临的难题之一。在公司治理研究中,研究目标之一即减少避免委托代理成本,大量公司也在减少委托代理成本的命题上做过大量尝试与努力。尽管如此,私有企业的代理成本与国有企业的代理成本也不在同一数量级上。国有资本的所有者是国家,然而国家是无法监督所有国有资本运营情况的,因此,在国有资本的运营监督中,就会产生一套等级机构:国

---

① 参见张维迎:《公有制经济中的委托人-代理人关系:理论分析和政策含义》,载《经济研究》,1995(4),10-20页。

家授权给国务院,国务院授权给国资委,国资委又会授权给更低一级的委员会,直至企业内部成员。①

有学者通过经济学的相关建模与运算,最后得出一个结论,即一个庞大的公有经济是不可能运行的。② 该论断被很多学者抨击。例如有其他学者便认为,国有企业所有者必定虚置的观点不合理。② 因为很多国有企业的确在很好地运转,并且其竞争力也相对大于一般的私企。因此,在这样的争辩之下,我们必须要了解以下几个问题。第一,在我国工业发展初期,国有企业的竞争力来自何处? 第二,委托代理成本是理论假设还是真的在国有资本运营中已经出现。第三,"一个庞大的公有经济是不可能运行"到底指的是什么?

首先,从我国经济发展历史来看,在我国工业经济发展初期,国有资本的确有其特殊的历史任务,那就是为中国工业发展提供资金方面的支持。所以在我国工业发展初期,国有资本的投资驱动对国家经济的发展功不可没。我国国有资本大多分布在重化工业,有学者统计至2014年,我国工业国有资本占全国国有资本比重约为40%,而工业中的煤炭、石油和石化、冶金、建材、电力等重化工行业国有资本占全部工业国有资本的比重超过60%。而位于战略性新型产业的上市公司中63.5%属于民营企业。③ 有国有资本背景的企业在融资、信息获取、寻求政策支持、与各种部门企业的沟通等方面都显然优于一般的民营企业。因此在我国工业发展初期,国有企业所展现出的强大竞争力是必然的现象。因为国有企业的竞争力来自资金的充足以及政策的优势。

其次,委托代理成本在国有企业中也是实际存在且表现明显的。委托人支付这种委托代理成本的方式是,向代理人分享剩余索取权。例如代理人会隐匿部分剩余索取权,又或者代理人会产生明显的权力寻租行为。因此,国有资本也会在不知不觉中流失一部分。

最后,关于"一个庞大的公有经济是不可能运行"的正确认识是:第一,不是公有经济不能运行,而是一个庞大的公有经济不能运行。经过我国市场经济30余年的发展,相当多行业尤其是传统工业的发展已经开始

---

①② 参见张维迎:《公有制经济中的委托人-代理人关系:理论分析和政策含义》,载《经济研究》,1995(4),10-20页。

② 参见刘瑞娜:《国有企业私有化几种理论依据的谬误》,载《政治经济学评论》,2012(3),159页。

③ 参见黄群慧:《新常态下的国有资本布局》,载《中国金融》,2016(4),21-23页。

转变发展模式,由原本的投资驱动转变为差异化竞争模式。而差异化的发展模式恰恰不是国有资本的优势,因为国有企业庞大的层级系统决定了国有企业在灵活性与创新性上存在天然的不足。因此,庞大的公有经济指的是想要包罗万象的公有经济,这样的公有经济最终会导致无效率。第二,有重点领域导向的公有经济才是未来发展的重点。这也是我国"十四五"规划对国有经济发展方向的新部署:向关系国家安全、国民经济命脉的重要行业集中,向提供公共服务、应急能力建设和公益性等关系国计民生的重要行业集中,向前瞻性战略性新兴产业集中。对充分竞争领域的国有经济,强化资本收益目标和财务硬约束,增强流动性。

四、国有资本反并购的特殊性及制度完善

(一)国有资本反并购的特殊性

1. 国有资本反并购不能直接适用我国反并购制度

我国的法律政策对企业并购的态度一直是鼓励、支持的政策取向。自改革开放后,我国关于企业并购的法律政策认为并购具有调整产业结构、扩大经济规模、改善公司治理的积极作用,倾向于利大于弊,而选择忽视并购的负面影响。为此,我国制定了一系列涉及企业并购的法律法规,为企业并购提供了较为完善的法律环境和制度空间。[1] 虽然,我国的企业反并购法律体系尚未完全形成,但现行的《公司法》《证券法》《上市公司收购管理办法》《上市公司章程指引》《上市公司治理准则》等对于企业的并购、投资、转让股权等事项均作出了较为宽松的规定。[2] 国务院和有关部门也制定了一系列优惠政策以扶持企业并购。相反,对于企业的反并购,我国则进行较为严格的规制。例如,我国的《公司法》《证券法》《上市公司并购管理办法》等法律法规以及法定资本制、股东会中心主义等制度,均对反并购活动进行了一定程度上的制约。基于此,企业不得不转向在公司章程中设置一些反并购条款,以保护公司和股东的合法权益不受损害。国有企业在面对优势国有企业的敌意并购、非国有企业的敌意并购、外资的敌意并购时,应采取何种反并购措施应对并购方,一直是需要探讨的问题。法律并未对公司的反并购措施进行严格禁止,在符合法律规定的范围内制定合理

---

[1] 参见郭富青:《上市公司反收购:政策导向、实施偏好与法律边界》,载《法学》,2018(11),102-103页。

[2] 参见冀希:《上市公司反收购措施的法律效力分析》,载《南方金融》,2018(12),54页。

的反并购条款以应对敌意并购是十分有必要的。

司法实践中,对于企业反并购措施的态度十分严格。2017年6月26日,中证中小投资者服务中心有限责任公司(以下简称中证投服)向上海市奉贤区人民法院起诉上海海利生物技术股份有限公司。因为上海海利生物技术股份有限公司《公司章程》中出现了限制股东提名权的条款,而该条款违反了我国《公司法》对股东提名权的规定。在上海市奉贤区人民法院对该案的一审判决书[①]中,我们可以知道在上海市奉贤区人民法院对公司在章程中运用驱鲨剂条款的态度。即限制股东提名权的驱鲨剂条款因会违反《公司法》而无效。这一司法案例是司法实践中首次对上市公司的反并购条款的合法性进行的认定,引发了大量关于驱鲨剂条款是否合法的研究,具有十分深远的意义。如果公司章程对董事的任职资格进行了积极性的规定,比如有关于持股比例和持股时间的规定等,股东不能对不符合这些积极条件的董事进行提名,我们认为这种限制是合法的,这种规定多是防止无才无德之人进入公司,是公司根据具体经营情况对公司治理制度所作的具体安排,应属于"公司章程自治"范畴,因而只要公司章程中规定的董事任职积极资格要件合法、正当,不违反公序良俗,并不是针对特定的收购对象,就不会实质性地限制股东选任董事的权利。

2. 国有资本被收购风险的多层次防控

在调整盘活存量资产,优化增量资本配置的背景下,对充分竞争领域的国有经济,增强流动性,完善国有资本优化配置机制已经是当务之急。因此在未来竞争充分的行业,国有资本可能会逐步放开股权流动的自由。于是上市国有公司被恶意并购的命题也会最终出现在我们面前。因此我们需要在决策层面做好国有资本反并购风险的多层次防控的准备。

第一,对于绝对不能被私有化领域的国有企业,应当杜绝被并购的风险。因此,在这一层级,上市国有企业被并购风险的防控主体为国资委以及相关行业主管部门。"十四五"规划中的三个集中就可以看出未来绝对不能被私有化的领域:关系国家安全、国民经济命脉的重要行业,向提供公共服务、应急能力建设和公益性等关系国计民生的重要行业,前瞻性战略性新兴产业。这实际上是上述行业是否能被私有化的问题。在中国有关国计民生的战略性产业里,私有化的最典型例子是煤炭开采。2004年煤炭矿权私有化开始,国家就全面放开让民营资本进入这个基础能源行业,而煤炭业国有企业也相继被私有化。随之而来的弊端就是煤价波动,

---

① 参见(2017)沪0120民初13112号。

上下游企业皆受到不良影响；安全监管困难,恶性矿难事故频发,最终又不得不国进民退。因此,凡是这种具有天然垄断性质的产业私有化,除了价格疯长,资本低价并购国有资产造成国有资本流失,不会给老百姓带来任何好处。2013年,我国铁道部被撤销并组建中国铁路总公司时,就有部分呼声想要铁路行业私有化。理由是有利于增加铁路的安全性和运营效率。然而,中国铁路拥有全球最高的运输效率,安全性亦是全球前列,即使用日本和德国的铁路系统做比较,中国铁路的百万人次死亡率也毫不逊色。在中国,公路交通最近十年的平均死亡人数在6万人以上,而铁路不到百人,高铁通车至今没有发生一起人员死亡事故。中国铁路普铁票价稳定,货运车皮供不应求,春运加开无数临客不加价,中铁存有大量创收余量,但由于关系到国计民生,因此一直处于财政补贴之下,这就是天然垄断行业国有化的优势。

第二,在未来竞争充分的行业,尤其是产能过剩的行业,可以将上市国有企业被并购的风险防控主体下放至国有企业内部。人才市场发展缓慢,经理市场上没有数量充裕或者供给充分的职业经理层,无法形成经营者之间的有效竞争与替换关系。因此资本市场无法对经营者产生外部监督的作用。我国大中型国有企业高层领导不是按照现代市场经济的要求从职业经理人中考核筛选,而是按照一定的组织程序由政府部门委派。[①] 一方面,能够增强资本市场、经理人市场对国有企业管理层的监督作用,另一方面,对于恶意并购也能起到一定的防御效果。

3. 我国上市国有企业反收购中可能存在的问题

对于一般反并购措施中的问题,在国有企业的反并购中也存在。我国上市公司并购案例中曾经有两例涉及董事选任限制条款的经典案例,一例是著名的爱使股份对大港油田的反收购之争,另一例是方正科技对北京裕兴的反收购之争,两起收购案例在当时的法律框架下都没有明确的法律依据,最终的结果却截然相反,在当时都引起了极大的轰动,至今都有不少的学者还在对这两起并购案进行思考,不少的学术文章依然还在引用及论述。上述案例发生之后,我国法律依然没有对反并购问题进行系统性规制,反并购依然在我国处于相对的立法缺失状态。

反并购措施一般采取增加并购人义务或者限制并购人权利的方式来降低自身对于并购人的吸引力。另外,反并购措施也是国有企业管理层自

---

① 参见唐现杰、陈欣:《国有资本流动安全性存在的问题及影响因素分析》,载《商业会计》,2008(19),19-20页。

保的工具。在我国国有资本反并购的实践中面临着许多困境：一是规范国有企业反并购行为的法律法规相对滞后,无法体现国有企业与普通公司相比具有的特殊性,目前尚未有针对国有资本反并购的完善的法律法规。二是国有资本并购中忽视中小股东的利益。并购与反并购的进行会对企业的权力配置产生变化,影响到股东的利益。与大股东相比,中小股东往往专业水平低、资金少、法律意识不强。面对复杂的并购与反并购问题,缺乏专业的判断能力和理性思考能力。实践中,还需要注意企业的管理层和控股股东也会有损害中小股东利益的可能。所以,中小股东受到的冲击会更大。[1] 三是外资并购国有企业的法律问题。外资并购是指外国投资者通过收购或兼并的方式取得目标企业的控制权。外资并购多见于外国投资者并购国有企业中。[2] 外资并购需要注意许多方面的问题,如外国投资者的待遇标准问题、外资并购的产业导向问题、外资并购国有企业引发的垄断问题、外资并购国有企业的程序问题、外资并购相关方的权益保护问题等。[3] 针对外资并购和国有资本对外反并购尚无完备的法律规范对其加以规定,实践中出现许多并购无序的情形。

（二）国有资本反并购的法律完善

上市国有企业在面对恶意并购时,有必要建立相应的反并购措施,因为在公司并购的过程中,不管是善意并购还是敌意并购,均可能对利益相关者的利益产生负面影响。其具体表现为公司职员可能面临失业的危险,债权人的债权风险增加,供应者可能失去一个有价值的商业伙伴,社区面临失去一个公司总部或公司经营部的危险等。而合理应用反并购措施需要完善我国国有资本反并购的法律制度,在相关的法律法规和部门规章中对反并购的重要事项加以明确规定,如反并购的实施主体、反并购的程序、反并购措施等。对于不违反法律强制性规定的反并购措施,应准予采用。同时,监管部门也要加强对公司章程条款合法性的审查。[4] 同时国有企业制定反并购措施时,应以兼顾保护中小股东利益为出发点,反并购措施不仅要抵御"野蛮人的入侵",也要维护公司股

---

[1] 参见冀希：《上市公司反收购措施的法律效力分析》,载《南方金融》,2018(12),56 页。
[2] 参见朱怀念,王平：《外资并购国有企业的法律思考》,载《现代法学》,2000(4),116 页。
[3] 参见上文,116-117 页。
[4] 参见郭富青：《上市公司反收购：政策导向、实施偏好与法律边界》,载《法学》,2018(11),113 页。

东的溢价利益,引导中小股东参与公司治理。① 最后需要完善司法救济程序,赋予司法裁判机关对并购与反并购的审理权限,使国有资本并收购与反并购中的行为具有可诉性。② 实践中常包括以下预防性反并购措施以及主动反并购措施。

1. 国有资本反并购的预防性措施

无论是预防性措施还是主动措施,其反并购背后的逻辑都无外乎是:增加恶意收购者的并购成本,从而达成有效防御或者进行阻止。首先,毒丸计划(Poison Pill)。毒丸计划又称股权摊薄反收购措施,起源于美国,是由"毒丸之父"之称的马丁·利普顿(Martin Lipton)率先发现的。③ 毒丸计划是指由目标公司发行特别的认股权证,规定当本公司发生触发事件时,认股权证持有人将获得以约定的优惠价格将该权证转换为普通股票,或要求公司以约定的优惠价格赎回该权证的权利。毒丸计划平时不生效,一般将毒丸的触发条件设置为未经认可的收购方收购了公司一定比例的股份(10%~20%)。当毒丸计划启动后,股票市场上将增加数量众多的新股,所有股东都有可能以低价购买到股票。毒丸计划一旦触发,收购方除不得不以等于或高于市场的价格收购目标公司的股份外,就只能被迫放弃原本的收购计划。这样,就有效地稀释了收购者的股权,加大收购成本,从而达到防止被并购的目的。毒丸计划作为一种有效的收购防御措施,在美国应用广泛。毒丸计划的合法性需符合三个条件:第一,公司法律制度采用授权资本制;第二,规定了类别股制度;第三,司法支持毒丸计划。但在我国法律语境之下,以上三个条件还存在不确定的可能。④

其次,驱鲨剂条款。驱鲨剂条款是公司章程的有效防御措施。驱鲨剂条款是在公司章程中针对恶意并购作出的相应安排,使得潜在的收购者即使收购了看起来足够多的股票,但也难以获得对公司的控制权。驱鲨剂条款作为一种日常管理措施,由于成本低、灵活性大的优点,往往能起到事半功倍的效果。具体而言,主要有以下几种方式:一是轮换董事制度。即在公司章程中规定董事的任期为 3 年,每年只能改选 1/4 或者 1/3 的董事,这就意味着即使收购者拥有目标公司绝对多数的股权,也难以获得目标公司董事会的控制权。二是超级多数决条款。在公司章程中规定,当公司进

---

① 参见冀希:《上市公司反收购措施的法律效力分析》,载《南方金融》,2018(12),56 页。
② 参见上文,60 页。
③④ 参见傅穹:《敌意收购的法律立场》,载《中国法学》,2017(3),239 页。

行合并、重大资产或者经营权转让时,必须取得出席股东的绝大多数通过方可进行,如规定 2/3 或者 3/4,甚至极端的情况下要求 95% 的股东同意,才可以批准一项并购计划。超级多数决条款中一般会包括免除条款,以面对董事会支持的并购情形。三是公平价格条款。在公司章程中设置这样一个条款,要求收购者在购买少数股东的股票时,至少要以一个公平的价格购买。其余的措施还有股东持股时间条款、董事资格限制条款、股东在提名董事人数方面限制条款、累积投票制度等。实践中运用最多的就是轮换董事制度和超级多数决条款。

通过章程限制股东权利从而达到反并购的效果可行,但是不可以超过公司章程自治的范围,不能违反法律强制性规定。首先公司章程自治,公司股东会、股东大会有权依据本公司的具体情况制定公司章程,且公司章程对公司、股东、董事、监事、高级管理人员具有约束力。在公司成立之后,不管是以何种方式取得股东身份,都必须是以承认目标公司章程为前提的,也就是说,加入公司行为的本身就代表着同意公司的章程条款。公司章程中蕴含的效力显然表明了章程对后加入股东的约束力,这就为在先股东提供了修改章程的优先权力,当然后加入的股东也可以提出异议。但这并不意味着排除在公司章程中加入限制股东提名董事的权利。后加入的股东享有的自由还在于,他们有权查看公司章程,如果不同意可以不加入公司或不购买公司股票。如果不同意公司章程的事项和修改事项也可以选择出让股份、抛售公司股票的方式。所以后加入的股东仍是享有意思自由的,只不过由于其成为股东的时间在后,行使自由的方式受到了一定的限制。我国《公司法》第 4 条"公司股东作为出资者按投入公司的资本额享有所有者的资产受益、重大决策和选择管理者等权利"规定了股东提名权,这是一种法定权利。公司章程通过对这种法定权利的行使进行一些具体规定和限制是符合章程意思自治的,因为没有法律规定公司章程不可以对提名权进行限制,作为私法,法无规定即自由。但是,这种限制必须在公司章程自治的范围内,不能排除股东的提名权,否则就违背了法律的强制性规定,是无效的。当然,通过公司章程对收购者进行股权限制达到反并购的效果,一方面可以有效地抑制恶意并购,另一方面也可能对股东权利构成侵害。

最后,"金色降落伞"计划。"金色降落伞"条款,又称离职补偿金条款、降落伞计划,是目标公司与目标公司管理层之间的特殊协议,在目标公司控制权变更之后,由目标公司对离职或者在薪酬、职权等方面受到严重损失的管理层进行高额补偿。① "金色降落伞"主要有两个积极作用：第一，对那些打算在并购完成后对目标公司进行人员重组的敌意接管人来说具有一定的阻遏作用。"金色降落伞"条款表面上是对目标公司管理层的离职补偿，实际上在巨额补偿金之下隐藏着抑制收购方进行并购的目的，高额离职补偿金往往使许多并购方望而却步。② 第二，设计合理的"金色降落伞"计划会使高管层在面临并购时有足够的动力为股东追求更高的溢价，而不是为了保住自己的位置对敌意并购设置不当障碍。但是，"金色降落伞"计划也有负面作用。如果设计不合理，那么就有可能为那些管理不善、股价持续下跌公司的经理人提供了保护。

2. 国有资本反并购的主动措施

当预防性反并购措施还不能阻止潜在收购者的并购行为时，还可以采取主动措施。这些措施包括多种形式，如绿色邮件、白衣骑士、白衣护卫、帕克曼式防御、焦土战术、资本结构变化等。第一，白衣骑士。白衣骑士条款，是指在目标公司面对敌意并购时，目标公司管理层通过协议约定，寻找一家友好的并购方购买本公司的股份。该友好的并购方就扮演着"白衣骑士"的角色。白衣骑士护驾有两种结果：一种结果是恶意并购者再次以更高的报价提出要约，但是即使恶意并购成功，公司股东也可以因此而获得更高的股票溢价；另一种结果是防御成功，白衣骑士收购目标公司，并按照事前达成的协议，不会拆分公司也不会辞退现有管理层。我国著名的"G武商反收购""宝万之争"案中就体现了"白衣骑士"措施。在被称为"全流通并购第一案"的"G武商反收购"中，G武商在面临第二大股东的银泰系的敌意并购时，其与庄胜集团高层多次沟通，表示其希望庄胜集团成为自己的"白衣骑士"。同理在"宝万之争"开始后，万科管理层的目标就是寻找一个"白衣骑士"来抵御宝能系这一"野蛮人的入侵"，而身为国有企业的华润集团和深铁集团就是万科所寻找的"白衣骑士"。

第二，白衣护卫。和白衣骑士的操作手法基本一致，可以说是白衣骑士的修正版，区别在于不允许友好公司取得目标公司的控股权。因此，不是将公司控股权出售给友好公司，而是将很大比例的股份转让给友好公司，使得恶意并购者无法通过收购获得控制权。

第三，帕克曼式防御。这是一种以攻代守、以攻对攻的防御策略，是一种较为极端反并购措施。具体指的是目标公司以收购恶意收购者的方式

---

① 参见汤欣、徐志展：《反收购措施的合法性检验》，载《清华法学》，2008(6)，97页。
② 参见上文，98页。

来应对其对自己的意图,双方都有"杀敌一千,自损八百"的风险,因为每家公司都有可能向对方股东支付过高的股票溢价,使得自家公司的价值受损。这种方法一般只能在实力相差不多的公司之间运用,且对现金流的充裕和融资能力要求较高。

第四,焦土战术与出售"皇冠"。焦土战术,实际上是目标公司的负向重组。在反并购防御中,焦土战术的主要操作手法是:目标公司通过使自身失去最有价值的部分或者主动使自己陷入困境。主要方法是出售"皇冠"资产(如出售重要业务、项目、资产、子公司等)和虚胖战术(如使财务状况恶化、资产质量下降、潜在盈利能力降低等),将公司自身变为无任何价值的"焦土",以降低吸引力,迫使并购方放弃并购意图。①

第五,资本结构变化。资本结构的变化主要是指通过调整目标公司的资本结构以增强公司反并购的能力,是一种较为激烈的反并购措施。资本结构变化的主要方式有四种:一是资本结构调整。即减少公司的剩余现金流量,如将剩余现金流量作为股息派发给股东;或通过举债向股东大规模派息。二是增加债务。可以通过银行贷款或者发行债券来提高公司的债务比例,也可以在债务合同中约定,当发生公司被恶意并购时,提前偿还公司债务。三是增发股票。为了防止新发股票落入敌意并购者手中,目标公司可以直接向那些善意公司或者员工定向增发。四是回购股票。其他的方法还有如寻求股东支持与诉讼。但是,有些反并购措施不能用于我国的资本市场,比如回购股票、绿色邮件等。不过,对于资本市场的反并购策略,应当既严格守法,又要不断创新。

第四节 国有资本的对外投资

一、国有资本对外投资的概述

(一)国有资产对外投资的内涵

企业是服务于特定目标的组织体,国有企业又是其中较为特殊的组织形式。2015年8月《中共中央国务院关于深化国有企业改革的指导意见》明确要求提升国有资本效率,发挥国有资本的活力,通过划分不同类型的国有企业,促成国有企业与市场经济的深度融合。据国务院顶层设计要

---

① 参见冀希:《上市公司反收购措施的法律效力分析》,载《南方金融》,2018(12),59页。

求,国有资产监督管理委员会积极响应,坚持以问题为导向,于 2017 年 1 月出台《中央企业海外投资监督管理办法》。上述文件通过明晰国有企业在国民经济中的功能差异,据此颁行特色化改革策略,并以新的对外投资制度为切入点,努力提升国有资本管理水平,进一步加快将商业领域特别是处于竞争领域的国有企业推向市场。①

由市场分配资源的模式也符合马克思和恩格斯的设想,马克思与恩格斯高度重视资本市场发展在经济体制转型和未来社会形态中的作用。恩格斯指出"进入共产主义社会的过渡阶段——仍然需要认真考虑",因为"这是目前存在的所有问题中最难解决的一个,情况在不断变化……每隔十年,进攻的目标也会完全不同"。②资本市场发展将提供新的资本运作模式、新的企业组织方法,甚至新的社会转型方法。③当前,在多边投资贸易规则深刻调整及"一带一路"战略的背景下,作为国有企业重要经济力量的国有资本应通过新的资本运行模式,确保资本保值增值,以支持中国的社会主义现代化建设。资本与物质资产不同,资本增值主要通过对外投资活动实现。对外投资可以使得国有企业充分利用其组织和区位优势,扩充企业占有的资源,优化行业环境,提高国际竞争力。因此研究国有资本对外投资制度相关理论事项,厘清对外投资效率的影响因素和制度保障,能够为实现国有资本保值增值提供理论支撑,进一步为融入全球价值链和资源分配系统提供政策与建议。

(二)国有资本对外投资的目标:实现"双循环"战略布局

自 2008 年金融危机以来,世界贸易额占全球 GDP 比值总体呈现快速下降的趋势,这意味着经济全球化进程减速。在全球各地区贸易保护抬头的背景下,我国依赖经济全球化进行产业转移、产业升级以及国有资本全球范围进行资源配置的进程也都受到影响。逆全球化下的各种贸易保护措施会影响人民币在国际市场中作为结算、计价货币的使用。在逆全球化背景尤其是美国的经济干预下,外商投资的减弱会影响人民币汇率、阻碍人民币发挥货币的结算、储备功能。此外,美国自主导逆全球化战略以来,在政治层面不断干涉我国新疆、香港、台湾等省市与地区内政,通过威胁我国政治安全,间接影响人民币汇率的稳定。在经济层面,美国不断与我国

---

① 参见杨瑞龙:《国有企业改革逻辑与实践的演变及反思》,载《中国人民大学学报》,2018(5),46 页。
② 《马克思恩格斯全集》(第 38 卷),123 页,北京,人民出版社,1972。
③ 参见平新乔:《对于做强做优做大国有资本的若干认识》,载《经济科学》,2018(1),20 页。

挑起贸易摩擦,向我国房地产企业注入美元债。这一系列行为都对我国经济产生不良影响。我国想要保持人民币汇率稳定也变得更加困难。这将直接影响我国对外投资的效率与效益。所以,在这特殊的历史阶段,我国资本对外投资的目标也需要有相应的转变。

"双循环"战略由习近平总书记于2020年在中共中央政治局常务委员会上提出。"十四五"规划中专章为我国未来经济发展指明方向:立足国内大循环,协同推进强大国内市场和贸易强国建设,形成全球资源要素强大引力场,促进内需和外需、进口和出口、引进外资和对外投资协调发展,加快培育参与国际合作和竞争新优势。所以,实现"双循环"战略是国有资本对外投资的首要目标。"双循环"战略下的对外投资主要包括以下几方面:

第一,优化国有资本境外投资布局,实现区域产业链的完整。优化国有资本境外投资布局主要包括两方面:其一是优化国有资本对外投资的空间布局,其二是优化国有资本对外投资产业布局。在排除以"返程投资"为目的的对外投资后,中国对外投资的空间分布主要还是集中于诸如美国、澳大利亚、新加坡等发达国家,并且中国对外投资的行业集中度较高。[①] 所以,优化国有资本境外投资布局就要既优化空间布局,又优化行业布局。首先,在"一带一路"战略以及RCEP生效的背景下,应当加大对亚洲等国的投资力度。其次,要进一步加强资源合作型投资,保障我国能源安全。最后,要加大技术新产业投资、加强对发展中国家的援助型投资。

第二,面对日益复杂的国际形势,国有资本需要提升境外投资的风险防范能力。国有资本境外投资的风险既来自外部,也来自内部。外部风险主要指变幻莫测的国际环境以及东道国的经济不确定性。在国际环境恶劣的情况下,前者还会进一步影响后者从而更大程度增加我国国有资本对外投资的风险。东道国的经济不确定性表现在与我国的距离、经济体系差异、文化差异以及技术差异。各种因素叠加形成的不确定性就会对国有资本投资产生不利影响。来自内部的风险主要指国有企业内部管理。有学者研究发现,国有资本对外投资失败的内部原因包括,缺乏对外投资管理制度、投资前的可行性论证不足、公司治理结构不完善、项目实施过程缺乏有效管理等原因。这些来自内部的风险也会对国有资本对外投资产生不利影响。例如对外并购失败、投资收益极低甚至亏损等。

---

① 参见张述存:《"一带一路"战略下优化中国对外直接投资布局的思路与对策》,载《管理世界》,2017(4),2页。

第三,通过国有资本对外投资,实现中国技术、中国标准走出去,为人民币国际化奠定基础。进一步加紧与 RCEP 成员国之间的经济联系,将成员国产业嵌入我国产业链,推动亚洲经济一体化。亚洲经济一体化是奠定我国经济全球化的重要步骤,因此必须坚定地推动 RCEP 成员国之间的合作,通过国有资本投资＋援助 RCEP 成员国的基础设施建设的方式实现亚洲经济一体化。

第四,助力中国产业升级。尽管我国产业升级的道路受到以美国为首的西方国家的阻挠,但是大力发展我国高科技、高附加值产业是未来经济发展的方向。在产业结构上表现为增加服务业比例,稳定低端制造业。在全球化态势较好的时期,产业转移相对容易,但如今逆全球化趋势已经显现,想要快速转移产业,快速实现产业升级已然不现实。对外投资、并购是我国在全世界优化资源配置、帮助实现产业升级的重要手段,值此艰难的阶段,国有资本对外投资更应当肩负起全球范围内优化资源配置和产业转移的重要责任。

二、国有资本对外投资的特征

(一) 承担营利职能和公益职能

在国有资本保值增值的总体任务框架下,其内涵有不同的理解。譬如一方面认为国有资本对外投资是公益性质的,受政治或意识形态的影响,另一方面则认为国有资本对外投资是营利的,多从实用主义考虑。实际上,尽管两种观点之间存在差异,但从来没有明显的区别。正是由于这两种力量交织在一起,国有资本的对外投资才化作一种特殊的存在。

1. 国有资本的公益目标

无论像发达市场经济体制下的国有企业(如西方发达国家经济体制中的国有企业),还是像中国这样的社会主义市场经济体制下的国有企业,作为国家干预经济或参与经济的途径,当他们开展业务活动时,他们往往表现出不经济的特征。这种不经济意味着在一定数量的国家资本、人才和其他社会资源在某时间内被国有企业使用后,无法收回与这些资源的市场价值相匹配的经济利益。就政府代表公共利益参与经济活动而言,国有企业作为一个相对独立的组织体,开展各种不经济的商业活动,其考量往往是实现国家和公众的长远的经济发展。正是在这一前提下,通过对外投资促进国家社会经济发展、稳定经济周期,反映社会主义市场经济性质的目标已成为国有企业的非营利目标。简而言之,虽然缺乏市场化投资动力,但在维护国家经济安全和关系百姓民生方面具有战略功能的领域,以及自然垄断和信息不对称领域,国有资本投资当仁不让地应发挥其积极作用。国有资本在对外投资时也应适当考虑国内政策倾向性,以"通过产业融资,实现政府的政策目标,通过股权投资和资本运作而非行政权力,保持国有经济对国计民生的影响力"。①

2. 国有资本的营利目标

无论是域内抑或域外,国有资本的盈利都是国家或者地方财政的重要组成部分。因此,国有资本除了要完成特定公益目标,仍有保持增值的营利目标。我国一直以来强调防止国有资本流失,保证国有资本持续增值也是该目标的直观反映。而地方国有资本的营利也与地方政府政绩息息相关。如果缺乏了地方国有资本的支持,许多地方政策也很难有力推行。所以,他们高度热情地建立州立、市属政府企业,并提供公共服务产品。由此,公司的营业收入自然会成为当地政府的重要税收来源。一般而言,竞争性行业中国企的国有资本,比起非营利目标,更优先考虑经济目标;垄断性行业中国企的国有资本,非营利目标优于营利目标。② 然而,现实中更常见的情况是国有企业的非营利目标和营利目标总是交织在一起,如何在国有资本外资投资过程中平衡两者之间的比例,对于实现国有资本目标具有重要意义。

(二) 对外投资方式多样化

中国的对外投资具有多元化的特点。有学者认为中国国有资本跨国经营主要集中在公共事业和基础设施行业,并且跨国并购逐渐成为国有公司对外投资的重要方式。③ 也有学者认为对外投资可以分为直接投资、证券投资、其他投资和储备资产投资。④ 而之所以中国国有资本会选择规模化、多元化的对外直接投资方式,原因在于,传统的投资模式主要由发达国家构建,发达国家企业的对外投资行为大致可分为横向投资和纵向投资。横向投资的主要动机是避免高昂的出口成本,并追求以更高的生产效率或某些垄断利益换取更高的利润,比如各大跨国公司的产生。纵向投资的动

---

① 何小钢:《国有资本投资、运营公司改革试点成效与启示》,载《经济纵横》,2017(11),46 页。
② 参见徐传谌、邹俊:《国有企业与民营企业社会责任比较研究》,载《经济研究》,2011(10),24 页。
③ 参见常玉春:《中国国有企业对外直接投资的微观效应研究》,95 页,北京,经济管理出版社,2014。
④ 参见何帆:《中国对外投资:理论与问题》,4 页,上海,上海财经大学出版社,2013。

机是利用各国的资源分配差异和要素价格差异,根据其要素需求,将同一产品的不同生产阶段与适当的国家相匹配,以降低生产成本,获得更大的利润。例如发达国家的跨国公司早前注资中国企业,是因中国的劳动力成本相对较低。但传统的横向投资和纵向投资无法描述中国目前国有资本对外投资的特点。中国国有资本的对外直接投资主要集中在国外资源、能源、市场服务和先进制造业等行业。这并非是为避免出口成本上升而采取的横向投资,也不是分散生产的纵向投资。中国的对外投资不像日本将其国内优势渐颓的产业转移至海外,相反,中国模式是直接投资于自己并不占上风的行业之中。中国企业面临对两种直接投资的方式,即绿地投资[①]和跨境并购。

企业选择何种投资方式受多种因素的影响,国内企业的经营优势和东道国的制度环境会成为考虑因素的重中之重。在资产专用性高,与国内经济关系密切的行业或制度相对薄弱的国家,中国企业往往选择绿地投资进行对外投资;在能源和资源等投资金额较大行业,或者担保体系相对完善的国家,更多的中国企业选择了跨国并购的方式。中国政府与许多发展中国家合作建立海外工业园区,以促进中国企业到海外投资,如在埃及和中亚国家建立的工业园区。一些中国公司,如海尔很早就开始海外绿地投资,海尔于1999年在南卡罗来纳州建立了生产基地,并于2001年在巴基斯坦建立了第二个海外工业园区。实施"走出去"战略后,中国的对外投资大幅增长,特别是在能源和资源领域。中国在该领域的外国投资受东道国相关政策的制约,主要是通过跨国并购和合资企业的范式。如中石油在印度尼西亚、苏丹、哈萨克斯坦、委内瑞拉和其他国家收购了油田或合资企业。在全球金融危机之后,一些制造企业把握海外并购的时机,签订多项对外并购协议,如吉利收购沃尔沃汽车为自己带来长期价值。"从事国有资本投资的企业应比非国有资本投资公司有更多的创新和更强烈的对外投资愿望。这是国有资本对外投资作为公共品所拥有的必然属性,也是其投资成立的初衷。"[②]故国有资本投资、运营公司也可以效仿成功案例,进行对外投资,以期在产业结构升级加快和国际产业互动加强的经济全球化中获得有效回报。

---

① 此处所指的绿地投资又称创建投资,是指跨国公司等投资主体在东道国境内依照东道国的法律创设的部分或全部资产所有权归外国投资者所有的企业。

② 余琰、罗炜、李怡宗、朱琪:《国有风险投资的投资行为和投资成效》,载《经济研究》,2014(2),34页。

(三)发挥对外投资的主导作用

根据投资中国及普华永道公布的数据,民营企业在我国企业对外并购数量远远大于国有企业,但是国有企业的对外并购项目金额却远高于民营企业,直到 2015 年,民营企业对外并购额才大幅上涨。从这两组数据的变化可以看出,在 2015 年以前,我国国有资本一直处于对外投资的主要地位,并购、投资的基本都是能源、电力等天然垄断性项目以及东道国基础建设等大型项目。然而自"一带一路"战略开启了民营企业对外投资的浪潮,投资行业分布就从原本的能源、电力行业占绝对主体地位到以能源、电力行业为主,以高科技行业、消费类行业为辅的多元投资结构变化。因而,国有资本在对外投资领域的地位也从主体地位向主导地位转变。这种转变意味着国有企业需要更加注重我国对外投资的战略布局,并发挥其投资领域的向导作用。当民营企业在嗅到国有企业的投资方向后,也会继续跟进,并能够间接达到实现我国对外投资战略布局的效果。

(四)投资规模较大

自我国 2002 年提出"走出去"战略以来,国有企业便带头开始进行对外投资,并一直在海外并购领域处于主要地位。尽管从数量上看,国有企业对外投资不如民营企业,但国有企业拥有强大的融资能力与政府支持,因而从投资的资金量以及规模大小来看,国有企业还是占据一定的优势。[1]例如 2017 年中国化工集团公司完成对瑞士先正达公司的交割,收购金额达到 430 亿,是目前最大的海外并购项目之一。中国也通过该收购完成了农化行业能与美国、欧盟比肩的地位。此外,在我国对外投资的历史上,寻求资源、能源方面的产业合作是主要目标之一。而涉及天然垄断性行业的投资、并购只有国有资本才有如此大的体量能够支撑,也只有国有企业才具备在天然垄断行业并购外国企业的资格。国有企业能够对外投资大规模项目的第二个原因是,国有企业拥有充足的资本去承担全现金收购。支付方式是海外收购的一大难题,由于跨境换股难度大,因此大多海外收购的支付方式都是全现金收购。[2]因此资金量是否充足也决定了境外收购的规模,国有企业的融资能力相对较强,尤其是对于国家的基础建设

---

[1][2] 参见张欣:《"一带一路"背景下国有企业海外并购的趋势、挑战与对策》,载《国际贸易》,2017(11),35 页。

项目、能源合作项目本身也是国家战略之一,因此在财政上就对国有企业有一定的支持。得益于此,国有企业对外投资的一大特点就是投资规模大。

(五)具有风险偏好型

根据学者统计,国有资本对外投资最多的行业为交通运输业,第二是能源产业,第三是房地产业。① 交通运输业主要是指帮助发展中国家建设高铁、高速公路等大型项目,这是一种带有政策性援助目的的对外投资,而对能源行业的投资也是为了实现我国寻求能源合作的政策性目的。从国有资本对外投资额的行业分布可以看出,国有资本对外投资尽管也会追求一定的营利目标,但实现我国政策需求仍然是其最终目的。而能够与我国实现能源合作以及接受我国投资+援建的东道国基本都属于发展中国家。发展中国家就必然存在两个特点,第一是经济发展水平低,本地经济风险较大;第二是政府对经济干预较多,本地政治风险也较高。因此这样的项目本身营利效果就不佳。这样的结果就导致了国有资本对外投资会表现出风险偏好型的特点。

三、国有资本对外投资的困境检视

国有资本对外投资的困境主要分为外部因素与内部因素。外部因素主要包括对外投资东道国以及国际环境给国有资本投资造成的风险与障碍,而内部因素则主要包括国有企业内部制度的固有短板给国有资本对外投资造成的风险与障碍。

(一)外部因素

国有资本对外投资有两个目的:一是满足我国政策需求,二是满足国有资本增值需求。当国有资本以实现我国政策需求为主要目标时,对外投资的风险规避就不是国有资本最优先考虑的因素。因此有学者认为我国国有资本对外投资活动表现出"风险偏好型"投资特点。这是由于我国一直以为对外投资中很大的一个需求就是寻求自然资源的合作。然而能够以较低成本寻求到资源合作的东道国基本上都是经济欠发达地区,这些地

---

① 参见宋利芳、武皖:《东道国风险、自然资源与国有企业对外直接投资》,载《国际贸易问题》,2018(3),149-162页。

区的资源合作又恰好具有投资风险较高的特点。①不过,并不是所有国有资本对外投资都以实现我国政策需求为主,很多时候也会存在以实现国有资本增值为主要目的。而在这种情况下,国有资本就必须考虑东道国的政治、经济、文化等环境是否安全稳定,国有资金与产权能够在东道国得到应有的保障。②

1. 东道国的经济风险

2009年中国中铁股份有限公司承建的委内瑞拉北部平原铁路项目,预计2012年便可完工,然而由于委内瑞拉国内经济每况愈下,最终整个项目被搁置。因此委内瑞拉高铁项目的搁置的主要原因是委内瑞拉国内经济迅速衰退造成的。随着2008年金融危机的开始,国际贸易减少,大宗商品价格持续走低。石油出口是委内瑞拉经济驱动之一,自然受到了不利影响。尽管该影响直到2014年才开始显现,但早在2009年甚至2008年就已经出现端倪。然而我国国有资本在投资该项目时却忽略了全球经济环境变化给东道国委内瑞拉可能造成的影响,以及该影响给整个投资项目带来的风险。此外,东道国的经济风险还包括东道国的金融风险。金融风险具有较强的传导性,从国家层面来说,就具有空间溢出效应,一个国家的金融风险很快会传导至相邻国家。因此中国对外投资在选择投资目的地时,不仅要考虑东道国的金融体系,还要考虑东道国邻国的金融体系。③其次,尽管"一带一路"沿线国家中存在一些低收入国家,而这些国家的金融风险并不会直接对我国向该国投资产生直接的不利影响。一方面,因为低收入国家金融本身并不健全,甚至尚未形成对实体经济产生影响的金融体系,另一方面,我国对这些国家的投资偏重于援助性质,受金融风险影响并不大。但是由于我国与"一带一路"沿线国家包括未来RCEP成员国经济联系日益紧密,这些国家的金融风险也会对我国对外投资产生不利影响。因此,我国需要与"一带一路"沿线国家包括未来RCEP成员国共同优化经济环境,防范金融风险。

2. 政治因素

东道国的政治因素主要包括两个方面:其一是东道国是否存在战争、政党更迭等重大不安定因素;其二是东道国政府的执政态度以及执政能力。前者是对外投资最需要重视的因素,因为当一个国家处于战乱时,经

---

①②③ 参见李婷、汤继强:《"一带一路"沿线国家金融风险对中国OFDI的影响研究》,载《国际经贸探索》,2022(3),36-50页。

济秩序、社会秩序都会荡然无存，更难谈投资收益。后者对境外投资也是十分重要的因素。例如，如果东道国政府对经济的干预程度决定了该地区经济自由程度，而这会直接影响对外投资门槛。此外，东道国政府的腐败程度也会对我国国有资本的境外投资产生影响，有学者通过研究发现，东道国的腐败程度对我国直接投资的影响与东道国本身腐败水平高低有关，如果东道国本身腐败水平较低，则当地腐败程度与我国直接投资呈负相关关系，而如果东道国本身腐败水平较高，则当地腐败程度与我国直接投资则呈正相关关系。[①] 除此之外，也有学者认为，在境外社会中存在的排华行为、南美国家的工会抵制等非境外政府行为也属于政治风险。[②]

3. 法律因素

东道国的法律体系是否健全也是影响国有资本对外投资的重要因素。一个国家法律体系如果健全，那么对国有资本对外投资的产权保护、投资项目合同的执行保障、对整体社会的秩序都会有一个较好的标准。然而如果法律体系不够健全，则产权、合同约束力等都难以得到有效保障。此外，东道国的法律体系越健全，那么国有资本在该国投资时受到政治干扰的可能性就会降低。在东道国的法律体系中，执行效率以及对域外判决、仲裁的承认与执行效率也是影响我国国有资本对外投资的因素。因为境外执行难是对外投资的重要障碍之一。实际上只要是跨境执行，都不免程序复杂，用时过长的问题。首先，在我国没有与东道国直接缔结或者共同参加的相关国际条约，或者按照互惠原则，可以直接请求东道国法院承认和执行的情况，在我国生效的判决想要到东道国执行，必须经过东道国自身的司法协助的程序。这种司法协助程序都需要级别较高的法院进行申请承认和执行。想要在境外执行，就必须经历从起诉到申请执行的漫长过程，会耗费大量时间与经济成本。其次，在有国际仲裁的情况下，想要在东道国得到执行，仍然会经历司法审查的程序。总体来说，中国对外投资想要寻求与东道国之间跨境监管合作，还是需要中国与东道国在建立信任的基础上，进行协商，建立常态化执法合作工作机制。然而从现实来看，这仍然是道阻且长的过程。

---

① 参见宋利芳、武晥：《东道国风险、自然资源与国有企业对外直接投资》，载《国际贸易问题》，2018(3)，149-162页。
② 参见钞鹏：《政治风险对中国企业对外投资影响的实证分析》，载《云南民族大学学报》，2012(4)，90-95页。

(二) 内部因素

1. 营利目标与公益目标的划分不清

不得不承认,当前中国仍存有较大体量以及较宽分布领域的国有企业,其定位首先会涉及具体行业和领域,但在演变进程中具体行业和领域却成为国有企业定位的标杆。如果我们承认公共利益需求是国家直接投资的目标,那么国有企业是否应当存在于某一行业或领域,就取决于我国目前经济社会发展阶段上的这些行业或者领域与公共利益之间关系的论证和评估,换言之,通过直接投资控制的行业或者领域的列举,只能取决于公共利益的需求而不是其他。① 而当前我国国有资本经济、非经济目标划分并不清楚,这对国有企业定位会产生影响,社会经济效率也由此降低。

第一,"政企难分"。从计划经济到市场经济,国有企业在中国国民经济中的作用、地位和任务发生了重大变革。国有企业的目标总是与经济、政治和社会目标相混合,这些目标经常变化,难以清晰表达。甚至在优先级别上也没有保持一贯性。例如,在计划经济时代,我们强调国有企业的经营为政治服务,国家直接行使权力,发布命令,在彼时几乎不存在国有资本对外投资的情况;在我国开始由计划经济向市场经济转型时期,国有资本便是国家控制转型方向以及转型速率的重要工具,也即国有经济承担了在转型时期继续坚持公有制经济的任务。而在我国经济增长速度开始出现下滑,产业结构升级面临阻碍时,国有资本便是国家维持经济秩序,维持社会秩序的重要工具。在市场经济发展较好,大多行业已经形成良好的竞争环境时,国有资本常常却因为不够稳定的发展目标而备受指摘。国有企业的目标含糊不清,使得运营者难以判断在何种时期实现哪种目标才属于企业的成功,其潜意识中会回避带有风险性的对外投资方式也就不言而喻了。

第二,"冗官冗员"。中大型国有企业,如中国长安汽车集团,就经营自己的第三产业,如学校、加油站、员工医院和宾馆等。此外还需要承担政府的工作,如计划生育、民兵培训、环境保护、人口普查、社区建设等。而且每项工作要求专员负责以保障经费专款专用,使国有企业机构林立、工作混同。国有企业肩负多重目标,承担多重责任,拥有众多社会职能,而这只会给经营和发展带来沉重负担。

---

① 参见徐晓松:《国家股权及其制度价值——兼论国有资产管理体制改革的走向》,载《政法论坛》,2018(1),171页。

第三,"缺乏计划"。我国国有企业改革的一个重要目标就是实现政企分离。然而,由于长期的计划经济影响,国有企业改革一直受到固有体制惯性的阻碍。例如,国有企业很难真正做到独立经营,自负盈亏。所以,国有企业改革一直都是对企业内部管理层面的小修小补,并未真正从体制结构方面进行变革,缺乏与市场机制的融合。而党的十八届三中全会以来,提出"发挥市场的决定性作用""深化国有企业改革的关键是规范经营决策,扩大资产价值,公平参与竞争,提高企业效率,增强企业活力,承担社会责任",这些要求都说明了国有企业对外投资的方向和任务。

第四,"制度架空"。国企目标模糊导致国企对外投资目的也举棋不定。将改革措施作为改革目标,如"厂"变成"公司","厂长"变成"董事长",都是新瓶装旧酒的做法。只有明晰国有企业对外投资的目的不仅限于体制结构的改革,而是要努力寻求中国特色社会主义制度下国有资本对外投资的持续性,才会使国企改革走出治标不治本的尴尬境地。

综上,尽管我国国有企业开始通过对外投资来实现在全球范围内的资源配置,但是由于我国国有企业在公益目标与营利目标中的固有混乱模式,国有资本对外投资仍然会出现资金错配、效率低下、缺乏竞争力等问题。未来应着力研究国有资本对外投资的投资行为及成效,以此揭示国有资本对外投资是否实现其设立目的,据此为整个国有企业改革提供方式依据。

2. 内部人控制现象严重

公司治理结构是公司内部权力结构的一种表现方式。合理的公司治理结构能够协调公司内部的不同利益集体。例如,大股东与小股东的关系,股东与董事的关系,股东与债权人的关系等。然而不合理的公司治理结构则会加剧不同利益间的冲突。公司制度发展至今,已经形成了相对稳定的一套制度安排,能够实现企业内部权力制约,能够通过合适的激励机制实现企业内部委托代理成本的降低等。但是在政企不分的国有企业中,企业的控制权要么异化为行政权力的拓展,要么由行政命令分配给上级指定的高管。因此,国有企业治理结构可以归纳为行政干预下的内部人控制。在这里,内部人控制意味着当公司为股东合法所有时,公司的内部人员(包括公司高管和员工)却手握企业的实际控制权,这种控制权包括决策权、财产使用权、剩余索取权等。"内部人控制"现象导致国有企业管理水平低下、公司内部治理乱象频发。

青木昌彦(Aoki Masahiko,1938—2015年)首先提出了"内部人控制"的概念,即"在私有化的情况下,多数或极大量的股权由内部人持有;在企业仍为国有企业的情况下,在企业的重大战略决策中,内部人利益获得有力强调"。① 据此而言,内部人控制表现为两方面:一是国企私有化进程中出现内部人争夺公司实际控制权的情况;二是企业保持国有性质不变时,内部人的利益得以高程度保障。当激励约束机制失灵、中小股东又无力监督之时,内部人控制现象贯穿于企业的各级组织和机构,包括一系列不同的环节,尽管一些控制活动只针对某一特定目标,但大部分控制活动都是相互联系融合的,如管理控制、预算控制、投资控制、运营分析控制、融资控制、内部审计控制和信息处理控制等。就如国企改革之时,大多时候是由原厂长或经理自己给自己操刀做手术,"避重就轻"致使改革不彻底的问题也常有发生。在原有制度构建中,厂长手中几乎掌握了国有企业生产经营的所有权利,后果便是董事会成员全是安排的亲信,故管理者和董事会成员一同违背、侵犯股东的利益和意志的现象也随处可见。

内部人控制现象是由于内部控制薄弱造成的。目前虽然有一种机制,即企业的内部审计部门专门负责,依靠内部控制评估测试来检查管控过程中的不足和漏洞,并向管理层提供相关的改善措施的内部控制自我评估机制,但由于我国国有投资公司评估标准不统一、报告质量良莠不齐、管理层不重视等问题,内部控制评估报告的有效性尚未得到显现化。一方面,鉴于目前中国国有投资公司内部控制评价缺乏可量化标准,披露的内部控制评价报告格式和结果个体差异较大。许多国有投资公司存在形式主义、内容简略、模板定式的问题。此外,大多数公司只是报告内部控制工作的某几个方面,很少坦然披露内部控制的缺陷,即使发现公司存在不足,通常也只会使用"经营重点不突出""相关内部控制活动不到位"等笔法来描述,由此导致信息使用者获得的有用信息量将大大减少。另一方面,在国有投资公司发布的内部控制评价报告中,责任主体混乱的问题并不少见。报告中有各种形式的责任主体,甚至在报告中都没有负责人署名。这也是内部人控制的表现之一,出现问题却无法查清谁来负责解决问题和承担责任,这不仅会打击公众股东对公司的信心,更会影响公司治理结构的可信度。

3. 对外投资抗风险能力弱化

一般而言,国有资本对外投资风险主要存在于以下四个方面:一是市场风险,即市场经济本身存在不确定因素,如供需变化、原材料上涨和下跌,造成投入与产出相偏离的投资损失以及被投资方不按照合同约定履行

---

① [日]青木昌彦:《对内部人控制的控制:转轨经济中公司治理的若干问题》,载《改革》,1994(6),13-14页。

相关义务的信用风险。二是金融风险,指由于汇率、利率和金融市场相关指数的波动而导致的投资成本变化所带来的风险。这里有两种情况:首先,贷款利率和汇率的上升增加了投资成本,降低了投资回报率;其次,由于银行贷款利率和汇率下降,造成前期投资者和后期投资者之间的投资成本不同带来的商品价格的差异。① 三是经营风险,由于目前国有企业管理水平较低,投资决策程序不完善,投资资金缺乏有效的监督,由此常造成隐性经营风险,该风险已成为国有企业投资中的常见问题。四是操作风险,即企业对外投资过程中实际操作人员能力不足导致损失的风险。例如中海油的期货交易巨亏事件,就是因管理人员对期货对冲交易风险认识不足,盲目操作导致。而造成投资风险产生的原因主要表现为:

第一,国有资本投资决策者的投资风险较弱。只凭领导喜好而草率决策,忽略市场经济规律、缺乏风险防控理念,对市场的变化未能进行准确的预测和判断。经济平稳时期无法暴露缺陷,但一旦市场发生重大变化,就会由于不能及时作出反应和调整,造成投资损失,甚至出现资金外逃、化公为私的衍生问题。例如"庄稼不收年年种",最后一切后果只能由政府替企业"支付学费"②,企业肆意争抢投资机会、轻视风险评估,在不考虑条件的情况下开发海外投资项目极可能导致公司失去海外投资的利好时机。

第二,缺乏科学分析和可行性论证。理论来讲,要使得一项投资方案被接受,收益的价值就必须超过成本的现值,但由于我国国有企业产权模糊、内部控制现象严重等问题,委托评估机构在利益和多方制约下,无法采取有效测量和风险预防的方法和手段,③更不可能借鉴国外投资者通常采用的定量、定性的科学分析方法进行调查研究。一个没有评估风险级数的投资项目即是造成国有资本损失的重要原因。

第三,缺乏事中事后监督机制。投资的失误不仅是因为投资缺乏必要的投资风险意识和可行性研究,还严重缺乏有效的投资项目监控机制。从企业外部看,尚缺乏完善的法律法规来防范投资风险,审批程序不健全,法律责任不明确,不能有效监督企业对外投资行为;从企业内部来看,投资实施过程缺乏有效的监督体系。由于企业内外监督体系的缺位,导致企业投资过程发生以权谋私的问题却束手无策。因此,在投资执行过程中,由

---

① 参见陆斌:《浅谈国有企业投资决策风险控制》,载《中国总会计师》,2013(3),129页。
② 参见郑春霞:《中国企业对外直接投资的区位选择研究》,151页,北京,中国社会科学出版社,2011。
③ 参见刘泉红:《国有企业改革——路径设计和整体推进》,222页,北京,社会科学文献出版社,2012。

于管理不善和监管不力造成人为损失,致使回报无法达到预期,这也是国有企业对外投资往往需要超出预算的重要原因。

4. 企业管理水平不足

我国国有企业对外投资容易陷入"加强管控—缺少活力—放宽管控—乱象迭起"的怪圈,陷入疏于管控而面临的种种危机和困境。总的来说,我国国有对外投资企业在管理创新上缺乏活力,管理水平距世界先进水平仍有差距。具体而言有以下几点:第一,成本管理意识不强。虽然绝大多数对外投资企业对建筑成本控制的意义有一定的认识,但是全员参与,全面、全过程控制的系统控制观念还不强,无法像发展较为成熟的一些公司那样,具有系统的、全方位的成本战略管理观念。第二,我国对外投资的国有企业大多属于大型企业,因此在组织结构上存在大型国有企业的通病:内部机构繁复、内部层级多、各部门各层级间职责不清晰、总体办事效率低下、风险控制能力不高,等等。尤其在一些特殊行业或者一些地方保护色彩较浓的地域,国有企业的发展相对民企更能得到优待,长久以来便造成一些大型国有企业凭借资产规模以及一定程度的地方保护进行发展,而不是真的拥有核心市场竞争能力。大型国有企业内部各自为政、自成体系,封闭发展。因而常常出现重大经营决策、授权委托书等未提交法律合规部门进行审核,或审核后个别的越权执行,然后因重大差错、失误、舞弊、欺诈而导致损失。第三,法律人才流失以及法律意识缺乏。相关经营管理行为未恰当履行相关法律程序或履行不当,可能导致企业正当权益受损。法律事务人员发挥作用不充分,特别容易出现项目先期尽职调查管理薄弱、对外投资相关合同管理不善,出现被投资方履约能力差等情况。

5. 治理结构差异性大

国有企业对外投资除了要注意本国母公司的治理结构,还需要特别注意境外子公司的治理结构。这其中涉及子公司治理结构的设置问题、母公司与子公司之间因为环境不同而产生的差异协调问题。[1] 基于委托代理机制,国有企业内部权责不清、效率低下的缺点在对外投资中会被放大。第一,国有企业在向境外投资过程中,除了需要向国资委负责,还受到商务部、外汇管理局的管理,这些部门对国企对外投资的管理及监督上可能存在冲突与相互推诿的情况。因此国有企业在对外投资中,在委托代理的第一个代理链条中就存在"委托人"权责不清的情形,更遑论子公司的结构治

---

[1] 参见庞德良、李佐指:《中国国有企业对日本投资的困境与对策》,载《现代日本经济》,2020(4),61-74页。

理。第二,国有企业投资的境外子公司不同于境内子公司。由于客观地理距离上的差距以及经济环境、法律环境上的区别,境外子公司很难向境内子公司一样无阻碍地向母公司汇报经营状况、财务状况等。第三,国有企业对外投资的子公司中,存在大量"内部人控制"行为。在市场经济活动中,经济主体主要根据"成本—收益"两方面来进行行为的选择。当失信行为的收益大于失信行为的成本,经济主体就会主动选择失信行为。但是,市场经济并不必然导致失信行为的泛滥,在完善的市场条件下,自利行为将导致利他结果,只有市场条件的不完善才总是伴生失信行为的盛行。在经济活动中,对对外投资的国有企业来说,市场不完善的主要表现之一即是母公司与子公司间的信息不对称。

四、国有资本对外投资的制度保障

(一)国有资本对外投资的风险意识强化

有学者统计,80%的国有企业对外投资都是投资战略性资源领域,因此必然会导致别国的质疑,从而增加政治风险。[①]从规避风险的角度而言,国有资本需要特别注意避免在存在内部冲突、宗教纷争的国家进行投资。然而,现实中,大多数资源丰富的诸如埃塞俄比亚、阿富汗、尼日利亚、委内瑞拉、缅甸等国家,都存在着上述政治风险。我国国有资本在这些国家的投资也并没有因此减少。实际上这就与我国对外投资的目标有关。由于我国工业经济的发展需要大量的石油、天然气、铁矿、铜矿等资源,国内相关能源资源供给又严重不足。因此,通过投资能源国家的项目来弥补我国在资源、能源上的缺乏就是国有资本对外投资的目标之一。于是,尽管这些国家的政治风险较大,我国国有资本依然会选择进入投资。我国需要在外交上尽可能地为国有资本对外投资提供帮助,降低东道国政治风险对我国投资项目的负面影响。具体包括,与东道国签订双边或多边协议,塑造良好的国家形象,通过投资+援建的方式帮助东道国建设基础设施等。我国国有企业内部也应当建立相应的风险防范措施。具体包括建立政治风险评估体系,健全海外投资风险管理体系,建立海外投资保险制度,实现投资分散化等。[②]由于市场变化的不确定性,投资者不可避免地会面临一些风险。但随着投资者应对风险的手段和控制风险偏好的不同,可以减少甚

---

①② 参见钞鹏:《政治风险对中国企业对外投资影响的实证分析》,载《云南民族大学学报》,2012(4),90-95页。

至避免许多风险。只要建立科学的预防和控制投资风险体系,就有利于尽量减少和规避企业的投资风险。

首先,对外投资的国有企业必须先提高自身的风险防范意识,对于东道国的各种可能影响投资项目的风险因素都必须进行深入调研。例如,东道国的市场供需情况、消费习惯、银行利率等指数。在进行可行性研究和预测风险时,准确地判断和分析市场风险,并深入分析投资产品的当前供需状况和市场前景、同一产业竞争对手情况、内外部商业环境、公司抗风险能力、是否能形成企业核心竞争力、贷款利率和汇率的变化等至关重要的信息。通过对市场的分析,才能对该投资的市场占比和风险点有清晰的认识,使公司的投资是基于可预测化的基础上形成的。

其次,建立预防和控制风险的监控机制和管理体系。投资过程也是一个风险预防过程。国家可以在法律法规层面出台相应的国有资本投资风险管理规则。一方面,在规则指引下,国有企业能够建立合理的、权责统一的风险控制制度,防止投资决策过程中出现的部门推诿、缺乏调研等情况的出现,对重大项目的投资实施严格的规划与审批程序。另一方面,合理的风险控制制度也能够为国有资本对外投资决策者提供避风港,消除国有资本内部机构因为害怕担责而出现的推诿、过度保守等情况。通过建立内外部风险防范机制,可以从管理和制度上有效控制投资风险。

再次,建立严格的风险投资责任制。一些国有企业的投资失误往往与投资者责任不明和监督者缺位有关。为预防和控制投资风险,一个重要的措施是从法律和制度基础上建立投资风险责任制。第一,有必要澄清各部门投资管理的责任,并进行定期评估。企业员工应严格遵守分级授权制度,未经允许不得越权。第二,应对投资效果进行严格的审计和评估。投资执行过程的每个阶段都会定期进行审查,奖赏分明。第三,采取必要手段促使投资风险责任制有效实施,除了主要负责人对投资决策失误的行政责任,对因故意或重大过失给企业造成重大经济损失的,还应追究刑事责任。

复次,建立严格的东道国考察制度。产业转移是我国未来经济发展的目标之一,而能够实现这一目标的主体就是企业。在全球化背景下,国有资本对外投资是落实产业转移的重要手段。从宏观角度看,产业转移属于一种嵌入经济。例如将我国过剩产业转移到其他国家,实际上就是将我国过剩产业嵌入其他国家的产业链中。因此能够成功转移的必要因素就是所转移的产业必须能够嵌入其他国家的产业链。所以从微观角度来看,企业对外投资能否成功的重要条件就是东道国是否有承接被投资项目的条件。当东道国的条件越符合我国对外投资项目的特点,经济风险就越小;相反,当东道国的条件越不符合我国对外投资项目的特点,经济风险就越大。以中国中铁投资委内瑞拉的高铁项目为例,委内瑞拉作为高铁项目承接国,其自身并不具备运营超长铁路里程的条件,这是委内瑞拉高铁项目最终被搁置的重要原因。高铁项目能够营利的因素包括:第一,前期投资资金量大;第二,沿线有较大人口规模;第三,沿线经济需要一定程度的开发规模。然而在委内瑞拉经济衰退的背景下,三个营利因素均不理想。首先,委内瑞拉在2008年金融危机后,经济衰退严重;其次,委内瑞拉高铁项目沿线人烟稀少,只有两段有较大城市;最后,委内瑞拉高铁项目沿线经济开发程度很低。因此最终在委内瑞拉缺乏建设资金后,政府首先喊停了该高资金投入的项目。上述案例的情况就是我国国有资本对外投资时,缺乏对承接国需求情况进行充分考察的结果。除了该案例表现出的需求情况,我国国有资本对外投资时,还需要对承接地生产要素情况、相关产业潜力情况、市场化程度等要素进行深入考察,并在考察基础上得出一个综合性的风险评估结果。其中,主要考察要素可以包括以下几方面:第一,生产要素情况主要考察东道国的劳动力储备、土地供给、技术条件。第二,需求要素情况主要考察东道国项目需求主体数量、长期需求习惯等。第三,东道国的相关产业潜力情况主要考察本地产业的运输成本、相关产业的聚集情况等。第四,东道国的市场化程度主要考察当地的知识产权保护体系、社会信用体系、金融信贷体系(是否有相关限制)等。总之,国有资本在对外投资时,根据拟投资项目自身特点来选择承接地(东道国)能够有效降低投资风险。

最后,根据企业异质性选择东道国。对外投资国有企业的异质性也是考虑项目承接地(东道国)的重要标准。国有企业自身的异质性因素主要包括两个。国有企业异质性的第一个标准是劳动密集型或资本密集型,劳动密集型企业对外投资实际上就是产业转移的一种表现。因为对外投资是劳动密集型的企业开拓海外市场和降低生产成本的实现手段,因此会有规模较大的劳动密集型国有企业对外进行投资。对于这类企业对外投资尤其需要考察项目承接地(东道国)的税率水平、劳动力供给、劳动力成本、地理距离、文化距离等因素。这些因素会直接决定劳动密集型企业的生产成本能否降低,如果在对外投资劳动密集型项目时,对上述因素考察不深,就会造成较大的投资风险。相反,如果是技术密集型国有企业,那么对外投资的需求则与研发因素和自然资源因素有关,因此对于这类企业对外投资尤其需要考察项目承接地(东道国)的市场规模、技术条件、资源条件。国有企业异质性的第二个标准是企业项目是否为出口贸易项目。如果对外投资的国有企业本身是出口贸易型企业,那么其对外投资有一个很重要的目标就是开拓开外市场。因此,企业投资项目如果与出口贸易有关,那么项目承接地(东道国)的市场规模、产业聚集程度、消费水平、需求习惯、税率水平、文化距离、地理距离就是需要重点考虑的要素。因为这些要素会直接影响该投资企业的海外市场开拓目标能否达成。相反,如果对外投资的企业所投项目与出口贸易无关,那么就更有可能是大规模的基础建设项目或者资源合作项目。对于这些项目是否能够成功则更多依赖于该国经济整体情况,例如东道国经济支柱产业发展是否正常,东道国的金融系统是否存在较大风险等。因为东道国的整体经济情况与大规模投资有很强的联系,一旦国家经济衰退,将无力继续大型基建项目。这种结构就会导致国有资本完全无法收回。委内瑞拉高铁项目的搁置就造成我国国有资本亏损高达 75 亿美元;2017 年"新马高铁"项目导致我国投入的千万美元国有资本全部亏损;2011 年中海外波兰高速公路项目亏损 3 亿美元。[①] 因此,对于非出口贸易类投资,由于本身就属于高风险型对外投资项目,一旦投资失败就完全无法收回先期的高额投资。所以这类企业在投资时就特别需要注意东道国本身的经济状况。

在经济全球化和开放的背景下,资本和劳动力的流动性大幅增加。制度机制较好的国家可以更好地吸引资金和人才,实现生产要素的积累,抓住竞争优势。该系统的竞争力体现在活力、效率和灵活性上:活力是动员和最大化微观主体热情的能力;效率即社会资源是否可以科学合理地配置;弹性即抵御冲击、自我修复的能力。[②] 国有企业改革步伐越来越牢固,制度更具竞争力,国际竞争优势会更加凸显,国有资本对外投资是维持和增加国有资本价值的重要手段,也是国有资本投资效率和规范体系的有力保障,其中对外投资的风险管理和控制是实现国有资本保值增值目标的重点。

(二)国有资本对外投资领域区分下的个性化投资目标制定

国家的政策以及规划会对我国对外投资活动产生影响,这种影响主要发生在民营企业上。例如在 2015 年前,民营企业对外投资金融远远小于

---

① 参见梁宇鹏:《我国海外投资的资产专用性风险及规避机制——以"一带一路"沿线国家基础设施投资为例》,载《对外经贸实务》,2019(2),43-46 页。
② 参见徐忠:《新时代背景下中国金融体系与国家治理体系现代化》,载《经济研究》,2018(7),7 页。

国有企业,但是 2015 年后,随着国家"一带一路"政策落地,民营企业整体对外投资比重急剧上升。当然,国家政策也仍然会对国有企业产生相应的影响。在国家对外投资有特定战略目标时,主要由国有资本承担和实现,因此在这种情况下,国有资本的投资资金相对充足,而国有资本的投资回报却不一定高。但当国家对外投资的政策转向市场化改革时,国有企业的对外投资资金就会缩紧,而国有企业就会在全球范围内优化自己的投资使收益提高。① 由于国家的政策以及规划会对国有资本对外投资活动产生影响,国有资本缺乏营利目标导向的问题便可以此为方法进行改善。

在综合考虑国企和国有资本各种目标的情况下,当前阶段下国企首要的目标选择应当是效率,故国有资本对外投资也应当追求效率。首先,社会历史过程和经济研究表明,满足人们需求的物质资源是有限的。生产满足社会需求的产品是企业生存和发展的必然方向和基础,②如果要发挥市场在资源配置中的决定性作用,代替人为操控的方式应是在法律允许的范围内发挥资本逐利性使其自动流向具有更好利益的领域。以往的计划经济时期,正是忽视这一规律从而造就了一个僵化的体系,也是改革的症结所在。其次,中国加入 WTO 后,我们必须明确国企的目标就是效率。仅仅活在国家精心保护的"襁褓"中是无法生存的,国有企业必须具有同国际竞争对手相同的目标和实力,其行为必然需要追求效率,否则在国际竞争中就会遭遇失败乃至淘汰。最后,关于最具争议的非经济目标与经济目标的协调,为简化论述,仅就非经济目标中代表性的社会责任和经济目标中具有代表性的企业回报率作分析:许多人认为国企是特殊的企业,应当将社会责任置于经济利益之前,甚至有人认为国企经营与民争利是不道德的。这恰恰是错误的想法,在现代社会中,一个没有效率的企业无法创造利润,仅靠国家补贴肯定无法在市场竞争中立足,而企业承担社会责任的最基本前提就是企业存续,倘若企业经营效率低下致使连年亏损、濒临破产,连自保都困难,社会责任又何从谈起?因此,除特殊情况外,国企的首要目标应是效率,在具有一定程度的效率后,才有余力承担其余社会责任,实现非经济目标。

就国有资本对外投资而言,同样需要强调其效率,这意味着国有资本要撇开前期成见,敢于进入营利性、竞争性行业,这是基于国家要使属于全

---

① 参见张建伟:《经济不确定性与企业对外投资》,载《会计之友》,2019(10),83-89 页。
② 参见杜小伟、王杰芳:《国有企业市场目标和社会目标相融的可行性分析》,载《中小企业管理与科技》,2009(6),108 页。

体人民的资产保值增值,要使许多已处于苟延残喘状态的国企重焕青春,以更好地承担属于它们的社会责任的要求。当然,市场的追求不仅仅是效率,还有公平。因此国有资本投资在讲究效率为目标的同时,绝不意味着利用权力寻租或信息不对称下强行扭曲市场经济规律,与民争利也要正大光明,效率加上公平才成为国家经济发展的先驱。

(三)国有资本对外投资程序的规范性

对于国有企业对外投资时遇到的内部控制等相关问题,所能改善的具体建议主要表现为以下几点。

1. 打造新型国有公司的控制环境

好的内控环境不仅是健全和完善国有公司内部控制的关键和基础,而且还影响着公司运营目标和战略目标的实现。为贯彻落实党的十八届三中全会"深化投资体制改革,促进国有企业完善现代企业制度"等国家政策,打造新型国有公司的控制环境可以从以下方面入手:第一,新型国有投资公司应尽快改变国有股"一股独大"的问题。一些国有投资公司中国有资本占企业实收资本的比例高达95％甚至更高,民营、集体和国外资本等非国有性资本所占比例不足5％。国有股"一股独大"严重制约国有投资公司提高投资效率,不利于建立合理有效的内部制衡机制。第二,新型国有公司应逐步淡化行政级别的影响。当前,我国大部分国有投资公司的董事会成员或经营管理者,依照相应的岗位级别可以享受国家公务员待遇,业绩考核的评判标准也与公务员大致相同。不难看出,这种政企不分的局面导致国有投资公司管理者的价值取向不可避免地偏向行政晋升和个人政绩考核等非市场化因素,这将严重影响国有资产管理体制的改革和发展。因此,淡化国有投资公司的行政级别理念,能促使公司更好地参与市场竞争。第三,新型国有投资公司应优化公司治理结构。国有投资公司应建立市场化用人机制,即职业经理制、激励约束机制和投资追究责任机制,深化内部管理人员绩效考核指标市场化评价体系,强化国有资本管理投资问责制度。第四,新型国有投资公司应重视企业文化建设。管理层应关注培养员工共同的价值观和团队精神,通过传递和提供道德指引可以为公司营造一个良好的道德氛围。

2. 加大投资控制的执行力度

国有投资公司的投资控制主要包括三个步骤:投资决策、投资管理和投资退出。

第一,在投资决策方面,国有投资公司应建立投资决策内部控制体系,做到科学规范决策,防范投资决策失误带来的国有资本损失。决策是否合理直接决定了投资业绩,而成功的决策取决于决策是否科学、民主和规范。企业的投资部门应通过组织专业人员,或委托中介机构对投资项目进行全面评估,客观充分预计和掌握项目投资的回报与风险,提出可供参考的投资方案;决策者在充分研究的基础上,进行认真、谨慎的决策,广泛听取各个方面专家学者及企业员工的合理建议,避免仅仅依照管理层偏好就左右项目进程。同时,法律工作者要严把投资计划和公司制度的制定关,完善有关规章条款,防止法律漏洞的出现,有效保护出资人的合法权益。

第二,在投资管理方面,坚持以管理为龙头,加强对下级控股投资企业的监督管理。国有投资公司在制定对外投资政策时,应首先避免投资行为的盲目性和投资收益的短期性,并确保公司的投资项目是有计划有经济效益的活动。投资政策一方面要适应国有投资公司的行业特点和企业未来的战略发展,投资方向的确定也要在国家产业政策的领导下,符合国有资产监督管理部门关于主导产业政策的有关规定。另一方面,企业投资规模要控制在公司可承受范围内,主要涉及投资资金的融资能力、项目管控能力、风险损失的抵抗能力等。其次,合理制定投资政策后,国有企业要尽快构建完善的投资管理系统,对投资活动不仅要从决策时期进行管理,对项目的后续进展也要及时跟进,一有异常立即汇报,并妥善处理。

第三,在投资退出方面,尽快建立健全投资退出规章制度,坚持公开化、透明化,谨防程序缺失和资产损失带来的经营风险。定期开展对投资项目剩余价值的评定,对于那些长期处于亏损状态、资不抵债或未来无法实现企业投资目标的投资项目进行审查核实,采取适当措施,必要时根据相关程序处理,以尽量减少投资损失。当投资项目预期收益的现值低于其处理可回收价值时,追加投资便失去原有的项目意义,企业应当及时将该项目投资转让变现。

3. 提高自我评估工作效果

内部控制自我评估作为国有投资公司监管控制风险的重要工具,一方面使得内部审计人员能够利用有限的审计资源提高工作效率和工作质量,获取更多的内部控制信息,从而提供更加客观全面的审计报告;另一方面使得管理人员能够明确管理责任,调动其工作积极性,同时提高风险管理意识,逐步从消极的事后评价与补救向积极的事前预防与监控转变。因此可以从以下几个方面着手改善。

第一,国有投资公司监管部门应出台专门针对内控自我评价报告的规范文件,规定评估报告的格式、内容、标准以及违反责任。尽快转变公司内控评价报告质量参差不齐的现状,使其标准统一、形式内容上不再贫乏空洞。此外,监管部门要明确企业内控自我评估报告的责任主体,说明其对报告内容真实性应承担的法律责任,这样不但有助于避免责任主体之间相互推卸责任,也能够使他们更加客观谨慎地对外披露内控自我评价报告。

第二,要寻找适合我国国有投资公司内部控制实情的评估方法,绝对统一的评估方法并不适用于所有国有投资公司,管理层应当因地制宜,根据各自不同的企业文化环境,选择合适的方法,才能达到比较理想的效果。

第三,加快专业内部控制自我评估员的发展,提高专业素质。内部控制自我评估工作主要由公司内部审计人员完成,大部分内部审计人员仍缺乏全面的系统内部控制评估经验。只有将相关工作人员的职业素养提上去,才有可能提高相关报告的专业性和可信度。

(四)加强境外子公司制度建设

1. 完善境外子公司的公司治理结构

通过建设境外子公司的公司治理结构来加强境外子公司信息反馈的时效性。应当加强境外公司股东会、董事会以及监事会对公司经营决策、决策实施等方面的实际作用,尤其是避免经营者占据过多的董事会席位。防止因为地理距离、经济环境、法律环境的不同而产生较大的信息不对称情况,并尽可能地减少"内部人控制"行为。

2. 提高境外子公司决策层对法律事务的认识,树立企业全员法律风险意识

企业员工,尤其是企业内采购部门、主要业务部门以及法务部门的员工,对于法律风险的积极防范是企业能够长期稳定发展的重要因素。对于接触物资采买、对外授权、合同签订等容易引发纠纷事项的企业员工,必须需要具备相应的法律知识,尤其是东道国内较为特殊(与我国相关规定存在差异性的内容)的法律规定。

3. 加强境外子公司的日常合同管理

合同管理是防范企业法律风险的基础,是法律事务工作的重中之重。良好的合同管理制度是减少"内部人控制"的重要途径。一是可以根据东道国的法律制定并下发与生产经营相关的《合同示范文本》,可以在一定程度上减少缔约风险。二是董事会、监事会要监督经营者抓好合同管理制度的落实,严格合同法律审核。三是境外子公司的法律事务部门应当本着防范在先的原则,超前介入,积极参加劳务、物资和设备招标活动,重大合同评审、商务谈判、投资、合作项目前期调研等项活动,认真把好合同风险控制关。

第五章 国有资本运营之退出制度

第一节 国有资本退出制度概述

市场机制调节下,资本以利润最大化为目标,通过新建、扩建、出售、破产等方式控制自身规模,实现了资本进入和退出的长期均衡。尽管中央提出了"国有经济有进有退"的改革方向,但国有经济调整的实践显示,国有经济的退出步伐依旧停滞不前。当前,产能过剩的直接表现就在于资本进入易、进的多,而退出难、退的少,国有资本的增量和存量之间失去平衡,配置机制失去效力,产能在增加而需求又基本处于稳定、饱和状态。在某些行业和领域,一些企业可能早已资不抵债或处于低收状态,却不能退出,大而不倒。因此,需要以对国有资本所面临的诸多阻滞进行系统梳理为基础,提出国有资本存量优化方案。

一、国有资本退出制度内涵

国有资本退出制度是指在市场经济条件下对国有企业的产权结构、生产要素组合和资产债务处理等进行必要调整,推动国有资本退出市场的功能设置与综合运行过程。与国有资本出资一样,国有资本的退出是国家调节经济的一种方式,有出有进才能让国有资本不断地流动循环起来,真正实现盘活国有资本。所以,国有资本的退出不是国有资本出资的对立面,而是和国有资本出资一起形成了国有资本运营的一体两面。国有资本退出的目标和出资目标相似,都是为了更好地调节社会经济发展、组织纠偏区域经济协同,实现国有资本的保值增值。如果国有资本只进不出,则有可能出现国有资本的流失以及区域国有资本的产能过剩等问题。多年来,实践表明国有资本退出运行得并不顺畅,这其中除了对国有资本退出认识不足的主观因素,也有国有企业发展改革仍处在初期的客观条件限制。但是,随着社会主义市场经济体制改革的深入,对国有资本运营体制的评价标准不仅应当关注其进入机制,更应当将视线放在退出机制上。此种"退出难"严重违背了市场经济的基本规律,阻碍了经济的发展。所以,如何使我国国有资本退出机制适应我国国情所需,配合社会主义市场经济建设,构建国有资本退出机制意义十分重大。只有构建了完整的退出机制,才能够形成有进有退、进退有序的完整的国有资本循环体系。

国有资本退出制度的体系化构建,始终要把控两大方面的目标,既要保证国有经济的主导性优势地位,同时又要激活社会资本活力。具体而言,国有资本退出制度的构建需要从以下几个方面考虑:首先,要明确退出的标准是什么,不同领域之间的界分标准和限度又有什么区别。尤其是明确国有资本退出机制的特殊性体现,即国有资本的资本退出同私营企业的市场退出区别以及如何把控政府在退出中的介入限度。其次,在以功能区分为基础的类型化思路前提下,不同类型的国有资本应采取何种退出路径。目前的国有资本市场退出方式多具有彻底性,过于单一。因此如何构建更多元化的退出机制,不同路径的合理性和必要性为何,不同类型国有资本的退出机制内容存在什么差异,这都是值得进一步考虑的问题。再次,国有资本退出的系统性制度构架法律体系问题。如何在服务国有资本整体布局的同时,与当下的立法体系衔接过渡,在《企业国有资产法》《公司法》《合伙企业法》《全民所有制工业企业法》等法律中完善国有资本退出机制,既保证其特殊性也要尊重现有公司企业的基本制度。最后,在国有资本的退出环节中,如何通过构建国有资本退出机制实现国有资本的再运用,而不是对劣质资产的简单清退,即如何提高市场资源配置的流动性。这主要是为了解决如何降低退出行为所带来的负外部性钳制(如财政收支失衡、职工失业、社会保障开支增加等),减少国有资本退出的后顾之忧。

国有资本的退出,从狭义的理解是国有资本的收回,但是也可以理解为国有资本控制权的退出,对公司经营治理的退出。在广义的理解上,国有资本的退出不仅包括了自有资本的退出行为,也包含了引入新的民营资本的行为。因此结合《公司法》关于公司股东想要主动地退出投资的相关规定,国有资本的主动退出有三种方式:第一,股权转让;第二,股份制改造;第三,解散清算。同时还存在公司因经营不善,国有资本被动退出的可能。因此,可以将国有资本退出的方式分为两类:一类是非解散视野下的国有资本主动退出,主要包括股权转让、定向减资;另一类是解散视野下的国有资本退出,分为主动的清算解散和被动的破产清算。通常情况下,股东退出公司治理,是以经济指标作为主要标准,与公司经营业务前景和经营状况相关。而国有资本的退出,却不仅仅只涉及经济因素的考量,还要受到政策扶持、产业结构调整、行业治理等多方面的因素。也就是说,国有资本的退出标准、退出方式、退出程序等方面均与一般的股东退出存在差异,国有资本退出机制的构建,需要考虑政治、经济、社会稳定等多方面因素。①

二、国有资本退出制度的功能

在加入世贸组织后,我国在积极地顺应经济全球化、一体化大趋势,从而导致国有经济亦面临着来自外部的竞争、挑战,为顺应这一挑战,完善市场体制机制显得尤为必要、急迫,作为市场经济重要一环的国有企业更应当起到良好的示范效应。实现市场对社会资源分配的决定作用是完善社会主义市场经济体制的核心内容。随着改革的不断深入,市场机制在经济发展中已经起到关键作用,但其仍需要完善,尤其是在国有企业资源配置问题上市场关键性作用体现得不明显,最突出的表现即国有资本在市场活动中退出难问题。市场经济的本质即通过价值规律推动市场主体之间的竞争,这种机制不仅可以对竞争者起到激励作用促使其做大做强,还能够包容竞争中被淘汰者适时退出市场。② 国有资本退出机制制度的构建必须要服务于国有资本运营的整体布局,发挥经济调整功能。其主要呈现两方面的功能:一是要解决清退不存在市场活力的国有资源浪费的问题,二是对市场充分竞争行业的退出。

(一)充分竞争市场领域还利于民

处于完全竞争市场的商业类的国有企业,以营利性为主要特征,在国企改革的类型化分类中,这类企业最需要自主经营,政企分离。充分竞争市场中定价机制是根据供需关系决定,能够实现资源配置的最优解。在这样的条件下,国有企业的竞争优势并不明显,反而有很多限制。如在外在竞争方面,国有企业在充分竞争市场盘踞可能因为政府的自我利益需求过渡干预市场环境,破坏市场公平,形成地方保护主义或者行业垄断;在内在治理结构方面,充分竞争的市场中国有企业的委托代理成本过高,相较于民营反应更为缓慢,并不划算。因此国有资本应该着眼长远发展,加强对国家安全和国计民生相关的重点领域投入,在充分竞争领域要向全社会开放,吸引民营资本投入,实现多元化产权和国资民营合作的结合,使得充

---

① 参见寇伟:《国有资本退出的综合成本及退出机制》,载《改革探索》,2003(12),4-5页。
② 参见郝书辰、田金方、陶虎:《国有工业企业效率的行业检验》,载《中国工业经济》,2012(12),69页。

分竞争类行业中的国有企业实现真正的独立经营、公平竞争。

早在党的十五届四中全会就已提出有进有退的国企改革方针,近年来的改革实践进一步证实了国企应当退出充分竞争性领域。虽然从目前看来仍有大量国有企业处于充分竞争型领域且经营状况良好,但这是建立在国有资产的浪费和大量国有企业倒闭的背景之下的,这意味着这些国有企业的经营状况不具有代表性。反之,检视这些企业的经营,无非是恰好占据了地理位置优势,或者遇到了人才优势,是具有偶然性的。[①] 甚至从资产增长和产业利润的角度来看,竞争领域国有企业的资产利用率并不算高,这不仅无法借鉴其经营经验,甚至民营资产在同等条件还可以做得更好,因此国有企业的市场表现效益指标一定程度上是不如民营企业、外资企业的。因此国有资本退出充分竞争领域,也是服务于优化国有资本配置,调整社会经济产业结构,实现产业升级等基本目的应有之意。

(二)清退低效资产以提升资本的利用效率

资本的应用效率不仅仅关注资本的管理运营,更要关注资本的清退,去腐存真,断臂求生。国有企业发展至今,部分企业无法跟上市场改革的步伐,长期经营亏损,难以为继甚至靠政府补助维持,这部分企业的股权不仅无法给国有资本带来收益,甚至会造成更多的国有资本浪费。对于这部分国有企业的处理,如何实现国有资本的平稳退出则成为重要的课题。开放地对待市场主体的进退即市场机制的本质,正视这一机制才能使资源利用效率最大化,提高市场活力。因此,市场机制这一调节功能必须完善。国有企业目前实行的是自主经营、自负盈亏的模式,这在很大程度上能体现市场主体的自主竞争,但是这种竞争主要体现在进入市场之时以及经营过程中。而市场强调的是优胜劣汰,"优胜"无论是在国有企业还是非国有企业都体现得非常明显,但是"劣汰"在国有企业这一市场主体中体现得并不明显,其突出表现即国有企业在出现经营困难时,基于一系列非市场原因,不能自由地退出市场,宣告破产之路困难重重。这导致市场竞争结果在国有企业这一主体上得不到真正的体现,市场竞争在这一环节变得扭曲。一方面由于国有企业很难被淘汰使得其变得没有约束,从而导致国有资本运行效率低下;另一方面,由于缺乏被淘汰的压力使得其缺乏动力,导致企业的经营缺乏应有的活力,而且国有企业是国有经济的重要组成部

---

① 参见朱克力:《国企应主动退出竞争领域——采访国资委专家卫祥云》,载《中国经济报告》,2015(4),36-40页。

分,其占据了大量的资源,若不用遵守市场规律优胜劣汰,将对非国有经济形成制约,导致市场严重的不公平,从而会挫伤市场作用的充分发挥,阻碍整个市场经济的良性发展。① 所以,应当尽快完善国有企业的市场退出能力,使其能在市场的驱动下及时地退出市场,规范国有企业的市场行为,完善社会主义市场经济体制。

此外,清退无效资产和低效资产,清理僵尸企业,助力于供给侧改革是近年来国有改革的一大目标。② 国有资本运营机制的重心在于"管资本""融、投、管、退"是资本流通的基本环节,不仅各有侧重,不能割裂对待,而且每一环节均需得以重视。因此无论是国有资本投资公司还是运营公司,无论是股权投资管理模式还是产业金融资本运作模式,都离不开资本运作的基础逻辑,最终也都是为了国有资本分布优化和国有资本利用效率提升服务的。③ 基于此,目前国有企业改革通过布局优化与结构调整,完成了一系列战略性、专业性的重组和整合,有序清退低效、无效资产。在全国范围内已处置完成"僵尸企业"2.5万家,处置率达95%以上,为中央企业相关的重点亏损子公司三年减亏83.8%。④

(三)"用脚投票"来行使出资人权利

国有资本的运营一直强调建设存粹的出资人制度。在私法层面上,国有出资人的身份即国有企业的出资股东,当然很多国有企业在股权配置上,国有资本都是控股股东或大股东。而出资人制度的建设方向应是具有资本运营现代化、高流动性的和一定投资回报率的国有资产配置。⑤ 国有资本投资公司的运作模式中也包含了成立金融基金、行业基金等运作模式,这说明目前以及未来很长一段时间,国有资本可以成为参股股东甚至是中小股东。股东参与公司治理在管理学上有两种方式:一种是积极主义,通过选任公司管理层、决议公司经营事项参与公司治理;另一种是消极主义,即"用脚投票",只在意公司运营的结果,对结果不满意便离开。一

---

① 参见洪功翔:《国有企业存在双重效率损失吗——与刘瑞明、石磊教授商榷》,载《经济理论与经济管理》,2010(11),29页。
② 参见闫同湛、曹春芳、董树志等:《推动国有企业高质量发展的调研报告》,载《国有资产管理》,2022(02),57-65页。
③ 参见徐文进:《"管资本"功能视角下国有资本投资运营公司研究》,载《东吴学术》,2020(05),123-128页。
④ 王璐:《三年行动步入收官年 国企改革靶向攻关》,载《经济参考报》,2022年1月18日,002版。
⑤ 参见张文魁:《绝大部分国企都应民营化》,载《福建工商时报》,2012年5月22日,006版。

般来讲,机构投资者都是消极主义股东,不主动参与公司治理。现有的国有资本投资、运营公司的本质和机构投资者类似,在国有资本投资参股部分行业领域,类似于天使投资人的角色,必然有得有失,对于不再看好的项目通过资本市场的运作规则退出,也是合情合理的。国有资本运作的未来发展,在一些行业领域必然走向存粹的投资与被投资关系。有学者就提出,中小股东在与控股股东目标不一致的情形下,"用脚投票"能够有效降低代理成本。① 所以,国有资本的监管不仅可以通过提名选举董事、监事来实现公司治理(对于国投运公司来讲,这一程序是委派合适人选参与资本运营的监管),也可以通过"用脚投票"行使股东权利,② 尤其是国有资本不是控股股东的市场竞争领域。

第二节 非解散视野下的国有资本退出

非解散状态下的国有资本退出,通常是为了实现国有企业的市场化改革,实现国有资本从充分竞争行业的逐步退出,这将成为国有企业混合所有制改革的常态。国有资本的退出,是广义的从公司经营的退出,是从一股独大的控制权中退出,所以不仅可以使效益差的企业退出,也可以是从高效益的企业中退出,还利于民。国有资本的退出,尤其是非解散视野下的资本退出,更多目的是实现政企分离,实现国资委的监管身份和出资人的股东身份的公私分离。同时也是服务于国有企业的结构性调整,推动产业升级,化解产能过剩等问题的重要路径。从《公司法》的视角来看,国有资本非解散退出路径主要包括产权转让和股份制改造。此外,还包括资产租赁、托管经营等特殊的退出路径。

一、产权转让

产权转让是指两个及其以上企业,基于买卖等双方行为将其财产的所有权及支配权合并,货币价值由卖方享有,买方企业享有转出财产的所有权及支配权。根据《企业国有资产交易监督管理办法》,国有资本的转让行为需要履行相应的批准、审计、评估等程序,并在产权市场公开转让。产权转让的一般程序是:首先,企业内部应当按照章程规定形成书面决议,国

---

① 参见高燕、杨桐、杜为公:《全流通背景下非控股大股东"用脚投票"发挥治理效应了吗》,载《江西社会科学》,2016(10),73-80 页。
② 参见罗华伟、于胜道:《顶层设计:"管资本"——国有资产管理体制构建之路》,载《经济体制改革》,2014(6),130-134 页。

有资本代表形式表决权通过产权转让方案；其次，将股东会表决通过的方案提请国有资本出资机构批准；再次，经批准后进入审计评估、决议公告等转让程序，通过竞价方式确定产权交易；最后，签订转让合同，变更产权登记。

竞价转让能够在一定程度上避免暗箱操作所产生的国有资产流失问题。当然，要想使得国有资产转让实现保值增值的同时保证转让后企业的持续经营发展，此时不仅要加强监管以及遵循公开竞争的原则避免管理人员的暗箱操作，还应当基于待转资产的特点及相关市场的状况，选择适当的转让方式及步骤，基于这一转让标准，国有资产转让主要包含以下几种方式，即证券市场交易、公开拍卖、组织招标、协议转让方式。

（一）证券市场转让

国有资产在主板、新三板等交易平台进行股权转让是市场经济中常见的形式。通过此种方式减持国有股，遵循自愿、公平、竞争的原则，可以最大限度地反映买方与卖方的意愿。国家股、法人股与个人股曾在证券市场发育的过程中存在流通性差异，由此致使国有股不能通过证券市场实现交易。但是随着国有企业改制及股改的完成，国有股目前多数已进入二级市场，从而变成可进行交易的流通股。目前，在证监会等部门的积极推动下，新三板已成为国有资本投资中小企业的重要"标的池"和重要的退出渠道。目前已累计服务565家国有企业，国有挂牌公司累计发行融资近550亿元，并购重组交易总额达210亿元。[1]

（二）拍卖转让

国有资产进行拍卖从而转让资产所有权方式并未对购买者的能力有何特别要求，此时价值就作为转让与否的唯一衡量标准。采取拍卖的方式可以使得资产价值最大化，因为其本身就是择高交易规则，显然这对卖方来说是最有利的交易方式，也可以保证国有资产在交易过程中实现保值增值，要采取此种方式对国有资产进行交易，就必须强调竞价的真实性，其中不能掺杂暗箱交易成分，否则就容易导致国有资产的流失，且在进行拍卖活动之前，必须达到宣传的效果，否则参与竞拍者鲜寡，也将影响资产价值最大化。因此，拍卖中介机构的选择以及拍卖方案的拟定、拍卖事宜的公开等都至关重要。

---

[1] 参见安信证券：《新三板策略报告》。

（三）招标转让

对于那些需要特殊技能才能经营、使用的国有资产，必须经过招标的方式进行转让。例如具有公共性、服务性资产的转让，就必须要求购买者继续履行公共服务事宜，如果是转让科技成果，就必须要求购买者能够化该成果为社会生产能力，所以，此类国有资产的转让必须通过招标的方式，而且转让时还应关注标书并以此为基础判断投标人能力。

（四）协议转让

根据《企业国有资产交易监督管理办法》第31条的规定，主营业务涉及国家安全或者国民经济命脉的重要行业和关键领域的，经监管机构批准，可以采取非公开协议转让方式。通过协议的方式转让国有资产，与私人之间的转让协议仅依赖双方自愿不同，因为国有资产本身具有公共性，在转让之前，应对购买者的能力作出衡量以保证对该项资产的利用能够发挥其最大价值，从而带动该产业的发展。此衡量包含众多方面，例如购买者的资信、未来资产利用规划等，并基于此分析其能否带动整个产业的发展。但也正是因为此项要求，又提升了国有资产转让"内定"的可能性，因为评价标准中包含太多主观因素，这导致了国有资产流失的可能性也就增大。

二、股份制改造

国有企业可以通过对公司的股份制改造，以增资扩股或者通过合并方式实现吸引新的投资，也可以通过分立方式剥离劣质资产，还可以通过定向减持、内部人员收购实现完全退出企业经营。股份制改造包含多种形式，最主要的如下。

（一）增量扩股

将资产评估后折成股份，再通过增股的形式向外界募股。通过扩股的方式，企业将产生规模效益，有助于实现国有资产的保值增值。我国国有企业改革一直强调混合所有制改革，这是国企改革的重要突破口，其实质就在于引入非国有积极股东，实现股权结构的实质变更。增量扩股可用于公益性与商业竞争性并存的经营领域，通过让权融资，充分吸引民营资本的加入，也可有效改善公司的治理结构，改善国有资本一股独大、行政干预过度的问题,提升国有资本的收益率。①

(二) 定向减持

国有企业可以通过"定向减持"的方式退出,通过公司股东(大)会作出减资决议。包括在投资项目公司与其他公司合并、分立时,根据公司法的规定,国有资本基于股东身份可以要求公司回购其持有的股份,只要经2/3以上表决权通过即可。不过,通过定向减持方式减资,一定要注意公司对外的债权债务,履行通知公告的义务,否则程序的违反可能导致股东承担补充赔偿责任。

(三) 内部人员收购

通过对资产的评估,国家将其对公司的部分股份转让给公司员工,通常是管理层收购持有,从而取得了公司的控制权。该模式下公司可以实现经营权和所有权的合一,或者进行员工激励,能够有效调动公司的生产经营效率和员工积极性,对于公司的经营连续性伤害最小。但是该模式同样存在透明度问题和国有资产流失的问题。从我国实践来看,有时管理层本末倒置,不是通过管理层收购来提升公司经营效率,而是联合第三方来共同侵占国有资产,将其作为获取财富的手段。而且,我国上市公司的内部人员收购价格往往低于公司每股净值,其中的国有资本流失问题可见一斑。②

(四) 公司合并重组

公司合并重组即两家及其以上的企业对各自的资本合并的行为,重新组成一家股份制公司,各自按照投入的净资产享有股权。与增资扩股一样,企业的合并可以实现优质资产的强强联合,扩大国有资产的市场竞争力。公司的合并也能够达到吸引民营资本进入,稀释国有资本控制权的目的。对于部分不良资产或者无法收回的债权,可通过不良资产剥离、债转股等方式进行重组。

三、国有企业租赁

随着商品经济的发展,资产的所有者可能并非该项资产使用者,为了

---

① 参见张文魁:《混合所有制的股权结构与公司治理》,载《比较管理》,2014(12),6-7页。
② 参见李寿喜、黄晨晖:《为什么管理层收购会导致国有资产流失——基于法尔胜收购的案例分析》,载《财会月刊》,2017(29),62-69页。

使资产发挥其最大效益,实践中租赁的标的物也多种多样。出租人将出租标的物以一定条件和期限转移给承租人,承租人可以基于其承租人地位享有占有、使用的权利。国有资产也可通过整体租赁的方式,实现国有资本广义上的退出,并且能够真正实现政企分离。一般情况下租赁分为以下几个阶段:首先,通过竞标方式在大范围内选择经营者,在同等情况下使得租赁标的价值最大化,也可以在一定范围内选择出更有能力的经营者。其次,以设置抵押作为担保方式承租,即承租人以一定数量的财产担保该项承租资产,抵押财产的量常常以资产价值为标准。最后,企业租赁的租金与融资租赁计算方式完全不同,企业租赁的承租人在获得经营权之时亦取得企业占地之使用权。企业在使用城市土地时,基于城市土地的国有性质,所以企业应缴纳土地使用税,故国内承租人租金并不包含土地占用费,但外商承租相反。因此,企业在计算租金时应以此为基础,通过竞标确定租金。

承租人依据租赁合同对资产进行经营活动,国有企业一般不会在经营状态良好时将其有利的资产进行租赁,国有企业将其资产进行租赁主要是基于以下目的:首先,即是企业自身出现问题,即企业出现经营困难,利用资产进行经营活动已并非最优选择,此时出租其资产更有利于发挥资产价值;其次,承租企业有需求,即承租人需要利用出租企业的条件;再次,国有企业可以利用出租的方式,达到分散企业经营风险的效果以及提升企业效益;最后,出租方式可以作为企业兼并等目的。此外,国有企业的整体租赁具有以下几大方面特征:第一,所有权与经营权的分离较为彻底。在租赁关系中,出租人享有租赁标的物的所有权及收益权,承租人享有占有权、使用权,但是负担支付租金的义务,所以该项资产形成了一定程度上的所有权与经营权相分离的状态。但是,承租人不能处分该租赁物,因其并非所有权人,处分行为已经超越经营权的范围,其处分应属无权处分,承租人亦不得为事实上的处分,如破坏标的物的功能、损坏等行为。第二,出租行为是商品经济关系的体现。租金体现着租赁标的物的价值,租金的多少以出租的国有资产在一定时间、条件范围内创造的价值为基础,同时,基于各企业之间的信用、素质等差异,为确保国有资产保值增值,防止国有资产流失,应当要求承租人提供担保。第三,租赁双方地位平等。租赁活动是一种市场交易活动,所以双方之间基于交易关系是相互平等的,其不受一方或多方本身具有行政性质的影响。

四、国有企业托管经营

国有企业托管经营是国有企业改革的新模式,是指国有企业的出资人通过协议,部分或整体上让渡企业的资产,在不改变资产所有权的前提下,将国有企业的经营权交由具有一定经营管理能力和风险承受能力的法人或自然人,进行有偿经营的经济行为。国有企业托管能够回避重组、股改等相对烦琐的程序要求及审批过程,有效地加强资产的流动性,从而提高资产配置效率,保证国有资产的保值增值。而要实行企业的托管经营,应当将存量资产的利用效率发挥到最大化,通过托管方式将资产盘活,与此同时,坚持"两权分离",使经营者可以获得最大限度的自主经营权,通过相分离的方式也有助于权、责划分与明确。1990 年东德西德合并之后,为挽救大量亏损的国有企业,成立了托管局集中托管,效果非常理想。国有企业的授权经营,能够通过少量的增量投资盘活存量资产,是国有企业改制有效的过渡形式。债权债务打包的处理方式有效简化了程序,使其比合并重组、定向增发等方式更具有可操作性,而托管双方之间的风险分配也更为合理。

国有企业的托管经营非常依赖受托方的能力、素质,这将对托管结果产生重大影响。所以,应当特别关注受托方的条件,尤其是以下几个方面:首先即人才,受托企业应当具有托管事项领域的高素质人才,无论是专业水平还是管理经营实践,都应当达到较高层次,否则专业水平不足将不能找出被托管企业经营弊端;其次,受托企业应当根据被托管企业的实际情况,制订具有很强针对性、实践性的计划;最后,受托企业应当具有相对的独立性,以此保证其计划不会受托管方的干涉。而托管经营的主要流程表现为:第一,将资产进行评估,评估机构对即将托管的企业资产进行评估,并以此为基础衡量资产托管是否有助于其保值增值;第二,由托管方发布招投标信息,吸引更多的潜在竞标人进行投标;第三,评审,即由组成的招投标评审委员会对各竞标企业资质进行评审;第四,订立托管协议,受托企业与委托企业在双方对各项条款达成一致后,签订托管协议;第五,取得资格,在协议签订之后,委托人授予受托人托管经营书,并对法定代表人进行相应的工商变更登记。

五、非解散退出路径的问题

非解散视野下的国有资本集中退出路径各有优势和相关障碍,对于退出路径的选择还需结合企业本身的状况决定。并且不同路径之间的选择亦非相互排斥的关系,甚至可以几种路径并用。但是,这些路径实施存在一些较为共性的实施障碍。

首先,国有资本退出的程序烦琐,尤其是体现在审批制度上。前述关于国有资本退出的路径介绍可以看出,不仅要受制于《公司法》等相关的程序规定,还需要受到国资监管的限制。这也导致长期以来我国国有资本退出率并不高。大部分的退出路径不仅需要公司内部决议公告,还需要经过国资委、当地政府层层审批、决策同意等多个环节。再加之国有产权转让与普通商业股权转让自由定价不同,国资转让需要对资产进行评估审计,提交可行性报告后逐级上报才能进入产权交易所挂牌转让。这一系列流程走下来,往往错过了退出的最佳时机,这也导致了国有资本的产权交易流动性较差的问题。相较于私有资本市场的高流动性,因行政审批的层层管理,国有资本的市场退出效率低下的问题,如何通过简政放权,在保证国有资本安全的前提下提高资本流动的速度是未来国有资本退出制度改革的重点。

其次,是民营资本的承接难题。国有资本的退出是通过公有制资本的退出激活民营资本的活力,共同实现国有企业的股权结构升级,为我国国有企业绩效提升、社会经济产业升级提供助力。但是,现阶段的国有资本退出存在民营资本的缺失问题。一方面,国有企业往往体量巨大,又难以拆分;另一方面,有足够的实力且愿意接收重整企业的民营资本更是少之又少。当然,这其中还有国有资本退出基本仍然处于清退低效资产这一传统思维中。这几点又共同阻碍了国有资本退出的有效实现。

最后,最重要的问题是退出过程中的国有资产流失问题。国有资本的退出过程也是民营资本的进入过程,在这一过程中很容易出现道德风险。负责监督审查的行政人员、国有企业内部管理层、民营资本三者在这过程中都可能发生寻租行为。国有资本的流失一直以来也是国有企业退出中最重要的难题。产业结构的优化与升级必然伴随生产设备、生产场地的更新换代与拆除废弃。这其中自然而然就产生了国有资产流失的问题。对此,尤其需要注意对国有资产的评估定价,除了要全面统计国有资产,且在产权交易中还要严格监督交易定价。①

第三节 解散视野下的国有资本退出制度

对于一些丧失市场竞争力、经营状况差、连续严重亏损的国有企业,可将之称为劣势国有资产。劣势资产产生的亏损严重导致了国有资产减值,

---

① 参见张梦雯、李继峰:《"去产能"需谨防国有资产流失》,载《人民论坛》,2017(4),86-87页。

甚至一度与国有资本经营利润持平。国资委在 2016 年的摸底数据中披露，中央企业中需专项治理的"僵尸企业"以及特困企业高达 2041 户，涉及资产达 3 万亿元。① 对于劣势资产的最佳处理方案，便是停止经营并进行清算，实现国有资本的退出，如此才能及时止损，防止国有资本的进一步流失。具体路径包括主动解散与被动的破产清算两种。

一、解散视野下国有资本退出路径

公司解散可分为主动地解散和破产清算，前者是指公司股东经协商一致，对公司资产进行评估，并根据持股比例进行分割，公司注销。公司解散的退出路径相对较为简便，在公司法规定上比较自由。但是，对于国有企业主动决议解散的标准为何，什么情况下国有企业可以主动申请解散并注销等都需要进一步考量，因为这里更多体现的是国有企业中行政干预的一面，公益性的企业关乎国家安全、关乎国计民生和经济发展，即使没有营利，仍然是不能轻易注销的；相反，部分国有企业即使经营情况良好，但是为了产业结构调整，经济重心偏移，抑或是存在重大的自然资源浪费或者环境污染等情况，也可能被要求注销。

对于国有企业的破产清算，从《破产法》实施的角度来看，一些地方政府出于税收、维稳、政绩等考量不支持企业破产，进而影响和干预法院对破产案件的受理。一方面，地方政府担心企业破产会使得地区生产总值减少、地方财政收入流失，进而影响政绩，不希望辖区内企业破产。另一方面，因企业破产往往牵动多方利益，会造成员工大量失业，可能导致失业工人上访等群体性事件，影响地方稳定，地方政府往往不配合，甚至直接干预法院依法受理破产案件。② 尤其是国有企业的破产，国有企业涉及人数众多，体量巨大，往往呈现出大而不倒的特征。不过，近年来一直在强调对国有企业中的僵尸企业进行清理，破产清算的退出路径逐渐实施起来。国有企业申请破产主要包括以下程序：一是提出申请，企业在出现资不抵债等经营困境时，可以向法院申请宣告破产，但是，经营不善企业能申请破产清算、重整及和解，企业债权人只能申请破产清算及重整。二是法院受理，法院在收到破产申请后，依法对是否符合受理条件进行判断，如果符合受理条件，应当依法对其进行受理。三是债权人申报，债权人应当在债权申报

---

① 参见郭文伟：《区域性劣势国有资产的市场退出——以珠海国企改革实践为例》，载《经济体制改革》，2007(5)，58-61 页。

② 参见王欣新：《论破产案件受理难问题的解决》，载《法律适用》，2011(3)，30 页。

期依法向管理人申报债权。四是召开债权人会议,依法申报债权的债权人为债权人会议的组成人员,有权参加债权人会议,享有表决权,第一次债权人会议在申报期届满之日起15日内由法院召集。五是选择和解及重整程序,和解及重整均非破产必经程序,重整是对还有挽救希望的企业,通过对各方利益进行协调,进行重新营业重组及债务清理,避免企业破产关闭的制度,重整之后,企业有能力清偿债务的,应当终结破产程序,否则应当宣告企业破产。①和解是债务人为避免破产倒闭经与债权人协商一致达成的相互谅解的制度,和解是在债权人谅解的基础上进行的。六是进入破产清算程序,当企业进入无可逆转的经营困境时,此时采取重整、和解均没有任何的意义,其继续生存只会导致更多的国有资产浪费,此时为了优化资源的重新配置,提高其配置的效率,依法应当对其宣告破产。通过破产的方式退出市场,可以避免国有资本保留在产业过剩的行业,市场经济本身就是优胜劣汰的运行机制,一旦企业自身经营状态不佳,不能适应市场经济的需要,其资产状况就有必要进行调整,如在企业内部已经进行了相应的调整仍然不能继续健康地经营。通过破产清算及时对国有资产的存量进行盘查清点,有效释放被占用闲置资产,比如土地、厂房、设备、人才等重要的经济、社会资源。②

二、解散视野下国有资本退出的问题

(一)职工失业与社会稳定问题

无论是企业自主解散、被兼并或者破产清算方式实现国有资本退出,都免不了导致职工失业问题,职工的妥善安置与职工的福利安排是公司解散类退出路径的关注重点。职工就业问题关系着国计民生以及社会的稳定,但我国的社会福利保障机制仍太薄弱,所以在公司解散,尤其是公司破产清算时要谨慎处理职工安置问题。企业的破产清算说明一般情况下企业已经无法按期支付巨额的到期债务,甚至无法支付破产费用。此时,可能需要向政府、国资委等机构寻求帮助,寻求多元化的资金支持。一方面,政府需要妥善解决职工安置费用以及破产管理人等中介费用问题。要通过破产管理费、职工安置费等小额投入使企业破产程序平稳落地,盘活剩余资产。另一方面,政府应当尽可能地招商引资,引入投资,使破产清算程

---

① 参见张焰:《谈我国商业银行破产法律制度的构建》,载《湖北社会科学》,2004(1),72页。
② 参见姜寒冬:《稳妥处置"僵尸企业"推动市场资源有效配置》,载《四川政协报》,2021年10月29日,003版。

序转向破产重整或者和解,让企业起死回生,如此便可以最大限度地降低职工失业对社会问题带来的影响。除此之外,政府对于破产后的失业职工,政府需要提供救助、安置,例如免费提供再就业方面的培训帮助失业人员适应社会的需要。但是,这一系列的保障都是需要资金的,国有资本退出的实施一般意味着国有资本运营效率低、地方财政吃紧,额外的保障措施必然要耗费更多人力、财政支出,这两者都是相互影响的。所以,企业倒闭也预示着财政的紧张,此时政府也没办法提供良好的紧急保障,甚至为了避免此种尴尬境地,某些地方政府会在某种程度上阻碍国有企业的破产清算,二者之间形成了恶性循环。

(二)行政干预色彩过浓

当下对国有资本退出依旧以干预主义为理念指导,具有行政管控的特点。这可以通过立法规范得到印证,在《全民所有制工业企业法》中第18条明确规定,企业合并或者分立,依照法律、行政法规的规定,由政府或者政府主管部门批准。其原因在于国有资本具有公共性质,因此利益的维护使得对其资本的管理受到更强的监督。故而国有资本的交易行为,甚至非交易行为具有浓厚的行政色彩。其遭诟病的原因既在于资本规模量大,缺少足够体量的民营资本参与。同时也在于行政参与可能破坏市场经济环境下自由竞争的游戏规则。因此,不仅在国有企业的准入上,其法人人格设立的独立性实质上也为准则主义所否定,在国有资本退出机制上,可能导致资不抵债或低收企业无法退出经济市场,就此才形成了我国数量庞大的"僵尸企业"以及产业结构调整的难题。因此,国有企业破产清算或破产重整的退出路径适用并未发挥出应有的功效。这也是国有资本退出制度设计中最需要回应的问题——行政干预的限度。国有企业的破产既离不开政府的帮扶和指导,又需要市场化的体制搭建,二者之间的界限可参照国有资本投资、运营的模式,根据国有企业的类型构建,明确不同类型国有企业的破产清算申请的标准或底线。

(三)利益相关者的钳制

是否退出市场对于企业来说关系重大,对于一般私人企业来说都应当经过出资人进行表决。但是,国有企业并非独立完善的市场主体,分级管理体制导致产权不清晰,以至于在面临着要做市场退出决策时,许多相关部门均是以利益主体的身份对决策进行干预,而且,一旦不符合某一利益主体的利益需求,决策往往难以作出。就相关部门来看,其往往比较关注企业是否依然能为其带来经济利益,若企业已经处于资不抵债、连年亏损的状态时,政府相关部门已经不能从中获得收益,其往往还需要反过来资助企业,此时政府对企业退出市场的干预就会降低,企业经营给其带来经济利益、维护政绩,一旦企业倒闭,必定会涉及职工就业安定问题,甚至会引发当地不稳定的风险,所以,政府部门为了其利益及当地的稳定,往往不愿意企业破产。对于面临退出企业的管理人来说,其亦不愿意企业退出市场。首先,从自身利益角度出发,作为国有企业的管理人员,其往往享受着私企没有的工资及福利待遇,具有较高的社会地位,一旦企业退出市场,其不仅会损失这些良好的待遇,甚至会一度失业,所以,目前存在很多国有企业,本身已经处于经营困境,但是许多管理人员依然愿意在此种看不到希望的状态下继续经营着企业,因为只要企业还继续存在,其利益就能继续享有。其次,对于普通职工来说,国有企业退出市场不仅会使其失去这一份高收入、高福利的工作,更会导致其面临着失业的风险,所以,即使企业经营效益不佳,只要其能从企业收到属于自己的利益,其依然不愿意让企业退出市场,甚至在市场不景气、就业条件不佳的情况下,职工还会阻挠企业退出市场。所以,在众多的利益相关者的博弈之下,国有资本的退出效率并不理想。

第四节　国有资本市场退出的困境根源

根据对国有资本退出的可能性理论路径研究与实践现状模式调查可知,现实中存在国有资本退出困难的主要缘由有以下几点。

一、国有资本退出理念滞后

实践中国有资本市场退出路径过于单一、具有彻底性。当下立法所提供的国有资本退出路径,无论是《全民所有制工业企业法》抑或是《公司法》等,对于企业的退出机制涉及较单一且具有彻底性,即当满足退出条件之时,如责令撤销、决定解散等,企业都会走向在完全资不抵债时才会产生的法律效果——破产清算。此时对于国有资本的清算和重新利用需要以极长的时间耗费为代价。导致这一现象的根本原因是对于国有资本退出的认识不足,理念滞后。对于国有资本退出机制中的"退出"应当作广义理解,所有的可采取的、更广泛的路径,即解散、合并、分立、重组、破产等多种形式,都可以实现国有资本的多途径的转化利用,这也是广义上的国有资本退出的含义。

基于历史原因,我国国有资本体量大,分布范围宽泛,但整体经营效率偏低,资源配置存在不合理。不过,我国国有企业改革经过40多年来的发展,目前重心已经转向通过国有资本投资公司推动产业集聚、化解过剩产能和转型升级,国有资本运营公司盘活资产存量,引导和带动社会资本共同发展,实现国有资本合理流动和保值增值的基本制度逻辑。两类公司共同发挥国有资本的带领作用和杠杆功能,共同为产业升级、国家战略目标服务。① 但是,很多地方政府对于国有企业的改革理解还未及时转化,仍然认为国有资本的退出就是狭义的解散、清算,而不是国有企业的逐步市场化。产业结构是动态变化、不断调整的过程,"管资本"为主的国有资本运营需要依据这一规律,充分发挥资本的流动性和国有资本的带领功能。国有资本根据国家战略需求,出资扶助弱势行业,培育优质产业,待产业逐步成熟,形成充分的市场竞争,国有资本则可以逐步退出。因此只有不断地出资、退出形成国有资本投资运营的正向循环,才能发挥国有资本的活力和运行效率。可以说,国有资本的"投入、运营、监管、退出"这一流动循环是产业结构调整的必然要求。

二、资本市场与产权交易市场缺陷

国有资本退出面临着不完善的资本市场和产权交易市场所带来的障碍。国有资本退出依赖有效的、成熟的资本市场,而目前我国的资本市场还有很大的完善空间,在功能上只注意到其筹集资金的作用,对其实现资产重组、优化资源配置功能重视不够,导致资本交易难以进行,国有资本流动受阻已成为国有企业退出的主要障碍。此外,我国产权交易市场发展滞后也制约了国有资本的退出,产权交易市场是市场经济条件下实现资源优化配置的一种重要手段,是国有资本退出的渠道之一,由于我国目前的产权市场发展滞后,跨地区跨部门的产权流动和重组困难重重,国有资本在退出过程中难以展开充分的、大范围的市场交易,使得某些本来可以通过产权市场交易而实现退出的国有资本处于凝固和沉淀状态,难以实现有效退出。纵观国有资本退出的成功案例,大都离不开产权交易的平台的支持。由于未统一产权交易市场,多地产权交易仍然是进行层层的管理,而进行审批的部门对交易情况缺乏了解,从而导致其对中介机构管理不适当,再加上我国中介机构本身就缺乏独立性,目前中介机构仍然依附于行

---

① 参见德勤国企改革系列报告:《国企改革三年行动背景下国有资本投资公司、运营公司改革的思考和实践》。

政机关,其业务方面也需要行政机关对其予以帮扶,所以在进行资产评估时,其往往会偏向其代表的机关利益主体,不能做到客观公正,在这个过程中极易造成国有资产流向私人口袋。国有资本退出市场对市场要求很高,我国目前的市场发展比较落后,从观念上还未注意到其对重组及优化资源配置的作用,国有资本市场退出亦是资源配置的一种进步,对于一些处于产业链低端的、缺乏活力的国有资本,[1]通过退出可以提升其活力,促进经济的进一步发展。

三、行政与法律制度衔接不适

如果根据国有资本的服务目的将国有资本类型化——纯公益型(政策性)国有资本、纯营利性国有资本以及公益营利混合型(过渡性)国有资本。根据不同服务目的研究配套的退出机制较难衔接现有的立法体系,同时对于综合性国有资本的界定和退出机制设计存有难度。具体而言,国有资本退出机制的现行立法供给存在如下问题。在商事组织类型化的立法体系之下,国有资本的运用依托于企业载体,在现行商事组织法中,主要的规范包括《全民所有制工业企业法》《公司法》《合伙企业法》等。这种退出体系混乱产生的原因在于立法主体并未对企业退出的适用法律进行前提界定。全民所有制企业的内涵和外延并未有明确界定,理论上对是否需要完全国有资本出资,或是国有资本具有占据控制性地位,还是仅在企业出资中具有国有资本的介入即可存在争议。即使是要求完全国有资本出资的全民所有制企业,其企业的载体同样可以以有限责任公司、股份有限公司等多种形式存在。当全民所有制企业满足退出条件之时,其退出路径是通过本法规定或是《公司法》或《合伙企业法》尚有疑问。并且在国有资本领域中,企业与政府的关系呈现出这样一种矛盾的状态,立法主体赋予了国有资本市场退出的开放性途径,但是准则主义退出规则实质上否定了国有资本自主退出的可能,这显然与党的十九届四中全会所倡导的将国有资本的运营往市场自由化演进方向背道而驰。行政审批作为退出机制的前置程序不同于私有资本市场退出的实质要件,这种非基于客观的利益衡量的准则主义退出机制难免遭到诟病。

---

[1] 参见汤吉军、徐充:《沉淀成本、产业结构刚性与国企战略调整》,载《长白学刊》,2004(3),72页。

第五节　国有资本退出的制度完善

诚如前述,国有资本作为公有制经济的背后支撑,是公有制经济对社会资源的有力配置手段。但既要防止国有资本优势性地位的丧失,同时又要衡量如何激发社会资本的活力,这是一场艰难的博弈。国有资本的退出制度是控制国有资本在市场经济总量中占比的两大手段之一,是实现国有资本运营目标的关键把手,需要根据政策的导向进行持续性的不断完善。

一、多元化国有资本退出机制设计

虽然,国有资本运营政策层面强调国有企业通过市场化实施产业转型以及国有资本退出,但是对于国有资本退出多元路径的使用标准,国有资本退出的底线要求等并未形成体系化。虽然国有资本退出可以依照商事组织法的规范约束,但国有资本的公共性决定了必然存在行政干预。对于政府部门对国有资本退出行为的介入限度,现有立法体系未能给予回应。原因在于不同类型的国有资本存有不同的投资目的,依靠商事组织法难以对国有资本的类型作出区分。因此,可通过国有资本的类型化,即根据其公益性、营利性和综合性等不同用途来构建行政干预对国有资本的介入限度和退出机制。对于退出标准,需要根据国有资本的主导性地位保持和激发社会资本活力的两大要求引导制定。如国有资本退出的首要考量标准在于其服务目的:如果其服务目的符合退出的要求,则进一步考虑国有资本在社会主义市场经济总量中的占比来判别相应资本是否可供退出。

在现行立法体制之下基于国有资本管理需求而新设相关法律显然不切实际,这会造成法律体系的混乱。只有实现立法衔接才能够使国有资本的退出机制具有实践生命力。因此对国有资本运营的实际操作模式研究可作出以下假设:首先,公益性国有资本的退出可以将其限定在国有独资公司的企业形式乃至于前述所提出的"国库型企业",强化政府对公司生产经营的指导而不是公司的独立性。当然此类型公司的国有资本退出需求不如其他类型的企业,其退出原因往往不是经济因素,而是基于政策、社会、文化等多方面因素所要求的国有资本主动退出。当然,这种尝试还需要结合前述章节关于国有出资的类型化设计和公司治理结构等共同考虑,并对其附带影响和可行性进行进一步论证。其次,对于充分竞争型领域的国有资本退出,主要考虑非解散型的公司产权转让等手段,充分发挥国有资本的基础功能。至于政府与公司之间的博弈关系,可以考虑对充分竞争领域的国有资本进行统筹规划,实施国有资产自查评估备案。经备案的国有企业在合适的时机可自主选择退出方式进行产权转让,而无须再经过层层审批,导致错过良好的时机。最后,对于公益性和竞争性兼具的国有企业,仍需要兼顾政府干预与自主决策,继续沿用现行对国有企业的特殊审批规则。如此一来,可以在《全民所有制工业企业法》先行限定,比如对国有资本全资或具有控制性地位的企业,因其公共资产的性质,退出机制应当适用特殊规定。而对于私有资本投资的混合所有制改革的企业,在市场退出上则可以适用《公司法》《合伙企业法》《个人独资企业法》等法律规范。这样能为国有资本的退出机制提供更具有针对性的立法指导。

二、完善现代企业制度

国有企业的改革本质是向市场化发展,但是产权不明、权责不清导致国有企业难以成为真正的市场主体。正因如此,在作出退出决策时常常面临多个利益主体的阻挠,所以要想健全国有资本的市场退出,应当确立国企的主体独立地位。为此,首先应当将产权明晰化完善企业法人制度,将出资人与管理人之间的权责分开,为了达到这一目的,可以将出资人的出资额折合为股份,国家仅仅享有所有者权益,承担相应责任。其次,要想彻底独立,必须完善国有企业的内部机制,国有企业内部的决策权、经营权、监督权主体按照私企一样划分,彼此之间相互制约相互协调,三者形成权责分明的状态。① 最后,应当完善国有资产的管理机制,实行彻底的政企分开,国资委行使出资者职能,但是其派往企业的出资人代表不能享有任何行政职位,从而实现企业成为真正的市场主体。

三、培育和发展产权交易市场与资本市场

产权交易进入市场并以市场化的方式配置资源,才能调动民营资本参与企业改造的积极性,亦能从源头上防止腐败,确保国有资产的保值增值,要完善产权交易市场,应当采取以下措施:第一,建立完善的入市交易制度,以强制性与政策引导相结合,从而实现产权的流动并由市场进行产权定价;第二,扩大交易结构规模与服务,形成多元化、规模化的交易市场,扩展登记、托管等业务;第三,协调各部门之间的职能,产权交易涉及财政、税务、监察等多个部门,因此要得到众多部门的审批程序非常冗杂,因此要对这些部门进行职能整合、协调,才能形成全国范围内开放、有序的产

---

① 参见张宇:《当前关于国有经济的若干争议性问题》,载《经济学动态》,2010(06),34页。

权交易市场。

资本市场的完善主要应当注重企业自身的治理机制、银行体系与银行的商业化改革以及证券市场的规范化。因此,要建设和完善我国的资本市场,首先应当有效保护投资者的利益,证券市场的灵魂即信息的公开真实以及信息披露的及时性,其是维系证券市场"三公"原则和保护投资者利益的基石。因此,中国证券市场应当建立公正的市场秩序、创造透明的市场环境,从制度上保护投资者利益。其次,建立长效的市场监管机制,是中国资本市场有序运行的基本前提。最后,应当建立和完善多层次的市场体系,当前最重要的工作就是通过设立创业板市场,扶持高科技企业的成长,推进科技创新和产业化发展,优化产业结构,更好地发挥证券市场优化资源配置的功能。同时,区域性资本市场的建设问题也不容忽视,资本市场同商品市场一样需要多层次的适应不同的情况和不同的要求。此外,从我国资本市场的发展要求来看,不仅要有场内交易,还应该有场外交易,场外交易是实现资产交易的重要形式。

四、完善职工再就业与社会保障体系

为了使得国有资本退出市场后没有职工就业方面的后顾之忧,保持社会稳定,首先,应当合理处理下岗职工问题。下岗职工应依法实现身份的转变,其与原单位之间的劳动关系应当依法解除、变更。对于下岗职工应促进其再就业,一是要鼓励本企业分流安置下岗职工,如通过开发新项目,兴办第三产业安置下岗职工;二是要进一步支持下岗职工创业,对于下岗职工从事个体经营或创办私营企业的,除了落实现有的优惠政策,还可通过安置费、社会保险缴费、银行贷款等方面对其予以支持。其次,加快建立统一的社会保障体系。而建立健全社会保障体系的关键即是关于社会保障基金的筹集:一是要加强个人账户的管理,提高保险基金的收缴率;二是要通过变现一部分国有资产以增加社会保障基金,如通过国有股权变现所得、中小企业出售、租赁所得等,应按照一定的比例划入社会保障基金;三是通过调整财政支出结构,增加财政用于社会保障支出的比例,从中长期来看,社会保障体系的健全要靠财政政策来实现,通过整套健全的社会保障体系以消除国有资本退出的后顾之忧。

第六章 国有资本运营的实现机制

第一节 国有资本运营的监督制度

国有资本因其国有性质的内在表现,所以与其他主体运营的机制不尽相同,如何在当前促进营商环境的背景下更好地发挥国有资本在市场经济中的作用,如何督促国有资本更好地承担社会责任,都是值得审慎考虑的问题。因此,通过对国有资本运营监督的内涵、现状、原则遵循以及制度完善等方面展开分析,有利于科学化国有资本运营监督体系的健全与完善。

一、国有资本运营监督的概述

(一)国有资本运营监督的内涵

"在国有资产的运营与监管中,也存在着国有资产委托代理下的所有权与控制权分离的问题,即国有资产全民所有权与政府控制权的分离以及政府享有的所有权与企业经营者拥有的经营权的分离。"[1]国有资本的运营能否在自由竞争的市场经济中实现国有资本保值增值的目的,在很大程度上取决于国有资本的运营监督机制是否科学合理。各国实践证明,身具公共性和市场化的国有资本运营很难依靠传统的改革措施,比如权力下放和利润分配等约束激励制度来激发企业运营的积极性。通过建立国有资本运营"人格化"机制建立了国有资本在运营中的代表人制度,虽然适应了市场化的需求,明确权利和责任的主体,但这一管制机制在确保运营过程中的规范性和合法性上仍有缺陷。依据理性经济人的假设,代表人在行使代表事务时仍旧会追求自身效益的最大化。即使是少数不寻求私人利益,具有完美道德元素的代表,这些代表也会被其他的目的所误导,从而导致国有资本的运营不当,公共利益受损。因此,针对上述可能出现的国有资本运营问题,最好的办法是合理且科学地依据不同的国有资本存在功能类

---

[1] 陶虎、王自力:《公司治理结构与国有资产监管》,载《财贸经济》,2006(7),60-64页。

型设计不同的监督机制,优化国有资本运营监控权的配置,强化代表人约束机制,做到责任与权利相统一,强调代表人的行为监督和运营的绩效考察。

习近平总书记在党的第十八届三中全会提出:完善国有资产管理体制,以资本为主加强国有资产监管以来,我国国有资本运营监管改革的重心便主要放到了国有资本上,由之前的企业监管向资本监管的过渡是我国在长期探索实践中对于国有企业改革的重大突破,结合当前的改革实践来看,当前对国有资本运营的监管仍然应当以生产资料全民所有制为基础,国有资本仍然是全民所有。以"管资本"为主的监管方式首先要明确国有资本的界限问题,目前学界和实务界对于国有资本的概念界定有两种方式,第一种就是前述中提到的全民所有观点,即国有资本的最终归属是全民所有制,那么生产资料的全社会共有就应当是国有资本范围界定时自始至终要坚持的原则,也是中国特色社会主义道路中的重要坚守,既然国有资本属于全体人民,那么人民自然就拥有对其监督的权利。第二种观点则认为国有资本是一个广义的概念,监管机构只是在改革过程中将监管对象由企业转变为了资本,要实现此种转变,就必须以国有资本运营主体由实物形态的企业转向价值形态的资本为前提,监管部门也就随之由企业本身的监管向国有资本投资运营机构的监管转移。由此来看,不管国有资本由以上两种概念的哪一种构成,都认可对于国有资本的监管是十分必要的,以管资本为主的监管方式有利于政企关系、政资关系的转轨,也有利于国有企业内部治理结构的转型。

国有企业相较于我国其他企业而言无论是对外经营范围还是企业内部结构都体量庞大且复杂,牵扯的利益方也为数众多,是社会主义市场经济的重要组成部分,对于国有资本运营监督的完善,是维护我国公有制主体地位,增强国有经济控制力的重要一环,在对国有资本的监督过程中,应当始终把握所有权与经营权的分离这一关键要素,这体现出了我国对国有企业经营自主权的重视,也是国有企业适应市场经济的要求,将监督机制落实到国有企业对内管理和对外经营活动中去,建立起一个科学完善的监督机制,使国有企业真正做到自主经营、自负盈亏、自我发展和自我约束,同时也要注重国有资产监督管理部门的责任定位,要想将国有企业真正打造成独立的市场主体,就必须落实好对国有资产的监管。国有资产监管机构是政府直属的对国有企业资本运营进行监管的专门机构,在对国有资本的监督中起到了不可替代的作用,其职能就是代表人民、代表政府来监督国有资本在运营过程中的种种活动,同时依法履行出资人职责,为市场经济背景下的国家经济战略目标服务,维护国有资本运营的资金安全,实现国有资本的保值增值。除此之外,国有资本的改革还应当由传统的单一资本监管权配置向多元的国有资本运营监控权配置转变。

所谓国有资本运营监控权,是指国有资本的原始所有者及其代表人依法或依据原始所有者的授权而所享有的监督、管理和控制权限。监控权来源于国家资本原始所有者的所有权,①这一所有权区别于其他的所有权,其同时具有公共和私人的双重性质。国有资本运营的监控权虽然与现代化公司治理中的剩余价值所有权有着相当的关联性,但是这两种权利在本质上仍然存在较大的不同点。现代公司治理体系的剩余价值所有权是针对公司运营之后的收益而言的,其主要是指公司通过运营所产生的总收入减去因此而产生的成本所得余额的要求权,②这一权利主要涉及企业的相关方,比如企业股东、员工、债权人等,但此处所指的国有资本运营监控权却远不限于如此,其不仅涉及以上主体,还包括企业之外的监督主体,比如国家的权力机关和行政机关等。

(二) 国有资本运营监督之必要

对国有资本的运营监督是国有资本能够安全高效运营的前提性制度要求,我国国有资本监督在近几年来呈现出静态单一监管向动态多元监管的变迁过程。我国传统的国有资产监管体系主要表现在重视国有资本的安全性管理,即仅仅关注国有资本的静态物性,而没有发觉资本的价值变动性。因此,可以说,这一阶段的监管仅仅是一种行政程序性的监管,其与其他行政管理工作并无太大差异,仅仅是照章办事,对国有资产进行一些登记、日常的管理和注销即可,而没有充分重视国有资本的运转效率,导致国有资本的浪费。随后在国有资本动态运营中,国有资本进入市场,在市场中运营,遵循市场的规律,而市场的情形是瞬息万变的,没有人能够完全掌控市场,这就导致原先的静态监管滞后性,这种滞后性必然会导致资产流失的漏洞。因此,国有资本动态的运营监管就必须重视国有资本的运用行为,与行政式的管理不同,在市场化的冲击中必须更加具备弹性,以顺应国有资本代表人的市场性行为。与此同时,因为国有资本的特殊性,国有资本代表人很难与私人资本所有者一样,其懈怠职责甚至以权谋私的行为是不可能完全避免的。

---

① 参见韩中节:《国有资本运营的法律治理研究》,西南政法大学 2009 年博士学位论文。
② 参见傅绍中:《公司治理中的剩余控制权研究》,浙江大学 2004 年博士学位论文。

市场本身所存在的风险也必须依靠国有资本运营的监督机制以应对国有资本运营中的多样性和复杂性,只要投入市场之中,国有资本就不可能只赚不亏,没有任何法律制度能保证资本的只赚不亏,因为利润与风险总是结伴而行的。但是国有资本与市场上的私人资本面对的商业风险不同,国有资本因其自身的特性的目标要面对更为多样化的商业风险。比如,对于一些亏损风险较大的新兴产业和一些需要资金扶持的弱势产业,这些产业在私人资本的理性经济人眼中常常是不经济的,但国有资本却肩负着公共的责任,其基本模式是:"国有资本先导投入—带动民间资本投入—进入正常发展运行—国有资本逐步退出、让位于民。"因此,可以说,国有资本在市场中是我国对市场的一种宏观调控方式,不仅要以国有资本的增值为目标,还要以为全民谋福利为目标。

国有资本运营监督机制的完善是落实党中央部署、完善国有资产管理体制改革的核心要义,同时也是让国有资本达到最优化配置,实现国民经济持续健康发展的必要措施。任何资本都具有逐利性,都会有实现资本增值保值的价值追求,国有资本也不例外,但在国有资本运营监督机制下,国有资本的资金流动并不是放任自流的,而应当体现出其"国有"的性质,将其重心投入到有关国家安全和国民经济命脉的行业中去,服务于国家长期发展战略目标的需要,同时还应当树立起社会责任意识,为社会大众提供公共服务,诸如保护生态环境、支持科技进步、保障国家安全和教育投资等事业的发展。在产业总体布局和结构完善方面,国有资本应同时兼顾其基本性和战略性,确保公益性和商业性一同发展,既要保证公有制经济的主体地位,也要维护国有资本、集体资本、非公有资本相互融合的混合所有制经济模式,在监督机制的完善下形成整体竞争优势,放大国有资本的功能。

(三) 国有资本运营监督的手段与途径

在市场中的国有资本实际上承担着比私人资本更重的责任,面临更高的商业风险,需要进行一些国家政策性的投资。与此同时,国有资本的运营还会面临企业内部的结构性决策风险,因为国有资本运营的非完全市场性,其经营者可能存在报酬与权利责任的失衡,存在转移国有资本的道德风险,比如一些企业通过内联、参股、合资等手段转移国有资产,将其变成私人财产,以合法方式掩盖非法目的,导致国有资本的流失,造成经济学家们所说的"自发的或非正式的私有化"现象。[1]

---

[1] 参见魏杰:《资本经营论纲》,244页,上海,远东出版社,1998。

如前所述,国有资本的所有权人是全国人民,但全民难以直接行使权利,因而需要代表人来替代全民行使权利,然代表人与全民的利益不可能是完全一致的,这就要求一个有效的监督机制来规范代表人的行为,保证代表人切实履行自身的职责。哈罗德·德姆塞茨认为,"随着社会规模扩大,就必须依赖私人所有权。私有化就意味着,资源的控制者('所有者')要比'国家'所有制下的控制者(官僚)更能对自己的行为后果负责"。① 德姆塞茨对私有化的推崇出于对行为外部性的理解,即行为人的行为后果将会落在谁的身上,如果行为人的行为结果由自己负责,则行为人必然会在行动之前思量再三,但假如行为结果由其他人负责,则行为人很难如此。从这一方面,可以说,所有监督机制的设置都是将行为的外部性给内部化,对于国有资本的运营来说,对资本运营具有决定权的主体无须对国有资本的运营结果直接负责,这种方式不利于国有资本的高效运营,这也是造成国有运营效率低下、国有资本大量流失的主要原因。

国有资本运营监督机制是提高我国国有资本运营竞争力的重要措施,要实现国有资本的保值增值就必须应对市场经济的挑战,就必须具有竞争力,资本会选择更有效率的主体,假如市场上存在更有效率的主体,那么,相较而言,国有资本的运营就是没有效率的。竞争的前提是公平,假如没有一个公平的外在情况,很难说国有资本是通过更有效率的运营而在竞争中获得优势。这就要求国有资本在市场中的运营必须接受市场监管机构的监管,这就要求将国有资本的竞争目标作为国有资本运营监督的重要考量因素,这就要求建立健全的绩效评价和审计监督机制,强化国有资本运营的事后监督,但需要注意这一监督是一种经济性的监督,而非一种行政性的监督,应更多地采用经济性的手段来规制而非政治性的手段。

二、国有资本运营监督的现状检视

在国有资本运营的过程中存在着各种各样的问题,仅仅依靠传统方式中放权让利的单一措施,难以实现国有资本的安全高效运营,②当前国有资本的运作模式对于监督主体、监督内容、监督方式等方面存在着一些不尽合理之处。

---

① [美]哈罗德·德姆塞茨:《所有权、控制与企业——论经济活动的组织》,29-30 页,北京,经济科学出版社,1999。

② 参见韩中杰:《论国有资本运营监控权的配置与实施》,载《西南民族大学学报(人文社会科学版)》,2015(4),119-126 页。

(一) 监督主体不明确

我国资本运营监督机制存在多元化的监督主体,其中包括人大的立法监督、行政机关的政府监督、政府审计机关的审计监督、司法机关的司法监督、企业的内部监督和社会公众的广泛监督等。在这众多监督主体中,行政机构的政府监督一直处于国有资本运营监督机制的核心地位,自党的十六大以来,国家制定了一系列涉及国有资本运营问题的法律法规与政策以强化落实国有资本运营体制的改革,国务院国有资产监督委员会这一专门机构也随之建立,特别是 2008 年《中华人民共和国企业国有资产法》(以下简称《国资法》)的出台,我国确立了中央政府和地方政府分别代表国家履行出资人职责,享受所有者收益,权利、义务和责任相统一以及管资产和管人、管事相结合的管理新体制。[①] 上述体制有效推进了我国国有资本运营中政企分离的进程,集中了国有资产运营监管的权限,在一定时期内发挥了重要作用,但这一体制仍然存在监督主体不明确的不足。首先,《国资法》中仅规定国有资产监督管理机构代表本级人民政府对国家出资企业履行出资人责任。[②] 从我国国有企业运营的实际情况来看,依据分类监督的原则,国资委授权依法代表国家行使出资人职能,财政部、国土部、林业部在行政性、资源性国有资产方面担任出资人,形成了较为科学的分类监管体系。但这一分类并非是绝对的,各类国有资产之间存在相互转换的可能性,这就导致了各部门之间可能出现管辖摩擦。其次,从国资委的职能来看,国资委兼具出资者职能和监督管理职能,其既当运动员又当裁判,存在自己监管自己的漏洞,势必产生众多的利益冲突,因此,在实践中除了国资委,还存在众多其他机构在实际履行国有资产运用的监督管理职能,比如税务部门具有查处国家税收流失的问题,财政部门具有编制国有资本经营预算的职责,国家审计机关具有审计监督的权限等。各部门之间的监督权限相互交接,监督主体不明确,各监督主体之间的监督职能相互重叠交叉。

(二) 监督内容模糊导致权利配置不清

一般来说,在市场经济社会中,监督机制的设计在于矫正市场必然出现的失灵现象。但对于国有资本来说,国有资本进入市场本身就是矫正市场失灵的重要手段之一,其本身具有国家所有权的公权属性,存在

[①] 参见李曙光:《国有资产法律保护机制研究》,15 页,北京,经济科学出版社,2015。

[②] 参见《中华人民共和国企业国有资产法》第 2 条。

政府失灵的现象,但当国有资本进入市场的那一刹那,国有资本在市场中运营就又身具了市场失灵的可能性,因此,对国有资产的运用监督需要同时应对国有资本运营中可能出现的市场失灵和国家失灵的双重失灵现象。

我国对于国家资本运营的监管存在外部市场常规监管机构监管不足的现象,比如反垄断机构对于一些大型的垄断国有企业的垄断行为无能为力,但在出资人监管的领域又存在公司治理的监管错位和监管越位的现象,监控权的配置无法得到充分协调,仅仅强调国有资本本身的自我监督与政府监督,弱化了民众监督、社会监督,这与2020年第十三届全国人民代表大会常务委员会第二十四次会议中《关于加强国有资产管理情况监督的决定》相悖离,依据我国《公司法》和《国资法》,国资委对国有企业负责人的任命、业绩考察已深入到总经理层次,在资产运营方面,国资委对企业的产权交易和改组重组具有管理权。而在实际的操作中,国资委的管辖范围早已超过上述内容,地方国资委对于二级甚至三级中小国有企业负责或指导改组。① 除了履行上述职责,还因为国资委的法律定位不清,通常国资委还可能承办一些政府事项,甚至包括一些政府公共职能的范畴。比如地方政权监管机构与国资委联合发布对地方上市公司的规范性文件。国资委的定位不清,监管内容不准确,对于企业内部的运作监管太多,行政干预过重,阻碍政企的二元分离。而在企业外部的市场上,又存在监督过少的现象,其又导致市场机能运行调整不足,形成行政垄断和国有资本运营效率低下等问题。

(三)监督方式的单一化

我国现行国有资本运营监督模式,除了立法监管、司法监管、社会监管和企业监管,在行政监管方面,至少从形式上适应了国际上有关企业国有资产监管模式的趋势。在实践中,众多监督方式仅仅流于表面,监督方式仍有单一化的倾向。首先,我国《国资法》虽然确定了人大、行政、司法、企业、社会等多元监督主体,提供多元的监督方式,但在实践中,由于国有资本涉及地方与中央的利益分配问题,地方政府已在事实上取得了国有资本所有权的主体地位。再加上我国司法独立性不够,行政权力过于膨胀和可能存在地方保护主义,导致行政监督依旧占比过重,人大和司法监督难以形成有效的监督;企业中,由于国有资本的特殊性、行政干预的强势和国

---

① 参见丁传斌:《地方国有资本运营法制探索》,华东政法大学2013年博士学位论文。

资委的定位不清,导致了高级管理人员行政化,董事会、监事会流于形式,国有资本一股独大,企业内部监督难以有效运作;而社会监督又限于配套法律制度缺失,国有资本运营内部信息披露不够,社会中介组织的独立性不强、公民意识不强和表达途径不畅等原因,造成社会监督的力度非常薄弱。其次,由于我国市场机制的不成熟和社会监督等监督方式的薄弱,又导致我国存在重事后监管而轻事前监督和事中监督,而且由于行政监督的过重,更加重了事后监管的运用,这就导致了国有资本在运营中重政治因素而轻市场因素,难以实现国有资本保值增值的目的。更甚者,其会加剧国有资本运营中的违法行为。

三、国有资本运营监督的目标及原则遵循

为了实现国有资本的高效运营以及协调各资本之间的可持续均衡发展,响应国家在第十三届全国人民代表大会委员会中强调的加强人大国有资产监督职能,促进国有资产治理体系和治理能力现代化,更好地发挥国有资产在服务经济社会发展、保障和改善民生、保护生态环境、保障国家机关和事业单位节约高效履职等方面的作用的号召,因此有必要在国有资本运营监督中明确其相关的目标与原则。

(一)国有资本运营监督的目标

不管是在实践中还是在理论研究中,人们总是想在现实中制定最优化的目标来促进结果的理想化实现,对于国有资本运营的监督也不例外。按照帕累托最优理论来说,在不影响其他环境的情况下,使得自身境况得到最优改善的状态,在此种理论的影响下,资源得到了最有效的配置,同时又不会影响到其他人的利益,这对于国有资本的监督而言,即意味着应当兼顾各方面的利益,把这种具有丰富意义的标准作为国有资本监督的最终目标,从经济学的角度上为政府行使监督权以及社会、公众之间的监督权配置指明了方向。《论语》中讲到"取乎其上,得乎其中;取乎其中,得乎其下;取乎其下,则无所得也"。因此要想实现国有资本的高效运营,对国有资本进行监管的过程也是需要进行不断试错和改进的过程,这种表现也被称为帕累托改进,[①]在制定监督管理的目标时就应当尽可能地权衡各方面的利益,以期在实际操作中达到更好的效果。

---

① 参见綦好东、严畅:《国有资本监管的原则》,载《经济参考研究》,2006(15),18-19页。

1. 提高国有资本运营效率

在当前市场经济大背景下,国有资产运营与监管方式亟待革新,国有资本虽然因其国有性而承担了更多社会责任与公共利益,但从其自身的性质来看,它还是一种资本运营的方式,应当具有营利性以及追求资本增加的内在要求,因此要想让资本保值增值,就必须考虑其运营的科学性以及各部门之间的效率优化配置,国资委在其中的重要责任之一就是根据国务院的授权,依照《公司法》等法律和行政法规的规定履行出资义务,并且对所出资的国有企业的资产进行监督调整,而且国家目前对于国有资本的流向与管控高度重视,明确了全国人大常委会对国有资产管理情况的监管以及审议职责。当前的目标就是推动国有经济结构和布局的战略性调整,新型的国有资本管理体制就是要塑造一个责任权利义务相对应的科学管理机构,以国有资本的保值增值为目标,通过有效的国有产权代理机制、管理机制以及监督机制之间的互相协调配合,建立科学的公司治理结构,使国有公司及其控股企业能够在科学监督下真正成为产权明晰、权责明确、政企分开、科学管理的公司法人实体。

2. 保障国有资本安全

安全是任何资本类型进行运作中必不可少的重要指标,特别是国有资本的运营,在实现资本自身保值增值的同时,也要注重国有资本运营的安全性因素,这与传统商法理念中所倡导的保障交易安全原则相呼应,在当前新型国有资产管理体制下,监控权的权利配置以及所有权和经营权分离都对国有资本运营的安全性提出了新的要求。在党的十六大报告中,规定中央政府和省、市两级地方政府都有保障国有资本安全运营的职责,应设立国有资产管理机构来代表国家行使国有资本所有权的监管职能,保证国有资本的安全运作。中央和地方政府作为不同的利益主体,各自存在不同的利益追求与取向,因此对于不同国有企业的政策也就不同,地方政府对于地方企业和中央企业的关切程度不同,在实践中可能出现区别对待、政策倾斜的可能,给国有资本的安全运营造成隐患,不利于市场的整体稳定。除此之外,第十三届全国人大常委会会议中也明确提出了全国人大常务委员会对于国有资本进行监督并保障其安全运营的必要性,全国人大常委会每年应当听取和审议国务院关于国有资产运营情况的报告,并运用检查询问、调查取证、特定问题审议等法定职权来对国有资本运营情况进行监督,同时对于国有资产的监督工作作出统筹规划安排,全国人大常委会每年要制订一个年度监督工作计划并积极落实。将国有资本的监督职能赋予全国人大常委会及其专门机构,大大提升了国有资本运营的安全性,也能有效消除中央与地方国有企业政策上的不同所产生的问题。

3. 承担国有资本的基本职能

国有资本的本质就是由国家代表全体人民共同拥有的资本,国有资本的存在是国家机关对于现实经济生活中的一些领域的资本回报率太低,难以吸引外来资本或社会资本,由此才以国家为名义进行出资设立的;又或者是因为某一领域的重要性必须要求国家资本的注入而不能由外资或者社会资本控制;再就是一些涉及垄断的业务需要大量的资本予以支持,社会资本没有这个能力,因此需要国有资本的注入。对于以上业务的开展都是国有资本发挥功能的关键领域,因其特殊性必须要由国家来进行管控和运营,国有企业是特殊类型的企业,它不仅要在某一领域或部门中体现其特殊性,同时还应当承担着一定的社会责任,特别是在国有专业化分工的组织工作中,国有企业不仅仅要完成经济指标,实现资本的保值增值,还要兼顾社会公共利益。国有资本因其国有性质决定了其不能只着眼于经济利益,公共利益以及社会的稳定性也应当是其追求的目标,因此在这种社会责任下,政府在对国有资本进行监管时,不得不将与自身经营目标无关的一些社会性事务考虑到其中,把本该由国家和政府或其他公益性组织应当提供的社会性服务也作为国有资本运营中的一项重要职能。如果将国有资本中的社会责任完全剥离,只考虑其营利性与资本的安全运营问题,剥离掉国有资本运营中的社会负担,那么对其他类型的企业来讲并不公平,因此渐进式的改革十分必要,发挥国务院、人大常委会以及地方政府对国有企业的监管职能,在强调国有资本运营的基本职能时,优化国有资本项目,树立国有企业的社会意识和责任感,营造有利于资本进入的良好环境,而不能只着眼于对经济利益的追求。

(二)国有资本运营监督的原则遵循

按照党中央关于以资本为主完善国有资产监管体制的要求,深化国有企业的改革,必须继续坚持政企分开、政资分开,同时还需进一步厘清国有出资人机构的职责边界,坚持做到有效授权经营与高效资本监管相匹配。为实现前述目标,可以遵循以下原则。

1. 总量监管原则

党的十六大报告曾明确指出,中国的国有资产管理体制应该是管资产、管人和管事的三者有机结合。新的国有资产管理机构应通过信托合同等方式将资产管理职责委托给国有资产管理机构。这导致我国国资委现阶段只负责资产的总量和综合管理,并监督相关的运营机构和国有资产的运营手段。新的国有资本管理方法强调国有资本的总量监控,国有资本的管理评价应在全局的视角上,而非落脚于地方,不再直接干涉国有企业日常经营。如果对国有企业进行直接的管理和评估,则必然会导致地方国有资产管理机构为维护自身利益而直接地干预国有资本企业的管理,或设置一定的行业壁垒以达到保护当地国有资本企业的目的。而且当地的国有资本企业也常常会为减缓自身的竞争压力而向国有资产管理机构寻租。这样的运作从地方局部的角度看确有实现国有资本保值,甚至增值的目的,单从全国全局的角度,国有资产总量不仅不能实现维持和增值的目的,甚至还会抑制其他利益相关者的积极性,损害利益相关者的利益,最终导致资本效率低下。在此情形之下,新的国有资本管理体制必须从国有资本总量的全局性角度对国有资本的监管进行审视。

2. 分类监管原则

中国的国有资本分布范围很广,不同领域、不同类型的国有资本管理目标也不尽相同。在此基础上实施统一的监管机制、设置统一的评价标准是没有效率的,因为必须根据不同的国有资本类型实施不同的监管机制。[①] 这就要求必须把社会目标放在首位,把国有资本的安全保障和国有资本运作效率放在首位。对于一些功能性、服务性的领域不能因为其经济效率较低,相关部门就减少对该领域的投资力度。对于处于市场竞争性领域的国有资本,则应当重视国有资本的安全、减少资本的违法流失和提高国有资本运营效率。

总的来说,国有资本监管的重点应放在如何有效提高国有资本运营效率,实现国有资本的保值增值。对于竞争性部门的国有资本不应采取直接监管的方式,而应当对其间接监管以适用市场化的运作。[②] 不仅如此,就算是具有竞争性领域的行业,国有资本的企业之间也存在很大的不同,有的企业能够赚取高额的市场利润是由于政府部门赋予其市场的垄断地位,即行政垄断。而其余具有国有资本的企业必须具有更强的竞争性才能在相关市场中获得市场份额,因此,国资委在制定相关的法律法规、业绩考核方式以及薪酬制度时,应当充分考虑到不同行业的市场特性和不同企业的经营目标。虽然在国资委颁布的《中央企业负责人经营业绩考核暂行办法》等文件中体现了国有企业所在地方和行业不同的因素,但并没有回应

---

① 参见韩中节:《国有资本运营的法律治理研究》,西南政法大学 2009 年博士学位论文。
② 参见宋嘉宁:《治理理论视角下的我国经营性国有资产管理体制改革研究》,中国财政科学研究院 2018 年博士学位论文。

不同行业之间的垄断程度以及不同企业的运营目标。国资委在监督国有企业时应当就企业运营目标的不同和所在行业垄断程度的不同予以不同的分类,同时还应当注重于反垄断机构之间的协调工作。

3. 目标导向原则

要想使得国有资本运营监督达到一个良好的效果,实现资本的最有效配置,完善国有资本监管体制应当导向明确,要遵循一个最终的目标来进行各种原则制定以及相关政策的贯彻落实。进一步着眼于统筹国有资本布局方向,服务国家重大战略、区域发展重要战略和相关的产业政策规划情况,通过有效监管来实现国有资本的专业化整合、前瞻性布局以及战略性重组,国家和政府只有将国有资本监管的最终目标作为导向来进行一系列部署,才能有效地盘活国有存量资本,用好增量资本,实现国有资本的合理流动与增值保值,使得国有资本运营过程中既达到了经济效益提升,也能够树立责任意识,承担起企业应当承担的社会责任,促进国有资本的影响力、活力、控制力以及抗风险能力的提升,通过国有企业高质量发展来促进我国国民经济健康发展和转型升级。

4. 权利、义务和责任相一致原则

对于国有资本运营的有效监管,主要还是应当针对资本本身,要落实以管资本为主的要求,在监管方面做到权利、义务和责任的有机统一,在国资委履行国有资本出资人职责的同时,也要保证其享有出资人的资产收益、重大事项决策权以及选任国有资本管理者的权利,将出资人行使监管的权利内化到企业的治理结构中去,同时也要落实责任机制,发挥公司章程在公司治理中的基础作用,将权利、义务还有责任落实明确,实施到位。并且进一步完善以董事会制度为核心的国有企业法人治理结构,发挥好国资委的监督管理作用,明确出资人、企业、经营管理者、员工等相关主体的职责边界,推动各利益方严格按照公司的章程履行职权,并且规范国有企业中董事的权利和责任,督促履职尽责,实现授权与约束的统一,形成既可以有效制衡又能够相互配合的授权经营机制。除此之外,还应当完善当前国有资本运营中所有权与经营权的归属问题,以达到更明确的监督效果和追责效果,在权利、义务和责任相统一原则指引下,做到政企分开,政资分开,所有权与管理权分开,政府的其他机构和部门不履行国有资本企业的出资人职责,而由专门国有资本监督管理机构来负责,与此同时,国有资产监督管理机构也不行使国有资产出资人的职能,也不直接干预企业的生产经营活动,各部门之间做到权责明确,有机统一。

5. 考核与可追责原则

在国有资本的运营监管过程中,仅仅强化和完善监督程序是不够的,还应对相关负责人以及实际经营者建立系统的能力考核与责任追究机制,树立起相关国有资本控制者、经营者的责任意识,这才能使得监督更加有力,国有资本存量巨大,内部经营管理结构复杂,需要关注对企业的有效授权与监管考核问责问题,避免授权经营链条过长可能引起的管理失控局面,同时也要防范监管责任的不断下移或者平级之间相互推诿,层层监管行政化等问题。国务院和地方政府应当积极履行自己的监督职能,每年应当针对国有资本的运营问题制作问责清单,对于审议意见、整改意见和专题研究报告应当严格审查,做好与全国人大常委会的工作配合,切实落实国有资本运营目标的考核与相关责任人员的追责机制。全国人大常委会对于问责清单的审议结果有异议的可以向国务院部门进行查证,听取其意见说明,按照层层监管、稳步推进的原则,建立健全整改与问责情况跟踪监督机制。全国人大常委会对突出问题、典型案件建立督办清单制度,由有关专门委员会、预算工作委员会等开展跟踪监督具体工作,督促整改落实。建立人大国有资产监督与国家监察监督相衔接的有效机制,加强相关信息共享和工作联系,推动整改问责。①

6. 公开原则

监督的有效性在于其开放性,因此,为了防止可能由信息不对称引起的内部控制问题,一种卓尔有效的方法是引入社会公共的监督。由于国有资本的本质是"国家管控、全民所有",但由于国有资本运营的专业性以及复杂性,"全民"并不能直接地占有并经营国有资本,因此要授权给政府对国有资本进行管理,所以实质意义上的经营是国有企业应当肩负的责任,政府在管理国有资本的过程中应当确保相关信息的公开性,以达到让民众知情,大众知悉的效果。此即"有效的国有资本监管不仅需要象征部门强有力的监管,还需要国有资本运营中的公开性和透明度"。② 对照其他国家国有资本运营公开制度可以看出,当前国有企业的信息披露方式主要有事前信息披露、事后信息披露以及总体信息披露三种模式,其中以瑞典的信息披露制度较为严格,对于瑞典本国实际出资的国有企业,在资本运营监督过程中所要信息披露的内容与标准不能低于本国上市公司,国有企业

---

① 参见 2020 年 12 月 26 日第十三届全国人民代表大会常务委员会第二十四次会议中有关国有资产监督管理的规定。

② 参见丁传斌:《地方国有资本运营法制探索》,华东政法大学 2013 年博士学位论文。

应将其每年的年度报告定期向社会披露,在国有企业召开股东会或董事会时应当向公众开放,确保公众知情权。

在国有资本运营监督的过程中,遵循和实施披露原则不仅有助于减少市场的不确定性,还可以促进监督目标的实现,从而提高监督机构的监督水平和监督机构的社会信誉。最重要的是,国有资本运营监督的开放性是能够有效地拓展国有企业员工参与国有企业管理的方式,其具有鼓励他们参与国有企业改革的积极性和动力,使他们能够利用自己的信息优势来监督经营者的行为,从而更好地保证国有资本的良性增值。无论国有企业是否上市,都应适当披露其财务状况和经营业绩,以避免监督机构和受监督机构可能形成的双向寻租行为。第十三届全国人民代表大会与会代表也强调:国有资产信息共享平台的建立也是国务院有关部门实现对国有资本的社会监管路径的关键因素,国资委联网监督系统应当定期向全国人大预算工作委员会报送国有资产增量情况和经营状况,实现有关部门和单位信息的互通与互联,对于依法应当公开的国有资本运营信息,应当向社会大众公开,自觉接受外部的监督。对任何企业的运营监管,信息公开都是必不可少的一环,国有资本也不能例外,该原则应当是国有资本运营监督中应当遵循的基本原则。

四、国有资本运营监督的制度完善

我国当前对于国有资本运营监督的渐进式改革正在如火如荼地进行,国家与政府对于国企监管和问责等各项工作也在开展之中,国有资本监控权的确立以及所有权与经营权的分离,所有权与控制权的分离对我国国有资本运营监督制度的完善提出了更高的要求,监督的主体、内容以及方式都应当在实践中进一步明确,这样才能最终形成权责统一、行为合规、运营有效的健康局面。

(一)明确国有资本运营监督的主体

我国现阶段与西方发达国家相比,市场机制的发育相对缓慢,且市场上流通着大量的国有资产,这就要求我国必须加快完善国有资产的运营监督机制,明确各监督主体及其职能,以确保监督机制的顺利运作。国有资本的监督主体主要包括内部主体与外部主体,前者由董事会、监事会和职工代表大会等组成,后者主要由国务院专门机构、市级以上政府部门、各级人大常委会和社会公众组成。只有将以上监督主体进一步明确,才能够形成合力有效的监督机制。

1. 国家监督

从国有资本监督主体来看,国家监督无疑是国有资本运营中最主要和最直接的监督方式,国家要想做到对国有资本的有效监督,那么就必须明确每个主体之间的职权,在对国有资本进行监管的过程中,主要有全国人大及其常委会的立法监督、国务院以及地方政府的行政监督和法院、检察院的司法监督。其中全国人大代表是由人民选举产生,因此全国人大及其常委会也最能代表人民的利益,对于国有资本也享有最高的监督权。从人大拥有的职权看,人大的监督主要以立法、释法、国有资本经营预算的审议和批准、国有企业的设立,以及询问、质询和特定问题调查为手段。为了真正实现国有资本运营的独立自主性,促进国有资本管理体制的改革,就必须要防治政府过度干预的情况发生,而人大对国有企业重要参与者的人事任免权与监督权正是对政府干预的削弱。另外,从中央与地方的权利配置上来看,全国人大和地方各级人大分别代表了全国和地方最高的权力机关,全国人大通过法律赋予的权力来对地方各级人大行使监督权,对于国有资本运营问题的监督也不例外,地方各级人大及常委会对国有资本运营过程中的监督内容主要包括对国有资本经营预算进行审议和批准、在不与法律冲突的前提下合理解释法律对地方国企进行约束、对国有企业中的主要负责人的责任问责和人事任免、对经营中的突发状况进行询问、质询和调查等。地方各级人大在行使对国有资本运营的监督权时要接受全国人大的审查,形成主体明确、权责统一且从中央到地方全面覆盖的科学监督体系。

行政监督权的主要行使机构是政府,因此也被称为政府监督,除国资委外,还有纪委、监察委、央行、财政部、商务部、工商监管部门、反垄断机构等各部门依据自身的职能对国有资产运营的行为进行的功能性监督。一方面,在国有企业改革的进程中,当前所提的政府监督并不是传统计划经济体制下政府对国有资本运营的绝对管控,而是在保证企业自主经营的同时政府依法履行其监督职能,如行政立法、行政命令、强制执行、检察执法和行政裁判等一系列行政行为。另一方面,鉴于国有资本的公共属性,应当有专门的机构在国有资产运营中,对国家出资企业的高级管理人员进行监督,以防止其中可能出现的违法现象,适当时可考虑引入公益诉讼制度以增强监督的力度。

司法监督权的主要行使机构为法院和检察院,上述所说的立法监督和行政监督分别对应着国家最高权力机关和主要执法机关,对于国有资本运营的监督属于事前和事中监督,而司法监督主要针对国有资本在运营过程中由于经营行为违规、违法造成严重后果后的监督和追责,属于事后监督。从法院和检察院的职能来看,司法监督主要是法院行使审判权来实现的,即对国有资本运营过程中的违法行为通过审理予以纠正,对国有企业中的职务犯罪行为在检察院起诉的情况下予以审判。这与我国当前企业合规制度的设立与完善相呼应,如果仅注重事后监督与追责,那么不利于国有资本的高效运营和健康发展,因此司法监督必须发挥其事前监督的作用,加强国有企业运营中的合规管理,确保企业在法律、法规的指引下进行资本运作。司法主体除了以上的监督权限,法院还具有一定的司法解释权,国有资本运营中所涉及的主体众多,利益牵扯大,案件往往较为复杂,对于有关国有资本运营中的疑难问题,法院在审判案件时有一定的自由裁量权和依法解释法律的权利,以确保有关国有资本运营的相关法律法规得到正确的适用,与此同时,司法机关对于不合理的法律法规还可以向法律制定机关(全国人大)以及法律执行机关(政府)提出司法建议,以确保有关国有资本相关规定的科学性与可实施性。

国家作为国有资本运营过程中的监督主体,在立法、行政和司法等之间的监督权配置是建立科学有效监督机制的前提,监督权由法律赋予,这种监督权不仅表现为种类法定,还表现为程序和效力上的法定。由国家公权力介入来保障监督权的行使,体现了我国对国有企业运营的重视,同时也是市场经济高速发展下国家应当承担起的时代责任;相较于外部社会监督和企业自身内部监督而言,国家监督在监督对象、监督手段和监督程序等方面都发挥了前两者无法替代的作用和功能,而且在效力上由国家强制力保障实施的监督权对于国有资本运营的约束性更高。

2. 企业内部监督

由于国有企业改革的深化,国有资本在运营方面的权限也不断得到扩张,特别是当前所有权与经营权的分离以及政企分开、政资分开的经营管理模式下,国有企业中董事、监事以及高管的权力日益增大,国务院及其下属的国有资本监督管理结构的权限相对减少,在国有资本的运作中,董事、监事和高级管理人员作为国有企业的首脑,对外代表企业行使一系列职权,对外决定着由国家出资企业内部的决策、监管以及执行,国有企业有效监控的灵魂在于建立较为完善的企业治理结构,探索利益相关者合作条件下的相应治理机制。① 如果上述三类人员的监督职责不够明确,甚至出现

---

① 参见韩中杰:《论国有资本运营监控权的配置与实施》,载《西南民族大学学报(人文社会科学版)》,2015(4),119-126 页。

互相勾结损害企业利益的情况,那么国有资本运营的风险则会从企业内部开始滋生,损害国家资本的同时还会引发社会的不安定因素。

国有企业内部监督主要分为企业经营管理层监督、企业审计会计部门的监督以及职工代表大会和工会的监督,在现代企业治理结构中,股东会、董事会以及监事会三者相互制衡,除了国有独资企业不设立董事会外,其余的国有企业中董事会均是最高的职权部门。而借鉴英美法中有关董事的规定可以看出,我国国有企业董事会在经营管理中也具有核心地位,董事会依法享有企业经理的任免权和监督权,同时还拥有国有资本的经营决策权,为了防治董事会权利的扩大,就必须在其自身行使监督权时也对其进行监督。这时监事会的作用就体现了出来,国有企业中监事会通过对企业利润分配和资本运营情况的评估与认定以及对公司财务的审查来对国有资本流向进行监督,同时还对董事、经理执行公司业务时违反法律法规或公司章程、侵害国家利益的行为进行监督。与此同时,国有企业内部审计部门通过对资本预算和企业财务报表的监督,为国有资本保值增值提供最基本最直观的资料和数据,促进企业完善资本运营责任制。而职工代表大会和工会是为了避免企业完全操控在经营者手中,通过收集职工意见和建议并向监事会反映来对国有资本运营进行监督。

3. 社会监督

社会监督主要是社会团体、公民及其他利益相关者所进行的监督,包括社会中介机构、新闻媒体、社会团体、市场竞争者和公民个人等。但由于国有资本的运营活动具有较强的专业性,普通社会大众对于国有资本的监控虽然具有较强的积极性,但却远远不如国有企业中的董事、监事以及高管这类具备专业知识与技能的人更了解国有资本的运营方式,因此社会监督就显得非常必要,社会监督是国有资产全民所有的重要体现,社会监督的主要运作方式是通过社会中介来提供监督服务,比如委托会计事务所对国有企业作资本评估,委托律师事务所为国有企业潜在法律风险进行分析和合法规避,审查国企董事、监事和高级管理人员的违法违规行为等,以及通过电视台、自媒体和报纸等公众便于知晓的方式来扩大监督范围等。在我国当前国有企业渐进式改革历程中,社会公益诉讼是公众行使监督权最有效力且最直接的方式,完善的公益诉讼制度,可以拓宽国有资本监督管理渠道狭窄的问题,也能够弥补国有资本监督主体的缺位,在现实生活中也可以看出,诉讼是解决争议、定分止争的有效途径,在保证了公众通过公益诉讼的方式行使自己权利的同时还使得国有企业中高级管理人员的违法违规行为得到控制,而且此类公益诉讼所针对的对象不仅仅是国有企业中损害国家利益的董事或高管,同时也适用于依法对该类行为享有监督权却不作为的国有资本监督管理机构。但在保证社会公众参与监督的同时,法院也应当审慎行使自己的权力,限制恶意诉讼,避免国有资本监督管理机构和实际运营机构及企业疲于应对,在依法提起公益诉讼之前,可以在国有资本监督公益诉讼中设置一个前置程序或诉前的严格审查程序,法院在接到起诉书时可以在期限内先与相关机构进行交涉,这样既可以保证社会公众合理行使监督权,也可以有效减少诉讼资源的浪费,避免国有企业无故陷入诉讼纠纷中而对自身形象造成不好的影响。

社会监督主体范围广泛,但其权利来源是共同的,即宪法和法律赋予公民和社会组织的私权利,这种权利具有典型的社会法属性,体现了社会本位思想。而想要更好地行使这种监督权,就必须有赖于国有资本运营的信息公开机制,如果国有资本在运营过程中无法将一些必要的信息向社会公众公开,那么所谓的社会监督便没有意义,"一个公共主体被指派为合法所有者,要使这个公共主体成为社会性的,那么它就必须处在社会的有效控制之下"。① 对比参照国外一些国有资本运营的立法规定可知,信息公开是企业运营和存续的一项重要制度,只有国有企业将一些必要信息公开于社会公众之间,那么才能够使得社会公众更好地行使监督权。

(二)明确国有资本运营监督的具体内容

在国有资本运营的初期,对于国有资本的监管主要是国有资产监督管理部门对国有及国有控股企业、国有参股企业履行出资人职责,并监管所出资国有资产的行为。② 这种传统管理体制过度依赖某一政府机构,在实践中存在不少问题,比如国资委定位不清的利益矛盾;对监管机构的约束机制不完全,经常会出现重复监督或监督缺位的情形;缺乏市场化的绩效考察体系,不能合理地评价国有资产的运营效率等。③ 当前国有资本的改革又对此类监管方式提出了新的挑战,因此应当将国有资本监督的内容作进一步的明确,主要就是由传统的资产管理体制向更为科学合理的运营监督机制转变,也就是由国有资产监管权向国有资本运营监控权的转变。

---

① [波]布鲁斯、拉斯基:《从马克思到市场:社会主义对经济体制的求索》,银温泉译,125页,上海,格致出版社,2010。
② 参见韩中节:《国有资本运营的法律治理研究》,西南政法大学 2009 年博士学位论文。
③ 参见张彭霞:《国有资产监管者监管研究》,载《首都经济贸易大学学报》,2007(5),107-110页。

相较于单向性的国有资本管理体制,国有资本运营体制实现了多向监督的转变。国有资产的所有权人是全国人民,采用代表人制度由代表全国人民行使国有资产的运营本就是一个不得已的选择,这种选择是代表行为外部性的基石,而且由于我国的实际情况,这种外部性的情形尤为突出。东方社会特有的官商结盟政经模式是我国改革开放的历史起点,代表我国早期的社会治理理念,相较于西方发达的市场经济,我国的市场经济起步较晚,基础薄弱,而在全球市场一体化的现代,各国的企业又都在进行全球化的竞争,这就为我国国有资本的市场化运作提供了基础。总的来说,我国国有制的存在对政经联盟提供了财政基础,政经联盟又反过来强化、保障和扩大国有制的势力范围和影响力。[①] 但就极具外部性的国有资本而言,资本与权力的相接又容易形成偏离全民利益的国有资本垄断小集团。单靠单向度的行政机关监督在监督的效力上很难与多向度的多元监督相比较。实际上,已有学者意识到如此监控的重要性,并提出国家出资企业在接受国资委监管的同时,也可被赋予更广泛的知情权和发言权,参与政策制定、实施信息反馈等,对国资委实施一定程度上的监督。[②] 也有学者提出建立对国有资本的多级监管体系,主要内容包括:加强原始所有者对所有者代表人的监督;加强所有者一级代表人对次级代表人的监督;加强所有者代表人对派驻企业的高级管理人员的监督;加强所有者代表人对企业经理的监督等。[③]

除此之外,相较于单一的行政机构监督主体,国有资本运营监督机制呈现出了多元化、多层次的监督主体。政府及其职能部门是"政治人""经济人"和"道德人"的集合体,其具有追求社会公共利益和私人自身利益的双重目标,而我国在制度的设计上常常互联了这种二元性的追求目标,因而,在实践中常常表现出制度设计的理想化和执行的异变化。有的学者认为这是因为国有资本运营的监督机制和激励机制不健全而导致的,也就是在国有资本运用中所有权的安排具有不对称性,国有资本的代表人在实际上拥有了国有资本的控制权,但是这一代表人却不能合法地获得部分的剩

---

① 参见胡海涛:《国有资产管理法律实现机制若干理论问题研究》,317页,北京,中国检察出版社,2006。
② 参见林卫凌、沈志渔:《国有资产监管体制效率研究——从定性到定量的分析》,载《南大商学评论》,2006(3),80-105页。
③ 参见潘岳:《中国国有经济总论——历史沿革、改革历程、发展趋向》,200-202、434-437页,北京,经济科学出版社,1997。

余价值所有权,或获得的该所有权过少。① 此种制度安排的结果就是:"国有资本委托代理关系像患了'半身不遂'症状一样,导致整个链条上监管动力传导失效。"②行政机构的单向度监督难免会形成行为的外部性,因此,只有扩大监督主体,采用多元、多层次的监督主体,将国有资本运营的监督权赋予包括政府行政机构的广大社会公众,并完善配套的设施,包括国有资本运营的信息披露机制和责任追惩机制等,才能有效弥补国有资本管理体制的不足。

最后,相较于静态的国有资本管理机制,国有资本运营监督机制实现了更加顺应市场化的动态监督。依赖于行政管理的静态国有资本管理机制产生于高度集中的计划经济时代。③ 从我国改革开放初期至今,国有资产流失问题一直屡禁不止,甚至愈演愈烈。其重要的原因之一就是监管制度与实际情况存在脱节,我国国有资本的运作已经在一定程度上实现了市场化,并开始转向资本运营的方向,但我国的监管制度却没有施行相应的升级。④ 在市场化的现今,对于国有资产的关注已不仅仅是谁在占有和使用的问题,还开始关注国有资本的价值变化,在此情形下,原先的静态管理必须让位于动态的监督才能顺应此时国有资本价值形态的转换、流动和变化。但相较于静态化的管理,动态化的监督因为存在更为复杂的外部环境、信息的不全面和不对称问题使监督难度更大,这就要求采取多元化的主体实施系统、互动、实时监控。

(三)明确国有资本运营监督的方式

国家对国有资产的监督主要采取经济手段,实施产权管理和间接管理。各级国有资本监督机构与企业不再是完全的上下级、行政管理的关系,而是由各级国有资本关系机构作为出资人,与企业形成一种产权关系上的链接,国有资本监督机构也从监督国有企业转化为监督国有资本。因此,可以说各级政府委托各级国有资本监督机构作为出资人对国有资本进行监督,而且这种监督更多的是一种经济手段上的监督,而不是传统的行政式的监督,即是一种企业大股东的监督,各级国有资本监督机构作为出资人成为企业的股东,享受股东的权利并承担股东的职责。

---

① 参见谢德仁:《企业剩余索取权:分享安排与剩余计量》,248-249 页,上海,上海三联出版社、上海人民出版社,2001。
② 耿建新、崔宏:《国有资本监管理论与实务创新》,载《财经科学》,2005(2),97-104 页。
③ 参见徐武:《中国国有经济的实现形式和路径选择》,168 页,北京,经济科学出版社,2005。
④ 参见臧玉荣:《国有资本产融结合研究》,中共中央党校 2015 年博士学位论文。

完善国有资本经营预算制度是采用大股东式监督的必要前提条件,要运营国有资本首先要对国有资本进行分配,这一分配既包括原始国有资本的分配和国有资本运营保值部分的分配,在政府的管理层面,分配将引发出国有资本各项收支预算。早在党的十四届三中全会上,就对国有资本经营预算提出了明确要求。《预算法》明确规定各级政府要对地方国有资本的经营编制预算,随后经过我党的一系列会议,国有资本经营预算机制的地位越发重要,相关措施逐步完善。① 2008 年出台的《国资法》规定:"国家建立健全国有资本经营预算制度,对取得的国有资本收入及其支出实行预算管理。"这标志着国有资本经营预算制度已经作为国有资本运营监督的重要手段上升为法律的要求。

1. 产权管理机制

国有资产的运营监管机制与我国传统的国有企业管理制度相比较,前者实现了管理对象由管理国有企业向管理国有产权的转变,国有资本的运营监督是一种产权的监督,其以产权管理为核心,以产权作为监督机构与企业之间的监督纽带。我国国有资本的改革方向是充分调动市场活力的混合所有制,要发展混合所有制就必须限制行政力量对企业的过度干预,国有资本要适应市场首先就要明晰国有资本的产权,完善国有资本的产权流动、产权处理和产权交易的相关制度。② 国有资本的产权管理是提高国有资本运营效率,优化资源配置,实现国有资本保值增值的重要举措,是推动国有资本的资产化和证券化的核心。自 2008 年以来,国务院国有资产监管机构通过加强对地方国有资本管理工作的指导与监督,有效保证了国有产权管理工作制度、程序与要求的统一,成功遏制了国有资产的流失现象。国务院及全国各地方国资委也都在加强国有资本运营产权管理的相关工作,出台了大量的规章制度对产权管制机制进行完善。③

2. 间接监督管理机制

2008 年,我国《国资法》以法律的形式明确规定了国有资本监督机构

---

① 这些会议包括党的十六届三中全会、党的十六届六中全会、党的十七大等。
② 参见孙大卫:《混合所有制导向下国有股权对企业价值创造的影响研究》,北京工业大学 2018 年博士学位论文。
③ 据不完全统计,国务院国有资产监管机构成立以来,在产权管理工作方面共出台了 5 个令和 37 个规范性文件。其主要包括《企业国有产权转让管理暂行办法》(国资委财政部令第 3 号)、《企业国有资产评估管理暂行办法》(国资委令第 12 号)、《国有股东转让所持上市公司股份管理暂行办法》(国资委证监会令第 19 号)、《国家出资企业产权登记管理暂行办法》(国资委第 29 号)、《中央企业境外国有产权管理暂行办法》(国资委令第 27 号)、《关于加强上市公司国有股东内幕信息管理有关问题的通知》(国资发产权〔2011〕158 号)等。

对国有资本企业行使一种间接式监督的模式。在我国实践中,这种间接监督模式出现在党的十六大之后,与直接监管相比,间接监督将企业的经营权完全交给企业,不再以行政力量直接介入企业的具体生产经营活动,依据市场化的要求保障企业法人的独立地位和财产权,突出国家作为出资人的所有者权益而非行政机构的行政权力。

这种间接监督方式的关键是依照现代化公司的治理结构,确保董事会在公司治理中的核心地位,把董事会定位为国有资本企业进行商业运营的大脑,在董事会的建立上,应建立健全外部董事为主体的组织形式。这一管理体制主要通过以下三个措施予以实现:一是限制国资委的管理权限,实现间接监督,将国资委目前的绩效考核、人员薪酬和企业经理层人员任命等权限逐步移交给规范化的董事会,实现董事会对企业实行个性化管控。二是要构建企业决策层与执行层的二元分离体系,这也是现代化大企业内部治理的主要表现形式,这种二元分离体系即是因为企业规模过大的合理分工,也有出于分权监督的考虑。在这种管理体制下,董事会仅对于一些宏观的内容发挥作用,比如企业的重大战略决策、风险控制、经理层人员的任命和绩效考核等,而不在微观的领域对企业的直接生产经营活动进行干预,即董事会是企业的大脑,而以经理层为代表的执行层是实现大脑决策的手足。三是在董事会结构的设置上,应引入非公司员工的外部董事,保证其一定的占比以实现董事会和执行层的实质分离,避免董事会层面与经理层人员的过度重叠,从而实现董事会决策的集体性和科学性,这一制度安排也能防止企业内部人对国有资本企业的内部掌控,实现国有资本运营的有效监督。①

3. 委托管理机制

国有资本的所有权人是全国人民,国有资本的管理模式是全民委托给政府来代理,政府再委托给具体的经营者来经营的双层委托模式,这种模式就导致国有资本的所有权与经营权的分立,这种分立也是现代资本运营的显著特征,即资本的所有人不愿意,或没有能力运营好资本,而将资本托给特定的人运营,以达成资本的保值增值的目的。这是社会大生产的必然产物,也是资本市场化的必然要求。由于我国社会主义市场经济的特殊性,国有资本的代理经营制度也曾表现出不同层次的委托关系。我国经济学家张维迎教授将我国国有资本的委托代理关系概括为两个层级。首先

---

① 参见[法]理查·米艾莱:《公司治理》,320页,张汉麟、何松森、杜晋均译,北京,经济管理出版社,2006。

是国有资本所有权人与我国中央委员会之间的授权链而形成的第一层授权代理关系,其次是我国中央委员会到国有资本代表人的第二层授权代理关系。从这一划分来看,在第一层代理关系中,全国人民是委托者,而政府是受委托的代理者;政府是一个宏观的概念,在政府之中,上级政府部门是委托者,而下级政府部门是受委托的代理者。在第二层代理关系中,又有两层授权代理关系:一是政府机构为委托者,而具有出资人职能的机构是授权的代理者,比如国资委、财政局等。二是具有出资人职能的机构是委托者,而企业的经营者是受委托的代理者。

第二节　国有资本运营的激励制度

我国国有资本的改革目标主要是实现国有资本的市场化经营,在保障国有资本经营自主权,为国有企业注入发展活力的同时实现资本的最有效配置,此种方式在理论上可以让有经验的国有企业管理者更好地实现国有资产保值增值,但在实践中国有资本的运营却呈现出总体经营效果不佳的状态,其直接原因是国有资产管理体制改革的相对滞后,这一方面体现了国有资产的管理、监督和运营可能缺少明确的主体界限,另一方面则说明在国有资本的运营过程中经营者和管理者缺少一定的激励约束机制,因此有必要从国有资本的激励机制出发,从企业内部运营机制的建构出发,分析当前国有资本运营激励制度的现状及存在问题,并就如何解决提出合理的观点和看法。

一、国有资本运营激励制度概述

资本运营活动是借助一定的契约运行的,该契约包含了企业合同(委托-代理)模式,更包含了重要却易被忽视的人力契约。几十年前,当时社会占主流地位的新古典经济学将企业看成一种生产技术的功能,却排除了人力资本在经济分析中的作用,虽然他们相关论述中所涉生产要素和资本结构的理论也包括了"劳动"(即人力资本因素),但是它不过是一个非人力资本中的从属性生产要素而已。[①] 故而在传统理论上鲜见更多关于激励制度的分析和考量。然而情况在20世纪70年代开始改变,社会市场经济机制在全球范围内不断扩大和完善。从传统工业社会进入到后工业社会、信息技术社会,人力资本在社会财富创造和分配中的作用和地位不断增

---

① 参见刘桂芝:《中国企业人力资本激励制度研究》,1页,长春,东北师范大学出版社,2015。

强,员工的创新能力逐渐被拔高到关乎企业绩效的制胜地位。僵化混乱的管理方式正逐渐被淘汰,员工主动创新精神和个性化的管理方式,知识及运用知识的能力正成为企业核心能力。与此相符,在分配上,企业内各项人力资本所有者特别是企业经营者,已经成为企业事实上的剩余索取者,"现存的企业所有权安排正面临着合法权利与事实权利的强烈冲突"[①]。

因此,国有资本运作改革的核心问题首先是可以用什么样的制度安排来激励参与者和经营者,并且充分发挥这二者的主动性和创造力,用以解决企业产权问题。其次就是在国有企业中激励制度究竟能发挥何种作用,为何国有资本运营深化改革离不开此种激励制度的构建。再次,分析国有企业中激励制度的历史变迁,以发展的眼光看待当前国有资本运营中激励制度应当遵循的道路。最后,国有资本的改革,仅仅依靠监督和激励还不够,还应当有相应的约束机制与之对应,在探究国有资本运营的激励机制时还应当理清激励机制和约束机制两者之间的关系,二者应当相互区分、相互作用,不能将二者混为一谈。

(一)国有资本运营激励机制的内容

在国有资本的运营过程中,为了发挥国有资本运营的良性激励作用,激励机制的适用应当覆盖国有企业管理者、经营者与全体职工,建立科学合理的国有企业整体激励机制,对于不同的利益主体激励机制的内容也不尽相同。2019年4月19日,国务院以国发9号文下发了一个重要文件:《改革国有资本授权经营体制方案》(以下简称《方案》),《方案》中对于国有企业运营中的激励制度有了新的阐释,授权国有资本投资、运营公司董事会审批子企业股权激励方案,支持所出资企业依法合规采用股票期权、股票增值权、限制性股票、分红权、员工持股以及其他方式开展股权激励,股权激励预期收益作为投资性收入,不与其薪酬总水平挂钩。支持国有创业投资企业、创业投资管理企业等新产业、新业态、新商业模式类企业的核心团队持股和跟投。

由此可见,在国有企业渐进式改革进程中,股权激励和员工持股是改革的重心。虽然过去的相关文件并没有否认企业实施股权激励的收益不是投资性收益,但现实中,这部分收益都和工资总额挂钩,股权激励收益,纳入工资总额范畴,从而使类似股权激励这样的长期激励就失去了它的意义。自2015年开始施行的《中央管理企业负责人薪酬制度改革方案》规

[①] 杨晓淮:《技术、市场和企业所有权安排》,载《经济研究》,2000(2),45-46页。

定,改革后的薪酬结构由基本年薪加绩效改为基本年薪、绩效年薪加任期激励收入。一位央企内部人士分析说,基本年薪将根据上年度72家在职员工平均工资的两倍确定,也就是说两家央企负责人的基薪是一样的。绩效年薪不超过基本年薪的两倍。而任期激励收入不超过年薪总水平的30%。总的收入不超过在职员工平均工资的7～8倍。《方案》的出台打破了原始国有资本运营激励机制的框架,实现了国有企业参与人员持股模式、激励收益性质的实质性突破,也为实践中国企激励机制增添了新的内容。特别是"股权激励预期收益作为投资性收入,不与其薪酬总水平挂钩"的规定,无疑给国有企业的高管们带来重大利好。企业可以通过对管理层实施股权激励,充分发挥管理层的积极性和能动性,将企业做大做强,在增量和效益的基础上,实现分红收入,真正做到责权利相统一。

1. 对国有资本所有者的激励机制

国有资产虽然由有着专门经验的管理人员进行经营运作,但资本的实际所有人还是国家,国有资本得以运作也是基于国家的投资行为产生,因此国家对于国有资本的管控也非常重视,对于众多国有资本的注入而形成的国有企业不可能由代表国家的一个机构来完成,需要由国务院、各级地方政府的国有资本管理部门来专门行使该权利,这种机构在激励机制的构建中被称为国有资本的代表者。[①] 这类国家投资主体在享有国有资本运营的权利和承担相应责任的过程中所发挥的作用重大,是我国国有资产投资主体多元化的重要保障,也是代替国家和人民行使国有资本运营管理权的重要机构组成部分,因此对此类国有资本代表者的激励机制非常有必要。一般而言,企业为了更好地吸引资本,在进行工商注册和章程登记时都是采用有限责任的形式,这样可以更好地保护投资者的资金安全,在国有资本注册过程中,工商登记部门在针对国有资本的设立时一般采取的激励机制为注册形式;而且在资本的运作过程中,国有资产所有者可以根据当前所投资的国有企业的未来市场环境进行评估后来决定投入资本的大小和持股比例的多少,同时也可以在符合章程和法律规定的前提下进行增资减资程序,这一方面起到了约束经营者的作用,另一方面也能够确保国有资本的安全性以及趋利避害的能力,同时也能调动起国有资本所有者在运营国有资本实现增值后的积极性;除了设立对国有资本所有者的激励机制之外,国有资本的运营还有一个重要的对象,那就是国有企业中的相

---

① 参见袁定金:《国有资本运营中的激励与约束问题研究》,西南财经大学2015年博士毕业论文。

关经办人员,这类人员虽然不是国有资本的所有者和企业内部决策的制定者,但其业务水平和工作能力的高低直接决定了国有资本运营的好坏,对于此类人员也应当建立起相应的激励制度,可以参照一般企业中的激励机制予以适用。

2. 对董事、监事和经理的激励机制

在国有企业中,董事会是企业的决策机构与执行机构,对董事会的激励与约束是保障国有资本能够安全高效运营的重要措施,董事的恪守尽责对国有企业的长期战略发展起着至关重要的作用,除此之外,董事会有着聘任企业经理人员的决定权,在实践中,对董事的激励一般包括董事即期报酬、远期报酬、股权激励以及董事职务消费等机制,但我国国有企业的董事往往身居高位且有着优于一般企业董事的待遇,仅仅依靠物质激励似乎还不够,因此有学者指出对于国有企业董事的激励机制,应当注重物质激励与精神激励相结合,[1]对国有企业有着突出贡献的董事,国有资本投资者可以给予其精神文明表彰以及荣誉表彰。另外还应当注重董事代表方对董事的激励,国有企业中的董事会成员可能分别代表投资方、企业全体职工、社会公众以及党组织的利益参与国有资本的决策与运营,在各利益主体行使权利时,利益代表方也应当对其指派的董事进行奖励(职位提升、奖金、荣誉表彰等),从而激励董事能够更好地代表各方利益。

除了对董事的激励之外,国有企业中还有一个专职监督机构——监事会,为了防止董事会的权利滥用影响企业运营,监事会的存在起到了一个很好的监督制衡作用,监事会工作的核心就是对企业财务及运营情况进行监督核查以及对企业经理和高级管理人员是否尽责的考察,因此建立一个科学合理的监事激励机制是防止国有资产流失,防止董事、监事合伙谋取国有资产的有效保证,对于监事的激励应当主要包括监事基本报酬、绩效报酬和监事控制权等方面的内容。

国有企业中的经理由董事会选任,对企业整体的运营负责,因此对于国有企业中经理的激励机制也非常重要,加之国务院出台的《方案》指引,对经理人员的收入设计和报酬结构也应当有新的内容,其中传统的利益激励即经理人员的报酬是最为根本的激励机制,除此之外,还应当包含控制权的激励机制,董事会之所以能够通过选任来任命国有企业中的经理,这本身就包含了对该类人员自身素质和未来业务能力的肯定与认可,赋予其

---

[1] 参见任光俊:《建立国有企业激励机制的探索》,载《中外企业文化》,2021(4),45-46 页。

相应的管理控制权,是除了薪资激励机制以外最直接最鼓舞人心的激励手段,一些成功的国有企业还对经理的职位消费激励机制作出了规定,比如为其配备私人汽车、专职司机、为其提供境外学习机会、提供优越的办公场所,等等。

3. 对职工的激励机制

国有企业职工众多,牵扯的利益巨大,同时其又是企业经营的具体实施者,如果把董事会比作国有企业的心脏,那么职工就是由心脏血液流通到各个器官中的毛细血管,传统的职工激励机制主要是以薪资为主,但实践看来这并不利于调动职工工作的积极性,《方案》中也对职工激励机制作出了新的规定,除了最基本的工资和奖金、津贴、年终奖等激励机制外,还应当有职工的企业经营参与权激励机制,主要是将业务能力突出、对公司有重大贡献的职工提拔为中层、基层领导,让其参与到国有企业的经营管理中来,为企业技术创新、全面质量管理和企业文化建设贡献自己的力量。在实现职工参与的同时,还应当确立新型的利益共同体激励机制,具体内容表现为职工持股、职工跟投以及职工智力、劳动力入股计划,让职工有参与感的同时还能获得国有资本的股份,与国有资本运营共同进退,实现利益与风险共担。

(二)国有资本运营激励机制的必要性

当前政府是我国现代企业制度建立的主要推手,较之西方资本主义国家国有企业的自主经营而言,传统计划经济体制的束缚和国家操控的历史背景对国有企业自主运营积极性的影响并未完全消除。此外,中国企业改革是一种渐进式的改革,法律法规以及制度上的不完善对国有资本运营的制约也依然存在,主要体现在两个方面:首先是国有企业在运营中的效率问题。在经历了改革开放 40 余年的历史背景下,国有企业的改革已经触及产权问题,在我国现代企业制度初步建立的前提下,产权归属问题似乎也是目前最突出的问题。在缺乏激励制度的情况下,改革仅仅解决了物力资本归属问题,对于人力资源相关的领域并未涉及,由于缺乏对人力资本的评价和激励,这就导致在企业运营过程中难以激发人力资本所有者的积极性,使其难以全身心地投入到企业经营过程中去,最终就会影响国有企业整体效率的提升,因此当前我国国有企业最应当解决的问题是在产权归属中对人力资源这一领域的激励制度,当务之急是应当探索出符合现代企业制度的激励模式,解决国有资本运营中职工积极性不高、工作效率低下的问题。

其次,在实践中,激励制度的不完善也导致了"59岁现象"①的发生。产生这类现象的原因主要是企业经营者自身对薪资和待遇的要求难以与实际境况相匹配,兢兢业业的经营管理者和企业职工认为其自身贡献度没有被企业认可。这些人力资本所有者所拥有的知识和技能并不被视为重要的投入因素,企业从不认为这些属于"资本"的一部分,故而企业也未考虑给予其"资本"应有对价也可以预见了。因此,在国有企业效率低下的诸多原因中,员工自身积极性不足仅仅是表象,而实质问题是对于人力资本的贡献并没有被国有企业评价为员工对企业的实际价值。这种状况出现的根本原因就是国有企业对人力资源这一潜在性资源缺少合理的评价系统和激励机制。故对于人力资本自身价值的评价和衡量是改革中亟待解决的关键问题。这就为深入研究国有资本运营激励问题奠定了坚实的现实基础。

在国有资本运营中建立激励机制,是国有企业改革的必由之路,也是全体社会成员和企业经营管理人员共同选择的结果,马克思曾经提到"我们首先应当确定一切人类生存的第一个前提也就是一切历史的第一个前提:人们为了能够创造历史必须能够生活,但为了生活,首先就需要满足衣、食等问题,因此第一个历史活动就是生产满足这些需要的资料,即生产物质生活本身"。这类理论的提出说明引发人类社会不断进步的主要动力是人类需求理论,需要是会无限发展的,人类自然发展的规律既满足了这一范围的需求,又会产生新的需求,而在国有资本运营中的激励机制就恰恰满足了经营者和参与者各方面的需求,国企的产权代表者、董事、监事、高级管理人员和企业职工的需求是多层次、多方面的,如果在企业运营中经营者没有了这些物质方面和精神方面的需要,那么激励机制就无从谈起,因此对于激励机制的出现是促进人类社会发展的必然结果,国有资本运营中的激励机制也是促进国有资本增值保值,增强国有企业竞争力的重要措施。

随着市场经济的发展和当前营商环境的改善,国有企业的运营也作出了相对的调整和改革,从实践中来看,经营权和所有权的分离以及政企分开的经营模式可以更好地应对市场经济下更多的机遇和挑战,国有企业的国有性决定了企业的出资者不可能完全直接来接管企业,只能作为企业的股东来决定董事会的组成结构,间接参与企业管理,股东大会和董事会之

---

① 经济领域的"59岁现象"主要是描述一些国有企业企业家在退休前一反几十年遵纪守法、努力工作的常态,为自己大谋私利,侵吞国有资产的现象。

间形成了一种信任委托关系,股东一般不直接干涉企业的经营,如何在不参与直接经营的同时又能够让国有资本安全高效运营,除了必要的监督手段外,激励措施就显得非常必要了,因此对于董事、监事高管和企业职工需要分别予以不同的激励政策,调动其积极性。另外,国有企业所从事的领域不同,目标极具多元性,例如一些国家垄断性、公益性的国有企业,这类企业往往肩负的社会责任比一般企业要重很多,公益性的服务大众理念就使得国有资本的营利性大打折扣,其运作的主要目的是服务于整个国民经济发展以及满足人民物质生活的需要,对于经济效益的追求不一定是首要目标,那么这种企业的经营者待遇问题应当如何保障,如果仅仅是以盈余来决定企业经营者所能分配的效益,那么起不到激励的作用,因此国家对于此类国有资本运营的激励主要是通过财政税收来弥补。

从以上对国有资本运营的分析可以看出,国有资本运营激励机制的实现,离不开两个关键因素:一是人类社会追求进步的本能和人类生存发展对于物质鼓励、精神鼓励的需要;二是我国国有企业的渐进式改革运营模式以及政企分开、政资分开的管理模式也必须有健全的激励机制来保证国有资本的健康运营。前者是先天形成的,后者是在社会经济发展中形成的。

(三) 国有资本运营激励制度的历史沿革

纵观整个国有企业激励制度的历史变迁,我们可以发现我国对于国有资本运营激励制度的构建主要有两种方式,分别是国有企业股权激励制度和国有企业薪酬激励制度,这两种制度双管齐下,共同发展、共同作用,构成了国有企业激励制度的主要内容。

1. 股权激励制度的历史沿革

股权激励(员工持股)作为企业发展过程中重要的一种激励手段,在国有企业、民营企业中,特别是拟上市公司中得到了广泛的运用,尤以2009年创业板正式启动,大多数创业板上市公司在上市前均实施了股权激励。近年来也出现过如"华为""海康"等相对受关注的股权激励模式,对股权激励的各类研究,包括法律工具、法律技术对员工持股、股权激励的配合支持也在不断进步之中。与此同时,对股权激励的约束性法规也逐步健全,近年来,证监会明确拟上市公司员工持股应适用"股份支付"的会计处理原则,2021年10月12日,国税总局69号文规定了股权激励方案须报税务机关备案。股权激励作为一种重要的激励手段在"国企三年改革行动"中发挥了巨大的作用。

改革开放前期,国家的企业以全民所有制和集体所有制为主要的两类,集体所有制企业,如产权界定为集体所有,可视为全员持股最早的雏形。我国员工持股制度主要有两种产生路径,一是股份合作制企业中的员工持股制度,二是股份制有限公司中的员工持股制度。中国最早的股份合作制来自农村联产承包责任制,承包制是需要把分散的生产要素结合起来建立新规模经济的产物。所谓"股份合作制",是劳动合作和资本合作有机结合,其中劳动合作是基础,职工共同劳动、占有和使用生产资料,而资本合作则采取股份的形式,且职工股应在总股本中占大多数的一种制度。因此,股份合作制的产生是以员工持股为基础的,而股份合作制的发展也以此为核心,1985年,党中央在《关于进一步活跃农村经济的十项政策》(中发〔1985〕1号)中首次采用了"股份式合作"的提法,是员工持股制度在股份合作制经济组织中产生的开端。与股份合作制企业中的员工持股制度并行产生的,是股份有限公司中的员工持股制度。1992年5月15日,《股份有限公司规范意见》《股份制企业试点办法》(体改生〔1992〕31号)出台,对股份有限公司内部职工股进行了相关规定,是我国国家层面对股份有限公司内部职工股的最早规定,首次认可了股份有限公司内部职工持股的法律地位。当时,《公司法》还没有正式颁布实施,这种意义上的股份有限公司并不完全是资合公司,可以视为全员持股中,劳动者既是劳动者,又是所有者的一种形式,本质上也是"资合"与"人合"的科学有机结合,总体上属于"合作模式"的企业。

  2003年,国务院国资委成立,对于股权激励(员工持股)有了进一步的规范和发展。2006年,国资委先后发布《国有控股上市公司(境外)实施股权激励试行办法》(国资发分配〔2006〕8号)、《国有控股上市公司(境内)实施股权激励试行办法》(国资发分配〔2006〕175号),对实施股权激励计划的国有控股上市公司的条件进行了规定,同时规定了股权激励计划的拟订、申报、考核、管理等方面的内容。2008年10月21日,《关于规范国有控股上市公司实施股权激励制度有关问题的通知》(国资发分配〔2008〕171号)进一步细化了国有控股上市公司实施股权激励的制度。上述三个规定从总体上构建了国有控股上市公司规范实施股权激励的政策框架体系。2008年9月16日,国资委发布《关于规范国有企业职工持股、投资的意见》(国资发改革〔2008〕139号),明确了"持上不持下"的职工持股原则。2009年3月24日,《国务院国有资产监督管理委员会关于实施〈关于规范国有企业职工持股、投资的意见〉有关问题的通知》(国资发改革〔2009〕49号)发布,其中对一些具体问题(需清退或转让股权的企业中层以上管理人员的范围、涉及国有股东受让股权的基本要求等)进行了进一步明确。

这段时期,国资委对于国有企业员工持股表现出了比较慎重的态度,也对特定的一些具体问题进行了清理和明确,员工持股在上述两个规定颁布后,整体处于谨慎推进阶段。2015年8月24日,《中共中央、国务院关于深化国有企业改革的指导意见》(中发〔2015〕22号)提出要探索实行混合所有制企业员工持股。优先支持转制科研院所、高新技术企业、科技服务型企业开展员工持股试点,支持对企业经营业绩和持续发展有直接或较大影响的科研人员、经营管理人员和业务骨干等持股。员工持股主要采取增资扩股、出资新设等方式。2015年9月23日,国务院发布《关于国有企业发展混合所有制经济的意见》(国发〔2015〕54号),对《中共中央、国务院关于深化国有企业改革的指导意见》的相关内容再次进行了强调。2016年3月1日,《国有科技型企业股权和分红激励暂行办法》(财资〔2016〕4号)生效,对激励对象范围、实施股权激励的条件与方式、激励方案的制定与审批等进行了规定,但将企业类型限定于国有科技型企业,并提出了两类激励方式、五种激励模式,扩大了包含股权激励以外的激励模式,对于提振科技型企业的激励方式提供了非常好的实施路径。其中2018年9月18日,《关于扩大国有科技型企业股权和分红激励暂行办法实施范围等有关事项的通知》(财资〔2018〕54号)发布,该通知扩大了财资〔2016〕4号文件的实施范围,将国有科技型中小企业、国有控股上市公司所出资的各级未上市科技子企业、转制院所企业投资的科技企业纳入激励实施范围,同时对于国家认定的高新技术企业不再设定研发费用和研发人员指标条件。

2016年8月2日,《关于国有控股混合所有制企业开展员工持股试点的意见》(国资发改革〔2016〕133号)发布,在中发〔2015〕22号文件的基础上,对试点企业的条件、数量、持股员工的范围及出资、入股价格、持股比例与方式等内容进行了明确。该文件还规定了员工股权的管理与流转、分红、破产重整和清算等问题。不仅如此,该文件还对员工持股试点工作的具体实施方式(如试点企业数量、员工持股方案的内容、报批备案等)有了进一步规定。国资发改革〔2016〕133号文是对我国多年来国有企业员工持股实践的凝练与总结,也是符合当下实际情况的、详细可行的国有企业员工持股规定。但是,133号文由于受限于"营业收入和利润90%以上来源于所在企业集团外部市场"的要求,在实践中限制了部分企业推行员工持股计划。2016年11月,国资委选定中材江西电瓷、中国茶叶等10家央企所属子企业开展第一批员工持股试点。在央企率先试点的带动下,上海、江苏、浙江等省市陆续开展地方国企员工持股试点,国有控股混合所有制企业员工持股改革正式启动开来,10家中央企业所属子企业员工持股改革试点在 2016 年底已完成。

2019 年 10 月 24 日,国资委发布《关于进一步做好中央企业控股上市公司股权激励工作有关事项的通知》(国资发考分规〔2019〕102 号),对中央企业控股上市公司股权激励对象、激励方式、权益授予数量、授予价格、股权激励收益分别作出进一步的规范,以加大股权激励力度,该规定对强化正向激励导向发挥了积极作用。同年 10 月 31 日,国资委《关于印发《中央企业混合所有制改革操作指引》的通知》(国资产权〔2019〕653 号),对于混合所有制企业、中央企业控股上市公司、国有科技型企业的股权激励进一步进行了明确。作为推动国有企业混合所有制改革的重要措施,现阶段,股权激励制度对于发展混合所有制经济、推动国企所有权结构完善具有不可替代的重要意义。从我国国有企业经营中的股权激励制度来看,在市场经济混合所有制改革大背景下,股权下放和职工持股的激励机制是国有企业改革的必经之路。

2. 薪酬激励制度的历史沿革

在实践中关于国有资本薪酬激励制度的起源最早出现在四川省,1978 年四川省政府规定国有企业在实现保值增值的基础上,所得利益不必全部上缴国家,可以将部分利润保留作为奖励给有突出贡献的职工,这一做法极大地增加了职工们的积极性,取得了良好的成效,同年 12 月,党的十一届三中全会在关于国有资本经营权下放的问题中提出应当大胆下放权力,让当地企业在国家统一计划的引领下有更多的经营管理自主权。此时企业虽然获得了一定的资本盈余用于激励职工,但主要的经营管理权还是控制在国家手中,直到 1984 年,党的十二届三中全会通过了《中共中央关于经济体制改革的决定》,第一次提出将所有权与经营权分开,让国有企业在自主经营中自担风险、自负盈亏,企业管理者有了自主经营权,在企业内部薪酬激励方面体现为年终分红、奖金绩效的发放,这既提高了企业管理者们的管理积极性,也激发了职工们的工作热情,我国国有经济得到了飞速的发展。1992 年国有企业的改革进一步深入,与世界接轨地建立现代企业制度的规划被提了出来,此时对于国有资本薪酬激励的制度已经较为完善,董事、监事和高级管理人员的薪酬等级已经分为月薪、年薪,分红和各项福利待遇也都较为完善。

2002 年,完善国有企业出资人制度被提上日程,2003 年国有资产监督管理委员会成立,国有资本运营中的监督、激励和约束机制相继得到完善,企业内部员工持股、技术资本入股等新型入股模式开始试点并在取得成效后快速在全国范围内推行,生产要素也成为了评价企业职工贡献度的重要参考。与此同时国家为了调动国有企业科研人员的积极性,促进科研成果向实际运营中的转化,提升国有企业在世界舞台上的竞争力,国务院联合财政部、科技部、国资委等部门相继出台了一系列鼓励高新技术企业、转制科研院所实行经营管理人员和科技人员持股的政策措施。

2013年党的十八届三中全会以后,现代企业制度已经初步建立起来,人力资源激励、生产要素激励等措施为国有企业的发展注入了新的活力,国民经济也得到了高速增长,在此基础上我国将国有企业改革的重心作出了一定的调整,以国有经济为主,混合所有制经济共同发展,国有企业股权的参与形式更加多元,企业内部治理结构更加完善,在传统的基本年薪和绩效年薪制度也加入了任期激励薪资和股权分配,在混合所有制模式下,为了调动经营管理人员以及骨干员工的积极性,将企业员工和高管的薪资发放调整为与选任方式相匹配、与其自身贡献性相结合以及与国有企业自身性质相适应的更为科学的评价体系。

(四) 激励与约束的关系

在国有资本的运营过程中,激励和约束问题往往是作为两个互相对应的机制一并谈起,主要是因为两者都是保证效率和维护交易安全的重要措施,互相协调配合才能发挥更好的作用。约束的基本功能是促进国有企业运营效率的提高,防治权利滥用损害国有资本利益。但约束机制并不能完全解决国有企业各种经营管理活动中个人才能和勤奋敬业精神的发挥,国外对于企业的激励与约束做得比较好的大致可以分为以英、美为代表的高层激励约束机制和以德、日为代表的全覆盖激励约束机制,英、美两国是资本主义发展较早的国家,其对国有企业中董事和经理的激励机制远远大于约束机制,尤其是美国,大型企业的董事与高管的报酬总额非常巨大,与普通员工的收入差距悬殊,而对董事和高管的约束却很少,董事在美国企业中握有极大的权力,这种重高层、轻基层的激励机制和极少的约束机制确实促进了美国国有企业对于资本的垄断和控制,也出现了许多跨国性的大公司,但由于缺少相应的约束机制且高层激励条件优越,很多董事为了获取更多的薪资以及其他方面的激励,往往会选择较为快速的资本积累方式,但高收益意味着高风险,董事往往为了追求更高的利益而将企业置于危险的境地,如果遭遇经济危机,那么董事的这一决定很可能使得企业出现亏损,资金短缺,更有甚者直接破产。而相比之下德、日国家政府对于国有企业的激励与约束的措施就显得更为科学,德国和日本对于企业实际经营者的约束机制非常严格,德国公司有效的法人治理结构和对董事、高管的职责约束以及绩效考核等措施使得企业内部董事、监事和高管达到了有效制衡的局面,虽然缺少对董事和高管的长期激励和高额薪酬以及未赋予其专横独断的权力,但激励和约束机制在企业内部达到了良好的动态平衡。

激励与约束机制在特殊时期还可以相互转化,在较为完善的市场竞争和资源优化配置中,国有企业的所有者和经营者作为不同生产要素的投入主体需要面临各种各样的风险及挑战,诸如同行业间的竞争比较、行业内部的岗位竞争等,这就逐渐地形成了一种经营者的利益风险机制,①这种利益风险机制将经营者的经济收入、社会地位和职业前景与企业运营的实际状况有效结合起来,最终形成一个利益共同体,使资本所有者特别是经营者在制度约束和竞争约束中完成压力向动力的转化,形成激励的特殊形式——反向激励。

不管是激励制度还是约束制度的构建,都需要有一个公平公正的环境才能对经营者产生最大的积极作用,在用报酬因素激励和约束经营者行为时,公平这一因素对激励和约束的效果有着重要影响,基于公平理论的构建,经营者报酬数量绝对值的高低对其积极性的影响并不大,与其满意性程度和积极性程度相关的往往是社会的横向比较绝对值或历史的纵向比较绝对值,因此对于激励机制和约束机制的适用,要对比国有企业中相同类型的报酬数量来确定,经营者和职工往往关注的是当前的激励机制下获得的报酬与过去获得的报酬相比是否增多以及同一时期下同种类的国有企业激励制度是否有所不同,因此对于国有资本中激励与机制关系的处理,要在一定框架的公平进行横向和纵向的对比,不能出现同一企业相同职位的经营者所享受的薪资不同或产生的约束不同等情况出现,这也就合理的解释了为什么欧美资本主义国家国有企业经营者的薪资待遇高于日本、德国,但后者国家的经营者和职工的工作情绪并没有受到影响的原因,因为两者之间并不是在同一公平的环境下进行的比较。

二、国有资本激励制度的障碍检视

国有资本运营不管是在计划经济时代还是市场经济时代都是国家极为关注和研究的课题。甚至为防止国有资本运营失策,对于国有资产的流失问题还提出了"保值增值"的要求。然而我国国有资本运营效率异常低

---

① 参见王纪平、邓可欣:《正向激励:国企高质量发展的内在驱动力》,载《管理会计研究》,2021(6),68-74页。

下,只是凭着其固有的垄断地位在保值的底线上挣扎徘徊。保值与增值的层次是否存在一个巨大的鸿沟?亦或者说将国有资本营运拉入增值层次只需要一套形式意义的激励制度便可挖掘商人内在不断膨胀的欲望,从而使国有资本又快又好地运营创收?答案是否定的。相反,真正意义上的激励机制才是国有资本运营正常的突破路径。在初设实质意义的激励机制上,我国仍有很多问题需要解决。

(一)国资委"权力"膨胀抑制激励机制产生

根据国家确定的布局方式,国有资本投资、运营公司是在国家授权范围内履行国有资本出资人职责的国有独资公司,而政府授权国资委依法对国有资本投资、运营公司履行出资人职责,国资委按照"一企一策"的原则,授权国有资本投资、运营公司履行出资人职责,[①]也就形成了"政府—国资委—国有资本投资、运营公司"的方式,即该国资委上对接政府,下控制独资公司,虽由政府授权履行出资职能成立国有资本投资、运营公司,但国资委是该独资公司的唯一股东,也就自然而然地成为国有资本的实际所有者。

相当多的官员认为中国要实现民族的富强,其前提就是经济的腾飞,强大而有效的中央政府是必要的,也是经济腾飞的保障,但是,中央政府的建立必须依靠强大的经济资源作支撑。这种论调使得国资委权力的扩张似乎有了合理的理论支撑,从而在实践中出现国资委在国有企业中作为唯一或控股股东而对国有企业的绝对控制和越位管理,国有企业中"股东会中心主义"使得董事会在经营管理方面的职权较小,加之国资委以及政府的管控,就使得"董事会中心主义"难以在国有企业中建立起来。另外,董事会成员甚至经理层人员都由政府行政部门和组织部门任命,且大多附带行政级别,准官员化突出。[②] 因此有学者认为"国有企业的公司治理一直是党内政府机构的内部控制和行政干预的混合体"。[③] 可以说,国资委在人、事、资本具有超级的权力管制范围和力度,再加上国资委本身内含的政治资源和行政机关的社会管理权力,致使公司企业"准公法人"性质突出。同时也使国有独资公司在国资委的束缚之下不能表达公司自己的意愿,限制其使用商事思维进行判断,在企业天然的商事营利性的使命上强设政治性属性。国有资本投资、运营企业时常体现出国资委的意志、政府的意志,

---

[①] 参见《国务院关于推进国有资本投资、运营公司改革试点的实施意见》。
[②] 参见顾功耘、胡改蓉:《国企改革的政府定位及制度重构》,载《现代法学》,2014(5),81-91页。
[③] 张春霖:《国有企业改革的新阶段:调整改革思路和政策的若干建议》,194页,北京,中信出版社,2003。

也即是保障民生、服务社会、提供公共产品和服务的政治目标属性,这在一定程度上否定了"坚持社会主义市场经济改革方向"这一基本指导思想,更不必提建立具有实效性的激励机制。

(二) 非市场化经营者对激励制度的冲击

目前,对国有资本实际经营①的人员具有行政属性,带有行政职务,准官员化性质特别突出。经营者微弱的营利性会造成两种使激励机制运营效率削弱的现象的产生,一种为管理者的消极不作为,另一种为内部人控制或者说直接或间接操控的现象。前者,因为经营者业绩与自己实际所得不呈正相关,有时还因为自己决策失误,而受到政治风险倾轧,于是经营者在"付出的成本和收益差异显著"的情形下经营者所作出的行为往往是不作为的,最为直接地体现为"开小差""保位"。② 即经营者在进行日常经营管理的过程中积极性不强,不主动为国有资本的运营管理提出"精到"的建议甚至在决策落实阶段不彻底贯彻执行,依此种现象以期建立较为完善的激励机制自不待言。后者体现为经营者营利性弱,不能充分满足其自身的利益属性。假使有增强营利性的机会依然可能屈从于社会利益和立法现状,所以经营者不得不"另辟蹊径"寻求灰色利益或者非法途径用以满足自身天然的利益需要,而这种"蹊径"就会显化为经营者对公司排他性的控制,并且这种控制会逐渐转变为绝对的控制力。但这仍不是内部人控制出现的必然原因。内部人控制另一个最为根本的诱导因素在于资本所有者与资本经营者信息不对称,并且现阶段而言,我国国有企业缺乏有效的监管机制,这导致所有者对经营者难以掌控的结果。③ 经营者可以为所欲为,经营者近乎合法地取得对国有资本几乎完全自由和任意的处置权。显然这种异化的"激励机制"与设想的国有资本运营激励机制在合法性上相去甚远。

(三) 消极分红策略截断了激励制度建立的可能性

既然要对国有资本运营进行民营化改造,这就意味着国有资本运营应当简单概化为:以营利性为目的并利用商事主体这一媒介向社会提供商品和服务并将其所获得的利益最大限度地分与投资者的动态过程。由此

---

① 这里的实际经营人员主要是指具有高等职务对运营事务享有全局性把控的人,以国有控股公司为例即公司的董、监、高。
② 参见施天涛:《公司法论》,312页,北京,法律出版社,2014。
③ 参见王海峰:《国有企业内部人控制及制度创新》,载《人民论坛》,2010(9),280-281页。

可见,盈利分红既是资本运营功能价值的体现又是营利性的要求,同时也是激励机制分配物质的最终落脚点,企业将所得利润的分配实质上是资源的循环流通。一个积极畅通的分红政策不但实现了内部资源的小循环也实现了社会资源流转的大循环,从而成为国有资本运营发展壮大、国有资本激励机制渐臻完善的不竭动力。资源在一次一次循环践行着营利性。但目前的分红政策仍然有待改观。这主要由于国资委权利与权力混同、传统政策和现行法律规定所造成的。从权利与权力混同角度上看,国资委既是"裁判员"又是"运动员",公权力可以轻易地滑入国有资本运营过程中,这难免会造成政治思维压制经济思维,行政行为妨害营利行为,造成无红可分、有红不分的情形。从传统政策而言。20世纪末我国对国有企业一直遵循着"税后利润作为国家再投资留在企业内部作为企业发展基金"的原则。① 即使至今仍影响至深。从法律法规角度而言,2016年财政部印发《中央企业国有资本收益收取管理办法》,其第13规定,"国有控股、参股企业应当依法分配年度净利润。如果未在当年分配,则应说明不分配的原因和依据,并出具股东大会或股东大会决议"。虽然原则上要求分红但是仍然给不分红留下了巨大的后路与空间。所有上述原因都阻碍了国有资本运作和激励机制的建立。

三、国有资本运营激励制度的指导性原则

我国长期以"民本思想"为指导,最为典型的朴素思路即"国家既然为人民存在而存在且以为人民服务为目的,那么国家应当不计成本地惠及人民"。从国家应当惠及人民这一角度而言并没有太大的问题。但若没认清楚事物的整体及其本质的话,难免会犯以偏概全和一叶障目的错误,同时也会将公权力与私权相互混淆,让公权力在私权范围内肆虐,造成国有资本运营激励机制的上述症结。因为属于基础领域或公共领域,没有任何私法人具有相当的财力及其承担风险的能力,国家肩负高风险且不计成本地投入是具有正当性,符合伦理的,但该领域没有建立运营激励机制的必要,这是公权力应当介入的范围。国有资本民营化改造过程中则恰恰相反,国有资本在私权范围内进行运作,这是国有资本自我私化的过程。从"民中取得足够财富,最终用之于民"才是背后深邃的思维逻辑,为正确的逻辑理路,也是国有资本运营激励机制建立的合理范围,而针对该范围也需

---

① 参见苏志强、万方:《国有企业红利分配及其困境——文献综述》,载《财会研究》,2008(8),64-67页。

要总括性地提出一般原则,以此来因应现实国有资本运营所存在的不佳现状。

(一) 明确效益原则

激励机制从字面意思看即为期望某种行为或者结果发生或者不发生的制度设计。而国有资本运营激励机制的目标本质上则是效益,因为"每一个既定社会的经济关系首先表现为利益"①。然而要将效益优先原则作为构建激励机制的指导性原则的主要原因在于:第一,利于服从于我国社会主义市场经济发展的要求。虽然我国仍处于社会主义初级阶段,但是市场经济与商品经济仍发生了适当的分野,因为商品经济仍归属于交换经济,而市场经济则属于交换之上的增值经济。以效益作为国有资本运营激励机制首位目标也是契合我国大力弘扬社会主义市场经济的政治与经济目标。第二,制度发挥作用需要以客观物质作为支撑,如自然人、法人自由意志的实现通常需要客观媒介进行传导一样,制度作为相互冲突利益的平衡器,当然需要相当的物质。而作为国有资本运营激励机制而言,激励的标的必然是以货币为主,效益原则为此提供了方向与渠道。第三,效益优先原则能够对国有资本运营激励机制存在的症结进行标本兼治。"标治"则是建立和发挥激励机制的功能作用,"本治"则是强化了对国有资本运营商事私法主体、商事私法行为的识别,将民营化改造的国有资本与一般商主体等闲视之,把国有运营的过程当作资本家对资本的运营过程,对资本的拥有者资本家而言,"他们活着就是为了赚钱,除了快快发财,他们不知道还有别的幸福,除了金钱的损失,也不知道还有别的痛苦"。②"这个规律不让资本家有片刻的停息,老是在他耳边催促说:前进!前进!"③对效益的追求一直是国有资本运营中不变的主体,在国有资本的激励制度中也同样如此,只有树立企业经营者对效益的追求意识,才能实现国有资本的高速运营,但与此同时,公平也是激励机制中应当兼顾的重要原则,同时也是企业内部激励与约束制度构建的重要前提。

(二) 兼顾公平原则

所谓公平,按照《汉语大辞典》的解释,是"公正而不偏袒"④。《管子·

---

① 《马克思恩格斯全集》(第3卷),435页,北京,人民出版社,2013。
② 《马克思恩格斯全集》(第2卷),564页,北京,人民出版社,2013。
③ 《马克思恩格斯全集》(第1卷),375页,北京,人民出版社,2013。
④ 罗竹风:《汉语大辞典》(缩印本),763页,北京,汉语大辞典出版社,1997。

形势解》:"天公平而无私,故美恶莫不覆;地公平而无私,故大小莫不载。"有人认为"公平的含义也就是平等"①。有人认为公平就是分配正义。② 在民事领域中公平可谓至上原则,而在国有资本运营商事运作的环境中则退居二线,这主要是民事与商事各自特点造成的。针对国有资本运营激励机制公平原则的运用主要有两个维度:一个是内部分配公平;另一个为外部运营公平。孔子曰:"不患寡而患不均。"对于内部分配公平而言,激励机制的针对投资者、实际运营者、包括运营相关人③的分配比例必须是科学合理的,这种科学合理性是指在最大限度地调动三者积极性的同时保证运营项目的长远发展。而针对外部运营公平而言,在国有资本运营过程中即为去除公权力的过程。国有资本天然带有政治属性和权力属性,如果设计激励机制仅仅强调效益原则及内部公平原则,往往会造成国有资本投资人、实际运营人运用国家权力资源与民争利和恶性竞争,同时因为同时兼具营利性和政治性(权力),在作出行为选择时也会陷入两难境地,是以社会性为主还是营利性为主?所以外部公平重要目标即强调制度设计尽量遏制公权力的上扬,尽可能将国有资本运营属性限制在营利性中。

(三) 特殊性原则

国有企业因其自身属性和资本构成而在运营过程中体现出相较于其他公司、企业的特殊性,那么对其激励制度的建立也不能忽略这一点,在不同国度、地区和企业之中,激励制度的表现形式各不相同,因此在国有企业中完善激励制度,需要正确理解企业所有者和实际经营者的特殊性,以企业的性质为切入点,全面考虑投入(人力资本)与产出(业绩)、企业与市场、经济与文化、法律与伦理、合约机制和监督机制的关系以及他们对企业运营中薪资水平、激励结构与制度的影响,在此基础上的薪资设定以及激励政策建议才能够既有理论依据,又符合国情、企业文化和大众的普遍接受度,因而必须从更全面的角度和跨学科的角度进行更深入的探索,将来的工作应当进一步增强理解企业业绩和其他标准(如市场、报酬、职位)的相对特殊性,理解这些标准的界定、度量和如何影响国企的报酬,更广阔的观点将有助于更好地理解这些问题。除了将国有企业激励制度与其他企业进行区分外,对于国有企业中各类经营管理人员的激励机制也应当作出区

---

① 何怀宏:《契约伦理与社会正义》,120页,北京,中国人民大学出版社,1993。
② 参见[美]博登海默:《法理学—法哲学及其方法》,邓正来、姬敬武译,255页,北京,华夏出版社,1997。
③ 这里的运营相关人主要是指除实际运营人以外的其他人员。

分,对于董事、监事、高级管理人员以及企业职工应当分别采取不同的激励措施,既要注重国有资本运营外部激励制度的特殊性,也要注重内部人员结构上激励机制的特殊性。

(四) 多样化原则

激励制度的内容深化是伴随着企业所有制存续状态下的不断变化而发展起来的,现代国有企业运营的模式是依据各国国情、政策导向和国际市场形成的,运营方式多种多样,但最主要的两种模式分别为"欧美模式"和"日本模式",欧美等西方国家对于企业经营者的激励机制较为奔放和大胆,企业内部管理人员多劳多得、敢闯敢做的激励模式极具好莱坞式的个人英雄主义情怀以及老牌资本主义在资本扩张时敢于冒险的精神。而反观日本和德国的激励制度就相对保守且遵循了激励与约束相统一的方针,其对国有企业内部员工的激励机制主要有三种:终身雇佣制、企业内部考核晋升制和聘用制。日本的这种模式是以"人本主义"为核心的,不管是对高管还是普通职工,都不能仅仅依靠加薪或者升职的激励机制,而应当注重激励与约束的并重,而且在实际操作中充分利用了人的"社会性"这一激励手段,日本国有企业更多是从人与社会这一角度来对员工进行激励,不单单依靠物质的激励手段,而是将国有企业的社会责任加在所有的职工身上,更注重的是企业文化的宣扬。反观欧美国家,以美国为例,美国国有企业董事的权力极大,而且物质激励机制极为健全,主要是通过市场资源竞争来对经理和职工造成压力,认为无法为企业创造价值的职工或经理会被这个充满竞争的劳动力市场或经理市场所淘汰。以上两种激励制度在实践上来看各有利弊,结合我国的国有资本运营激励制度的构建来看,保持激励制度的多样性是构建国有资本激励制度的一项重要原则,在分析对照国外先进经验的同时也要结合自身国情,将激励与约束统一起来,既强调市场竞争的外部社会性激励作用又强调企业内部的营利性激励作用,在注重物质激励的同时也注重精神激励,树立起经营者和职工对企业自身的认同感,追求经济效益的同时注重企业文化的宣扬,最大地调动起职工们的工作热情。

(五) 考核监督原则

任何机制的运作都离不开监督,对于国有企业的激励制度设计,全面有效的监督与约束也是促进激励制度高效运营的重要措施,对企业经营者的监督要具备合同化、制度化、规范化的特征,同时还要对经营者的绩效、市场准入资格进行考察,以这种约束来达到反向激励的作用。首先是经营者和高管的国有企业准入资格的确认,政府可以建立起国有企业经理人员注册制度,对于具备任职资格和通过企业内部测试的高管和经理注册后才可以进入国有企业任职,这就使得经营者不得不提高自身素质以应对国有资本的考验,同时人才市场也应当根据应聘者的工作经历、工作能力和学历等情况进行人才评估,建立起一套科学合理的人才评价系统。国企改革中由委派制改为聘任制的经理任职制度极大地提高了经营者的积极性,也促进了市场中人才的流通,企业也有了自主选任经理的权利。除了对经营者的聘任约束,对于已经在任的高管和经理也应当建立起约束绩效考核制度,只有正向激励的标准参考企业的经营成果和工作业绩,才能有公平合理的检验标准,在进行绩效评定时,要考虑到国有资本所投入的行业特征、产品特征与企业情况。将考核标准依照不同的企业经营类型进行分业分类考核,比如对经营管理者的业务能力,决策的科学性、有效性考核;对国家的贡献度,每年的净利润和纳税金额等考核;还有对社会的贡献,每年解决的就业率、能源利用率和环保成本投入率以及社会援助和公益事业的投入等都可以作为考核的标准。只有对国有资本运营中的种种行为进行监督考核,才能够保证激励制度的科学实施,构建起一个奖惩分明、权责明确、激励与约束并重的国有企业内部结构。

(六)放权原则

在传统的国有资本内部管理过程中,经营管理者都是由上级的主管部门直接任命,这无论是从提高国有资产效益还是从经营者自身素质能否胜任这一职位来看,这种任命多有一定的缺点,因为国务院和各级政府毕竟是行政机关,对于市场的分析判断以及选任适合经营管理的人的经验往往不如资深的市场经营者和企业职工,在这里可以借鉴证券机构的设计理论选择机制,将国有企业经营管理者的选择权交给那些最关心国有资产收益和最了解国有资本运营的人。在当前国企改革的实践过程中,将企业发展和职工就业问题结合起来,有利于企业职工更关注经理和高管的选任,因此在激励机制的整体构建中,可以考虑将经理的选择权从主管部门下放到企业本身。这既削弱了董事的权力,同时也符合企业职工的利益,信息的筛选或许也需要成本,国有企业上级主管部门对实际经营管理人员的调查不可能做到完全的细致和全面,而企业职工对企业管理者的行为往往更加了解,选任出的经理更能代表整体职工利益,而且还能提升企业职工的参与感,保障了国有企业的经营自主权,达到了提高薪酬、提高待遇等激励机制无法达到的效果。

四、国有资本运营激励制度的具体实现

将"效益优先兼顾公平"等列为商事领域中的基本原则并不为过,基于上述原则为国有资本运营激励机制延展出相关具体制度的构建,既利于公权与私权分野,也有利于发挥经济人与理性人的专长。当下,构建国有资本运营激励机制可以从以下三个方面着手:建立国有资本运营投资者与监管者二元分离制度;将国有资本运营者充分市场化;推行积极的分红策略。

(一) 投资权与监管权的二元分离

如何将公权力与私权利截然分开是国有资本运营激励机制建立及有效运作的前提。一方面应基于信托管理制度建立国有资产投资公司来履行投资职能,进而将国资委的投资权能从法定权能中完全剥离出来。由新型的信托制度来代替传统的委托代理制度建设,主要是来自国有资本经营的特殊性需求。信托机制与传统代理相比具有无可比拟的优势,主要体现在:首先,信托主要反映了三方关系,即委托人、受托人和受益人。委托只体现两方关系。基于信托建立起来的国有资产投资公司更能将视角从传统国家、全民所有的维度转换到"私人化"国有资本运营视角。其次,财产占有权变化较之委托有很大的不同,信托是将财产的占有权能移转到受托人,由受托人代为经营或管理。而委托代理财产占有权自始至终由委托人或被代理人掌控,并不产生相关财产的占有权移转,[1]这种模式巧妙地将投资职能从国资委的权限范围中彻底地分化出去,国有资产运营公司可以完整地行使相应的运营职能。最后,信托财产的管理权和处分权都由受托人享有。并且即使代理人具有相应的代理权能,被代理人仍有权利对财产进行管制和处置。这抑制了国资委对国有资本运营进行干预的可能。国资委权能的萎缩,是国有资本运营民营化改造的开始,同时也是建立民营化国有资本运营激励机制的前提。

另一方面,国资委享有以事后监管为主的监督权。国资委事后监管的内容主要包括国资委对国有资本运营过程及其实际运营人员行为合法性、合理性评价。其思维逻辑是:如果国有资本运作过程及其内部人员存在相应的违法行为,那么国资委有权根据刑法、行政法和民法相关规定纠正

---

[1] 参见赵俊强、刘涛:《论国有资产信托》,载《商业研究》,2002(9),38-40页。

行为并处理内部人员。如果国有资本运营过程及其内部人员行为合法,但涉及行为是否合理时就需要参照商事判断规则①对实际运营人员进行审视。实际运营人员作出的决策只要符合商事判断规则,该行为仍然被视为是正常的商事行为,国资委仍不能对其问责或者干预。如果国有资本运营过程及其实际运营人员行为合法但运营人员不符合商事判断规则且不具有正当事由。国资委有权基于该种情况对该行为进行纠正并对相关人员进行问责。

(二) 实际运营者的市场化改革

"根据现代企业理论,有效的公司治理结构应使剩余索取权与剩余控制权相对应。也就是说,具有剩余索取权的人应具有剩余控制权,并且具有剩余控制权的人应具有剩余索取权。"②这种理论在私人资本运营③尤其是公司运作中运用得炉火纯青,但该模式在国有资本运营中却水土不服。造成国有资本的实际运营者对资本有着实际控制权却不享有资本收益权的局面,这也体现出当前的国有资本运营激励机制适用对象范围十分狭窄并失去应有的激励功能。"基于控制权与索取权相匹配的原理和按照职业经理人产生逻辑即真正的企业经营者的一个显著特征在于非行政化。"④国有资本运营的市场化的实施途径可以划分为四个步骤,分别是淡化行政级别、竞聘上岗、采取负面清单模式、薪酬与其经营绩效挂钩。⑤

首先是对于行政权的淡化,应当最大限度地降低行政级别对于国有资本运营的影响。基于此的法律依据是《中华人民共和国企业国有资产法》第 22 条,"履行出资人职责的机构依照法律、行政法规以及企业章程的规定,任免或者建议任免国家出资企业的下列人员:(1)任免国有独资企业的经理、副经理、财务负责人和其他高级管理人员;(2)任免国有独资公司的董事长、副董事长、董事监事会主席和监事;(3)向国有资本控股公司、

---

① 商事判断规则按照布莱尔法律辞典定义即:"不涉及自我交易和个人利益的情况下,董事作出的决策是在充分知悉的情况下,出于善意并诚实地相信他们的行为有利于公司的最佳利益。即使董事和管理人员作出的决策未给公司带来利润甚至造成损失,谨慎作出,而且在他们的权限范围内作出的,该规则为他们提供免责保护。"参见 Black's Law Dictionary(The 8th Edition), p. 21, West Group, 2004.

② 张维迎:《企业理论与中国企业改革》,71 页,北京,北京大学出版社,1999.

③ 本来国有资本运营民营化改造后应当也是一种私人资本运营。此处进行区别是为了强调国有资本在运营过程中以私人资本方式进行仍然水土不服。

④ 胡海涛:《国有资产管理法律实现机制若干理论问题研究》,201 页,北京,中国检察出版社,2006.

⑤ 参见李连仲:《国有资产监管与经营》,135 页,北京,中国经济出版社,2005.

国有资本参股公司的股东会、股东大会提出董事、监事人选"。可以看出履行出资人(通常为国资委)职责具有法定的任免权和建议权。但是这种法定的任免权、建议权的存在,往往导致国家行政体制内直接通过"建议"的方式将行政官员安排到实际运营岗位上。甚至在现实政治生活中行政首长往往是由国有企业首长直接调任,这也在《公务员法》有明确的体现。这个问题的主要症结在于国家工作人员在行政级别上与国有资本实际运营者的职权不相匹配,通过组织部、人事局删除国有资本实际运营者行政官员编制。同时《企业国有资产法》第22条关于履行出资人的法定建议权、任免权可以交由国有资本运营中的权力机构,如股东会进行行使。由股东会履行正常的经营管理职能。这种法定的建议权不仅有着强烈的行政指导色彩,而且还与《公司法》中有关选任的规定有了重合,我国《公司法》第37条[①]和第46条[②]规定,股东会选举董事,董事会选举高管,这与当前所追求的商事运营模式相差较大,容易让企业陷入行政管控的风险,改革《企业国有资产法》有利于与《公司法》这些商事法规形成具有一致性的协同作用。

其次,对国有资本实际运营者实行竞聘上岗制。竞聘上岗核心在于选拔经营管理者时,由"相马"机制转为"赛马"机制。[③] 第一,应事先向公众公布招聘职位、招聘的具体程序和招聘条件。同时,建立人才评估机制和完善人才选拔过程。如有学者建议建立六大程序,即分析就业岗位,合理确定候选人标准,招聘,初选,进一步评估和分析合格的初选人选,党委审查,选拔和聘用。[④] 通过事先选择招聘信息披露和科学选拔机制,抑制了股东大会和董事会操纵候选人的可能性,有利于选拔真人才。第二,国有资本投资和运营公司董事会具有官员身份的董事、执行董事和独立董事应形成相对稳定的比例结构,实现相互制衡。董事选举后,其应对国有资产监督部门和有关人民代表大会负责工作情况汇报和接受监督。原则上,

---

① 《公司法》第37条规定:股东会行使下列职权:(二)选举和更换由非职工代表担任的董事、监事,决定有关董事、监事的报酬事项。

② 《公司法》第46条规定:董事会对股东会负责,行使下列职权:(九)决定聘任或者解聘公司经理及其报酬事项,并根据经理的提名决定聘任或者解聘公司副经理、财务负责人及其报酬事项。

③ 参见修卿善:《加大企业人事制度改革力度,建设高素质的国有企业经营管理队伍——国有企业领导人员选拔机制问题研究》,载《兰州学刊》,2002(2),18-19页。

④ 参见祁玉梅:《国有企业经营者选拔任用机制的创新思考》,载《商场现代化》,2006(36),286-287页。

董事和董事会的职权采用"负面清单"模式。①

最后,国有资本实际运营者应当享有包括但不限于股权激励、期权激励的其他奖励模式,应当将其收益与实际经营成果挂钩而不是由政府确定其固定薪酬收益,主要原因是国有企业的实际运营者对促进国有资本增值最大的动力不仅仅来自其职业道德感和责任感,更多的还是自身价值在国有企业中的体现以及对应的回报率。人类有着天然的理性色彩和自利的属性,因此只有管理者和实际经营者在为企业运营中作出突出贡献时,给予其薪酬之外的其他物质激励和精神激励是非常重要的,这不仅仅是为了满足其自身,也是为了国有企业日后的发展提供应有的助力,在这种激励模式下,经营者才能自发地产生克服国有企业效率不高的经营困境的动力,促进国有资本的安全高效运行。

(三)制定积极的分红策略

我国当前国有资本运营的困境得不到解决,很大一部分原因是分红政策的不完善导致,通过对比其他国家的分红政策来看,我国国有企业当前分红模式单一、国有资本大多流向国家和政府,缺少了对企业经营者以及员工的薪酬激励,社会性、公益性投入也较少,那么社会和企业职工对国有企业的回馈也就相应减少,这就使得国有资本运营呈现出一个不利于自身发展的"负面循环"。在此可以参照对比意大利、法国、芬兰、瑞典等欧洲国家的做法。其中意大利政府在国有企业的分红策略制定上与其他西方国家不同。主要由政府参与国有企业的经营,所获得的收益大都由国家支配,主要流向国库,极少地投入于企业内部科研创新和资金储备,这就使得国家既有公权力的身份,又有了商人的身份,这种做法的好处是让国有企业更好地服务于国家经济发展,但如果国企面临巨额亏损,国家直接对其进行补亏。② 瑞典的国有企业股份制运营模式与之就有很大不同,虽然也是由中央主要控制国有企业的经营管理,但关于股息的分红以及职工的薪酬由董事会进行决议,虽然政府作为出资人可以要求分红,但是却不会直接参与国有资本的运营,国有资本的收益也大都投入到电力、公路和铁路等有关民生的领域中去。法国国有企业的分红政策是优先考虑股东的利益,在保证股东有企业全年收益10%以上的分红收益后,才会将其余的收

---

① 参见王利明:《负面清单管理模式与私法自治》,载《中国法学》,2014 (5),26-40 页。
② 参见张涛、曲宁:《西方国有企业分红模式及政策比较:经验与借鉴》,载《会计之友》,2010(6),19-22 页。

益上缴国库或作为企业的经营发展资金,其中大部分用作储备基金和发展基金,主要用于投资和弥补损失,其余为员工奖励和福利。① 芬兰相比以上欧洲国家对国有企业有着一套独特的管理与分红机制,在内部管理中,国有企业董事会有着极大的权力,负责公司的业务决策。监事会行使股东大会的权力,可以对公司的重大事项作出否决并作出重大决策。国有企业从外部特征来看与普通民营企业没有太大区别,在追求利益的过程中一样参与市场竞争,同时也一样对国家缴纳税款和支付股息,每年所缴纳的税款和分红的股息取决于当年的自身收益,但资本不会全部流向国库。

从以上欧洲国家国有资本运营的分红政策来看,不管政府是否实际操控国有企业,企业都会将分红收益的一部分上缴给国家,但对于企业内部自身的分红模式在不同国家却有着很大的差别,关于我国国有企业积极分红策略的制定,首先应当确定国有企业分红决策的主体是否应当是董事会,一般来说,股息的分红决策也属于公司正常业务决策的一部分,正常经营不应当列入国有控股公司股东大会的"最终控制权"。因此该决策权应当属于董事会而非股东大会。基于此国家应当将《中央企业国有资本收益收取管理暂行办法》第十条决议主体由股东大会改为董事会,如果运营的模式没有采用公司制度,那么决策主体则为实际运营者。其次,国有资本运营中的具体分红数额应当参照《公司法》中的规定,优先缴纳税款之后再将税后所得的收益重新计算并且调整,在企业留存一定的公积金用于企业科研创新和承担其他费用后按照股东持有股份比例进行分红。最后对于国有企业资本运营较为成功的企业应当予以表彰,并且赋予企业经营管理者和普通职工要求分红的权利。对于国有企业持续盈利满五年以上且符合分红条件但不予分红的情况,利益相关者有权向人民法院提起强制分红之诉。如果实际运营者拒绝分红或者分红不积极侵害了国家利益和社会利益,还可以由国家司法机关依法定职权对其提起公益诉讼。

第三节 国有资本运营的责任制度

在国有企业改革过程中,由放权让利到两权(所有权与管理权)分离,分开了政府公共管理职能和国有资产出资人职能,中央和地方政府以及国务院专门部门也将国有资本的监管由管企业转变为管资本,在确保资本保值增值的同时赋予了国有企业更大程度的经营自主权,在建立起现代企业

---

① 参见王金存:《世界国有企业比较研究》,246 页,上海,华东师范大学出版社,1999。

制度的前提下又进一步全民深化国有企业改革,分类推进混合所有制改革成为当前国有资本运营的重心,国有资本在市场经济背景下的一系列改革与探索不断扩张,企业内部治理结构更加合理,企业收入使得国家收入和国民收入稳步提升,形成了权利、义务和责任相统一的经营模式。国有企业作为国家的经济支柱,有着其他企业和公司所不具备的经济属性和社会属性,因此对其资本运营过程中的规制也非常重要,其中把握好国有资本运营过程中责任制度的构建,分析当前国有企业在责任承担方面存在的问题并提出相应的措施是促进国有企业发展,树立国有企业责任意识,促进我国国有企业进一步深化改革的主要措施。

一、国有资本运营的责任制度概述

国有资本运营中的责任制度是与激励制度相对应的一种国有资本运营机制,实质上是基于在社会主义市场经济条件下,如何保障和实现国有资本运营的平稳、安全与效益要件的基础上而产生的。由于资本相对于资产而言具有极强的流动性和更较为抽象的特点,因此国有资本投资运营公司管理经营和控制各类具体的国有企业时,除了要对实现了国有资本增值的企业设立激励机制外,还应当树立国有企业的责任意识,国有企业资本体量大,涉及的经营范围较广且对社会生产生活的影响非常重大,许多国有企业掌握着国家和民生的命脉,比如供水供电、移动通信设备服务和基础设施服务等,按照国有企业对外应承担的责任可以将国有企业的责任划分为法律责任和社会责任两大领域,按照国有企业经营管理过程中应当承担的责任可以将该责任制度分为企业的内部责任和外部责任,通过对几种责任在我国的现状进行梳理和介绍,利于厘清其中的关系和完善我国国有资本运营的责任制度。

(一)国有资本运营的法律责任

在我国,任何企业都应当在法律法规的指引下进行经营管理活动,作为中国特色社会主义经济的"顶梁柱",国有企业肩负着推动经济高质量发展的职责使命,必须在全面推进依法治企、依法合规运营中激发市场活力,保障经济发展。[①] 在党的十九届五中全会中明确提出了国有企业的发展应当顺应时代的要求,尽快构建起全行业合规制度体系,为了响应国家号

---

① 参见朱宏博:《合规管理与风险管理、内部控制、内部审计之异同研究》,载《审计与理财》,2021(3),53-54页。

召,2018年底国资委印发了《中央企业合规管理指引(试行)》(以下简称《央企合规指引》)。这是国务院国资委在对国有企业运营管理的探索中颁布了《关于全面推进法治央企建设的意见》《关于在部分中央企业开展合规管理体系建设试点工作的通知》之后,国有企业承担法律责任的又一探索,是经过长期的调研试点和深入理论论证后形成的正式且有着指导意义的《央企合规指引》。虽然该条例是针对中央企业的合规管理印发,但在第29条中明确指出"地方国有资产监督管理机构可以参照本指引,积极推进所出资企业的合规管理工作"。因此在指引颁布后,地方国有资产监督管理委员会便积极响应,围绕着地方国有企业合规管理以及与中央文件搭建问题开展工作,并于2019年起个别地方国资委也相继出台了国有企业合规管理的指引,比如上海市国资委发布《市国资委监管企业合规管理指引》,山东省国资委发布《省属企业合规管理指引》等,《央企合规指引》的颁布是推动国有企业合规制度建设的里程碑事件,许多学者也把2019年作为国有企业合规的"元年"。

在《央企合规指引》出台后,国有企业合规业务经历了快速的发展,国有企业法律责任意识的觉醒以及国家对企业安全高效运营的重视都是企业合规建设非常重要的推手,我国注重营商环境的同时强调依法治国理念也使得企业对合规管理的认识更加明确,企业合规的定义也从反腐败、反垄断、反商业贿赂和进出口管制等领域不断向外延伸,扩大了工作的范围。在国有企业内部,合规管理所针对的对象主要是企业和员工在日常经营管理过程中,应当有计划、有组织地确保国有资本的运营,要在追求经济效益的同时树立明确的法律意识、社会责任感和道德感,国有企业和员工的各项管理以及经营行为,都符合法律法规、行业准则、制度规范,这是合规管理的基本要求。[①] 同时《央企合规指引》也表明:"合规,是指中央企业及其员工的经营管理行为符合法律法规、监管规定、行业准则和企业章程、规章制度以及国际条约、规则等要求。"为了国有企业市场竞争力的提升,增强国有企业的向心力和凝聚力,企业合规管理制度必须尽快建立,有了完善的企业合规管理制度,企业在经营过程中就可以更好地规避风险,对于复杂的国际环境可以提前做好评估分析和防范预警的工作,让国有企业在发展中能够应对复杂多变的内外环境,保障经济平稳健康发展。

[①] 参见刘春梅:《基于合规管理探究国有企业高质量发展的有效路径》,载《财经界》,2021(24),32-41页。

根据上述定义,对于国有企业合规工作中的"规"应当分为若干层次来进行阶梯化理解。第一层是法律法规,这也是国有资本运营法律责任构建的核心问题,国有企业应当遵守中国和海外业务经营所在国的法律法规及监管规定,还要遵守双方或一方已加入的国际条约的具体规定。第二层是规章,规章包括企业内部规章,如公司章程、企业各项具体的制度等,也包括国有企业涉及的组织章程。在各组织章程中,结合国有企业的自身性质,我们尤其不能忽视《中国共产党章程》等文件在国有企业合规中的重要性。近年来响应国家号召,国有企业公司在章程的修订工作中,已着重明确党组织在国有企业中的职权并深化党章影响,党建工作已经在企业内部自上而下如火如荼地开展。对于其他国有企业,加强党章合规也已成为大势所趋。第三层是规范,规范的表现形式可能是具体的,如行业行为准则;也可能是概括的,如基本的道德规范、职业操守等。

除了民事责任和行政责任外,国有企业作为党和国家的重要依靠力量,更应当注重企业风险防控,过去企业侧重于民事与行政的合规管理,对刑事合规放在次要的位置。近年来,国家反腐败力度增大以及国际贸易增多,国内外刑事风险决定着企业的生死存亡,刑事合规制度也扮演着愈发重要的角色。刑事合规起源于美国的合规计划,即"合规计划规定的是一种对——首先是法定的,有时又是伦理的或其他的——预订目标的遵守程序"。① 而刑事合规是将刑法的预防犯罪功能转化为企业合规计划一部分,构建起预防刑事犯罪风险的计划和措施。可以说,刑事合规是企业合规计划、风险社会、犯罪风险相结合的必然结果,也是企业管理中刑法具体化的表现。国有企业的形式合规,有利于预防企业犯罪的风险,减轻企业的犯罪刑罚,有效避免非法占有类犯罪、非法挪用类职务犯罪的产生。

(二)国有资本运营的社会责任

企业社会责任是全球经济发展背景下企业对人类社会的发展以及稳定所应当承担的责任,国有企业作为国家出资的大型企业群体,更应当将社会责任的构建作为企业发展的内在必然要求,而且随着实践的发展,企业社会责任论也已经成为各个学科之间的一个新兴的学术概念引起学界的广泛关注和探讨。国际社会普遍认为,在人类社会发展的现阶段,"有实力与能力的机构都需要为整个社会履行责任",②企业作为国民经济发展

---

① 周遵友、江溯:《全球风险社会与信息社会中的刑法》,236页,北京,中国法制出版社,2012。
② 马克思:《资本论》,486-487页,北京,人民出版社,2004。

运营的主体应当如何更好地承担社会责任,成为社会公众最为关心的问题,也是学界需要重点研究和探讨的热点。我国学术界关于国有企业社会责任的探讨最早来源于20世纪90年代初期,新中国成立到现在的70多年间,我国完成了由计划经济向市场经济的成功转型,改革开放的春风也为国有资本运营和国有企业自身的发展带来了很大的机遇,但在这期间,虽然我国国有企业渐进式的改革取得了显著成效,但企业社会责任的缺失一直都是当前亟待解决的问题。经济高速发展所带来的环境污染、能源枯竭、生态破坏等问题的产生使得政府、社会公众和学界广泛关注起对国有企业社会责任制度的建立,在当前环境下,国有企业的发展应当立足于现实,从自身发展和造福社会等多方面的角度来和国际社会接轨,重视企业承担社会责任的必要性和重要性,在坚持社会主义建设道路中发挥国有资本运营时应有的作用。党的十八届四中全会上也对进一步推进国有企业改革作出了总体部署和最新指示,我国国有企业运营中的资本归全体人民所共有,国有企业的发展应以全体人民的需要为最终出发点和落脚点。

国有企业是我国公有制经济形式的体现,国有资本控制着国民经济的命脉,因此与一般民营企业相比应当承担更多的社会责任,近几年我国正处于社会经济转型的关键时期,与建国初期计划经济体制下国有资本运营的模式不同,自主经营、自负盈亏的国有企业经营模式指引下很多国有企业对于社会责任的承担选择漠视,只为追求最大的经济效益而忽视了企业所应肩负的优化社会资源配置和维护社会稳定的责任,因此在理论界和实务界就国企如何承担以及承担什么样的社会责任也引发了诸多探索与争论。鉴于此,国务院国资委制定了《关于中央企业履行社会责任的指导意见》,并在2006年开始每年向社会公开发布《中央企业社会责任研究报告》。政府对国有企业社会责任承担问题的重视表明社会责任问题既是对国有企业改革发展中必须要予以重视的企业内部要求,同时也是对企业经营过程中的外部硬性约束。

综上可以看出,企业的社会责任在从理论到实践推演的过程中经历了很长的一段时间,但国有企业社会责任制度的建立是国有企业改革中必须要经历的过程,国有企业社会责任的承担更是国有资本运营中所要肩负的重大历史使命,我国国有企业与民营企业以及资本主义国家国有企业在承担社会责任上存在着很大的差别,究其原因在于我国公有制主体地位的坚守以及市场经济背景下特色社会主义道路的遵循,这是探究国有企业社会责任问题必须要重视的核心问题。

(三) 国有资本运营的内部责任

国有资本的内部责任就是指在国有资本的运营中,针对国有企业经营者、管理者和参与者等主体为保证国有企业运营所应承担的责任。其内容主要包括出资人的责任、董事会和监事会的责任、会计部门的责任、职工的责任等。

1. 出资人的责任

由于我国现代企业制度和国有企业出资人制度的建立,国务院和地方国资委作为国有企业资本运营中的主要出资人要根据《公司法》的规定依法行使股东权利,承担股东义务。国资委应放权,减少行政干预。同时应当明确,国资委对国有资本运营公司的权利主要源于其作为国有资本所有者代表的权利,而不是公权力。① 此外,为了更好地履行出资人的相关义务,国资委在履行出资人职责时应当对国有资本运营中主要的经营业务和投资方向作出分类,实现国有资本保值增值的目标,防止国有资本流失。对于投资运营公司的业务性质主要可以分为商业性以及政策性两类,国资委作为商业性投资公司的出资人,应当保证其经营自主权,仅仅履行出资义务而不干预企业自身的运营和投资计划;而对于政策性的投资公司,国资委应当履行其监督职责,在章程中明确规定公司经营的主业和主要投资方向。除此之外,国有资本投资运营公司作为投资企业的出资人,应当通过有效的法人治理结构防止自身权力的膨胀,避免沦为新的官僚主体。对于其出资的企业,投资运营公司要对其资金用途和流向作出监管,通过在出资的国有企业中构建科学的企业治理结构以及监督机制以实现对国有资本运营的规范管理。此外,国有资本投资运营公司需要通过内部法人治理结构释放自身的经营活力,大胆创新,高效运营。

2. 董事会责任

董事会在国有资本运营公司的治理结构中处于核心地位。董事会既是国有资本的所有者代表,又是衔接国家利益与公司利益的重要环节。为保证董事会的独立性,必须合理分配运营公司之内部董事与外部董事的席位,强化董事会的战略决策功能。同时,董事会可以通过公司章程和相关议事规则,实现其对国有资本运营的有效约束。国有资本投资运营公司的董事会必须严格遵守《公司法》的相关规定,在公司章程授权的范围内,自

---

① 参见杨瑞龙:《国有企业改革逻辑与实践的演变及反思》,载《中国人民大学学报》,2018(5),48页。

主决策国有资本的运作事宜。国有资本投资运营公司的董事会须定期向国资委提交年度报告,汇报相关工作进展,自觉接受国资委以出资人身份对董事会行为所作的约束,确保国有资本运营的安全性。加强董事会专门委员会建设,是国有资本投资运营公司内部约束机制构建的重点。专门委员会是在董事会授权下从事某些属于董事会职能活动的咨议机构。由于专门委员会的成员主要来自外部且不与管理层存在直接的利害关系,因此可以保证专门委员会通过其较高的专业水平及管理经验有效约束国有资本的运营,确保国有资本保值增值目标的顺利达成。

3. 监事会责任

考虑到国有资本运营的特性,应当从制度构建上加强监事会的约束作用,在此基础上逐步将监事会监督与财务审计监督、纪检监察监督进行有机统一,避免重复监督、过度监督。监事会应当切实履行其对公司内部的监督职责,监督公司董事和执行人员的职务履行状况,确保公司的有序运转。鉴于我国目前公司外部约束的有效性较差,为了充分发挥约束机制的功能,可以参考我国学者的相关建言,从制度设计上提升监事会的职权。[①]具体来说,对于国有资本投资运营公司的监事会构建,应当改变现有董事会和监事会权力并行的做法,提高监事会的地位,扩大监事会的职权,要求董事会同时对出资人和监事会负责。[②] 可以说,上述建言有利于监事会机能的积极发挥,有利于缓和长期以来监事会监督无效或低效的窘迫境地,对实现国有资本运营的有效性而言,大有裨益。以制度构建的方式提高监事会的地位,可以考虑在中短期实行国有企业外派监事会的做法,即坚持自上而下的"高派",避免传统监事会"下级监督上级"的局限性。此外,监事会的有效运作可以不断提高公司经营的透明度,有利于把约束机制落到实处。

4. 会计部门责任

国有企业的健康发展离不开企业内部之间责任机制的完善,其中国有企业财务会计管理工作也是体现国有企业管理科学化的重要一环,我国早在 2006 年就颁布了《中央企业总会计师工作职责管理暂行办法》,主要是为了加强对国资委所出资企业的会计师进行工作职责的管理,规划国有企业财务会计工作业务,促进建立健全国有企业内部责任机制,有效防范企

---

① 参见高明华:《国有资产监督目标模式与外派监事会监督机制创新》,载《中国经济问题研究》,2017(5),100 页。

② 参见常蕊:《关于国有企业内设监事会制度的再思考》,载《商业研究》,2014(47),147 页。

业的经营管理风险。该规定除了对国有企业会计任职资格进行了严格限制,对于责任机制的落实也非常全面,主要包括对国有企业会计工作的基础管理和财务管理以及重大财务事项的监管。为国有资本运营中财会部门的职权和责任提供了法律法规的指引。对于国有企业中的财会部门而言,提高国有资产管理结构上的系统性和科学性是其主要职责,因此会计部门的主要责任就是将会计核算、预算管理与资产管理进行有机结合,从内部制度、内部管理以及内部监督各个方面来推动以上工作的正常进行。除此之外,国有企业资本的流向以及资金变动情况的公开也是国有企业面向社会全体人民监督的重要措施,国有企业会计部门还有着及时、如实向社会公众公开依法应当公开的经营资本、年度收益、应缴税款等相关内容。最后,为了避免企业会计与企业高管合伙谋害企业利益,侵吞国有资产,企业内部管理应当与法律法规的相关规定相结合来明确国企中会计工作人员的法律责任,对于做虚账、假账等行为的会计从业人员,除了要承担企业内部的责任,还要承担相应的法律责任。

5. 职工责任

国有企业职工是国有资本运营中主要的参与者与实施者,也是相对于外部人而言企业具体运营状况的知情者,是国有企业的经营活动中的中坚力量,企业职工人数众多且牵扯利益层面广,因此企业内部对于职工责任机制的构建非常重要,国有企业对于职工责任的设定主要见于公司内部的管理规章制度之中,比如员工手册、企业规章等都明确了国有企业职工在从事相关职能中应当承担的责任,从激励制度中可以看出我国当前对国有企业职工的激励待遇较好,职工持股、职工表彰等相关激励机制也较为完善,但如果缺乏责任意识的树立,则会为国企职工提供骄奢淫逸、不思进取的温床,部分国企职工缺少敬业精神、遵章守纪意识淡薄,安于现状、随波逐流,对企业的忠诚感和归属感偏低,将国有企业职位当作一种"铁饭碗"。对于以上情况,国企内部应当注重企业职工的管理和责任意识的树立,建立合理科学的职工录入管理考核机制,规范职工行为,明确职工责任,对于缺少责任意识的职工应当予以企业内部的惩罚,如降薪降职、强制离职等。

综上所述,关于国有资本责任制度问题的探讨实质上是基于在社会主义市场经济条件下,如何保障和实现国有资本运营的平稳、安全与效益要件的基础上而产生的。由于资本相对于资产而言具有极强的流动性和更较为抽象的特点,因此有必要成立国有资本投资运营公司,并由其管理经营和控制各类具体的国有企业。这也同样意味着,国有资本运营责任机制的创新,必然是以国有资本走市场化道路为首要因素的。① 而要构建新型国有企业运营责任制度,必须充分尊重市场经济的运行规律和现代企业制度的运行法则,彻底消除往昔旧时体制的不良影响,通过构建与市场运行兼容的约束机制取代以政府行政管理为特征的约束体系,用过去政府主导的国有资本经营管理模式转变为市场与企业并行的运营约束机制。在此意义上,如果要构建一套行之有效的责任机制,那么制度层面的顶层设计就显得尤为重要了。因为国有资本运营与相关市场之间兼容度的强弱直接影响其责任机制功能的发挥。故而如何强化国有企业合规运营制度的构建,同时树立起国有资本运营的社会责任带头作用,强化企业内部责任分配均需要以社会主义市场经济体制建设为导向。

二、建立国有资本运营责任制度的必要性与可能性

党的十八届三中全会指出:"组建若干国有资本运营公司,支持有条件的国有企业改组为国有资本投资公司。"这次会议的召开标志着新一轮国企和国资改革步入新阶段。因此,从理论上对国有资本责任制度建立的必要性和可能性进行探讨,有助于准确把握责任机制构建的精髓。

(一) 国有资本运营责任制度构建的必要性

当前我国国有企业在责任承担的制度设计方面存在一些制度和立法上的空白,比如国有企业的合规管理中对合规管理的认识不足、国企合规管理体系有待完善、企业社会责任的承担等都是新时代下国企改革所要面临的问题,这主要是由我国国有企业改革的进程以及市场经济背景下资本市场对国有资本的运营和管控提出了新的要求所导致的,因此对国有资本运营责任制度构建必要性的分析,应当立足于当前国企运营的实际情况,切忌脱离实践纸上谈兵。

1. 我国当前"二级架构"模式的弊端

国有资本运营的约束机制的建立是符合国有资本其自身特殊性要求的。我国过往的实践表明,国有企业在不同发展时期对于约束机制的要求是不完全相同的。2003 年国务院国有资产监督管理委员会的成立,改变了过去多元混杂的管理格局。同时,国资委通过"管人、管事、管资产"的方式,直接干预国有企业的经营,并企图通过"二级架构"(即"国资委—国有

---

① 参见徐传谌、翟绪权:《国有企业分类视角下中国国有资产管理体制改革研究》,载《理论学刊》,2016(5),46-53 页。

企业")的模式实现有效约束。① 事实上,"二级架构"模式是一种政府内部的委托代理关系。② 由于政府机构与国有企业之间的委托代理链条并未跨越政府的范围,且仍处于一种相对封闭的机制环境,这导致了国资委在实践中直接管理和过度干预具体国有企业的现象成为常态。③ "二级架构"模式并未在实践中发挥其预设的约束功能,相反产生了干预和扭曲市场机制的流弊。可以说,"二级架构"模式的弊端已经成为国有资本无端流失以及低效配置的制度渊源。国资委必须认清自身的职能定位,着重落实其出资人与监管人职责,同时又要注重国有资本投资运营公司优质独立法人的市场主体地位,不过度介入公司的日常经营。④ 因此,必须寻求一套新的责任机制来强化国有企业经营过程中的责任划分。

2. "多级代理"的隐藏风险

根据我国宪法及相关法律的规定,国家所有权的真正主体是全体人民。因此,从委托代理理论的角度来看,国资委应定位为代理人,而非委托人。但问题在于,"人民"这一概念虽然属于公法上的用语,但是在该概念被高度政治化的语境下,其内涵已不可避免地发生嬗变,彻底沦为一个缺乏规范性依据、只能依赖政治决断进行辨析的混沌整体。有鉴于此,"全民所有"的观念广受诟病。捷克民法学家凯纳普认为:"人民所有权是一个经济意义上的所有权概念,是在社会意义上所使用的概念,全体人民在法律上并不是一个所有者。"⑤事实上,凯纳普的观点揭示了当前国有资本运营过程当中委托人缺位的现实问题。在缺位论的视野下,国家所有权更易受到侵害,"多级代理"的风险势必进一步软化责任机制的运行基础,并最终导致国有资本的大量流失。因此,必须构建一套新的责任机制,在企业内部进行明确的责任划分,同时兼顾企业的外部责任,在当前企业合规管理的前提下注重内部责任约束,规避"多级代理"所产生的责任推诿、无人担责等情况。

3. "政企难分"的运营困境

在目前我国国有企业的性质和政治经济体制环境下来看,政府与国有

---

① 参见徐传谌、翟绪权:《国有企业分类视角下中国国有资产管理体制改革研究》,载《理论学刊》,2016(5),49页。
② 参见王曙光、徐余江:《混合所有制经济与国有资产管理模式创新——基于委托—代理关系视角的研究》,载《中共中央党校学报》,2016(6),96页。
③ 参见陈清泰:《深化国有资产管理体制改革的几个问题》,载《管理世界》,2003(6),1-4页。
④ 参见王曙光、王天雨:《国有资本投资运营公司:人格化积极股东塑造及其运行机制》,载《经济体制改革》,2017(3),121页。
⑤ 参见王利明:《物权法论》,454页,北京,中国政法大学出版社,1998。

企业之间有着难以割裂的必然联系,这种联系根源在于多年来政府和国有企业之间的利益关联性和政治上的引领性,从而导致了国有企业在"政企难分"的情况下责任分配的困境,国有企业的负责人因其行政身份享有政治权力,这就导致在国有资本的运营过程中,企业要想履行社会责任或者内部责任时既要考虑到企业的利益,又要服从政治安排,究竟是国有企业自身独立承担社会责任与法律责任,还是国有企业代理政府承担社会责任与法律责任,这种政府责任与社会责任杂糅的状态是国有企业运营中责任承担的巨大阻力。除此之外,政府在促进经济增长中的特定政治行为也对国有企业责任的履行造成了一定影响,与政府存在密切联系的国有企业和高管人员在政府相关政策支持的情况下获益,但在政府这种特殊政策的保护伞下免于一些责任的承担和义务的履行,产生了不正当竞争,影响了市场经济背景下企业之间运营的公平性,对于其他企业的打击较大,许多国有企业打着国家的旗号进行垄断性的经营,在地方保护主义和政府的庇护下为追求企业的最大利益不惜损害社会公共利益却没有相应的责任机制对其进行约束,造成了责任难以履行的困境。

4. "利益分野"的潜在冲突

如前所述,委托人缺位必然导致国有资本运营的约束机制功能进一步弱化。此外,"两权分离"所引发的代理风险,将不可避免地导致国资委的逆向选择和道德风险。事实上,在当前国有资本运营委托代理关系中,"委托人"(即国资委)与代理人的地位,是一种包含政府过程和经济过程的行政上下级关系,二者的地位是不平等的。这种具有浓厚行政色彩的委托代理关系,迫使双方被行政隶属关系紧紧"锁定"。由于难以产生明确有效的责任机制,造成了国资委在当前实践中角色错位,并不断滋生"权力寻租"的土壤。换言之,面对当前责任制度构建不明的情形,国资委在自身利益偏好的诱导下极易偏离国有资本运营的预设目标,最终使国有资本的放大功能沦为一个冠冕堂皇的敛财借口。

(二)国有资本运营责任制度构建的可能性

市场经济背景下我国对于国有企业的改革进程并不是一蹴而就的,因此相关的制度构建也有一个过程,在政策的指引和国企改制的背景下对于国有企业责任制度的构建也是一个循序渐进的过程,我国是正在发展中的社会主义国家,奉行的基本经济制度是公有制为主体,多种所有制经济混合发展。党的十八大以来,进一步明确了我国在社会主义初级阶段应当坚持公有制为主体的发展思路,这就要求在经济组织运营上必须坚持以国有资本为主的企业规模形式，这对国有资本运行中合规管理以及社会责任的承担都提供了制度上的可能性，其次从国有企业内部的管理机制来看，在国有企业的渐进式改革中，各部门之间职能配置逐渐优化，经营者的自主经营权得到了保障，在有效的监督和激励机制下，董事、监事和高管之间权责逐渐明确，也为国有企业内部责任机制的构建提供了可能性。

1. "三级架构"下的新契机

在新一轮国企和国资改革的背景下，"三级架构"的引入为约束国有资本的有效运营提供了可能性。所谓"三级架构"，即国资委在一般情况下不再对国有企业进行直接干预，仅通过股东权利的行使，如选任、更换国有资本投资运营公司的董事等，来间接地调控国有企业，以约束国有资本的规范运营。在"三级架构"下，国资委与国有企业之间新增设立一个专业的市场机构——国有资本投资、运营公司——作为政府与市场的结合点和行为边界。① "三级架构"的设置可以在一定程度上隔离国资委对国有企业的直接干预，促使国有资本的运营最大限度地符合市场规律，发挥市场对资源配置的决定性作用，并最终实现国有资本保值增值的目标。权力的下放为国有企业的发展运营注入了新的活力，也为国有企业内部责任制度的构建提供了新的契机，党的十八届四中全会中制定了全面依法治国的大政方针，党的十九大又在新时代全面依法治国的基础上提出了新的任务和要求，在国有企业中则体现为全面推进依法治企，提升国有企业的合规管理能力，让国有企业在自主经营的过程中更好地遵守法律责任，不可肆意为之。2018年国务院国资委颁布了《中央企业合规管理指引》，该条例为国有企业依法全面推进合规体系管理提供了技术和制度上的指引，也标志着合规管理从企业内部责任制度设计层面上升到了国家顶层制度设计中，在国有企业合规体系建设的过程中，国有企业的政治责任、社会责任和经济责任都得到了明确和规制，"法治国企"的建设路径与当前国有资本运营中"三级架构"的模式相契合，二者共同促进，互为补充，有利于国有企业的长期发展以及依法治企能力的提升。

与此同时，国有企业改革的市场化转轨和对于政策性松绑的政策也要求国有企业在运营过程中应当承担更多的社会责任，在计划经济时代，国有企业背负着国家一系列政治负担，此次的改革使得国有企业在运营过程中有了独立自主经营的能力，在政策约束方面也得到了松绑，但在这种背

---

① 参见何小钢：《国有资本投资运营公司改革与国企监管转型——山东、重庆和广东的案例与经验》，载《经济体制改革》，2018(2)，26页。

景下片面追求经济效益而忽视企业社会责任又导致了利益与责任之间的失衡,比如下岗职工的安置等,多数国有企业并没有处理好改革过程中的减员增效与下岗职工的社会安置问题,导致 20 世纪 90 年代末出现的国有企业职工的"下岗风暴"成为当时一批国有企业兼并重组与政策性破产的"副产品"①。企业自身只顾追求国有资本的增值与保值,将辞退员工安置和下岗职工福利保障等问题的责任统统抛给社会,大量无业、失业人员涌入社会,使得就业压力增大,不利于社会的稳定,久而久之也会让市场产生混乱。

随着社会主义市场经济的全面深化与国有企业改革进程的推进,国有企业在所有制结构、生产经营方式和公司内部治理等方面都有了更加科学合理的改变,首先体现在国有企业社会责任意识的觉醒,在国有企业获得经营自主权的同时,越来越多的国有企业发挥了企业的模范带头作用,在承担国有资本运营保值增值责任的同时也致力于企业社会责任的承担,早在 1999 年党的十五届四中全会上就通过了《中共中央关于国有企业改革和发展重大问题的决定》(以下简称《决定》),该决定围绕着当时下岗职工的安置问题和职工社会保障体系的完善进行规制,明确国有企业应当承担的社会责任,在当时的市场经济大环境下国有企业改革只是起步阶段,企业自身内部还存在一些问题,因此对于社会责任的重视度不够,但《决定》的颁布在社会承担的问题上对规范国有企业的行为有着重要的指导意义。② 2005 年国有企业的改革与内部治理已经有了明显的成效后,《中华人民共和国公司法》的修订,第一次明文规定作为市场经济发展主体的公司应当承担社会责任,国有企业经营者积极响应公司法的规定,开始对国有企业社会责任的内容,国有企业承担社会责任的具体范围和途径进行集中反思和实践,弥补了上一时期国有企业承担社会责任和法律责任的空缺。

2. 现代企业制度的初步建立

1992 年国务院颁布《全民所有制工业企业转换经营机制条例》(以下简称《条例》),对于国有企业运营机制的改革进入到机制转换、制度创新的阶段,《条例》旨在将国有企业打造成为自主经营、自负盈亏、权责明确、自我发展的法人实体,企业的自主经营权提高,独立法人地位得到肯定,这就使得企业有了明确责任承担的主体,国有企业通过自身的探索与国家政策

---

① 参见刘洋、纪玉山:《浅谈改革中的国有企业应当承担的社会责任》,载《开发研究》,2011(2),150-153 页。

② 参见韩陆晋:《中国特色社会主义视野下的国有企业社会责任》,中共中央党校 2013 年博士论文。

的指引下认识到了企业责任的重要性,在企业诚信建设、保护生态环境和生产安全以及积极参与公益事业等具体领域国有企业应当发挥出良好的社会示范作用,比如在生态环境保护方面,部分从事能源资源类型的国有企业和公益类型的国有企业已经设立了保护环境、促进节能减排的专项部门,①在保障国有资本效率运营的前提下同时也注意生态环境保护的责任,与当前《民法典》中所提出的"绿色原则"相呼应,符合国家在市场经济高速发展时期对企业所提出的绿色要求,实现促进经济发展和生态环境保护的共赢;除此之外,许多企业还加大了对公益事业的资金投入,比如疫情期间国有企业为疫情管控区捐赠医疗器械和口罩,在地震、洪水发生时为当地捐赠物资和资助灾区灾后重建等,还有一些企业将一部分资金投入到国家教育事业中,如在各地捐建希望小学,对高校优秀学生提供奖学金和对贫困生的助学金政策等,这都是现代企业制度建立后国有企业责任意识觉醒的表现。

3. 国有企业内部的深化改革

2013年党的十八届三中全会的召开为国有企业全面深化改革作出了总结性与引领性的规划,发展混合所有制经济的同时对国有资本运营机制的完善和进一步建立现代企业制度也要继续进行下去,自上而下的改革也对国有企业内部的运营管理结构产生了影响,企业内部治理和权责分配越来越科学,国有企业董事、监事和高管之间的责任机制也得到了相应的完善,而且对国有企业运营过程中监督、激励约束机制的路径演进中也形成了一套科学的企业内部治理机制,其中董事和高管作为国有企业中的权力上游,掌握着企业的运营方向和具体运营策略的制定权,对于上述两类人员的责任约束机制一直是企业内部管理中十分重视的问题,国有企业的董事和高级管理人员在享有权力的同时也应当对自身行为承担相应责任,2005年国资委出台了《重大决策责任追究制度》,该制度对国有企业中重大决策的制定者的责任后果进行了规定,滥用权力谋取私利造成国有资本流失的董事和高管不仅要面临降职、解聘的处罚,情节严重的还应当移送司法机关追究其刑事责任;为了有效保护国有企业中股东的合法权益,督促董事、高管履行其职责,在实践中还出现了一种新型的诉讼机制:股东派生诉讼责任追究机制,所谓股东派生诉讼是指有限公司的董事、监事和高管等在执行职务时违反了法律、行政法规或公司章程的规定给公司造成

---

① 参见韩德明、游震:《政府在推行国有企业社会责任中的作用研究》,载《企业导报》,2013(6),21-22页。

损失,当公司怠于行使追究其责任的权利时由股东代公司提起追究相关责任人的诉讼制度,股东派生诉讼的产生是实践对制度的超越,[①]我国国有资产运营中股权高度集中,大股东可以通过股东派生诉讼保障自己的合法权益,股东派生诉讼机制在国有企业的引入作为股东对管理层的一项约束机制,既是一条保障国有企业运营中管理层事后追责的重要路径,也是激励国有企业高管积极履行职责,树立责任意识的制度保障。

三、国有资本运营责任制度构建的基本要求

一个能够高效利用有限资源、达到社会预期目标的经济体制,在很大程度上依赖于责任约束机制的有效发挥。提高国有资本运营效率的关键之一在于体制,[②]因此,只有当责任机制的构建符合基本要求时,才能从根本上实现国有资本运营效率的提高。这就要求国有资产管理体系的健全,国有企业出资人制度的设立是我国在这一时期明确国有资本运营责任机制的重大举措,中央和地方政府分别代表国家来履行出资人职责,做到所有者权益、权利义务和责任的统一,特别是2003年国有资产监督管理委员会成立,我国建立起了管资产、管人和管事相结合的国有资产管理体制,国资委对授权监管的国有资本依法履行出资人职责,维护所有者权益,明确国有企业内部人员的责任机制,树立企业社会责任,构建完善的国有企业合规制度等一系列措施都是当前国有资本运营责任制度构建的重要途径。

(一)准确定位国资委的角色是责任机制构建的前提

国资委对国有企业从"管人、管事、管资产"的运营模式向"管资本"的运营模式进行过渡,是实现政企分开、政资分开的必然选择,同时也是国有资本责任约束机制得以有效运行的前提条件。据此,必须妥善界定国资委的职权范围,明确国资委在新一轮国企和国资改革中的角色。因为以往的教训表明,责任约束机制的有效建立依赖于国资委权力的合理制约与准确定位。只有对国资委进行有效约束,明确其职权与责任,才能利于杜绝腐败滋生的土壤,进而避免以往运营模式所带来的弊端。同时,必须防止国有企业与民争利,稳步推进国有资本的有效运营。所以为了避免重蹈覆辙,应减少国资委对企业经营及资本运营的直接干预,在此基础上逐步剥

---

① 参见肖峰:《公司制国企高管追责的制度构建》,载《经济与管理》,2015(12),87-90页。
② 参见胡锋、黄速建:《对国有资本投资公司和运营公司的再认识》,载《经济体制改革》,2017(2),35页。

离其公共管理职能,归还企业自主经营的权力。同时,警惕国资委对国有资本投资运营公司及相关出资企业的延伸监管,避免"二级架构"模式下角色重合的尴尬境地。

(二)切实转变国有资本运营理念是责任机制构建的核心

一般而言,国资委作为国有资本投资运营公司的出资人,应当严格遵循《公司法》的相关规定,规范行使股东会职权,禁止以行政命令代替商业判断,避免将行政首长的意志等同于国有资本投资运营公司的整体意志,必须充分尊重社会主义市场经济条件下国有资本投资运营公司及相关出资企业的独立人格。所以国有资本责任机制的构建过程中要防止出现两个倾向:一是防止国资委过度干预,事实上架空国有资本投资运营公司,这不利于国有企业独立行使经营权,也不利于国有企业责任的承担;二是防止内部人控制,导致投资运营公司不作为或乱作为。事实上,之所以可能出现上述两个错误倾向,是因为当前国有资本的运营缺乏与时俱进的管理理念,过往"政企不分"的流毒依然存在。[①] 因此,责任机制的构建要求,必须落实《公司法》的相关规定,根据相关政策传达的精神,通过深化改革,杜绝国资委直接、过多的干预,在此基础上逐渐去除过往理念的不良影响,树立现代化企业运营的市场化理念。

(三)推进国有资本运营的分类管理是责任机制构建的关键

为实现国有资本保值增值的目标,需要构建一套国有资本运营的责任机制。责任机制的有效发挥一方面离不开国有企业的分类改革和分类治理,另一方面也需要厘清民营资本参与的范围以及相应的行为边界。党的十八届三中全会指出,国有资本将"更多投向关系国家安全、国民经济命脉的重要行业和关键领域,重点提供公共服务、发展重要前瞻性战略性产业、保护生态环境、支持科技进步、保障国家安全"。这意味着,需要对国有资本的投向进行相应的约束,以达到有效控制国有资本流向,取得国有资本价值最大化的效用。我国社会主义的国家性质决定了国有资本运营的目标具有特殊性。简言之,切忌孤立地将"国有资本保值"与"国有资本增值"作简单处理。事实上,国有资本运营在面临传统企业固有难题的同时,还因其具有"国有"因素而负担了额外的社会性功能。因此,有必要从宏观方

---

① 参见王艳英:《关于国有资本运营监督约束机制的理性思考》,载《企业经济》,2004(3),132页。

面对国有资本运营予以分类,根据功能定位、任务目标等方面的不同,将国有资本运营分为公共政策性、特定功能性和一般商业性三类,在此基础上针对不同分类项下的特征构建行之有效的责任机制,明确国有企业各运营类型的特殊性,以期国有资本运营目标的最终达成。

四、国有资本运营的责任制度完善

国有企业深化改革以来,我国已经完成了一系列有关国有资本运营制度的变革,在探索国有企业运营机制和促进国有资本保值增值的工作中已经取得一系列显著成就,但对于国有企业责任制度构建中还存在一些问题,比如对国有企业合规管理的认识不足、国有企业合规管理体系不健全以及国有企业社会责任意识的淡漠和企业社会责任评价体系不完善等问题,在国有企业内部实际运营中也存在高管之间责任不明、职工缺乏责任意识和企业归属感等问题,因此可以从国有企业在责任承担中的法律责任、社会责任和内部人员责任三个视角来进行论述国有资本运营中的责任制度的完善建议,以促进国有资本的高效运营,实现国有企业改革的最终目标。

(一)国有资本运营中法律责任的承担

党的十八大以来,习近平同志为核心的党中央高度重视国有企业法律责任的承担,要求在不断做强做优做大国有企业确保国有资产保值增值的同时应当注重对国有企业的合规管理,让国有企业在自主经营过程中牢记自身职责与使命,经营活动不得违背法律、行政法规的规定,对于国有企业违法违纪的行为应当予以合理监管和责任落实。国有企业的成功改革和市场经济的高速发展离不开国家层面对于国有企业合规管理建设的重视以及合规管理体系的科学构建,但我国企业合规制度还处于一个初级阶段,国企自身对合规管理认识不足、地方国企合规管理水平较低,需要有一个明确的合规管理标准予以指引。

1. 健全国有企业合规管理制度

国有资本运营中法律责任的承担,离不开企业合规制度对企业运营的规制。因此当前最主要解决的问题应当是建立健全企业合规管理制度,在有规范约束的指引下来完成各项工作,使得国有资本运营机制有明确的指引,各项运营工作才能合法有效展开。然而任何制度的建立健全不是一蹴而就的,要想切实提高国有企业合规管理水平,就要不断进行制度革新,努力探寻国内外先进经验,并与我国企业实际情况相结合,对于企业合规的风险要不断更新和识别，构建起国有企业危机预警系统并引入科学的风险防控机制，引领国有企业遵守法律、法规以及章程等规定，树立起法律责任意识。具体而言就是国有企业在内部治理结构中首先可以确立一个独立的合规管理部门，以便于国有企业内部直接进行合规培训以及合规工作的专项开展。国有企业法务部门也要明确企业法律责任，积极与合规管理部门配合，对于企业经营活动中的可能涉及违法违规的情形进行综合评估，做到动态化、持续化的合规管理，除此之外，在合规制度建设起步较早的国有企业中，还应当在原有基础上建立科学的企业合规管理体系，做到企业风险评估、自主审查、合规审查的规范化与信息化。

2. 加强合规管理培训

在国有企业合规制度构建中，企业职工和高管对于合规管理的认识以及履行非常重要，企业应当让员工切实了解到合规制度在当前国有资本运营中的作用，可以邀请政府机关或在这一领域有深入研究的学者专家来定期为企业职工和高管作合规管理培训，为其普及合规管理知识，增强合规管理意识。国有企业可以根据自身情况在各个领域开展人才选拔工作，组成专家库来对不同领域合规管理要求开展针对性的培训，提高合规培训的质量。在国有企业中，要营造合规管理文化氛围，人人树牢合规意识，自觉养成合规行为习惯，共同推动国企健康经营，实现国有企业高质量发展。①

3. 建立高效监督管理机制

在国有企业合规管理制度建设中，对于合规的管理要做到定位精准、主体明确、职责分明，这就离不开高效的监督管理机制，虽然当前国有企业进程中管理者对企业合规管理呈现出积极配合的样态，但信任不能替代监督，为了保障各项合规管理工作的落实，国有企业内部应当建立起财务、法务、纪律监督部门以及财务部门的合作监督体系，做到"管监分离"的内部科学分工。从企业员工入手，编写企业员工合规管理手册，经营管理者与高管应当定期向监事会进行述职，企业员工之间对合规管理要求进行定期考核，建立国有企业内部经营管理人员合规管理工作报告制度。对于违规操作侵占国有资产的企业经营管理者，应当建立起合规管理问责机制，根据其对企业造成的损害而予以降薪降职开除和禁止再就业等行业内惩罚措施，违反法律、法规的还应当追究其法律责任。

---

① 参见刘春梅：《基于合规管理探究国有企业高质量发展的有效路径》，载《财经界》，2021(8)，41-42页。

（二）国有资本运营中社会责任的承担

国有企业作为国民经济发展的重要支柱，关系到国家经济命脉，所涉及的行业一般都对国家和社会民生有着重大影响，因此国有企业内部社会责任意识的树立是当前国有资本运营责任制度建立的重要内容，国有企业应当在社会责任承担的思想意识和价值理念中全面进行自我革新，并辅之必要的政策支持和法律保障，做到全方位多层次的改造，从而切实改善和完善国有企业承担社会责任的实践效果。

1. 树立国有企业承担社会责任的思想意识

人们的思想意识对行为有着指导作用，国有企业要想更好地承担社会责任，那么就必须要在企业经营管理活动中树立企业承担社会责任的意识和理念，在市场经济环境下，市场主体经营者有着天然的逐利思维，这是当前国有企业社会责任意识淡薄、逃避社会责任的关键之所在。在改革开放以来国有企业也经历了一系列的改革，现代企业制度的建立使得国有企业从政府的过度干预中解放出来，国有企业也成为了享有自主经营权的独立的市场竞争主体，享受到这一权利的国有企业不愿意被外部社会责任所约束，企业经营管理者没有树立起承担社会责任的思想意识，因此其外部行为就体现出了履行社会责任上的缺失。要想解决这一问题，就要从意识形态层面着手，将国有企业不单单看作为一个法人而是一个具有社会属性的"社会人"，人民才是国家的主人，国有资本的最终所有权归属于人民，因此国有企业应当认识到积极履行社会责任并不单单是为了企业自身发展，更是为了整个国家和人类社会的稳定与繁荣。国有企业的经营管理者应当将社会责任的承担看作成一种"投资"，国有资本在运营过程中不仅仅需要资金和技术的投入，还可以通过社会责任的履行来提高企业自身形象和竞争力，短期内社会责任的履行无疑需要消耗国有企业大量的人力物力和财力，但从企业的长期发展来看，履行社会责任为企业创造了良好的社会口碑，这或许比投资经营活动所带来的收益更大。另外在社会主义核心价值观的引领下，国有企业也应当树立正确的社会主义价值观，国有资本运营的最终目的是最大可能地优化市场资源配置，使企业利益、国家利益和公众集体利益达到均衡从而保障全社会价值最大化，以达到经济学上的帕累托最优。国有企业要实现自身的社会价值，就要在为社会带来物质增长和经济收益的同时为社会大众提供公共服务，树立以人为本的思想意识，这样才能将企业效益和社会责任统筹兼顾。

2. 为国有企业承担社会责任提供制度支持与政策扶持

近年来我国对国有企业的改革取得了显著的成果,但对于一些涉及垄断性经营的国有企业,改革依然难以深入,虽然多数国有企业在内部治理结构上形成了三权分立的局面,但上述国有企业的实际控制者还是股东大会,董事会自主经营权受到政府出资人的限制,一些竞争性企业甚至不设董事会,现代企业制度形同虚设,国有资本运营在这种管理模式下思想僵化、行为受限,导致企业运营效率低下,常年亏损,无力承担社会责任。另外国有企业履行社会责任投入较大且回报甚微,如果没有国家政策的扶持那么国有企业很难产生承担社会责任的动力,在国有企业实际经营中的结果表明,国家对国有企业的税收优惠政策扶持可以有效地激励国有企业积极承担社会责任,[①]因为税收优惠政策在客观上有效增加了国有企业运营的后备资金,弥补国有企业履行社会责任所付出的各项成本,变相地为企业履行社会责任提供了资金支持,进而促进国有企业在推进绿色环保、承担社会就业压力和进行慈善捐赠等具体社会责任的履行。

国有企业的发展战略规划对企业的发展有着重大影响,企业的发展战略目标是国有企业一切经营活动的基础,是企业自身价值的体现,将国有企业承担社会责任纳入发展战略规划中,可以有效促进国有企业主动承担社会责任,企业要在经营方向、重点领域布局和经济利润分配各个方面把控好自身发展与社会责任的关系,做到两者同步推进,国家在保障国有企业自主经营权的同时也要对其进行制度约束,建立国有企业内部社会责任管理体系,要求国有企业设立企业对外承担社会责任的专门机构,负责监督国有企业社会责任的履行情况和履行社会责任的具体事宜,制定企业社会责任守则来作为管理者和企业职工处理利益冲突的原则,将企业承担社会责任的监督工作从决策层贯彻到执行层,并定期向社会披露企业承担社会责任的相关工作,接受社会公众的监督,对于怠于履行社会责任的国有企业管理者予以降级处分或行政处罚,构建起一个完善高效的国有企业社会责任管理体系。

除了对国有企业予以制度约束,国家还应当对其予以政策激励,以确保国有企业能够积极主动地承担社会责任,当前良好的营商环境极大增强了国有企业在经营过程中的积极性,同时也增强了税收优惠对国有企业社

---

① 参见朱乃平、戴晨曦、张豆豆:《税收优惠政策与企业社会责任》,载《税务研究》,2022(1),133-138页。

会责任履行的政策激励效应,在企业"放管服"改革背景下,稳定和公平的营商环境使得政府税收征管更加规范,那么国家对国有企业税收优惠政策所带来的收益就会更加稳定和透明,因此在当前良好的营商环境中加大对国有企业的税收优惠力度是国有企业积极履行社会责任的外部推动力量,特别是从事环境业务、资源业务的国有企业,在其进行与社会公众生活相关的重大经营活动时,在优化环境、提高资源利用率和节能环保领域所支出的费用应当抵扣税款,而其收益的应缴税额可以较大程度上降低,这就使得国有企业有更多自己可以支配的资金来承担更多的社会责任,形成一个良性的循环。除了减免国有企业税收,还应当提高国企职工的福利待遇,增加企业职工的幸福感和工作积极性,让其更好地投入到工作中去,从而提高国有资本运营效率,如可以将《企业所得税法实施条例》中企业职工福利支出不超过工资薪金总额予以免税的比例提高,① 同时对有突出贡献的国企职工进行表彰和升职加薪,降低国有企业和国企职工的税务负担。

3. 完善国有企业社会责任的法律法规

在具有中国特色的社会主义国家,国有企业也应当有社会主义市场经济的特色,因此在承担社会责任方面,国有企业应当有自身的制度遵循和规范指引,国有企业相较于其他社会主体有更大的责任和能力积极履行社会责任,这也是为何要完善国有企业社会责任法律法规的主要原因。在实践中我们不难发现,由于缺少公权力的监督和制约,只依靠舆论监督来促使企业承担社会责任似乎很难实现,群众的诉求无法得到落实,也没有相关法律法规予以规范指引,最后不了了之,这就形成了国有企业在社会公众眼中缺少社会责任担当的局面,不利于国有企业的长期发展,党的十八届四中全会对建设中国特色社会主义法治国家有着重要指导意义,任何团体和个人的行为都要在法律的约束与指引下进行,国有企业承担社会责任也不能例外,因此应当尽快出台有关国有企业履行社会责任的相关法律,并有专门的执行性机构来具体贯彻落实。

在我国当前现有立法中,没有一部法律来专门解决国有资本运营中国有企业承担社会责任的问题,有关于企业社会责任承担问题的法律零散地见于《公司法》《劳动法》《产品质量法》《消费者权益保护法》《环境保护法》《社会保障法》等之中,而这些法律并不是直接对国有企业承担社会责任问

---

① 2019 年 4 月施行的《企业所得税法实施条例》规定了企业发生的职工福利费支出,不超过工资薪金总额 14% 的部分,准予扣除。

题进行明文规定,顶层制度设计的缺失使得其他法律法规条文没有对其进行规定的法律依据,并且随着市场经济的发展和国有企业的改革,原有立法对国有企业社会责任承担相关条文的规定也显得相对滞后,国有企业社会责任问题没有一个明确的规范和强有力的公权力保障实施,就难以从法律角度对其行为进行评价,也就达不到约束、警示和惩戒的作用,由于社会责任理论是一个"舶来品",要在我国实现预想的作用,不仅需要对社会责任产生、发展及其应涵盖的主要内容有深入了解,还应与我国的实际,如立法水平、各企业之间发展阶段差别、能力差异等相契合。① 因此应当完善有关由企业承担社会责任的法律法规,对企业社会责任问题专业立法,明确责任主体、行为义务和法律后果,为行政监督机构和其他法律法规提供一个明确的标准与追责方式。在对国有企业社会责任问题专门立法的同时,还应当完善社会责任在其他法律法规中的相关规定,以提高社会责任的法律地位,具体可以在《公司法》《合伙企业法》中编订有关社会责任的章节条例,对社会责任的基本原则、目标以及种类作出明确规定,在《环境保护法》《税法》《劳动法》《消费者权益保护法》《捐赠法》这类与社会生活和社会大众密切相关的法律条文中补充规定公司和企业拒绝承担社会责任的法律后果和具体执行措施,从多方面对国有企业承担社会责任问题作出严格要求与监督,提高国有企业逃避社会责任后的违法成本的同时还要加强国有企业承担社会责任的执法水平。

在当前法律制度缺失的情况下,监管部门的执行力度不足也是导致国有企业逃避社会责任的主要原因,对于国有企业对社会责任履行的不作为和轻作为缺少执法方面的打击力度,使得国有企业萌生出逃避社会责任的侥幸心理,特别是从事垄断性经营业务的国有企业,其自身的重要地位和执法监督的宽松让经营管理者们丧失了对社会责任承担的动力,变得有恃无恐。这就要求行政管理者们在执法过程中加大对国有企业违规违法行为的惩罚措施,特别是国有企业污染环境、侵害员工利益、偷税漏税和高层贪污腐败等造成恶劣和牵扯利益众多的行为,此外,法官在涉及社会责任的案件中也应当发挥其司法能动性,在现有法律法规不完善的情况下对国有企业逃避社会责任的行为作出符合大众预期和社会公德要求的判决,法律确立的"企业社会责任"实际上属于一般条款(如我国《公司法》第 5 条),如同民商法中确立的"社会公德""商业道德""诚实守信""善良风俗"等其

---

① 参见刘志云:《新发展理念与中国金融机构社会责任立法的互动》,载《现代法学》,2019(2),3-21 页。

他一般条款一样,其本身又是一种法律原则。因此,对于这种法律原则的适用,必须发挥法官的能动性——原则设定的权利只是一个悬念,它必须通过救济程序中法官的解释和裁量方可明确化,而在法官的解释中,原则就会被具化为规则。因此在国有企业社会责任承担方面,如果仅仅依靠道德的约束不够,而又没有法律法规的具体指引,那么法官可以有条件地将企业软法中有关社会责任的规定赋予其强制性来要求企业承担。[①] 在我国,司法解释在实质上起到了对法律的创造和补充作用,并且有着法律化的特征,最高人民法院也可以通过司法解释的方式,将国有企业社会责任的要求融入司法解释中去,在实现企业社会责任法律化的同时以司法的方式保障其实现。

(三) 国有企业内部人员的责任承担

上述两种责任制度的构建可以看作是国有企业在自主经营过程中对外应当承担的责任,而在国有资本运营的内部,国有企业董事和经营管理人员以及相关职工应当如何承担责任也是国有企业改革中非常重要的部分,在管理权和经营权分离的国企改制下,国有企业中董事会和高级管理人员是国有企业的决策制定和主要实施者,职工又是国有企业在运营中处理日常事务的主要责任人员,监事和财会部门则是对董事会与国有企业资产进行监管的主要责任人员,以上三类内部人员相互制衡,权责统一才能保障国有资本运营活动的有序进行,因此这三类人员的责任机制的落实也非常重要。

1. 董事会的责任承担

国有企业中董事会是重要的决策机构,在国有资本运营中承担着切实履行决策、风险防范、强化内部管理和深化改革等职责。2015年《中共中央、国务院关于深化国有企业改革的指导意见》对当前国有企业中董事会形同虚设、权力被架空等一系列问题作出了指示:要完善现代企业制度,就必须以推进董事会建设为重点,同时建立健全权责对等、运转协调、有效制衡的决策执行监督机制。2021年国资委办公厅也发布了《中央企业完善中国特色现代企业制度工作安排》,又一次强调了董事会建设工作对国有企业改革和现代企业制度建立的重要性,企业应当根据自身发展实际做好董事会建设工作,分层探索落实董事会职权的有效措施,不断提升董事会运作的规范性、有效性。同时为了避免国有企业内部人员控制,还应当

---

① 参见蒋建湘:《企业社会责任的法律化》,载《中国法学》,2010(5),123-132页。

严格控制内部董事的数量,保证外部董事参与公司治理。① 由此可见,明确董事会的职责、优化董事会职能对于国有资本的安全高效运营和国有企业深化改革有着极其重要的作用。国有企业因其规模和股权结构以及经营范围的不同导致董事会的规模、人数也不尽相同,因此应当根据国有企业的实际情况来确定董事会中的董事任职条件,优化国有企业董事会的组织结构与职能,国有企业在规范运作的基础上应当清晰界定党组织、股东会、董事会、监事会和经理层等治理主体的职责权限,有序落实董事会职权。② 在董事会制定决策过程中,要严格依照法定程序和国有企业内部章程来制定合理规范的决策,发挥出董事会在制定决策和防范风险中的作用,做到每个董事独立表决,决议内容集体审议,董事对所作决定个人负责,保证每一位董事平等充分地发表自己的意见。

2. 监事会的监督职责完善

国有企业监事会是针对企业内部事项进行监督的机构,其主要核心为财务监督和行为监督,国有企业的出资人委托其监督董事会、经理层的各类经营行为,保障出资人的利益,国有企业的监事会应当在履行监督职责中不断深化和改革监事会的工作,加强监督的针对性、有效性、灵敏性和准确性,将监督责任落实到实处,注重监督工作的完成效率。对于我国当前国有企业监事会存在的问题而言,职责定位的不明确是企业内部经营管理中的常态,国有企业董事和监事会主席均由股东进行选派,由于监事不参与企业的日常经营活动,因此在实践中董事会职权往往要比监事会大很多,监事会的监督职责无法得到切实履行,这就需要国有企业内部明确监事会的职责定位,董事和监事虽然担任的职责不同,但代表的利益是一致的,国有企业监事会人员有限,要达到"四两拨千斤"的效果,明确其责任承担和职责履行,可以借鉴央行的做法,对于体量较大的国有企业,下设监督委员会,任命监事会主席为委员会主任,协调企业纪检部门、财会部门之间的工作,加强各部门之间的联系,有效加强企业对内部财会机构的监督工作,明确国有资本的走向,完善对企业内部的控制。此外,监事会作为国有资产监管的耳朵和眼睛,应当准确把握国有资本运营过程中的潜在风险,尤其是涉及国有资产流动时因为暗箱操作而使得国有资本严重流失的情

---

① 参见马婧:《国有企业改革背景下国有资本投资运营公司的治理结构优化》,载《中国市场》,2022(1),77-78页。

② 参见蔡闻一、韩芳:《深化改革背景下国有企业加强董事会建设的思考》,载《国有资产管理》,2022(2),17-21页。

形,因此增强监事会工作的有效性和失职追责机制也是国有资本监事责任构建的重要内容,监事会在预测到企业运行的潜在风险和企业内部自身风险时,应当及时向国有资产监督管理机构报告,《公司法》中明确赋予了监事对公司财务的检查权和对企业管理层行使职权时监督、建议评价、质询以及纠正方面的职责,这有利于在此基础上形成职权明确、体制顺畅、运作规范的监督体系。

3. 国企职工的责任意识树立

新时期国有企业职工的责任意识和认同感的树立对于企业内部运营效率的提升有着非常重要的作用,国有企业根据现有形式,充分做好职工的思想政治工作,注意企业文化的传播与宣扬,营造积极向上的团队氛围,提升职工的责任意识和对企业的认同感,才能让职工在日常工作中不懈怠,促进国有资本在日常经营活动中高效运营。市场经济的高速发展不仅使国有企业面临着改革改制的境况,同时也对整个社会造成了价值多元的冲击,当前互联网环境下利己主义的盛行更是为职工管理带来了较大的困难,职工本身缺乏责任意识,无法达到与企业同进退、共风雨,因此国有企业经营管理者要充分做好职工的思想政治工作,以社会主义核心价值观为主要内容对其进行引导,不断与时俱进,使职工树立"一荣俱荣、一损俱损"的责任意识,促进职工责任感与企业认同感的提升。任何组织和团队以及人与人之间都存在着独特的氛围,在国有企业内部也不例外,这种氛围会在不知不觉中对企业产生强烈的影响,为企业职工营造一个积极向上的团队氛围,加强责任意识的引导,在这种氛围的带动作用下每个职工都会受到影响,会最大挖掘自身潜力来实现自我价值,避免精神上的懈怠和行为上的懒惰,这样才能更好地服务国有企业、奉献自身价值、满足人民需求。

参考文献

1. 马克思:《资本论》,北京,人民出版社,2004。
2. 《马克思恩格斯全集》(第1卷),北京,人民出版社,2013。
3. 《马克思恩格斯全集》(第2卷),北京,人民出版社,2013。
4. 《马克思恩格斯全集》(第3卷),北京,人民出版社,1995。
5. 《马克思恩格斯全集》(第5卷),北京,人民出版社,1980。
6. 《马克思恩格斯全集》(第24卷),北京,人民出版社,1979。
7. 《马克思恩格斯全集》(第38卷),北京,人民出版社,1972。
8. 《马克思恩格斯全集》(第46卷),北京,人民出版社,2009。
9. 《中共中央文件选集》(1949.10—1966.5),北京,人民出版社,2013。
10. 《邓小平文选》(第3卷),北京,人民出版社,2001。
11. 《十一届三中全会以来党的历次全国代表大会中央全会重要文件选编》(下),北京,中央文献出版社,1997。
12. 郑志刚:《国企混改:理论、模式与路径》,北京,中国人民大学出版社,2020。
13. 国企改革历程编写组:《国企改革历程》,北京,中国经济出版社,2019。
14. 李曙光:《国有资产法律保护机制研究》,北京,经济科学出版社,2015。
15. 毕革新等:《公司治理视角下的党组织与中国特色国有企业监督体制机制研究》,北京,中国发展出版社,2019。
16. 王金存:《世界国有企业比较研究》,上海,华东师范大学出版社,1999。
17. 徐武:《中国国有经济的实现形式和路径选择》,北京,经济科学出版社,2005。
18. 常玉春:《中国国有企业对外直接投资的微观效应研究》,北京,经济管理出版社,2014。
19. 刘泉红:《国有企业改革——路径设计和整体推进》,北京,社会科学文献出版社,2012。
20. 郑春霞:《中国企业对外直接投资的区位选择研究》,北京,中国社会科学出版社,2011。
21. 郑国洪:《国有资产管理体制问题研究》,北京,中国检察出版社,2010。
22. 胡海涛:《国有资产管理法律实现机制若干理论问题研究》,北京,中国检察出版社,2006。
23. 李连仲:《国有资产监管与经营》,北京,中国经济出版社,2005。
24. 张春霖:《国有企业改革的新阶段:调整改革思路和政策的若干建议》,北京,中信出版社,2003。
25. 朱孔生:《国有资本运营研究》,济南,山东人民出版社,2003。
26. 耿明斋:《国有资本生存边界与实践模式》,北京,中国经济出版社,2003。
27. 林炎志:《国有资本人格化》,郑州,河南人民出版社,2000。

28. 潘岳：《中国国有经济总论——历史沿革、改革历程、发展趋向》，北京，经济科学出版社，1997。
29. 刘玉平：《国有资产管理与评估》，北京，经济科学出版社，2004。
30. 邓靖、罗秀英：《国有资本运营机制研究》，北京，中国纺织出版社，2019。
31. 刘纪鹏：《国有资产管理体系的建立与完善》，载季晓南主编：《国有资产经营管理理论与实践》，北京，中国经济出版社，2003。
32. 中国经济信息社编：《改革开放再出发 新征程上铸品牌——对话上海国企领导》，上海，上海人民出版社，2019。
33. 仁达方略管理咨询公司：《国有资本投资运营公司的管理》，北京，中国财富出版社，2019。
34. 刘桂芝：《中国企业人力资本激励制度研究》，长春，东北师范大学出版社，2015。
35. 谢德仁：《企业剩余索取权：分享安排与剩余计量》，上海，上海三联出版社、上海人民出版社，2001。
36. 崔如波：《公司治理：制度与绩效》，北京，中国社会科学出版社，2004。
37. 魏杰：《资本经营论纲》，上海，远东出版社，1998。
38. 何帆：《中国对外投资：理论与问题》，上海，上海财经大学出版社，2013。
39. 张维迎：《企业理论与中国企业改革》，北京，北京大学出版社，1999。
40. 王泽鉴：《民法思维：请求权基础理论体系》，北京，北京大学出版社，2009。
41. 王利明：《物权法论》，北京，中国政法大学出版社，1998。
42. 赵万一：《商法学》（第五版），北京，中国人民大学出版社，2017。
43. 刘俊海：《公司法学》，北京，北京大学出版社，2013。
44. 施天涛：《公司法论》，北京，法律出版社，2014。
45. 苏力：《法治及其本土资源》，北京，北京大学出版社，2015。
46. 何怀宏：《契约伦理与社会正义》，北京，中国人民大学出版社，1993。
47. 罗豪才、宋功德、姜明安等：《软法与公共治理》，北京，北京大学出版社，2006。
48. [美]戴维·M.克雷普斯：《博弈论与经济模型》，邓方译，北京，商务印书馆，2018。
49. [美]博登海默：《法理学—法律哲学与法律方法》，邓正来译，北京，中国政法大学出版社，1999。
50. [美]科尔曼：《社会理论的基础》（上），邓方译，北京，社会科学文献出版社，1990。
51. [美]G·J·施蒂格勒：《产业组织和政府管制》，潘振民译，上海，上海三联书店，1992。
52. [美]哈罗德·德姆塞茨：《所有权、控制与企业——论经济活动的组织》，北京，经济科学出版社，1999。
53. [英]哈耶克：《致命的自负》，刘戟铎译，上海，东方出版社，1991。
54. [英]保罗·戴维斯等：《现代公司法原理》（第九版）（上），罗培新等译，北京，法律出版社，2016。
55. [英]洛克：《政府论》（下篇），叶启芳、瞿菊农译，北京，商务印书馆，1964。
56. [波]布鲁斯、拉斯基：《从马克思到市场：社会主义对经济体制的求索》，银温泉译，上海，格致出版社，2010。
57. [法]理查·米艾莱：《公司治理》，张汉麟、何松森、杜晋均译，北京，经济管理出版社，2006。
58. 侯晓东、朱巧玲、万春芳：《百年共同富裕：演进历程、理论创新与路径选择》，载

《经济问题》,2022(2)。

59. 吴炜、马慧怡:《唯物主义与历史的结合:马克思主义历史概念及其"科学"意义》,载《思想教育研究》,2022(1)。
60. 杨瑞龙:《探索国有制与市场经济相兼容的中国特色改革道路》,载《中国人民大学学报》,2021(3)。
61. 杨瑞龙:《国有企业改革逻辑与实践的演变及反思》,载《中国人民大学学报》,2018(5)。
62. 谭静、文宗瑜、范亚辰:《推动国有资本做强、做优、做大的若干思考》,载《财会月刊》,2021(8)。
63. 刘纪鹏、刘彪、胡历芳:《中国国资改革:困惑、误区与创新模式》,载《管理世界》,2020(1)。
64. 徐文进:《"管资本"功能视角下国有资本投资运营公司研究》,载《东吴学术》,2020(05)。
65. 刘现伟、李红娟、石颖:《优化国有资本布局的思路与策略》,载《改革》,2020(6)。
66. 辛宇:《国有资本投资、运营公司与国有经济的高质量发展——基于国企系族的视角》,载《财会月刊》,2019(11)。
67. 杨琰:《新中国工业体系的创立、发展及其历史贡献》,载《毛泽东邓小平理论研究》,2019(8)。
68. 黄茂兴、唐杰:《改革开放40年我国国有企业改革的回顾与展望》,载《当代经济研究》,2019(3)。
69. 武常岐、钱婷、张竹、轷宇欣:《中国国有企业管理研究的发展与演变》,载《南开管理评论》,2019(4)。
70. 漆思剑:《否定之否定:国资委监管职能之未来回归》,载《江西社会科学》,2019(1)。
71. 沈斐:《"美好生活"与"共同富裕"的新时代内涵——基于西方民主社会主义经验教训的分析》,载《毛泽东邓小平理论研究》,2018(1)。
72. 项安波:《重启新一轮实质性、有力度的国企改革——纪念国企改革40年》,载《管理世界》,2018(10)。
73. 文宗瑜:《国有经济改革40年:从做大国有企业到做强做优国有资本》,载《中国财政》,2018(21)。
74. 张峻、仇兴嫱:《我国国有资本运营问题研究》,载《财会学习》,2018(1)。
75. 廖红伟、杨良平:《以管资本为主新型监管体制下的国有企业深化改革研究》,载《学习与探索》,2018(12)。
76. 陈霞、马连福、丁振松:《国企分类治理、政府控制与高管薪酬激励——基于中国上市公司的实证研究》,载《管理评论》,2017(3)。
77. 徐传谌、翟绪权:《国有企业分类视角下中国国有资产管理体制改革研究》,载《理论学刊》,2016(5)。
78. 廖红伟、张楠:《论新型国有资产的监管体制转型——基于"管资产"转向"管资本"的视角》,载《江汉论坛》,2016(3)。
79. 黄群慧:《新常态下的国有资本布局》,载《中国金融》,2016(4)。
80. 马浩东:《做实国有资本投资与运营公司》,载《上海国资》,2015(6)。
81. 柳学信:《国有资本的公司化运营及其监管体系催生》,载《改革》,2015(2)。
82. 周建军:《新加坡"淡马锡模式"的政治经济学考察》,载《马克思主义研究》,2015(10)。

83. 程恩富、刘伟：《社会主义共同富裕的理论解读与实践剖析》，载《马克思主义研究》，2012(6)。
84. 刘瑞娜：《国有企业私有化几种理论依据的谬误》，载《政治经济学评论》，2012(3)。
85. 李琳、陈维政：《企业国有资本内涵的演化与价值的决定》，载《中国地质大学学报》（社会科学版），2011(3)。
86. 王灏：《淡马锡模式主要特征及其对我国国企改革的启示》，载《中共中央党校学报》，2011(5)。
87. 李政：《"国进民退"之争的回顾与澄清——国有经济功能决定国有企业必须有"进"有"退"》，载《社会科学辑刊》，2010(5)。
88. 徐晓松：《国家股权及其制度价值——兼论国有资产管理体制改革的走向》，载《政法论坛》，2018(1)。
89. 宁金成：《国有企业区分理论与区分立法研究》，载《当代法学》，2015(01)。
90. 雷磊：《适于法治的法律体系模式》，载《法学研究》，2015(5)。
91. 顾功耘、胡改蓉：《国企改革的政府定位及制度重构》，载《现代法学》，2014(5)。
92. 姜影：《法国国有企业管理体制改革的历程及成效》，载《法学》，2014(6)。
93. 蒋建湘：《委托代理视角下国企公司治理的改进》，载《法律科学（西北政法大学学报）》，2014(6)。
94. 张力：《法人与公司制度融合风险的法律控制——兼论实现国家公司公益性的法人制度支持》，载《现代法学》，2013(03)。
95. 赵万一、赵吟：《论商法在中国社会主义市场经济法律体系中的地位和作用》，载《现代法学》，2012(7)。
96. 赵旭东、王莉萍、艾茜：《国有资产授权经营法律结构分析》，载《中国法学》，2005(4)。
97. 宋嘉宁：《治理理论视角下的我国经营性国有资产管理体制改革研究》，中国财政科学研究院2018年博士学位论文。
98. 孙大卫：《混合所有制导向下国有股权对企业价值创造的影响研究》，北京工业大学2018年博士学位论文。
99. 臧玉荣：《国有资本产融结合研究》，中共中央党校2015年博士学位论文。
100. 袁定金：《国有资本运营中的激励与约束问题研究》，西南财经大学2015年博士毕业论文。
101. 丁传斌：《地方国有资本运营法制探索》，华东政法大学2013年博士学位论文。
102. 韩陆晋《中国特色社会主义视野下的国有企业社会责任》，中共中央党校2013年博士学位论文。
103. 韩中节：《国有资本运营的法律治理研究》，西南政法大学2009年博士学位论文。
104. 唐成：《国有资本运营模式比较研究》，年博士学位论文，载中国博士学位论文全文数据库。